U0930076

广州市卫生统计年鉴

（2012 年）

广州市卫生局　编

广州新华出版发行集团
广州出版社

图书在版编目（CIP）数据

广州市卫生统计年鉴（2012年）/广州市卫生局编. —广州：广州出版社，2017.4

ISBN 978-7-5462-2450-3

Ⅰ.①广… Ⅱ.①广… Ⅲ.①卫生统计—广州—2012—年鉴 Ⅳ.①R195-54

中国版本图书馆CIP数据核字（2016）第222465号

书　　名　广州市卫生统计年鉴（2012 年）
　　　　　Guangzhou Shi Weisheng Tongji Nianjian（2012 Nian）
编　　者　广州市卫生局
出版发行　广州出版社
　　　　　（地址：广州市天河区天润路 87 号 9 楼、10 楼　邮政编码：510635
　　　　　网址：www.gzcbs.com.cn）
责任编辑　董　平　卢凯婷
责任校对　王莉莎
装帧设计　广州市韶艺广告有限公司
印刷单位　虎彩印艺股份有限公司
　　　　　（地址：东莞市虎门镇北栅陈村工业区　邮政编码：523898　电话：020-66351515 转 8）
规　　格　889 毫米×1194 毫米　1/16
印　　张　19.25
字　　数　564 千
版　　次　2017 年 4 月第 1 版
印　　次　2017 年 4 月第 1 次
书　　号　ISBN 978-7-5462-2450-3
定　　价　280.00 元

《广州市卫生统计年鉴》编辑委员会

编 者 说 明

《广州市卫生统计年鉴》是一部综合反映广州地区卫生事业发展、医疗业务开展、疾病预防、卫生监督、妇幼保健、中医工作以及居民健康状况的资料性年鉴。本书收录了2012年广州地区上述有关统计数据；同时也收录了历史重要年份的统计资料以及全市县级以上综合医院通讯录。收编内容时间截至2012年底。

全书分为五大部分：第一部分是2008—2012年广州市卫生事业发展情况；第二部分是2012年广州市卫生资源与利用情况（包括：总体情况、医疗卫生资源与利用、疾病预防与控制、妇幼保健、卫生监督、中医工作）；第三部分是居民健康情况；第四部分是广州地区各区（县级市）卫生资源情况；第五部分为附录。

本书资料大部分来自常规卫生统计报表，2012年起执行新的“国家卫生统计调查制度”，人口指标来自市统计局及市公安局相关统计资料。

编 者

2008—2012年广州市卫生机构情况

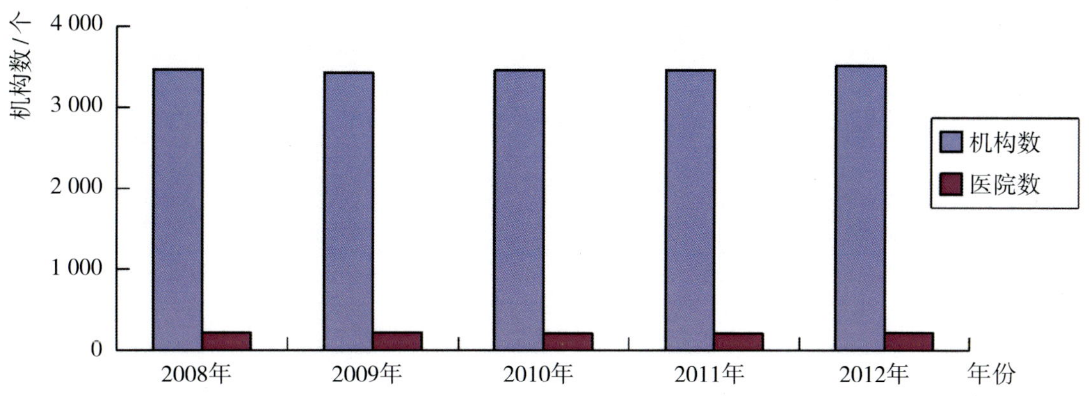

2008—2012年广州市专业卫生人员发展情况

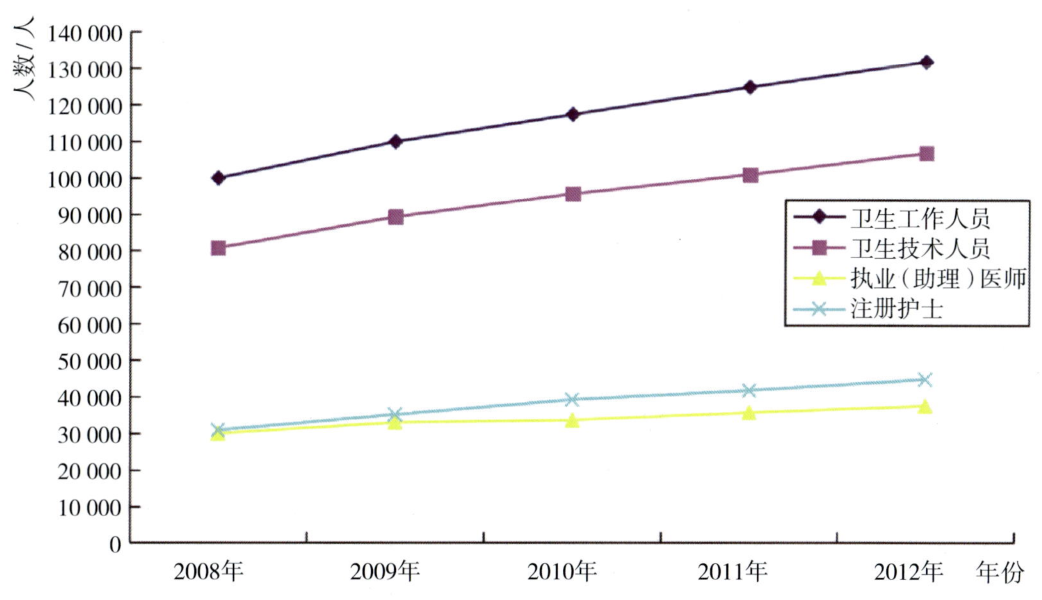

2008—2012年广州市政府办机构部分指标情况

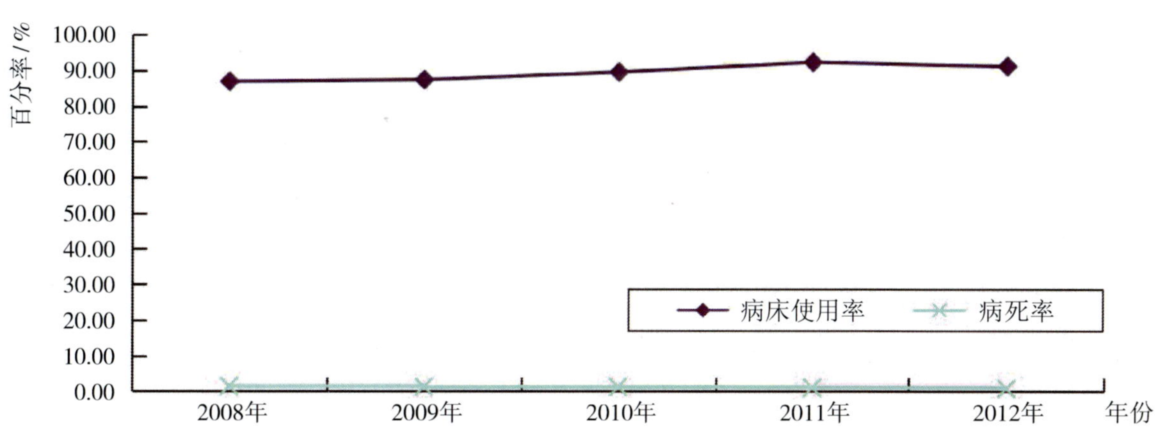

2008—2012年广州市每千常住人口卫生人员情况

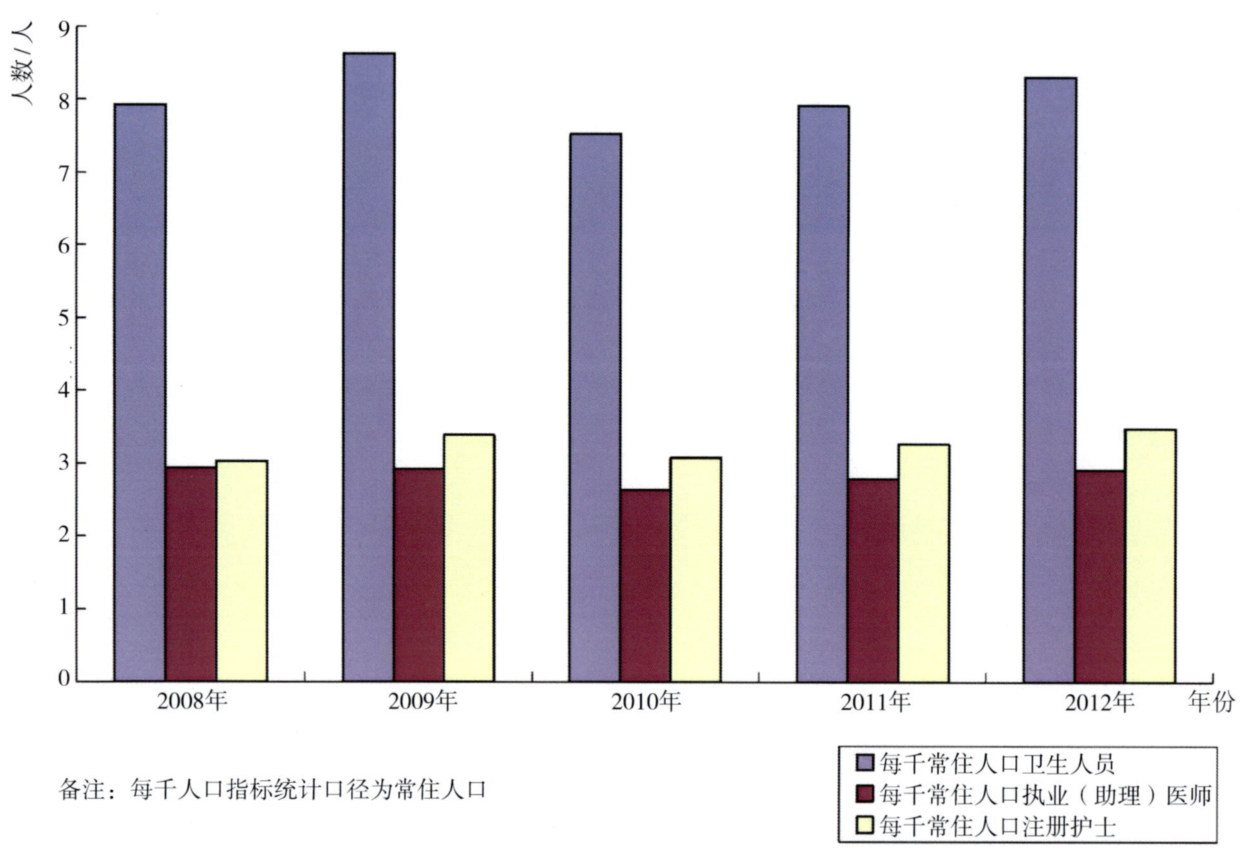

备注：每千人口指标统计口径为常住人口

2008—2012年广州市每千常住人口床位情况

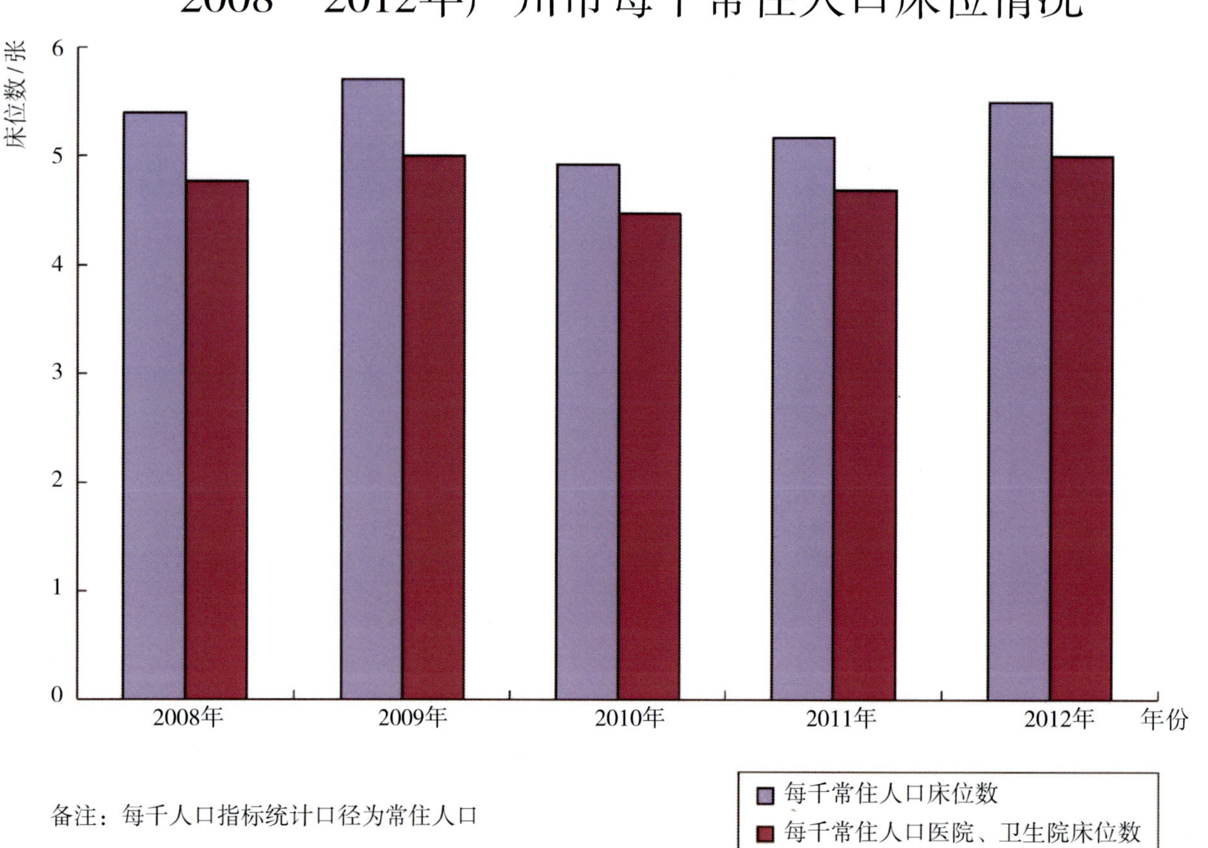

备注：每千人口指标统计口径为常住人口

2012年广州市主要死因构成

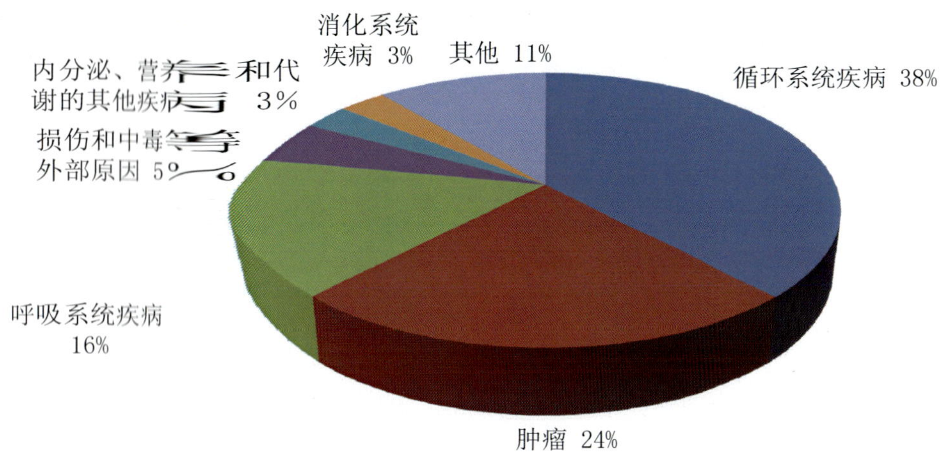

2012年广州市男性主要死因构成

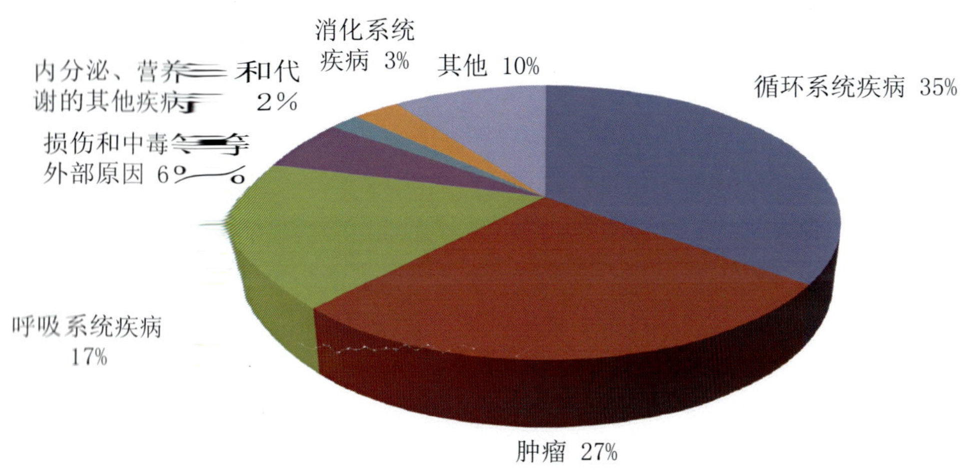

2012年广州市女性主要死因构成

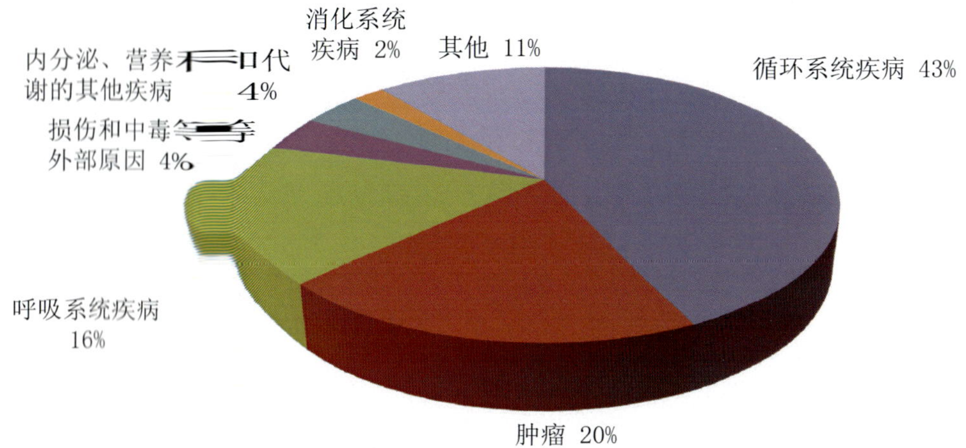

2012年广州市各类卫生人员构成

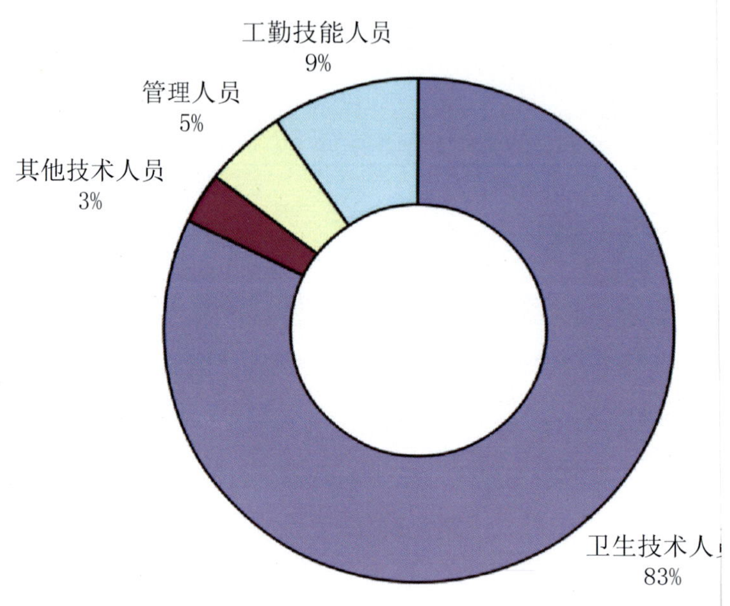

2012年广州市卫生技术人员构成

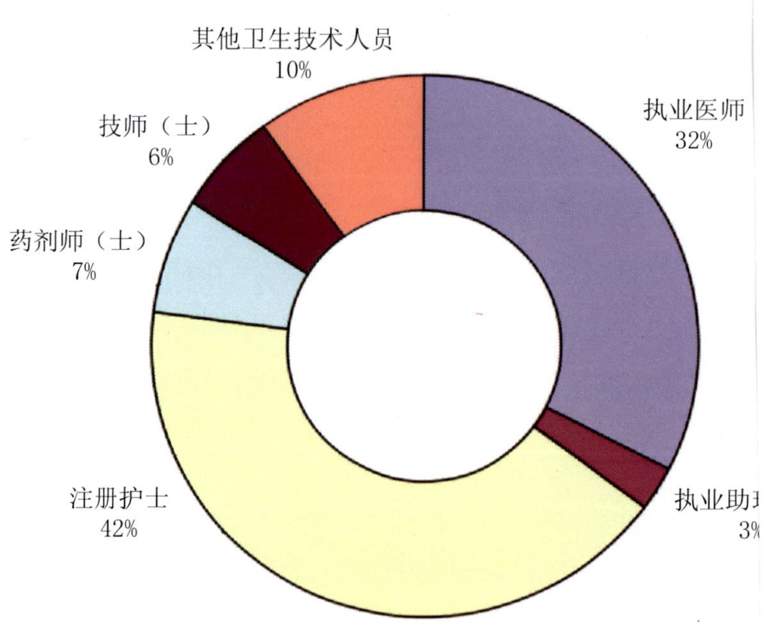

目　　录

第一部分　2008—2012年广州市卫生事业发展情况

第二部分　2012年广州市卫生资源与利用情况

（一）总体情况

（二）医疗卫生资源与利用

（三）疾病预防与控制

（四）妇幼保健

（五）卫生监督

（六）中医工作

第三部分　居民健康状况

（一）广州市居民期望寿命

（二）居民死亡原因疾病分类情况

（三）住院病人疾病分类及年龄分布情况

（四）卫生服务调查结果

第四部分　广州市各区（县级市）卫生资源情况

（一）荔湾区

（二）越秀区

（三）海珠区

（四）天河区

（五）白云区

（六）黄埔区

（七）番禺区

（八）花都区

（九）南沙区

（十）萝岗区

（十一）增城市

（十二）从化市

2012年广州市卫生事业发展情况统计报告

2012年，我市卫生工作在市委、市政府的领导和省卫生厅的指导下，坚持科学发展观，全面开展医药卫生体制改革，继续完善公共卫生、农村卫生和城市社区卫生服务体系，积极推进城乡居民基本医疗保障制度建设，大力加强重大疾病防治。严格医院管理、规范医疗服务，有效解决群众看病就医问题，推动卫生事业又好又快发展，为提高人民群众健康水平，建设和谐广州提供了保障。

一、卫生资源

1. **卫生机构分类。**2012年末，广州市共有各类卫生机构3 511间，其中医院224间、社区卫生服务中心150间、社区卫生服务站163间、乡镇卫生院35间、村卫生室1 096间、门诊部559间、诊所655间、卫生所（医务室）529间、疾病预防控制中心（预防保健中心）18间、专科疾病防治院（所、站）10间、健康教育所（站、中心）5间、妇幼保健院15间、急救中心5间、采供血机构5间、卫生监督所15间、疗养院10间、医学科学研究机构5间、临床检验中心6间。与2011年相比，卫生机构总数增加66所，增加的机构主要是诊所、医院、门诊部、社区卫生服务站和社区卫生服务中心，分别增加19所、17所、16所、8所和6所。

2. **卫生人员总数。**2012年末，全市卫生人员131 705人，其中卫生技术人员106 708人、其他技术人员4 250人、管理人员6 763人、工勤技能人员12 216人，分别占卫生工作人员总数的81.0%、3.2%、5.1%、9.3 %。卫生技术人员中：执业（助理）医师37 442人、注册护士44 670人、药剂师（士）7 366人、技师（士）6 524人、其他卫生技术人员10 706人，分别占卫生技术人员的35.1%、41.9%、6.9%、6.1%、10.0%。与2011年相比，卫生人员增加6 950人（增长5.57%），其中卫生技术人员增加5 876人（增长5.83%）。

3. **医院病床数情况。**2012年广州市各类卫生机构实有病床70 649张，其中医院62 194张、妇幼保健院2 325张、疗养院1 513张、专科疾病防治院（所、站）106张、社区卫生服务中心（站）2 435张、卫生院2 050张、门诊部26张。与2011年相比，卫生机构床位增加4 709张（增长7.14%），增加部分主要为医院、妇幼保健院和社区卫生服务中心（站）床位，分别增加6 765张（增长12.2%）、140张（增长6.4%）和16张（增长0.7%）。

2012年广州市卫生机构、床位、人员情况

分组名称	机构/个	实有病床/张	卫生工作人员/人	卫生技术人员/人	执业（助理）医师/人	注册护士/人
各类卫生机构	3 511	70 649	131 705	106 708	37 442	44 670
其中：私营机构	1 234	4 018	13 657	10 845	5 042	4 553
农村卫生室	1 096	—	—	—	341	117

4. **万元以上医疗设备拥有情况。**2012年末全市卫生机构万元以上设备106 606台，其中总价值50万~99万元设备3 189台，100万元以上设备2 471台。医院拥有万元以上设备的84.3%（89 853台），50万~99万元设备的84.2%（2 686台），100万元以上设备的90.6%（2 239台）。全市医院部分设备拥有情况：800mA及以上数字减影血管造影X线机为68台，800mA及以上医用X线诊断机（不含DSA）为108台，X线电子计算机断层扫描装置（CT）为129台，X线-正电子发射计算机断层扫描仪（PET）为8台，单光子发射型电子计算机断层扫描仪（ECT）为20台，医用电子直线加速器（LA）为25台，医用电子回旋加速治疗系统为10台，质子治疗系统为33台，伽玛射线立体定位治疗系统（γ刀）为13台，医用磁共振成像设备（核磁，MRI）为49台，彩色脉冲多普勒超声诊断仪（彩超）为679台，B型超声诊断仪为781台，全自动生化分析仪为369台。

5. **村卫生室基本情况。**2012年末，全市共有村卫生室1 096间，执业（助理）医师341人，注册护士117人，乡村医生1 495人，卫生员243人。乡村医生中以中医、中西医结合或民族医为主的占10.5%。与2011年相比，村卫生室数量不变，村卫生室人员减少148人。

6. 私营医疗机构、床位、人员情况。2012年末，共有私营医疗机构1 234间，其中医院45所、门诊部439所、诊所634间、卫生所（医务室）17间、社区卫生服务中心14间、社区卫生服务站46间、村卫生室38间、临床检验中心1间；实有病床4 018张，占全市病床数的5.7%；卫生工作人员13 657人，占全市卫生工作人员总数的10.0%，其中执业（助理）医师（含诊所）5 042人，占全市执业（助理）医师总数的13.5%；注册护士（含诊所）4 553人，占全市注册护士总数的8.4%。

7. 医疗机构年收入与支出情况。2012年各类医疗机构年收入5 619 801万元，其中财政补助534 640万元，占9.51%，上级补助10 473万元，占0.19%；总支出5 459 690万元，其中人员经费支出1 621 410万元，占29.70%。

2012年各经济类型医疗机构年收入与支出情况

项目	总收入金额/万元	构成/%	其中：财政补助		其中：上级补助		总支出金额/万元	其中：人员经费支出	
			金额/万元	占比/%	金额/万元	占比/%		金额/万元	占比/%
合计	5 619 801	100.00	534 640	9.51	10 473	0.19	5 459 690	1 621 410	29.70
非营利	5 300 501	94.32	534 627	10.09	10 466	0.20	5 167 916	1 526 739	29.54
营利性	319 293	5.68	13.4	0.01	17.8	0.01	291 775	94 670	32.44

8. 常住人口拥有卫生资源情况。2012年每千人口床位数5.50张；每千人口卫生技术人员数8.31人，其中每千人口执业（助理）医师数2.92人，每千人口注册护士数3.48人。

2012年常住人口拥有卫生资源情况

区划名称	人口数/万人	每千人口机构数/间	每千人口床位数/张	每千人口医院、卫生院床位数/张	每千人口卫生工作人员数/人	每千人口卫生技术人员数/人	每千人口执业（助理）医师数/人	每千人口执业医师数/人	每千人口注册护士数/人
合计	1 283.89	0.27	5.50	5.00	10.26	8.31	2.92	2.70	3.48
市区	1 118.56	0.25	5.84	5.35	10.79	8.79	3.08	2.89	3.69
两县	165.33	0.42	3.19	2.69	6.65	5.09	1.78	1.40	2.07
荔湾	89.31	0.20	5.01	4.84	9.33	7.70	2.96	2.77	3.07
越秀	114.95	0.26	17.82	16.13	33.38	27.43	9.13	8.92	12.04
海珠	157.58	0.15	5.04	4.54	9.56	7.59	2.53	2.42	3.27
天河	144.66	0.27	5.73	5.35	11.46	9.33	3.25	3.05	3.83
白云	225.20	0.25	4.79	4.55	7.27	5.94	2.15	1.93	2.45
黄埔	46.47	0.25	4.18	3.76	6.20	5.08	1.99	1.78	2.11
番禺	143.75	0.27	3.89	3.77	7.78	6.24	2.31	2.13	2.49
花都	95.64	0.36	3.37	2.74	7.24	5.92	2.08	1.83	2.50
南沙	62.33	0.30	2.16	1.94	4.56	3.71	1.42	1.18	1.37
萝岗	38.67	0.29	3.32	2.05	5.54	4.54	1.86	1.63	1.72
增城	104.92	0.37	2.86	2.48	5.99	4.60	1.63	1.27	1.90
从化	60.41	0.51	3.76	3.05	7.81	5.93	2.03	1.62	2.35

2012年户籍人口拥有卫生资源情况

区划名称	人口数/万人	每千人口机构数/间	每千人口床位数/张	每千人口医院、卫生院床位数/张	每千人口卫生工作人员数/人	每千人口卫生技术人员数/人	每千人口执业（助理）医师数/人	每千人口执业医师数/人	每千人口注册护士数/人
合计	822.30	0.43	8.59	7.81	16.02	12.98	4.55	4.21	5.43
市区	677.97	0.42	9.64	8.82	17.80	14.50	5.09	4.77	6.09
两县	144.33	0.48	3.65	3.08	7.62	5.83	2.03	1.60	2.37
荔湾	71.20	0.25	6.28	6.07	11.71	9.66	3.71	3.48	3.86
越秀	117.21	0.26	17.48	15.82	32.74	26.90	8.95	8.75	11.81
海珠	97.74	0.25	8.13	7.32	15.42	12.24	4.08	3.91	5.27
天河	79.63	0.48	10.40	9.72	20.81	16.95	5.91	5.54	6.96
白云	86.31	0.66	12.51	11.87	18.98	15.49	5.61	5.03	6.38
黄埔	20.42	0.57	9.51	8.56	14.12	11.55	4.52	4.05	4.79
番禺	80.81	0.47	6.92	6.71	13.83	11.10	4.10	3.79	4.43
花都	67.71	0.51	4.76	3.87	10.23	8.37	2.94	2.59	3.53
南沙	36.74	0.51	3.67	3.29	7.74	6.30	2.40	2.00	2.32
萝岗	20.20	0.55	6.36	3.93	10.60	8.69	3.55	3.12	3.30
增城	84.77	0.45	3.54	3.07	7.42	5.70	2.01	1.57	2.36
从化	59.56	0.52	3.81	3.09	7.92	6.01	2.06	1.64	2.38

二、医疗卫生服务利用情况

1. 门诊和住院利用情况。2012年，广州市各类医疗卫生机构共完成总诊疗人次12 658.0万人次、观察室留观病例数120.7万人次、健康检查人数627.2万人次、出院人数220.4万人次。其中非营利性医疗机构共完成总诊疗人次11 474.7万人次、观察室留观病例数120.4万人次、健康检查人数616.5万人次、出院人数210.5万人次，分别占全市医疗机构收治总量的90.65%、99.75%、98.29%、95.51%；营利性医疗机构共完成总诊疗人次1 183.3万人次、观察室留观病例数0.3万人次、健康检查人数10.7万人次、出院人数9.9万人次，分别占全市医疗机构收治总量的9.35%、0.25%、1.71%、4.49%。

2012年广州市各医疗机构提供医疗服务情况

分组名称	诊疗人次数/万人次	构成/%	观察室人数/万人次	构成/%	健康检查人数/万人次	构成/%	出院人数/万人次	构成/%
合计	12 658.0	100.00	120.7	100.00	627.2	100.00	220.4	100.00
非营利性机构	11 474.7	90.65	120.4	99.75	616.5	98.29	210.5	95.51
其中：政府办机构	9 831.8	77.67	118.7	98.40	512.8	81.75	199.9	90.74
营利性机构	1 183.3	9.35	0.3	0.25	10.7	1.71	9.9	4.49

2. 病床利用情况。2012年各类医疗机构病床使用率为88.94%、病床周转次数为32.5次、出院者平均住院日为9.6天。其中非营利性医疗机构病床使用率、病床周转次数、出院者平均住院日分别为90.55%、33.4次、9.6天，营利性医疗机构病床使用率、病床周转次数、出院者平均住院日分别为67.29%、21.1次、9.9天。

不同类别医疗机构病床利用情况不同，病床使用率由高到低依次为妇幼保健院（91.66%）、医院（91.21%）、社区卫生服务中心（站）（75.33%）、专科疾病防治院（所）（73.84%）、卫生院（65.17%）、疗养院（47.49%）。医院病床使用率由高到低依次为中医医院（93.24%）、专科医院（91.25%）、综合医院（91.08%）、中西医结合医院（40.28%）。

2012年广州市各类别医院病床使用情况

分组名称	平均开放病床/张	构成/%	病床使用率/%	病床周转次数/次	出院者平均住院日/天
合计	67 705	100.00	88.94	32.5	9.6
非营利性机构	63 021	93.08	90.55	33.4	9.6
其中：政府办机构	57 560	85.02	92.75	34.7	9.5
营利性机构	4 684	6.92	67.29	21.1	9.9

3. 政府办医院门诊和住院病人人均医疗费用情况。2012年政府办医院门诊平均每诊疗人次医疗费用为218.26元，其中药费占55.11%；平均每一住院病人医疗费用13 900.30元，其中药费占38.43%。与2011年相比，每诊疗人次门诊医疗费用增加5.09元，增长2.39%（其中药费占比增加1.04%）；住院医疗费用增加137.63元，增长1.00%（其中药费占比与去年相比增加0.31%）。

2012年广州地区政府办医院门诊平均每一诊疗人次费用与2011年同期对比表

类别合计	平均每一诊疗人次医疗费用				平均每一诊疗人次费用增减/%	药费比重增减/%
	2012年/元	药费占比/%	2011年/元	药费占比/%		
合计	218.26	55.11	213.17	54.07	2.39	1.04
部属医院合计	306.91	53.68	293.19	52.23	4.68	1.45
省属医院合计	248.40	59.48	234.14	56.67	6.09	2.81
市属医院合计	223.80	56.21	214.65	56.31	4.26	−0.10
区属医院合计	147.03	49.56	148.04	50.00	−0.68	−0.44

2012年广州地区政府办医院平均每一住院人次费用与2011年同期对比表

类别合计	平均每一住院人次医疗费用				平均每一住院人次费用增减/%	药费比重增减/%
	2012年/元	药费占比/%	2011年/元	药费占比/%		
合计	13 900.30	38.43	13 762.67	38.12	1.00	0.31
部属医院合计	17 735.58	41.93	16 773.98	40.05	5.73	1.88
省属医院合计	18 433.90	38.02	18 349.03	38.25	0.46	−0.23
市属医院合计	15 083.92	38.61	14 334.81	38.37	5.23	0.24
区属医院合计	6 618.21	33.08	6 744.83	33.81	−1.88	−0.73

三、居民健康状况

1. 居民主要健康指标。2012年广州市期望寿命为79.41岁，其中男性期望寿命为76.54岁、女性期望寿命为82.50岁；2012年全市按户籍人口计算孕产妇死亡率为15.17/10万，婴儿死亡率为3.72‰，5岁以下儿童死亡率为4.92‰。

2. 病人住院主要疾病与死因顺位。2012年我市二级以上医院住院病人疾病分类显示，前五位住院原因依次为：妊娠、分娩和产褥期（12.17%），循环系统疾病（12.01%），呼吸系统疾病（11.65%），其他接收医疗服务（11.42%），肿瘤（9.24%）。住院死亡病人前五位死因构成为：肿瘤（31.71%），循环系统疾病（24.89%），呼吸系统疾病（20.01%），消化系统疾病（4.45%），损伤和中毒（3.93%）。不同年龄住院病人住院疾病构成如下表。

2012年广州市医疗机构不同年龄住院病人住院疾病构成

疾病排位	5岁以下		5～14岁		15～44岁		45～59岁		60岁及以上	
	疾病分类	构成/%	疾病分类	构成/%	疾病分类	构成/%	疾病分类	构成/%	疾病分类	构成/%
1	呼吸系统	36.03	呼吸系统	23.80	妊娠、分娩和产褥期	35.52	其他接收医疗服务	20.94	循环系统	25.03
2	起源于围生期情况	24.55	其他接收医疗服务	13.02	其他接收医疗服务	9.15	肿瘤	15.28	呼吸系统	14.45
3	先天异常	7.75	损伤和中毒	8.33	泌尿生殖系统	8.78	循环系统	11.66	其他接收医疗服务	9.91
4	消化系统	5.72	消化系统	7.42	损伤和中毒	8.30	消化系统	9.39	肿瘤	9.21
5	其他接收医疗服务	4.29	泌尿生殖系统	6.86	肿瘤	7.95	泌尿生殖系统	7.80	消化系统	7.66

3. 居民病伤死亡原因及顺位。广州城区前十位死因顺位为：循环系统疾病（240.04/10万），肿瘤（150.94/10万），呼吸系统疾病（102.56/10万），损伤和中毒等外部原因（32.86/10万），内分泌、营养和代谢疾病（18.09/10万），消化系统疾病（17.17/10万），泌尿生殖系统疾病（7.10/10万），传染病和寄生虫病（7.05/10万），神经系统疾病（4.84/10万），起源于围生期情况（2.54/10万）。前十位死因合计占死因总数的93.47%。

4. 恶性肿瘤死亡率。广州城区恶性肿瘤死亡率为148.65/10万，其中男性为188.11/10万，女性为108.24/10万。城区恶性肿瘤前五位死因顺位：肺癌（42.60/10万）、肝癌（25.41/10万）、肠癌（16.00/10万）、胃癌（8.26/10万）、鼻咽癌（7.03/10万）。

四、妇幼保健

2012年广州市孕产妇保健管理覆盖率为97.84%，孕产妇保健系统管理率为93.63%，高危产妇管理率为99.98%，住院分娩率为99.94%；全市共出生235 364个活产儿，低出生体重发生率5.10%，出生缺陷发生率179.54/万，前三位出生缺陷类型依次为先天性心脏病、多指（趾）、总唇腭裂。

新生儿代谢性疾病（包括先天性甲状腺功能低下、苯丙酮尿症、葡萄糖-6-磷酸脱氢酶缺乏症）筛查率为98.76%，听力筛查率为95.88%；3岁以下儿童系统保健管理率为95.05%；5岁以下儿童中度及重度营养不良患病率为1.08%；7岁以下儿童保健管理覆盖率为98.67% ，其中眼、口腔、听力保健管理率分别为94.69%、97.24%、96.30%。

2012年婚前医学检查率为44.74%，疾病检出率为14.88%；妇女常见疾病普查率为63.10%，疾病检出率为27.44%。

五、疾病控制

经2004年实行传染病网络直报后，2012年全市传染病网络直报更加完善，网络直报覆盖全市所有乡镇以上卫生机构，达394家，全市甲类、乙类传染病报告发病率205.59/10万，比2011年下降10.71%，死亡率为0.88/10万，比2011年下降20.97%；医疗机构传染病漏报率为1.17%。儿童常规免疫接种率持续保持高水平，2012年我市儿童乙肝疫苗、卡介苗、脊髓灰质炎疫苗、百白破疫苗和麻疹疫苗（包括含麻疹成分疫苗）等五种疫苗的累计接种率分别达99.75%、99.89%、99.74%、99.75%和99.72%；乙肝疫苗首针累计及时接种率达96.68%；流脑A群疫苗、乙脑疫苗和甲肝疫苗累计接种率分别达99.75%、99.79%和99.67%。

六、监督与执法

公共场所卫生监督：2012年监督单位62 429间次，抽检单位2 833间次，查处案件341宗，罚款630 650元，引导办证690间次。

生活饮用水卫生监督：2012年监督集中式供水单位651间次，二次供水单位540间次，现制现售饮水机516台次，抽检饮用水水质968宗（其中合格691宗）。

医疗机构和传染病卫生监督：2012年监督医疗机构5 684间次，查处案件300宗，罚款880 490元，没收违法所得55 914.5元，吊销证件8间，取缔无证医疗场所1 269间次，处理群众涉及医疗机构投诉举报992宗。

学校卫生监督：2012年检查学校4 220间次，查处案件1宗，罚款6 505元。

餐饮具集中消毒单位卫生监督：2012年监督单位280间次，发出监督意见书210份，行政处罚15宗，罚款49 400元。

第一部分　2008—2012年广州市卫生事业发展情况

2008—2012年广州市卫生工作主要数据

指标名称	2012年	2011年	2010年	2009年	2008年
1．卫生资源情况					
（1）机构					
全市卫生机构数 / 个	3 511	3 459	3 457	3 421	3 464
其中：医院	224	207	216	224	218
内：综合医院	134	122	130	141	138
（2）床位					
全市床位数 / 张	70 649	65 940	62 552	59 038	54 973
其中：医院	62 194	55 429	53 227	50 367	47 128
内：综合医院	41 117	34 883	33 853	33 017	31 104
（3）人员					
全市卫生工作人员数 / 人	131 705	124 755	117 281	109 831	99 883
卫生技术人员数	106 708	100 832	95 546	89 179	80 687
其中：执业（助理）医师	37 442	35 638	33 575	32 926	29 953
内：执业医师	34 616	32 968	31 231	30 316	27 508
注册护士	44 670	41 655	39 140	35 079	30 847
药剂师（士）	7 366	7 077	6 849	6 433	5 943
技师（士）	6 524	6 263	6 522	5 796	5 619
其他	10 706	10 199	9 460	8 945	8 325
其他技术人员	4 250	4 502	4 482	4 072	3 408
管理人员	6 763	6 732	6 811	6 178	6 177
工勤技能人员	12 216	10 824	10 442	10 402	9 611
2．卫生服务提供与卫生资源利用					
全年诊疗人次数 / 万人次	12 658.02	11 541.17	10 791.84	10 125.18	9 190.16
全年出院人数 / 万人	220.34	196.54	176.43	161.43	143.61
其中：医院					
全年诊疗人次 / 万人次	8 259.78	7 116.73	6 631.51	6 457.78	6 321.12
年入院人数 / 万人	188.99	159.76	144.15	129.44	119.54
年出院人数 / 万人	188.57	159.49	143.55	129.38	119.30
年床位使用率 / %	91.21	92.31	89.55	87.40	86.95
年床位周转次数 / 次	31.7	29.7	27.8	27.0	25.9
出院者平均住院日 / 天	10.1	10.8	11.1	11.0	11.8
病死率 / %	0.82	1.02	1.25	1.29	1.46

续表

指标名称	2012年	2011年	2010年	2009年	2008年
3. 居民医疗保障程度					
平均每千人口床位数/张	5.50	5.17	4.92	5.71	5.40
平均每千人口医院、卫生院床位数/张	5.00	4.69	4.47	5.00	4.77
平均每千人口卫生技术人员数/人	8.31	7.91	7.52	8.63	7.92
平均每千人口执业医师数/人	2.70	2.59	2.64	2.93	2.94
平均每千人口注册护士数/人	3.48	3.27	3.08	3.39	3.03
4. 居民健康状况					
平均期望寿命/岁	79.41	80.01	79.04	78.95	78.19
其中：男性	76.54	77.22	76.44	76.39	75.64
女性	82.50	82.98	81.83	81.68	80.94
孕产妇死亡率/每10万	15.17	13.53	15.20	11.68	13.08
5岁以下儿童死亡率/‰	4.92	4.85	5.46	5.92	5.63
婴儿死亡率/‰	3.72	3.58	4.04	4.46	4.06
5. 疾病控制					
甲类、乙类传染病发病率/每10万	205.59	230.24	276.89	362.02	357.81
甲类、乙类传染病死亡率/每10万	0.88	1.11	1.32	1.43	1.50
儿童计划免疫接种率/%					
卡介苗接种率	99.89	99.62	99.73	99.73	99.85
脊髓灰质炎接种率	99.74	99.54	99.51	99.58	99.64
百白破接种率	99.75	99.47	99.44	99.50	99.47
麻疹接种率	99.72	99.69	99.45	99.20	99.36
乙肝基础免疫	99.75	99.46	99.47	99.50	99.58
6. 妇幼保健					
孕产妇保健系统管理率/%	93.63	93.99	93.23	93.27	90.17
孕产妇保健管理覆盖率/%	97.84	98.45	98.32	98.46	96.04
3岁以下儿童保健系统管理率/%	95.05	97.19	96.19	95.38	92.97
7岁以下儿童保健管理覆盖率/%	98.67	99.46	99.43	99.13	98.42
出生缺陷发生率/‱	179.54	183.09	168.08	162.58	153.98
出生低体重儿发生率/%	5.10	4.58	4.42	4.62	4.16
5岁以下儿童中度及重度营养不良患病率/%	1.08	0.83	0.63	0.61	0.85

备注：①2011年起机构数包含村卫生室数，2008—2010年的机构数也做相应调整

②停业机构不计入机构数

③每千人口指标采用常住人口数计算

④孕产妇死亡率、5岁以下儿童死亡率、婴儿死亡率均按户籍人口数计算

⑤甲类、乙类传染病发病率和死亡率用年平均常住人口计算

2008—2012年广州市各区卫生机构数

（单位：个）

区（县级市）	2012年	2011年	2010年	2009年	2008年
广州市	3 511	3 459	3 457	3 421	3 440
荔湾区	181	178	174	187	225
越秀区	299	307	319	317	333
海珠区	243	261	270	273	282
天河区	385	350	364	339	335
白云区	569	551	551	538	537
黄埔区	116	121	120	124	125
番禺区（旧行政区划）	475	481	490	492	492
番禺区（新行政区划）	380	—	—	—	—
花都区	345	331	327	326	311
南沙区（旧行政区划）	92	88	87	89	85
南沙区（新行政区划）	187	—	—	—	—
萝岗区	112	106	109	103	89
增城市	383	381	348	345	342
从化市	311	304	298	288	284

2008—2012年广州市各区医院数

（单位：个）

区（县级市）	2012年	2011年	2010年	2009年	2008年
广州市	224	207	216	224	218
荔湾区	26	26	25	25	25
越秀区	37	38	39	42	42
海珠区	21	20	23	22	21
天河区	32	31	29	27	26
白云区	40	39	44	43	43
黄埔区	8	8	8	7	6
番禺区（旧行政区划）	30	14	14	24	23
番禺区（新行政区划）	25	—	—	—	—
花都区	8	8	11	11	11
南沙区（旧行政区划）	7	8	9	9	8
南沙区（新行政区划）	12	—	—	—	—
萝岗区	4	4	3	3	3
增城市	8	8	8	8	6
从化市	3	3	3	3	4

2008—2012年广州市各区医院床位数

（单位：张）

区（县级市）	2012年	2011年	2010年	2009年	2008年
广州市	62 194	55 429	53 227	50 367	47 128
荔湾区	4 322	4 420	4 374	4 072	4 118
越秀区	18 547	18 133	17 542	17 054	15 466
海珠区	7 158	6 468	6 590	6 102	5 612
天河区	7 738	6 231	5 231	4 123	3 867
白云区	10 063	8 809	8 633	8 285	8 175
黄埔区	1 748	1 682	1 366	904	802
番禺区（旧行政区划）	6 073	3 573	3 475	4 602	4 177
番禺区（新行政区划）	5 448	—	—	—	—
花都区	2 049	1 719	2 043	1 840	1 932
南沙区（旧行政区划）	556	662	659	633	507
南沙区（新行政区划）	1 181	—	—	—	—
萝岗区	734	692	627	614	581
增城市	1 896	1 760	1 702	1 253	952
从化市	1 310	1 280	985	885	939

第二部分　2012年广州市卫生资源与利用情况

（一）总体情况

2012年广州市各区卫生机构、床位、人员数

地区	机构个数	床位个数	人员数/人 合计	卫生技术人员 小计	执业（助理）医师 小计	执业（助理）医师 内：执业医师	注册护士	药剂师（士）	技师（士）	其他	其他技术人员	管理人员	工勤技能人员
总计	3 511	70 649	131 705	106 708	37 442	34 616	44 670	7 366	6 524	10 706	4 250	6 763	12 216
荔湾区	181	4 472	8 336	6 878	2 645	2 475	2 745	635	403	450	275	389	794
越秀区	299	20 489	38 374	31 526	10 495	10 251	13 838	2 103	2 039	3 051	1 247	2 000	3 591
海珠区	243	7 949	15 067	11 963	3 990	3 819	5 151	754	681	1 387	513	823	1 765
天河区	385	8 284	16 572	13 501	4 706	4 413	5 542	782	795	1 676	438	971	1 655
白云区	569	10 798	16 382	13 368	4 843	4 342	5 510	968	893	1 154	378	1 084	1 284
黄埔区	116	1 942	2 883	2 359	923	828	979	173	116	168	59	148	317
番禺区（旧行政区划）	475	6 241	12 517	10 022	3 692	3 379	3 989	757	625	959	564	338	1 152
番禺区（新行政区划）	380	5 589	11 178	8 970	3 315	3 060	3 582	668	576	828	531	306	1 027
花都区	345	3 224	6 925	5 665	1 990	1 752	2 388	356	329	602	276	182	533
南沙区（旧行政区划）	92	695	1 506	1 261	505	417	447	112	67	130	91	40	91
南沙区（新行政区划）	187	1 347	2 845	2 313	882	736	854	201	116	261	124	72	216
萝岗区	112	1 284	2 141	1 756	718	630	666	116	96	160	74	127	167
增城市	383	3 001	6 286	4 829	1 706	1 332	1 998	407	297	421	206	368	458
从化市	311	2 270	4 716	3 580	1 229	978	1 417	203	183	548	129	293	409

2012年广州市卫生机构、床位、人员数按经济类型和设置主办单位分类情况

分类	机构个数	床位个数	人员数/人 合计	卫生技术人员 小计	执业（助理）医师 小计	执业（助理）医师 内：执业医师	注册护士	药剂师（士）	技师（士）	其他	其他技术人员	管理人员	工勤技能人员
总计	3 511	70 649	131 705	106 708	37 442	34 616	44 670	7 366	6 524	10 706	4 250	6 763	12 216
1. 按经济类型分													
国有	925	63 852	106 461	87 642	29 207	27 832	38 163	5 954	5 439	8 879	3 550	5 791	9 442
集体	1 117	987	5 734	3 615	1 646	1 314	1 161	357	150	301	108	158	343
联营	54	561	1 876	1 452	310	297	406	77	169	490	84	83	160
私营	1 234	4 018	13 657	10 845	5 042	4 124	3 772	772	577	682	350	570	1 797
其他	181	1 231	3 977	3 154	1 237	1 049	1 168	206	189	354	158	161	474

续表

分类	机构个数	床位个数	人员数/人										
			合计	卫生技术人员							其他技术人员	管理人员	工勤技能人员
				小计	执业（助理）医师		注册护士	药剂师（士）	技师（士）	其他			
					小计	内：执业医师							
2. 按设置主办单位分													
政府办	472	60 008	101 915	84 235	27 888	26 639	36 718	5 867	5 202	8 560	3 478	5 383	8 752
其中：卫生部门	426	56 801	97 576	80 749	26 689	25 484	35 257	5 675	5 009	8 119	3 368	5 002	8 392
社会办	1 838	6 569	15 248	10 618	4 246	3 587	3 824	635	692	1 221	355	808	1 798
个人办	1 201	4 072	14 542	11 855	5 308	4 390	4 128	864	630	925	417	572	1 666

2012年广州市卫生机构、床位、人员数按经济类型和设置主办单位分类情况（不含诊所、卫生所、医务室及村卫生室）

分类	机构个数	床位个数	人员数/人										
			合计	卫生技术人员							其他技术人员	管理人员	工勤技能人员
				小计	执业（助理）医师		注册护士	药剂师（士）	技师（士）	其他			
					小计	内：执业医师							
总计	1 231	70 649	125 523	102 442	34 793	32 540	43 475	7 216	6 470	10 488	4 250	6 763	12 044
1. 按经济类型分													
国有	516	63 852	105 243	86 533	28 557	27 240	37 848	5 909	5 412	8 807	3 550	5 791	9 365
集体	89	987	3 590	2 984	1 219	1 095	984	345	146	290	108	158	338
联营	5	561	1 738	1 411	284	280	394	75	169	489	84	83	160
私营	545	4 018	11 290	8 640	3 653	3 007	3 168	692	558	569	350	570	1 712
其他	76	1 231	3 662	2 874	1 080	918	1 081	195	185	333	158	161	469
2. 按设置主办单位分													
政府办	437	60 008	101 686	84 090	27 806	26 564	36 674	5 864	5 190	8 556	3 478	5 383	8 735
其中：卫生部门	413	56 801	97 484	80 724	26 676	25 473	35 249	5 675	5 006	8 118	3 368	5 002	8 390
社会办	246	6 569	11 580	8 682	3 058	2 705	3 268	569	670	1 117	355	808	1 729
个人办	548	4 072	12 257	9 670	3 929	3 271	3 533	783	610	815	417	572	1 580

2012年广州市诊所、医务室、卫生所机构、人员数按经济类型和设置主办单位分类情况

分类	机构个数	人员数/人								
		合计	卫生技术人员							工勤技能人员
			小计	执业（助理）医师		注册护士	药剂师（士）	技师（士）	其他	
				小计	内：执业医师					
总计	1 184	3 986	3 808	2 308	1 943	1 078	150	54	218	172
1．按经济类型分										
国有	369	1 183	1 103	644	590	315	45	27	72	77
集体	69	222	215	121	98	67	12	4	11	5
联营	8	20	20	11	10	6	2	0	1	0
私营	651	2 282	2 196	1 381	1 114	603	80	19	113	85
其他	87	279	274	151	131	87	11	4	21	5
2．按设置主办单位分										
政府办	26	164	145	82	75	44	3	12	4	17
其中：卫生部门	4	27	25	13	11	8	0	3	1	2
社会办	505	1 550	1 480	849	749	439	66	22	104	69
个人办	653	2 272	2 183	1 377	1 119	595	81	20	110	86

2012年广州市按经济类型和设置主办单位分各类卫生机构数

（单位：间）

卫生机构分类	合计	按经济类型分					按设置主办单位分		
		国有	集体	联营	私营	其他	政府办	社会办	个人办
总计	3 511	925	1 117	54	1 234	181	472	1 838	1 201
1．医院	224	144	9	1	45	25	125	48	51
综合医院	134	94	3	0	23	14	75	33	26
中医医院	28	22	2	1	1	2	24	0	4
中西医结合医院	3	2	1	0	0	0	1	2	0
专科医院	58	25	3	0	21	9	24	13	21
护理院	1	1	0	0	0	0	1	0	0
2．基层医疗卫生机构	3 187	688	1 106	51	1 188	154	263	1 775	1 149
社区卫生服务中心（站）	313	182	58	0	60	13	190	56	67
社区卫生服务中心	150	99	33	0	14	4	113	22	15
社区卫生服务站	163	83	25	0	46	9	77	34	52
乡镇卫生院	35	35	0	0	0	0	34	1	0
村卫生室	1 096	40	959	41	38	18	9	1 087	0

续表 （单位：间）

卫生机构分类	合计	按经济类型分					按设置主办单位分		
		国有	集体	联营	私营	其他	政府办	社会办	个人办
门诊部	559	62	20	2	439	36	4	126	429
综合门诊部	376	48	15	1	293	19	3	86	287
中医门诊部	47	3	1	1	34	8	0	13	34
中西医结合门诊部	10	0	1	0	8	1	0	1	9
专科门诊部	126	11	3	0	104	8	1	26	99
诊所、卫生所、医务室	1 184	369	69	8	651	87	26	505	653
诊所	655	6	7	2	634	6	1	22	632
卫生所、医务室	529	363	62	6	17	81	25	483	21
3. 专业公共卫生机构	73	70	2	0	0	1	67	5	1
疾病预防控制中心	18	18	0	0	0	0	14	4	0
专科疾病防治院（所、站）	10	7	2	0	0	1	9	0	1
健康教育所（站、中心）	5	5	0	0	0	0	5	0	0
妇幼保健院（所、站）	15	15	0	0	0	0	15	0	0
急救中心（站）	5	5	0	0	0	0	5	0	0
采供血机构	5	5	0	0	0	0	5	0	0
卫生监督所（中心）	15	15	0	0	0	0	14	1	0
4. 其他卫生机构	27	23	0	2	1	1	17	10	0
疗养院	10	10	0	0	0	0	5	5	0
医学科学研究机构	5	5	0	0	0	0	5	0	0
医学在职培训机构	1	1	0	0	0	0	1	0	0
临床检验中心（所、站）	6	2	0	2	1	1	1	5	0
统计信息中心	1	1	0	0	0	0	1	0	0
其他	4	4	0	0	0	0	4	0	0

2012年广州市卫生机构、床位、人员数按机构类别分类情况

卫生机构分类	机构个数	床位个数	人员数/人										
			合计	卫生技术人员							其他技术人员	管理人员	工勤技能人员
				小计	执业（助理）医师		注册护士	药剂师（士）	技师（士）	其他			
					小计	内：执业医师							
总计	3 511	70 649	131 705	106 708	37 442	34 616	44 670	7 366	6 524	10 706	4 250	6 763	12 216
1. 医院	224	62 194	93 763	76 208	24 520	23 676	34 675	5 080	4 308	7 625	3 177	5 281	9 097
综合医院	134	41 117	63 339	51 676	16 288	15 709	23 709	3 065	3 014	5 600	1 992	3 688	5 983
中医医院	28	9 169	14 115	11 941	4 310	4 215	5 134	1 303	522	672	506	534	1 134
中西医结合医院	3	250	530	284	164	162	75	18	7	20	38	59	149

续表

卫生机构分类	机构个数	床位个数	人员数/人										
			合计	卫生技术人员							其他技术人员	管理人员	工勤技能人员
				小计	执业（助理）医师		注册护士	药剂师（士）	技师（士）	其他			
					小计	内：执业医师							
专科医院	58	11 508	15 600	12 212	3 739	3 571	5 696	688	759	1 330	635	970	1 783
护理院	1	150	179	95	19	19	61	6	6	3	6	30	48
2. 基层医疗卫生机构	3 187	4 511	26 795	21 741	10 100	8 277	7 061	1 909	1 138	1 533	483	661	2 142
社区卫生服务中心（站）	313	2 435	10 389	8 877	3 739	3 199	2 999	988	478	673	401	433	678
社区卫生服务中心	150	2 434	9 077	7 766	3 263	2 839	2 658	851	422	572	348	379	584
社区卫生服务站	163	1	1 312	1 111	476	360	341	137	56	101	53	54	94
乡镇卫生院	35	2 050	3 706	3 189	1 137	823	1 270	280	229	273	82	228	207
村卫生室	1 096	0	2 196	458	341	133	117	0	—	—	—	—	—
门诊部	559	26	6 518	5 409	2 575	2 179	1 597	491	377	369	—	—	1 085
诊所、卫生所、医务室	1 184	0	3 986	3 808	2 308	1 943	1 078	150	54	218	—	—	172
诊所	655	0	2 286	2 192	1 377	1 116	595	85	21	114	—	—	91
卫生所、医务室	529	0	1 700	1 616	931	827	483	65	33	104	—	—	81
3. 专业公共卫生机构	73	2 431	9 091	7 361	2 450	2 315	2 599	338	850	1 124	462	606	662
疾病预防控制中心	18	0	1 801	1 401	713	660	114	24	420	130	121	129	150
专科疾病防治院（所、站）	10	106	801	585	237	227	160	59	56	73	55	58	103
健康教育所（站、中心）	5	0	68	29	14	13	0	0	0	15	17	18	4
妇幼保健院（所、站）	15	2 325	5 303	4 511	1 426	1 361	2 103	250	296	436	203	262	327
急救中心（站）	5	0	79	34	6	5	18	0	3	7	2	37	6
采供血机构	5	0	503	361	54	49	204	5	75	23	44	51	47
卫生监督所（中心）	15	0	536	440	—	—	—	—	—	440	20	51	25
4. 其他卫生机构	27	1 513	2 056	1 398	372	348	335	39	228	424	128	215	315
疗养院	10	1 513	882	584	243	220	226	36	50	29	46	103	149
医学科学研究机构	5	0	0	0	0	0	0	0	0	0	0	0	0
医学在职培训机构	1	0	13	0	0	0	0	0	0	0	10	1	2
临床检验中心（所、站）	6	0	1 082	774	124	124	102	0	176	372	50	99	159
统计信息中心	1	0	16	0	0	0	0	0	0	0	9	6	1
其他	4	0	63	40	5	4	7	3	2	23	13	6	4

备注：不含乡镇卫生院在村卫生室工作的执业（助理）医师、注册护士数

2012年广州市卫生机构房屋建筑面积、万元以上设备数

卫生机构分类	房屋建筑面积/平方米			租房面积/平方米		万元以上设备总价值/万元	万元以上设备数/台				
	合计	业务用房面积	危房面积	合计	业务用房面积		合计	10万元以下	10万~50万元	50万~100万元	100万元以上
总计	7 869 748	5 710 215	23 726	849 326	727 691	1 887 774	106 606	81 814	19 132	3 189	2 471
1．医院	5 850 880	4 617 028	13 470	573 732	470 875	1 582 944	89 853	68 344	16 584	2 686	2 239
综合医院	4 085 939	3 210 107	9 505	350 334	296 485	974 333	57 467	43 346	10 970	1 703	1 448
中医医院	893 061	707 239	765	64 919	56 886	316 894	14 196	10 639	2 657	484	416
中西医结合医院	69 130	49 831	0	740	710	3 862	251	44	188	12	7
专科医院	758 806	640 927	3 200	157 739	116 794	287 418	17 913	14 300	2 760	486	367
2．基层医疗卫生机构	1 165 175	470 825	9 906	179 252	165 274	56 615	5 909	4 989	810	77	33
社区卫生服务中心（站）	340 326	297 841	1 483	164 378	152 604	40 189	3 717	3 115	529	53	20
社区卫生服务中心	300 909	264 122	1 483	129 143	121 191	38 438	3 461	2 908	482	51	20
社区卫生服务站	39 417	33 719	0	35 235	31 413	1 751	256	207	47	2	0
乡镇卫生院	269 914	172 984	8 423	14 874	12 670	16 426	2 192	1 874	281	24	13
村卫生室	109 179	—	—	—	—	—	—	—	—	—	—
门诊部	281 678	0	0	0	0	0	0	0	0	0	0
诊所、卫生所、医务室	164 078	—	—	—	—	—	—	—	—	—	—
诊所	92 762	—	—	—	—	—	—	—	—	—	—
卫生所、医务室	71 316	—	—	—	—	—	—	—	—	—	—
3．专业公共卫生机构	627 492	493 324	350	71 986	68 500	234 084	10 326	8 151	1 618	395	162
疾病预防控制中心	223 669	146 269	0	3 206	2 493	40 241	3 630	2 897	540	147	46
专科疾病防治院（所、站）	119 224	111 448	0	4 686	3 978	8 814	654	482	137	19	16
健康教育所（站、中心）	3 935	3 629	350	0	0	513	93	81	12	0	0
妇幼保健院（所、站）	218 060	179 292	0	53 745	53 280	157 261	4 115	3 250	711	80	74
急救中心（站）	1 600	1 300	0	850	850	9 235	319	198	16	103	2
采供血机构	40 144	30 829	0	1 596	1 496	17 407	1 515	1 243	202	46	24
卫生监督所（中心）	20 860	20 557	0	7 903	6 403	613	0	0	0	0	0
4．其他卫生机构	226 201	129 038	0	24 356	23 042	14 131	518	330	120	31	37
疗养院	212 197	115 625	0	648	648	10 560	299	159	93	20	27
医学在职培训机构	10 496	10 496	0	0	0	0	0	0	0	0	0
临床检验中心（所、站）	0	0	0	22 502	21 188	2 754	156	120	21	5	10
统计信息中心	0	0	0	432	432	707	49	41	2	6	0
其他	3 508	2 917	0	774	774	110	14	10	4	0	0

2012年广州市卫生机构专业卫生人员分类构成情况

分类	总计/%	卫生技术人员/%							其他技术人员/%	管理人员/%	工勤技能人员/%
		合计	执业（助理）医师		注册护士	药剂师（士）	技师（士）	其他			
			小计	内：执业医师							
总计	100.00	100.00	100.00	100.00	100.00	100.00	100.00	100.00	100.00	100.00	100.00
按性别分											
男	31.53	29.03	55.83	55.98	2.48	30.97	46.26	38.06	38.89	42.65	46.45
女	68.47	70.97	44.17	44.02	97.52	69.03	53.74	61.94	61.11	57.35	53.55
按年龄分											
25岁以下	8.71	9.19	0.04	0.02	15.48	5.10	3.79	18.66	6.23	2.31	8.83
25～34	42.37	44.72	32.93	31.73	49.86	46.64	43.17	61.05	42.40	26.63	28.87
35～44	26.60	26.29	32.19	32.03	25.11	26.32	30.77	10.10	28.37	29.93	26.99
45～54	15.73	13.69	21.74	22.57	8.35	15.42	15.68	7.18	17.37	31.15	25.78
55～59	3.68	3.08	5.63	5.80	0.93	4.80	4.37	1.77	4.09	7.26	7.19
60岁及以上	2.91	3.03	7.46	7.85	0.27	1.72	2.23	1.25	1.53	2.73	2.34
按工龄分											
5年以下	26.10	26.77	14.56	14.32	29.57	21.92	19.84	60.58	26.41	13.67	26.87
5～9年	20.62	21.07	19.98	19.53	22.91	21.00	20.73	17.53	20.01	13.48	20.68
10～19年	24.56	25.14	26.81	26.37	27.26	25.75	28.53	9.56	23.31	21.82	21.04
20～29年	17.51	17.08	22.33	22.95	15.32	16.82	18.54	7.02	16.72	28.39	15.51
30年及以上	11.21	9.94	16.32	16.83	4.94	14.51	12.36	5.31	13.54	22.63	15.89
按学位分											
博士	2.71	3.06	7.40	7.92	0.02	0.51	1.30	3.95	1.55	2.23	—
硕士	8.12	8.96	20.90	22.33	0.29	2.50	6.48	10.88	5.09	10.04	—
学士	22.24	24.17	38.07	40.37	10.16	23.31	29.46	32.92	23.29	27.58	—
按学历分											
研究生	10.59	11.76	27.59	29.49	0.26	3.05	7.29	14.98	6.47	11.52	0.30
大学本科	30.65	32.17	47.22	49.68	16.88	31.30	40.29	40.82	34.84	45.44	5.48
大专	32.19	33.42	17.54	15.10	47.71	32.98	32.88	27.95	34.38	27.83	22.01
中专及中技	20.61	21.61	7.13	5.38	34.55	27.36	17.87	14.85	17.40	9.93	18.47
技校	0.27	0.09	0.02	0.01	0.10	0.24	0.11	0.15	0.29	0.14	2.06
高中及以下	5.70	0.96	0.50	0.34	0.50	5.08	1.54	1.25	6.61	5.14	51.69
按所学专业分											
医学类	76.21	89.19	92.12	92.35	89.31	85.00	84.41	85.19	18.76	34.36	—

续表

分类	总计/%	卫生技术人员/%							其他技术人员/%	管理人员/%	工勤技能人员/%
		合计	执业（助理）医师		注册护士	药剂师（士）	技师（士）	其他			
			小计	内：执业医师							
其中：基础医学	0.86	0.94	1.39	1.45	0.01	0.18	3.64	2.02	0.97	0.90	—
预防医学	1.95	2.15	4.00	3.86	0.04	0.11	1.95	5.64	0.93	2.67	—
临床医学	22.48	26.19	64.65	64.63	0.35	0.86	11.28	28.82	3.55	13.26	—
医学技术	5.46	6.32	2.79	2.75	0.10	0.46	64.21	12.70	3.43	2.15	—
口腔医学	1.95	2.28	5.73	5.00	0.02	0.01	0.26	2.66	0.23	1.07	—
中医学	4.50	5.23	13.23	13.37	0.07	1.10	0.30	5.32	1.14	2.44	—
护理学	33.79	39.98	0.18	0.17	88.63	0.97	2.34	25.10	6.08	9.81	—
药学	5.19	6.05	0.11	0.09	0.06	81.28	0.38	2.90	2.39	1.96	—
卫生管理	0.60	0.20	0.16	0.15	0.07	0.17	0.16	0.79	2.39	6.83	—
经济学	1.89	0.14	0.03	0.02	0.09	0.25	0.13	0.58	24.42	17.86	—
法学	0.19	0.04	0.02	0.02	0.01	0.04	0.02	0.19	0.79	2.58	—
其他	21.70	10.63	7.83	7.83	10.58	14.71	15.44	14.05	56.03	45.20	—
按技术资格分											
正高	2.25	2.41	6.33	6.77	0.07	0.69	1.28	0.94	0.24	4.69	—
副高	7.00	7.72	18.78	20.08	1.17	2.79	7.20	2.11	2.93	9.74	—
中级	16.94	18.54	27.92	29.80	14.10	15.49	22.57	6.36	14.64	20.86	—
助理/师级	29.38	33.11	38.28	37.72	28.54	39.07	37.30	28.73	26.36	19.84	—
员/士	23.81	27.04	3.57	0.71	46.51	33.03	22.13	23.42	27.36	8.96	—
无职称	20.62	11.19	5.11	4.91	9.62	8.93	9.52	38.44	28.47	35.90	—
按聘任技术职务分											
正高	2.44	2.34	6.14	6.57	0.07	0.65	1.15	1.01	0.36	6.19	—
副高	7.82	7.77	18.81	20.12	1.22	2.84	7.18	2.18	2.76	12.84	—
中级	18.81	18.63	28.67	30.57	13.63	15.41	22.71	6.48	13.79	26.48	—
助理/师级	34.15	34.45	40.90	39.52	29.90	39.83	37.34	26.95	31.69	30.01	—
员/士	26.77	27.41	3.14	0.89	47.26	35.67	24.26	22.34	28.03	12.78	—
待聘	10.01	9.40	2.33	2.33	7.93	5.60	7.36	41.05	23.36	11.70	—

（二）医疗卫生资源与利用

1．医疗卫生资源情况

（1）医疗机构基本情况

2012年广州市医疗机构、床位、人员情况

机构分类	机构个数	床位个数	人员数/人										
			合计	卫生技术人员							其他技术人员	管理人员	工勤技能人员
				小计	执业（助理）医师		注册护士	药剂师（士）	技师（士）	其他			
					小计	内：执业医师							
总计	3 457	70 649	128 705	104 437	36 656	33 890	44 345	7 334	6 027	10 075	4 016	6 501	11 983
1．医院	224	62 194	93 763	76 208	24 520	23 676	34 675	5 080	4 308	7 625	3 177	5 281	9 097
综合医院	134	41 117	63 339	51 676	16 288	15 709	23 709	3 065	3 014	5 600	1 992	3 688	5 983
中医医院	28	9 169	14 115	11 941	4 310	4 215	5 134	1 303	522	672	506	534	1 134
中西医结合医院	3	250	530	284	164	162	75	18	7	20	38	59	149
专科医院	58	11 508	15 600	12 212	3 739	3 571	5 696	688	759	1 330	635	970	1 783
护理院	1	150	179	95	19	19	61	6	6	3	6	30	48
2．基层医疗卫生机构	3 187	4 511	26 795	21 741	10 100	8 277	7 061	1 909	1 138	1 533	483	661	2 142
社区卫生服务中心（站）	313	2 435	10 389	8 877	3 739	3 199	2 999	988	478	673	401	433	678
社区卫生服务中心	150	2 434	9 077	7 766	3 263	2 839	2 658	851	422	572	348	379	584
社区卫生服务站	163	1	1 312	1 111	476	360	341	137	56	101	53	54	94
乡镇卫生院	35	2 050	3 706	3 189	1 137	823	1 270	280	229	273	82	228	207
村卫生室	1 096	0	2 196	458	341	133	117	—	—	—	—	—	—
门诊部	559	26	6 518	5 409	2 575	2 179	1 597	491	377	369	—	—	1 085
诊所、卫生所、医务室	1 184	0	3 986	3 808	2 308	1 943	1 078	150	54	218	—	—	172
诊所	655	0	2 286	2 192	1 377	1 116	595	85	21	114	—	—	91
卫生所、医务室	529	0	1 700	1 616	931	827	483	65	33	104	—	—	81
3．专业公共卫生机构	30	2 431	6 183	5 130	1 669	1 593	2 281	309	355	516	260	357	436
专科疾病防治院（所、站）	10	106	801	585	237	227	160	59	56	73	55	58	103
妇幼保健院（所、站）	15	2 325	5 303	4 511	1 426	1 361	2 103	250	296	436	203	262	327
急救中心（站）	5	0	79	34	6	5	18	0	3	7	2	37	6
4．其他卫生机构	16	1 513	1 964	1 358	367	344	328	36	226	401	96	202	308
疗养院	10	1 513	882	584	243	220	226	36	50	29	46	103	149
临床检验中心（所、站）	6	0	1 082	774	124	124	102	0	176	372	50	99	159

备注：不含乡镇卫生院在村卫生室工作的执业（助理）医师、注册护士数

2012年广州市医疗机构、床位、人员情况（非营利性）

机构分类	机构个数	床位个数	人员数/人										
			合计	卫生技术人员							其他技术人员	管理人员	工勤技能人员
				小计	执业（助理）医师		注册护士	药剂师（士）	技师（士）	其他			
					小计	内：执业医师							
总计	2 222	65 706	111 951	91 342	31 238	29 327	39 696	6 490	5 237	8 681	3 519	5 754	9 643
1．医院	165	57 278	86 083	70 820	22 862	22 237	32 159	4 742	4 006	7 051	2 731	4 632	7 900
综合医院	106	39 376	59 903	49 425	15 484	15 014	22 688	2 921	2 880	5 452	1 789	3 305	5 384
中医医院	25	8 561	13 067	11 030	4 056	3 968	4 734	1 228	469	543	426	519	1 092
中西医结合医院	3	250	530	284	164	162	75	18	7	20	38	59	149
专科医院	30	8 941	12 404	9 986	3 139	3 074	4 601	569	644	1 033	472	719	1 227
护理院	1	150	179	95	19	19	61	6	6	3	6	30	48
2．基层医疗卫生机构	2 015	4 484	18 688	14 717	6 429	5 242	5 003	1 403	798	1 084	482	658	1 138
社区卫生服务中心（站）	307	2 434	10 273	8 774	3 699	3 166	2 970	975	470	660	400	430	669
社区卫生服务中心	149	2 434	9 052	7 745	3 257	2 833	2 652	850	420	566	347	378	582
社区卫生服务站	158	0	1 221	1 029	442	333	318	125	50	94	53	52	87
乡镇卫生院	35	2 050	3 706	3 189	1 137	823	1 270	280	229	273	82	228	207
村卫生室	1 072	0	2 136	452	335	131	117	—	—	—	—	—	—
门诊部	82	0	929	749	353	311	195	83	67	51	—	—	174
诊所、卫生所、医务室	519	0	1 644	1 553	905	811	451	65	32	100	—	—	88
诊所	13	0	44	37	24	23	7	3	1	2	—	—	7
卫生所、医务室	506	0	1 600	1 516	881	788	444	62	31	98	—	—	81
3．专业公共卫生机构	30	2 431	6 183	5 130	1 669	1 593	2 281	309	355	516	260	357	436
专科疾病防治院（所、站）	10	106	801	585	237	227	160	59	56	73	55	58	103
妇幼保健院（所、站）	15	2 325	5 303	4 511	1 426	1 361	2 103	250	296	436	203	262	327
急救中心（站）	5	0	79	34	6	5	18	0	3	7	2	37	6
4．其他卫生机构	12	1 513	997	675	278	255	253	36	78	30	46	107	169
疗养院	10	1 513	882	584	243	220	226	36	50	29	46	103	149
临床检验中心（所、站）	2	0	115	91	35	35	27	0	28	1	0	4	20

备注：不含乡镇卫生院在村卫生室工作的执业（助理）医师、注册护士数

2012年广州市医疗机构、床位、人员情况（营利性）

机构分类	机构个数	床位个数	人员数/人										
			合计	卫生技术人员							其他技术人员	管理人员	工勤技能人员
				小计	执业（助理）医师		注册护士	药剂师（士）	技师（士）	其他			
					小计	内：执业医师							
总计	1 235	4 943	16 754	13 095	5 418	4 563	4 649	844	790	1 394	497	747	2 340
1．医院	59	4 916	7 680	5 388	1 658	1 439	2 516	338	302	574	446	649	1 197
综合医院	28	1 741	3 436	2 251	804	695	1 021	144	134	148	203	383	599
中医医院	3	608	1 048	911	254	247	400	75	53	129	80	15	42
专科医院	28	2 567	3 196	2 226	600	497	1 095	119	115	297	163	251	556
2．基层医疗卫生机构	1 172	27	8 107	7 024	3 671	3 035	2 058	506	340	449	1	3	1 004
社区卫生服务中心（站）	6	1	116	103	40	33	29	13	8	13	1	3	9
社区卫生服务中心	1	0	25	21	6	6	6	1	2	6	1	1	2
社区卫生服务站	5	1	91	82	34	27	23	12	6	7	0	2	7
村卫生室	24	0	60	6	6	2	—	—	—	—	—	—	—
门诊部	477	26	5 589	4 660	2 222	1 868	1 402	408	310	318	—	—	911
诊所、卫生所、医务室	665	0	2 342	2 255	1 403	1 132	627	85	22	118	—	—	84
诊所	642	0	2 242	2 155	1 353	1 093	588	82	20	112	—	—	84
卫生所、医务室	23	0	100	100	50	39	39	3	2	6	—	—	0
3．其他卫生机构	4	0	967	683	89	89	75	0	148	371	50	95	139
临床检验中心（所、站）	4	0	967	683	89	89	75	0	148	371	50	95	139

备注：不含乡镇卫生院在村卫生室工作的执业（助理）医师、注册护士数

2012年广州市医疗机构、床位、人员情况（公立）

机构分类	机构个数	床位个数	人员数/人										
			合计	卫生技术人员							其他技术人员	管理人员	工勤技能人员
				小计	执业(助理)医师		注册护士	药剂师（士）	技师（士）	其他			
					小计	内：执业医师							
总计	1 988	64 839	109 195	88 986	30 067	28 420	38 999	6 279	5 092	8 549	3 424	5 687	9 552
1．医院	153	56 817	85 664	70 362	22 546	21 993	32 054	4 713	3 971	7 078	2 706	4 655	7 941
综合医院	97	38 462	58 872	48 542	15 156	14 762	22 304	2 867	2 820	5 395	1 752	3 252	5 326
中医医院	24	8 541	13 037	11 004	4 043	3 958	4 725	1 226	467	543	426	516	1 091
中西医结合医院	3	250	530	284	164	162	75	18	7	20	38	59	149
专科医院	28	9 414	13 046	10 437	3 164	3 092	4 889	596	671	1 117	484	798	1 327
护理院	1	150	179	95	19	19	61	6	6	3	6	30	48

续表

机构分类	机构个数	床位个数	人员数/人										
			合计	卫生技术人员							其他技术人员	管理人员	工勤技能人员
				小计	执业（助理）医师		注册护士	药剂师（士）	技师（士）	其他			
					小计	内：执业医师							
2. 基层医疗卫生机构	1 794	4 078	16 361	12 828	5 579	4 584	4 415	1 221	688	925	412	568	1 007
社区卫生服务中心（站）	240	2 028	8 392	7 168	3 023	2 652	2 463	808	361	513	330	340	554
社区卫生服务中心	132	2 028	7 978	6 835	2 890	2 544	2 347	770	353	475	309	320	514
社区卫生服务站	108	0	414	333	133	108	116	38	8	38	21	20	40
乡镇卫生院	35	2 050	3 706	3 189	1 137	823	1 270	280	229	273	82	228	207
村卫生室	999	0	1 957	422	312	123	110	—	—	—	—	—	—
门诊部	82	0	901	731	342	298	190	76	67	56	—	—	164
诊所、卫生所、医务室	438	0	1 405	1 318	765	688	382	57	31	83	—	—	82
诊所	13	0	53	48	27	26	10	6	2	3	—	—	3
卫生所、医务室	425	0	1 352	1 270	738	662	372	51	29	80	—	—	79
3. 专业公共卫生机构	29	2 431	6 173	5 121	1 664	1 558	2 277	309	355	516	260	357	435
专科疾病防治院（所、站）	9	106	791	576	232	222	156	59	56	73	55	58	102
妇幼保健院（所、站）	15	2 325	5 303	4 511	1 426	1 361	2 103	250	296	436	203	262	327
急救中心（站）	5	0	79	34	6	5	18	0	3	7	2	37	6
4. 其他卫生机构	12	1 513	997	675	278	255	253	36	78	30	46	107	169
疗养院	10	1 513	882	584	243	220	226	36	50	29	46	103	149
临床检验中心（所、站）	2	0	115	91	35	35	27	0	28	1	0	4	20

备注：不含乡镇卫生院在村卫生室工作的执业（助理）医师、注册护士数

2012年广州市医疗机构、床位、人员情况（民营）

机构分类	机构个数	床位个数	人员数/人										
			合计	卫生技术人员							其他技术人员	管理人员	工勤技能人员
				小计	执业（助理）医师		注册护士	药剂师（士）	技师（士）	其他			
					小计	内：执业医师							
总计	1 469	5 810	19 510	15 451	6 589	5 470	5 346	1 055	935	1 526	592	814	2 431
1. 医院	71	5 377	8 099	5 846	1 974	1 683	2 621	367	337	547	471	626	1 156
综合医院	37	2 655	4 467	3 134	1 132	947	1 405	198	194	205	240	436	657
中医医院	4	628	1 078	937	267	257	409	77	55	129	80	18	43

续表

机构分类	机构个数	床位个数	人员数/人										
			合计	卫生技术人员							其他技术人员	管理人员	工勤技能人员
				小计	执业（助理）医师		注册护士	药剂师（士）	技师（士）	其他			
					小计	内：执业医师							
专科医院	30	2 094	2 554	1 775	575	479	807	92	88	213	151	172	456
2. 基层医疗卫生机构	1 393	433	10 434	8 913	4 521	3 693	2 646	688	450	608	71	93	1 135
社区卫生服务中心（站）	73	407	1 997	1 709	716	547	536	180	117	160	71	93	124
社区卫生服务中心	18	406	1 099	931	373	295	311	81	69	97	39	59	70
社区卫生服务站	55	1	898	778	343	252	225	99	48	63	32	34	54
村卫生室	97	0	239	36	29	10	7	—	—	—	—	—	—
门诊部	477	26	5 617	4 678	2 233	1 881	1 407	415	310	313	—	—	921
诊所、卫生所、医务室	746	0	2 581	2 490	1 543	1 255	696	93	23	135	—	—	90
诊所	642	0	2 233	2 144	1 350	1 090	585	79	19	111	—	—	88
卫生所、医务室	104	0	348	346	193	165	111	14	4	24	—	—	2
3. 其他卫生机构	4	0	967	683	89	89	75	0	148	371	50	95	139
临床检验中心（所、站）	4	0	967	683	89	89	75	0	148	371	50	95	139

备注：不含乡镇卫生院在村卫生室工作的执业（助理）医师、注册护士数

2012年广州市医疗机构、床位、人员情况（政府办）

机构分类	机构个数	床位个数	人员数/人										
			合计	卫生技术人员							其他技术人员	管理人员	工勤技能人员
				小计	执业（助理）医师		注册护士	药剂师（士）	技师（士）	其他			
					小计	内：执业医师							
总计	494	60 008	99 166	82 149	27 161	25 968	36 430	5 837	4 748	7 973	3 250	5 140	8 560
1. 医院	125	53 118	81 258	67 146	21 504	21 045	30 596	4 522	3 808	6 716	2 576	4 217	7 319
综合医院	75	35 944	56 147	46 434	14 453	14 112	21 380	2 729	2 702	5 170	1 713	3 008	4 992
中医医院	24	8 541	13 037	11 004	4 043	3 958	4 725	1 226	467	543	426	516	1 091
中西医结合医院	1	0	0	0	0	0	0	0	0	0	0	0	0
专科医院	24	8 483	11 895	9 613	2 989	2 956	4 430	561	633	1 000	431	663	1 188
护理院	1	150	179	95	19	19	61	6	6	3	6	30	48
2. 基层医疗卫生机构	263	3 580	11 160	9 497	3 818	3 177	3 419	985	555	720	381	504	711
社区卫生服务中心（站）	190	1 548	7 187	6 140	2 588	2 265	2 102	700	305	445	300	279	468
社区卫生服务中心	113	1 548	7 087	6 059	2 557	2 239	2 078	688	303	433	294	275	459
社区卫生服务站	77	0	100	81	31	26	24	12	2	12	6	4	9

续表

机构分类	机构个数	床位个数	人员数/人 合计	卫生技术人员 小计	执业（助理）医师 小计	执业（助理）医师 内：执业医师	注册护士	药剂师（士）	技师（士）	其他	其他技术人员	管理人员	工勤技能人员
乡镇卫生院	34	2 032	3 677	3 168	1 128	818	1 263	279	227	271	81	225	203
村卫生室	80	0	65	0	0	0	0	—	—	—	—	—	—
门诊部	4	0	67	44	20	19	10	3	11	—	—	—	23
诊所、卫生所、医务室	26	0	164	145	82	75	44	3	12	4	—	—	17
卫生所、医务室	25	0	162	143	81	74	44	3	12	3	—	—	17
3. 专业公共卫生机构	29	2 431	6 173	5 121	1 664	1 588	2 277	309	355	516	260	357	435
专科疾病防治院（所、站）	9	106	791	576	232	222	156	59	56	73	55	58	102
妇幼保健院（所、站）	15	2 325	5 303	4 511	1 426	1 361	2 103	250	296	436	203	262	327
急救中心（站）	5	0	79	34	6	5	18	0	3	7	2	37	6
4. 其他卫生机构	6	879	575	385	175	158	138	21	30	21	33	62	95
疗养院	5	879	575	385	175	158	138	21	30	21	33	62	95
临床检验中心（所、站）	5	0	0	0	0	0	0	0	0	0	0	0	0

备注：不含乡镇卫生院在村卫生室工作的执业（助理）医师、注册护士数

2012年广州市医疗机构按床位分组情况

（单位：个）

机构分类	总计	0~49张	50~99张	100~199张	200~299张	300~399张	400~499张	500~799张	800张及以上
总计	239	80	38	46	18	13	4	16	24
医院合计	224	76	36	41	16	12	4	16	23
综合医院	134	42	18	30	9	10	3	5	17
中医医院	28	8	4	4	4	1	1	3	3
中西医结合医院	3	2	0	0	1	0	0	0	0
专科医院	58	24	14	6	2	1	0	8	3
护理院	1	0	0	1	0	0	0	0	0
妇幼保健院	14	4	2	4	2	1	0	0	1
专科疾病防治院	1	0	0	1	0	0	0	0	0

2012年广州市医疗机构分科床位、门急诊人次及出院人数（合计）

分科	实有床位		门急诊人次		出院人数	
	小计/张	构成/%	小计/人次	构成/%	小计/人	构成/%
总计	70 649	100.00	107 450 092	100.00	2 203 365	100.00
预防保健科	7	0.01	2 900 280	2.70	27	0.00
全科医疗科	1 047	1.48	7 532 355	7.01	21 409	0.97
内科	14 136	20.01	19 849 766	18.47	446 271	20.25
外科	13 297	18.82	5 304 067	4.94	379 432	17.22
妇产科	6 171	8.73	7 529 112	7.01	301 660	13.69
妇女保健科	0	0.00	62 505	0.06	0	0.00
儿科	3 397	4.81	8 119 162	7.56	161 037	7.31
小儿外科	380	0.54	62 789	0.06	13 163	0.60
儿童保健科	0	0.00	110 137	0.10	0	0.00
眼科	786	1.11	1 775 354	1.65	53 297	2.42
耳鼻咽喉科	953	1.35	1 831 092	1.70	33 809	1.53
口腔科	378	0.54	3 241 073	3.02	9 807	0.45
皮肤科	286	0.40	1 938 369	1.80	7 022	0.32
医疗美容科	165	0.23	128 874	0.12	4 904	0.22
精神科	4 590	6.50	951 163	0.89	13 645	0.62
传染科	1 182	1.67	874 471	0.81	24 221	1.10
结核病科	372	0.53	227 286	0.21	7 454	0.34
肿瘤科	3 711	5.25	814 636	0.76	132 609	6.02
急诊医学科	138	0.20	3 925 807	3.65	4 175	0.19
康复医学科	2 507	3.55	1 738 445	1.62	22 470	1.02
运动医学科	40	0.06	67 286	0.06	141	0.01
职业病科	35	0.05	12 950	0.01	354	0.02
临终关怀科	86	0.12	0	0.00	527	0.02
疼痛科	62	0.09	64 460	0.06	1 686	0.08
重症医学科	680	0.96	6 646	0.01	9 428	0.43
中医科	3 149	4.46	10 187 299	9.48	76 242	3.46
中西医结合科	467	0.66	265 160	0.25	7 722	0.35
其他	12 627	17.87	27 929 548	25.99	470 853	21.37

备注：不包含村卫生室、门诊部和诊所、卫生所、医务室的门急诊人次

2012年广州市医疗机构分科床位、门急诊人次及出院人数（医院）

分科	实有床位		门急诊人次		出院人数	
	小计/张	构成/%	小计/人次	构成/%	小计/人	构成/%
总计	62 194	100.00	81 487 677	100.00	1 885 731	100.00
预防保健科	7	0.01	1 253 735	1.54	27	0.00
全科医疗科	226	0.36	475 906	0.58	3 121	0.17
内科	12 452	20.02	15 479 878	19.00	394 879	20.94
外科	12 454	20.02	4 466 661	5.48	355 441	18.85
妇产科	5 486	8.82	6 719 370	8.25	276 351	14.65
妇女保健科	0	0.00	62 505	0.08	0	0.00
儿科	3 312	5.33	7 484 444	9.18	159 485	8.46
小儿外科	380	0.61	62 789	0.08	13 163	0.70
儿童保健科	0	0.00	110 137	0.14	0	0.00
眼科	781	1.26	1 722 416	2.11	53 284	2.83
耳鼻咽喉科	930	1.50	1 688 928	2.07	33 744	1.79
口腔科	374	0.60	2 835 321	3.48	9 807	0.52
皮肤科	286	0.46	1 938 369	2.38	7 022	0.37
医疗美容科	165	0.27	71 858	0.09	4 904	0.26
精神科	4 590	7.38	951 163	1.17	13 645	0.72
传染科	1 145	1.84	870 579	1.07	24 221	1.28
结核病科	372	0.60	227 286	0.28	7 454	0.40
肿瘤科	3 711	5.97	814 636	1.00	132 609	7.03
急诊医学科	136	0.22	3 464 650	4.25	3 602	0.19
康复医学科	2 471	3.97	1 498 840	1.84	22 263	1.18
运动医学科	40	0.06	67 286	0.08	141	0.01
职业病科	35	0.06	12 950	0.02	354	0.02
临终关怀科	86	0.14	0	0.00	527	0.03
疼痛科	62	0.10	64 460	0.08	1 686	0.09
重症医学科	680	1.09	6 646	0.01	9 428	0.50
中医科	2 964	4.77	7 290 515	8.95	72 273	3.83
中西医结合科	467	0.75	115 548	0.14	7 722	0.41
其他	8 582	13.80	21 730 801	26.67	278 578	14.77

2012年广州市医疗机构分科床位、门急诊人次及出院人数（综合医院）

分科	实有床位		门急诊人次		出院人数	
	小计/张	构成/%	小计/人次	构成/%	小计/人	构成/%
总计	41 117	100.00	53 783 068	100.00	1 337 279	100.00
预防保健科	7	0.02	1 250 592	2.33	27	0.00
全科医疗科	166	0.40	379 883	0.71	2 721	0.20
内科	12 162	29.58	15 326 478	28.50	385 664	28.84
外科	11 833	28.78	4 380 863	8.15	342 906	25.64
妇产科	5 022	12.21	6 433 281	11.96	264 818	19.80
妇女保健科	0	0.00	62 505	0.12	0	0.00
儿科	2 142	5.21	4 240 665	7.88	103 104	7.71
小儿外科	192	0.47	6 143	0.01	5 192	0.39
儿童保健科	0	0.00	110 137	0.20	0	0.00
眼科	396	0.96	988 575	1.84	19 853	1.48
耳鼻咽喉科	930	2.26	1 688 320	3.14	33 744	2.52
口腔科	213	0.52	1 369 038	2.55	6 383	0.48
皮肤科	147	0.36	1 737 170	3.23	4 574	0.34
医疗美容科	90	0.22	60 162	0.11	2 570	0.19
精神科	1 196	2.91	373 646	0.69	5 206	0.39
传染科	639	1.55	385 869	0.72	13 672	1.02
结核病科	33	0.08	20 004	0.04	240	0.02
肿瘤科	1 736	4.22	175 253	0.33	55 249	4.13
急诊医学科	136	0.33	3 457 309	6.43	3 602	0.27
康复医学科	781	1.90	826 836	1.54	13 778	1.03
职业病科	35	0.09	12 950	0.02	354	0.03
临终关怀科	86	0.21	0	0.00	527	0.04
疼痛科	62	0.15	64 460	0.12	1 686	0.13
重症医学科	674	1.64	6 646	0.01	9 337	0.70
中医科	632	1.54	4 515 437	8.40	13 039	0.98
中西医结合科	228	0.55	38 377	0.07	4 190	0.31
其他	1 579	3.84	5 872 469	10.92	44 843	3.35

2012年广州市医疗机构分科床位、门急诊人次及出院人数（乡镇卫生院）

分科	实有床位		门急诊人次		出院人数	
	小计/张	构成/%	小计/人次	构成/%	小计/人	构成/%
总计	2 050	100.00	3 186 623	100.00	72 840	100.00
预防保健科	0	0.00	129 128	4.05	0	0.00
全科医疗科	265	12.93	667 943	20.96	6 840	9.39
内科	731	35.66	903 560	28.35	31 852	43.73
外科	544	26.54	417 321	13.10	17 801	24.44
妇产科	408	19.90	310 588	9.75	14 032	19.26
儿科	67	3.27	199 133	6.25	1 226	1.68
眼科	2	0.10	16 388	0.51	13	0.02
耳鼻咽喉科	22	1.07	26 039	0.82	65	0.09
口腔科	0	0.00	26 736	0.84	0	0.00
传染科	0	0.00	3 462	0.11	0	0.00
急诊医学科	0	0.00	154 501	4.85	0	0.00
康复医学科	0	0.00	18 572	0.58	0	0.00
中医科	11	0.54	169 517	5.32	672	0.92
其他	0	0.00	143 735	4.51	339	0.47

2012年广州市医疗机构分科床位、门急诊人次及出院人数（社区卫生服务中心）

分科	实有床位		门急诊人次		出院人数	
	小计/张	构成/%	小计/人次	构成/%	小计/人	构成/%
总计	2 434	100.00	13 197 080	100.00	54 197	100.00
预防保健科	0	0.00	1 349 279	10.22	0	0.00
全科医疗科	555	22.80	4 685 704	35.57	11 448	21.12
内科	953	39.15	2 980 968	22.59	19 540	36.05
外科	299	12.28	378 601	2.87	6 190	11.42
妇产科	277	11.38	437 260	3.31	11 277	20.81
儿科	18	0.74	316 626	2.40	326	0.60
眼科	3	0.12	36 247	0.27	0	0.00
耳鼻咽喉科	1	0.04	114 556	0.87	0	0.00
口腔科	4	0.16	179 076	1.36	0	0.00
传染科	37	1.52	407	0.00	0	0.00
急诊医学科	2	0.08	290 618	2.20	573	1.06
康复医学科	36	1.48	190 008	1.44	207	0.38
中医科	174	7.15	1 965 351	14.89	3 297	6.08
其他	75	3.08	272 379	2.06	1 339	2.47

2012年广州市医疗机构分级情况

（单位：间）

等级	医院					妇幼保健院	专科疾病防治院
	合计	其中					
		综合医院	中医医院	中西医结合医院	专科医院		
总计	224	134	28	3	58	14	1
三级	38	22	5	0	11	3	0
三级甲等	26	17	4	0	5	3	0
三级乙等	1	1	0	0	0	0	0
未评等次	11	4	1	0	6	0	0
二级	40	25	11	0	4	7	1
二级甲等	28	20	7	0	1	7	0
未评等次	12	5	4	0	3	0	1
一级	34	30	3	1	0	2	0
一级甲等	27	24	2	1	0	2	0
未评等次	7	6	1	0	0	0	0
其他	112	57	9	2	43	2	0

2012年广州市医院、妇幼保健院、专科疾病防治所医疗设备拥有情况

（单位：台）

设备名称	设备台数	按产地分		按购进时新旧分		设备使用情况		
		进口	国产/合资	新设备	二手设备	启用	未启用	报废
800mA及以上数字减影血管造影X线机	68	60	8	67	1	67	1	0
800mA及以上医用X线诊断机（不含DSA）	108	95	13	107	1	108	0	0
500～800mA医用X线诊断机	364	191	173	363	1	362	2	0
移动式X线诊断机	239	145	94	239	0	238	1	0
X线电子计算机断层扫描装置（CT）	129	110	19	126	3	129	0	0
X线-正电子发射计算机断层扫描仪（PET）	8	6	2	8	0	8	0	0
单光子发射型电子计算机断层扫描仪（ECT）	20	19	1	20	0	20	0	0
医用电子直线加速器（LA）	25	21	4	25	0	24	1	0
医用电子回旋加速治疗系统	10	4	6	10	0	10	0	0
质子治疗系统	33	7	26	33	0	33	0	0
伽玛射线立体定位治疗系统（γ刀）	13	4	9	13	0	12	1	0
钴-60治疗机	4	3	1	4	0	4	0	0
医用磁共振成像设备（核磁，MRI）	49	45	4	49	0	49	0	0
彩色脉冲多普勒超声诊断仪（彩超）	679	565	114	676	3	679	0	0
B型超声诊断仪	781	540	241	781	0	760	3	18
医学图像存档传输系统（PACS，套）	92	44	48	92	0	92	0	0

续表（单位：台）

设备名称	设备台数	按产地分		按购进时新旧分		设备使用情况		
		进口	国产/合资	新设备	二手设备	启用	未启用	报废
危重病人监护系统（ICU，套）	1 163	603	560	1 163	0	1 161	2	0
有创呼吸机	1 017	914	103	1 014	3	1 015	2	0
无创呼吸机	776	670	106	775	1	774	2	0
高压氧舱	111	7	104	108	3	110	1	0
人工肾透析装置	856	795	61	845	11	852	4	0
牙科综合治疗台	1 548	1 195	353	1 541	7	1 548	0	0
全自动生化分析仪	369	286	83	367	2	368	1	0
血液酸碱气体分析仪	234	210	24	234	0	232	2	0
救护车	341	126	215	339	2	340	1	0
其他单价在500万元以上的医用设备	21	12	9	21	0	21	0	0

2012年广州市乡镇卫生院和社区卫生服务中心设备配置情况

设备名称	设备台数/台			其中：政府办机构/台	设备配置率/%	其中：政府办机构/%
	合计	新设备	二手设备			
乡镇卫生院						
200～500mA医用X线诊断机	42	42	0	41	77.14	76.47
心电图机	70	70	0	68	80.00	79.41
呼吸机	34	32	2	34	68.57	70.59
心电监护仪	150	149	1	150	77.14	79.41
B超	73	72	1	72	88.57	88.24
离心机	34	32	2	33	62.86	61.76
自动生化分析仪	54	53	1	52	82.86	82.35
分光光度计	9	8	1	9	25.71	26.47
麻醉机	34	33	1	34	71.43	73.53
电冰箱	137	134	3	137	71.43	73.53
救护车	41	40	1	40	82.86	82.35
社区卫生服务中心						
200～500mA医用X线诊断机	81	79	2	61	47.69	45.54
心电图机	178	178	0	135	75.38	73.27
呼吸机	28	28	0	26	18.46	21.78
心电监护仪	123	123	0	95	40.77	36.63
B超	151	150	1	119	70.00	67.33
离心机	67	67	0	50	36.15	34.65
自动生化分析仪	135	135	0	104	53.85	49.50
分光光度计	15	14	1	12	9.23	8.91
麻醉机	17	17	0	14	10.77	10.89
电冰箱	385	382	3	320	69.23	70.30
救护车	28	26	2	16	16.92	12.87

（2）门诊部、诊所、卫生所、医务室基本情况

2012年广州市门诊部、诊所、卫生所、医务室基本情况（1）

指标名称	合计	按管理类别分		按经济类型分				
		非营利性	营利性	国有	集体	联营	私营	其他
机构总数/个	1 743	601	1 142	431	89	10	1 090	123
总人员数/人	10 504	2 573	7 931	1 801	505	69	7 115	1 014
卫生技术人员	9 217	2 302	6 915	1 608	441	57	6 231	880
执业医师	4 122	1 122	3 000	808	178	31	2 713	392
执业助理医师	761	136	625	77	44	1	596	43
注册护士	2 675	646	2 029	452	120	15	1 814	274
药剂师（士）	641	148	493	97	36	7	435	66
技师（士）	431	99	332	74	24	2	284	47
其他卫生技术人员	587	151	436	100	39	1	389	58
工勤技能人员	1 257	262	995	186	60	12	865	134
门诊部床位数/张	26	0	26	0	0	0	0	26
房屋建筑面积/平方米	445 756	110 800	334 956	81 541	19 072	1 840	301 262	42 041
总收入/万元	89 442.3	22 100.6	67 341.7	17 075.6	4 958.3	562.8	52 617.9	14 227.7
其中：医疗收入	65 626 .4	12 590.7	53 0365.7	8 507.9	4 213.4	490.0	44 044.4	8 370.7
药品收入	30 546.1	7 515.5	23 030.6	5 047.3	2 384.0	192.1	19 614.5	3 308.2
总支出/万元	83 083.7	23 106.9	59 976.8	18 020.4	4 862.4	351.1	45 624.7	14 225.1
其中：人员经费	39 480.1	8 796.4	30 683.7	6 691.7	2 099.8	52.6	22 872.6	7 763.4
药品支出	27 654.1	9 082.8	18 571.3	6 749.3	2 380.0	198.8	15 332.6	2 993.4
诊疗人次数/万人次	1 128.0	359.1	768.9	241.0	75.3	4.6	707.5	99.6
其中：出诊人次数	42.1	5.8	36.3	5.1	1.5	0.1	32.2	3.2
门诊部出院人数/人	577	0	577	0	0	0	0	577

2012年广州市门诊部、诊所、卫生所、医务室基本情况（2）

指标名称	合计	按设置主办单位分		
		政府办	社会办	私人办
机构总数/个	1 743	30	631	1 082
总人员数/人	10 504	231	3 232	7 041
卫生技术人员	9 217	189	2 867	6 161
执业医师	4 122	94	1 302	2 726

续表

指标名称	合计	按设置主办单位分		
		政府办	社会办	私人办
执业助理医师	761	8	182	571
注册护士	2 675	54	827	1 794
药剂师（士）	641	6	209	426
技师（士）	431	23	120	288
其他卫生技术人员	587	4	227	356
工勤技能人员	1 257	40	358	859
门诊部床位数 / 张	26	0	26	0
房屋建筑面积 / 平方米	445 756	14 134	136 767	294 855
总收入 / 万元	89 442.3	1 733.9	34 191.4	53 517.0
其中：医疗收入	65 626.4	1 265.6	21 702.2	42 658.6
药品收入	30 546.1	132.7	10 843.9	19 569.5
总支出 / 万元	83 083.7	1 586.3	34 861.8	46 635.6
其中：人员经费	39 480.1	873.3	15 131.2	23 475.6
药品支出	27 654.1	340.4	11 792.3	15 521.4
诊疗人次数 / 万人次	1 128.0	60.9	348.7	718.4
其中：出诊人次数	42.1	0.2	11.8	30.1
门诊部出院人数 / 人	577	0	577	0

2012年广州市诊所基本情况（1）

指标名称	合计	按管理类别分		按诊所类别分				
		非营利性	营利性	普通	中医	中西医结合	口腔	其他
机构总数 / 个	655	13	642	384	51	9	184	27
总人员数 / 人	2 286	44	2 242	1 493	153	47	519	74
卫生技术人员	2 192	37	2 155	1 443	142	47	499	61
执业医师	1 116	23	1 093	756	62	20	249	29
执业助理医师	261	1	260	110	22	5	112	12
注册护士	595	7	588	462	24	14	83	12
药剂师（士）	85	3	82	61	20	3	0	1
技师（士）	21	1	20	19	0	2	0	0
其他卫生技术人员	114	2	112	35	14	3	55	7
工勤技能人员	91	7	84	48	10	0	20	13

续表

指标名称	合计	按管理类别分		按诊所类别分				
		非营利性	营利性	普通	中医	中西医结合	口腔	其他
房屋建筑面积/平方米	92 762	2 138	90 624	62 087	6 874	2 692	18 058	3 051
总收入/万元	15 828.9	431.9	15 397.0	10 722.3	899.6	322.6	3 483.3	401.1
其中：医疗收入	13 364.6	365.9	12 998.7	8 768.7	741.7	315.5	3 157.9	380.8
药品收入	5 546.2	230.5	5 315.7	4 419.3	501.4	211.5	346.1	67.9
总支出/万元	13 189.2	434.3	12 754.9	8 850.8	897.3	294.2	2 828.0	318.9
其中：人员经费	6 950.0	208.7	6 741.3	4 469.2	462.3	169.2	1 628.5	220.8
药品支出	4 176.6	192.0	3 984.6	3 324.8	338.3	82.7	355.4	75.4
诊疗人次数/万人次	310.4	9.6	300.8	235.4	25.4	7.5	36.8	5.2
其中：出诊人次数	1.6	0.1	1.4	8 888.0	1 388.0	1 200.0	4 074.0	6.0

2012年广州市诊所基本情况（2）

指标名称	合计	按经济类型分				按设置主办单位分		
		国有	集体	私营	其他	政府办	社会办	私人办
机构总数/个	655	6	7	634	6	1	22	632
总人员数/人	2 286	26	27	2 205	21	2	106	2 178
卫生技术人员	2 192	23	25	2 120	17	2	98	2 092
执业医师	1 116	13	13	1 077	10	1	45	1 070
执业助理医师	261	0	1	257	2	0	12	249
注册护士	595	6	4	581	2	0	23	572
药剂师（士）	85	2	4	75	3	0	8	77
技师（士）	21	1	1	19	0	0	2	19
其他卫生技术人员	114	1	2	111	0	1	8	105
工勤技能人员	91	3	0	84	4	0	8	83
房屋建筑面积/平方米	92 762	1 050	1 631	8 8521	1 290	300	4 203	88 259
总收入/万元	15 828.9	262.6	363.7	1 4976.4	162.4	0.0	810.0	15 018.9
其中：医疗收入	13 364.6	204.6	240.0	1 2755.9	146.1	0.0	595.5	12 769.1
药品收入	5 546.2	125.2	168.7	5 215.7	36.6	0.0	299.1	5 247.1
总支出/万元	13 189.2	231.7	311.5	12 396.5	190.8	4.1	737.5	12 447.6
其中：人员经费	6 950.0	112.1	107.2	6 616.5	86.2	3.6	385.6	6 560.8
药品支出	4 176.6	119.4	171.0	3 800.3	55.2	0.5	312.1	3 864.0
诊疗人次数/人次	3 103 510	29 573	71 998	2 962 291	35 082	89	157 493	2 945 928
其中：出诊人次数	15556	0	1 200	13 241	200	0	1 033	14 523

2012年广州市卫生所基本情况

指标名称	合计	按管理类别分		按经济类型分					按设置主办单位分		
		非营利性	营利性	国有	集体	联营	私营	其他	政府办	社会办	私人办
机构总数/个	144	139	5	116	19	2	1	6	11	128	5
总人员数/人	523	501	22	428	56	2	1	36	76	426	21
卫生技术人员	493	471	22	398	56	2	1	36	71	401	21
执业医师	233	227	6	186	27	1	1	18	38	183	12
执业助理医师	35	33	2	27	4	0	0	4	4	28	3
注册护士	151	141	10	126	16	0	0	9	20	128	3
药剂师（士）	25	25	0	22	2	0	0	1	3	22	0
技师（士）	17	16	1	15	1	0	0	1	6	11	0
其他卫生技术人员	32	29	3	22	6	1	0	3	0	29	3
工勤技能人员	28	28	0	28	0	0	0	0	3	25	0
房屋建筑面积/平方米	22 688	21 103	1 585	18 295	2 803	100	80	1 410	2 517	19 421	750
总收入/万元	3 451.9	3 218.6	233.3	2 877.6	337.0	9.5	5.0	222.8	521.6	2 846.5	83.8
其中：医疗收入	1 762.9	1 534.7	228.2	1 353.3	203.8	3.0	0.0	202.8	438.1	1 256.0	68.8
药品收入	855.9	747.6	108.3	681.8	125.4	0.5	0.0	48.2	96.1	752.5	7.3
总支出/万元	3 706.5	3 441.2	265.3	3 033.9	405.0	9.5	5.0	253.1	450.8	3 182.9	72.8
其中：人员经费	1 614.9	1 507.3	107.6	1 357.5	138.5	3.0	2.5	113.4	241.1	1 343.1	30.7
药品支出	1 774.1	1 691.1	83.0	1 475.2	176.8	6.5	2.5	113.1	209.6	1 535.8	28.7
诊疗人次数/人次	819 286	780 067	39 219	622 171	150 365	3 896	2 987	39 867	162 447	633 491	23 348
其中：出诊人次数	3 339	3 183	156	1 724	1 594	0	0	21	0	3 339	0

2012年广州市医务室基本情况

指标名称	合计	按管理类别分		按经济类型分					按设置主办单位分		
		非营利性	营利性	国有	集体	联营	私营	其他	政府办	社会办	私人办
机构总数/个	371	353	18	234	42	4	16	75	12	343	16
总人员数/人	1 128	1 050	78	685	134	11	76	222	59	996	73
卫生技术人员	1 082	1 004	78	646	129	11	75	221	53	959	70
执业医师	567	534	33	366	56	6	36	103	23	507	37
执业助理医师	67	58	9	26	17	0	10	14	3	58	6
注册护士	324	295	29	177	45	4	22	76	21	283	20
药剂师（士）	40	37	3	21	6	1	5	7	0	36	4
技师（士）	13	12	1	8	2	0	0	3	3	9	1

续表

指标名称	合计	按管理类别分		按经济类型分					按设置主办单位分		
		非营利性	营利性	国有	集体	联营	私营	其他	政府办	社会办	私人办
其他卫生技术人员	71	68	3	48	3	0	2	18	3	66	2
工勤技能人员	45	45	0	38	5	0	1	1	6	36	3
房屋建筑面积/平方米	45 030	39 330	5 700	24 852	4 724	270	3 894	11 290	1 516	39 732	3 782
总收入/万元	3 868.7	3 485.9	382.8	1 862.8	733.0	20.5	318.4	934	196.7	3 442.6	229.4
其中: 医疗收入	2 414.8	2 193.4	221.4	864.8	545.3	0	204.8	799.9	79.4	2 161.6	173.8
药品收入	1 554.4	1 378.4	176.0	553.2	343.1	0	179.8	478.3	14.2	1 405.0	135.2
总支出/万元	4 973.4	4 546.3	427.1	2 628.7	708.3	21.9	368.7	1 245.8	220.7	4 446.9	305.8
其中：人员经费	2 277.9	2 084.0	193.9	1 126.2	363.1	16.0	204.5	568.1	89.8	2 012.0	176.1
药品支出	2 325.4	2 110.3	215.1	1 285.9	278.0	5.9	145.6	610.0	110.9	2 098.0	116.5
诊疗人次数/人次	1 663 316	1 543 961	119 355	906 597	225 960	10 055	102 642	418 062	123 759	1 430 754	108 803
其中：出诊人次数	6 946	6 700	246	3 753	306	0	2 535	352	1 735	2 669	2 542

2012年广州市村卫生室基本情况

指标名称	合计	按主办单位分					按行医方式分		
		村办	乡医院设点	联合办	私人办	其他	中医	西医	中西医结合
机构数/个	1 096	0	9	0	0	1 087	11	338	747
执业（助理）医师/人	341	309	0	14	2	16	8	92	241
注册护士/人	117	104	0	0	0	13	1	39	77
乡村医生和卫生员/人	1 738	1 536	65	59	11	67	23	525	1 190
乡村医生	1 495	1 307	63	51	11	63	18	455	1 022
当年考核合格的乡村医生数	1 095	972	56	46	11	10	13	357	725
其中：以中医、中西医结合或民族医为主的人数	157	153	3	1	0	0	0	33	124
卫生员	243	229	2	8	0	4	5	70	168
年内培训人次数	9 842	8 346	797	448	12	239	121	3 003	6 718
设备数：简易呼吸器/个	116	48	50	0	0	18	1	44	71
便携式高压消毒锅（带压力表）/个	388	352	5	6	1	24	3	113	272
冷藏箱/个	240	185	16	16	0	23	3	101	136
诊查（观察）床/张	1 211	1 019	106	33	4	49	11	408	792
无菌柜/个	301	244	15	15	1	26	2	99	200
中药柜/个	723	670	22	7	1	23	6	160	557
西药柜/个	1 272	1 109	89	16	6	52	8	405	859

续表

指标名称	合计	按主办单位分					按行医方式分		
		村办	乡医院设点	联合办	私人办	其他	中医	西医	中西医结合
担架/副	114	91	7	8	0	8	4	31	79
处置台/个	722	601	47	29	0	45	7	260	455
总收入/万元	10 760	9 265	605	231	47	612	101	3 393	7 265
其中：上级补助收入	2 501	2 117	122	74	2	185	11	907	1 583
内：人员补助经费	1 305	1 087	58	15	0	146	4	383	917
房屋设备补助经费	105	105	0	0	0	0	0	75	30
实施基本药物制度补助经费	463	463	0	0	0	0	0	235	228
村或集体补助收入	314	314	0	0	0	0	1	61	253
医疗收入	7 303	6 241	481	121	45	415	80	2 247	4 976
药品收入	4 741	4 044	299	70	24	304	56	1 343	3 341
内：基本药物收入	1 687	1 140	285	13	0	249	35	460	1 192
总支出/万元	9 699	8 265	666	226	41	502	96	3 117	6 487
其中：人员经费	4 203	3 468	350	126	21	238	38	1 502	2 663
药品支出	5 086	4 423	280	99	21	263	48	1 512	3 525
内：基本药物支出	1 950	1 435	259	9	0	246	29	668	1 252
诊疗人次数/人次	5 952 522	5 216 278	344 912	126 872	37 131	227 329	43 033	1 935 697	3 973 792
其中：出诊人次数	67 907	53 338	11 492	1 048	360	1 669	1 546	21 569	44 792
报告疑似传染病例数/例	1 323	1 284	39	0	0	0	39	280	1 004
参加乡镇卫生院例会次数/次	13 333	11 686	829	345	39	434	105	4 140	9 088

2. 医疗服务利用情况

2012年广州市医疗机构门诊服务情况

机构分类	总诊疗人次数/人次	门诊、急诊人次数				观察室留观病例数/例	健康检查人数/人	急诊病死率/%
		合计/人次	门诊人次数/人次	急诊人次数				
				小计/人次	死亡人数/人			
总计	126 580 195	124 193 888	114 028 026	10 165 862	3 376	1 206 628	6 272 234	0.03
1. 医院	82 597 792	81 487 677	73 621 773	7 865 904	3 038	914 753	4 135 812	0.04
综合医院	54 598 745	53 783 068	47 689 502	6 093 566	2 585	624 485	3 205 814	0.02
中医医院	18 812 299	18 575 064	17 166 791	1 408 273	324	245 017	617 613	0.01
中西医结合医院	83 259	82 949	65 059	17 890	1	428	0	0.01
专科医院	9 080 329	9 023 436	8 677 261	346 175	128	44 823	312 385	0.00
护理院	23 160	23 160	23 160	0	0	0	0	—

续表

机构分类	总诊疗人次数/人次	门诊、急诊人次数				观察室留观病例数/例	健康检查人数/人	急诊病死率/%
		合计/人次	门诊人次数/人次	急诊人次数				
				小计/人次	死亡人数/人			
2. 基层医疗卫生机构	36 925 312	36 017 817	34 709 139	1 308 678	151	290 570	1 529 272	0.01
社区卫生服务中心（站）	16 421 736	16 087 398	15 347 082	740 316	39	78 643	1 222 315	0.01
社区卫生服务中心	13 513 963	13 197 080	12 552 005	645 075	39	55 084	1 159 750	0.01
社区卫生服务站	2 907 773	2 890 318	2 795 077	95 241	0	23 559	62 565	0.01
乡镇卫生院	3 271 143	3 186 623	2 618 261	568 362	112	211 927	306 957	0.02
村卫生室	5 952 522	5 884 615	5 884 615	—	—	—	—	—
门诊部	5 379 466	4 984 612	4 984 612	—	—	—	—	—
诊所、卫生所、医务室	5 900 445	5 874 569	5 874 569	—	—	—	—	—
诊所	3 103 510	3 087 954	3 087 954	—	—	—	—	—
卫生所、医务室	2 796 935	2 786 615	2 786 615	—	—	—	—	—
3. 专业公共卫生机构	6 667 298	6 337 583	5 348 355	989 228	187	1 305	466 684	0.02
专科疾病防治院(所、站)	997 892	997 892	997 892	0	0	0	116 356	0.00
妇幼保健院（所、站）	5 461 714	5 131 999	4 350 463	781 536	187	1 305	350 328	0.02
内：妇幼保健院	5 461 714	5 131 999	4 350 463	781 536	187	1 305	350 328	0.02
急救中心(站)	207 692	207 692	—	207 692	—	—	—	—
4. 其他机构	389 793	350 811	348 759	2 052	0	0	140 466	0.00
疗养院	155 487	116 505	114 453	2 052	0	0	140 466	0.00
临床检验中心	234 306	234 306	234 306	0	0	0	0	—

2012年广州市医疗机构门诊服务情况（非营利性）

机构分类	总诊疗人次数/人次	门诊、急诊人次数				观察室留观病例数/例	健康检查人数/人	急诊病死率/%
		合计/人次	门诊人次数/人次	急诊人次数				
				小计/人次	死亡人数/人			
总计	114 746 701	112 801 278	102 857 372	9 943 906	2 909	1 203 646	6 165 014	0.03
1. 医院	79 610 060	78 575 736	70 928 921	7 646 815	2 571	911 771	4 029 597	0.03
综合医院	53 264 367	52 477 923	46 528 584	5 949 339	2 136	622 353	3 162 114	0.04
中医医院	18 042 328	17 809 536	16 465 198	1 344 338	309	244 419	574 320	0.02
中西医结合医院	83 259	82 949	65 059	17 890	1	428	0	0.01
专科医院	8 196 946	8 182 168	7 846 920	335 248	125	44 571	293 163	0.04
护理院	23 160	23 160	23 160	0	0	0	0	—
2. 基层医疗卫生机构	28 269 410	27 727 008	26 421 197	1 305 811	151	290 570	1 528 267	0.01
社区卫生服务中心（站）	15 625 933	15 291 995	14 554 546	737 449	39	78 643	1 221 310	0.01
社区卫生服务中心	13 509 099	13 192 216	12 547 153	645 063	39	55 084	1 159 618	0.01
社区卫生服务站	2 116 834	2 099 779	2 007 393	92 386	0	23 559	61 692	0.00
乡镇卫生院	3 271 143	3 186 623	2 618 261	568 362	112	211 927	306 957	0.02

机构分类	总诊疗人次数/人次	门诊、急诊人次数				观察室留观病例数/例	健康检查人数/人	急诊病死率/%
		合计/人次	门诊人次数/人次	急诊人次数				
				小计/人次	死亡人数/人			
村卫生室	5 781 647	5 715 263	5 715 263	—	—	—	—	—
门诊部	856 390	809 948	809 948	—	—	—	—	—
诊所、卫生所、医务室	2 734 297	2 723 179	2 723 179	—	—	—	—	—
诊所	95 936	94 736	94 736	—	—	—	—	—
卫生所、医务室	2 638 361	2 628 443	2 628 443	—	—	—	—	—
3. 专业公共卫生机构	6 667 298	6 337 583	5 348 355	989 228	187	1 305	466 684	0.02
专科疾病防治院(所、站)	997 892	997 892	997 892	0	0	0	116 356	0.00
妇幼保健院(所、站)	5 461 714	5 131 999	4 350 463	781 536	187	1 305	350 328	0.02
内：妇幼保健院	5 461 714	5 131 999	4 350 463	781 536	187	1 305	350 328	0.00
急救中心(站)	207 692	207 692	0	207 692	0	0	0	0.00
4. 其他机构	199 933	160 951	158 899	2 052	0	0	140 466	0.00
疗养院	155 487	116 505	114 453	2 052	0	0	140 466	0.00
临床检验中心	44 446	44 446	44 446	0	0	0	0	—

2012年广州市医疗机构门诊服务情况（营利性）

机构分类	总诊疗人次数/人次	门诊、急诊人次数				观察室留观病例数/例	健康检查人数/人	急诊病死率/%
		合计/人次	门诊人次数/人次	急诊人次数				
				小计/人次	死亡人数/人			
总计	11 833 494	11 392 610	11 170 654	221 956	467	2 982	107 220	0.21
1. 医院	2 987 732	2 911 941	2 692 852	219 089	467	2 982	106 215	0.21
综合医院	1 334 378	1 305 145	1 160 918	144 227	449	2 132	43 700	0.31
中医医院	769 971	765 528	701 593	63 935	15	598	43 293	0.02
专科医院	883 383	841 268	830 341	10 927	3	252	19 222	0.03
2. 基层医疗卫生机构	8 655 902	8 290 809	8 287 942	2 867	0	0	1 005	0.00
社区卫生服务中心(站)	795 803	795 403	792 536	2 867	0	0	1 005	0.00
社区卫生服务中心	4 864	4 864	4 852	12	0	0	132	0.00
社区卫生服务站	790 939	790 539	787 684	2 855	0	0	873	0.00
村卫生室	170 875	169 352	169 352	—	—	—	—	—
门诊部	4 523 076	4 174 664	4 174 664	—	—	—	—	—
诊所、卫生所、医务室	3 166 148	3 151 390	3 151 390	—	—	—	—	—
诊所	3 007 574	2 993 218	2 993 218	—	—	—	—	—
卫生所、医务室	158 574	158 172	158 172	—	—	—	—	—
3. 其他机构	189 860	189 860	189 860	0	0	0	0	—
临床检验中心	189 860	189 860	189 860	0	0	0	0	—

2012年广州市医疗机构门诊服务情况（公立）

机构分类	总诊疗人次数/人次	门诊、急诊人次数				观察室留观病例数/例	健康检查人数/人	急诊病死率/%
		合计/人次	门诊人次数/人次	急诊人次数				
				小计/人次	死亡人数/人			
总计	110 187 126	108 362 505	98 724 874	9 637 631	2 774	1 193 837	5 883 958	0.03
1．医院	78 819 254	77 869 174	70 354 610	7 514 564	2 439	911 424	3 915 097	0.03
综合医院	52 473 873	51 770 153	45 950 400	5 819 753	2 078	622 138	3 045 614	0.04
中医医院	18 025 047	17 792 255	16 448 540	1 343 715	309	244 419	574 320	0.02
中西医结合医院	83 259	82 949	65 059	17 890	1	428	0	0.01
专科医院	8 213 915	8 200 657	7 867 451	333 206	51	44 439	295 163	0.02
护理院	23 160	23 160	23 160	0	0	0	0	—
2．基层医疗卫生机构	24 504 959	23 999 115	22 867 328	1 131 787	148	281 108	1 361 711	0.01
社区卫生服务中心（站）	12 813 558	12 517 581	11 954 156	563 425	36	69 181	1 054 754	0.01
社区卫生服务中心	11 972 259	11 677 443	11 128 752	548 691	36	51 714	1 028 884	0.01
社区卫生服务站	841 299	840 138	825 404	14 734	0	17 467	25 870	0.00
乡镇卫生院	3 271 143	3 186 623	2 618 261	568 362	112	211 927	306 957	0.02
村卫生室	5 257 463	5 197 442	5 197 442	—	—	—	—	—
门诊部	841 798	785 084	785 084	—	—	—	—	—
诊所、卫生所、医务室	2 320 997	2 312 385	2 312 385	—	—	—	—	—
诊所	101 571	100 371	100 371	—	—	—	—	—
卫生所、医务室	2 219 426	2 212 014	2 212 014	—	—	—	—	—
3．专业公共卫生机构	6 662 980	6 333 265	5 344 037	989 228	187	1 305	466 684	0.02
专科疾病防治院（所、站）	993 574	993 574	993 574	0	0	0	116 356	—
妇幼保健院（所、站）	5 461 714	5 131 999	4 350 463	781 536	187	1 305	350 328	0.02
急救中心（站）	207 692	207 692	0	207 692	0	0	0	0.00
4．其他机构	199 933	160 951	158 899	2 052	0	0	140 466	0.00
疗养院	155 487	116 505	114 453	2 052	0	0	140 466	0.00
临床检验中心	44 446	44 446	44 446	0	0	0	0	0.00

2012年广州市医疗机构门诊服务情况（民营）

机构分类	总诊疗人次数/人次	门诊、急诊人次数				观察室留观病例数/例	健康检查人数/人	急诊病死率/%
		合计/人次	门诊人次数/人次	急诊人次数				
				小计/人次	死亡人数/人			
总计	16 393 069	15 831 383	15 303 152	528 231	602	12 791	388 276	0.11
1．医院	3 778 538	3 618 503	3 267 163	351 340	599	3 329	220 715	0.17
综合医院	2 124 872	2 012 915	1 739 102	273 813	507	2 347	160 200	0.19
中医医院	787 252	782 809	718 251	64 558	15	598	43 293	0.02
专科医院	866 414	822 779	809 810	12 969	77	384	17 222	0.59
2．基层医疗卫生机构	12 420 353	12 018 702	11 841 811	176 891	3	9 462	167 561	0.00
社区卫生服务中心（站）	3 608 178	3 569 817	3 392 926	176 891	3	9 462	167 561	0.00
社区卫生服务中心	1 541 704	1 519 637	1 423 253	96 384	3	3 370	130 866	0.00

机构分类	总诊疗人次数/人次	门诊、急诊人次数				观察室留观病例数/例	健康检查人数/人	急诊病死率/%
		合计/人次	门诊人次数/人次	急诊人次数				
				小计/人次	死亡人数/人			
社区卫生服务站	2 066 474	2050 180	1 969 673	80 507	0	6 092	36 695	0.00
村卫生室	695 059	687 173	687 173	—	—	—	—	—
门诊部	4 537 668	4 199 528	4 199 528	—	—	—	—	—
诊所、卫生所、医务室	3 579 448	3 562 184	3 562 184	—	—	—	—	—
诊所	3 001 939	2 987 583	2 987 583	—	—	—	—	—
卫生所、医务室	577 509	574 601	574 601	—	—	—	—	—
3．专业公共卫生机构	4 318	4 318	4 318	0	0	0	0	—
专科疾病防治院（所、站）	4 318	4 318	4 318	0	0	0	0	—
4．其他机构	189 860	189 860	189 860	0	0	0	0	—
临床检验中心	189 860	189 860	189 860	0	0	0	0	—

2012年广州市医疗机构门诊服务情况（政府办）

机构分类	总诊疗人次数/人次	门诊、急诊人次数				观察室留观病例数/例	健康检查人数/人	急诊病死率/%
		合计/人次	门诊人次数/人次	急诊人次数				
				小计/人次	死亡人数/人			
总计	98 318 136	96 791 983	87 687 108	9 104 875	2 689	1 187 322	5 127 790	0.03
1．医院	76 728 957	75 814 906	68 739 580	7 075 326	2 365	905 673	3 582 026	0.03
综合医院	50 629 657	49 960 134	44 558 892	5 401 242	2 005	616 881	2 715 579	0.04
中医医院	18 025 047	17 792 255	16 448 540	1 343 715	309	244 419	574 320	0.02
专科医院	8 051 093	8 039 357	7 708 988	330 369	51	44 373	292 127	0.02
护理院	23 160	23 160	23 160	0	0	0	0	—
2．基层医疗卫生机构	14 842 294	14 559 907	13 521 615	1 038 292	137	280 344	968 739	0.01
社区卫生服务中心（站）	10 629 043	10 444 403	9 974 182	470 221	25	68 417	662 339	0.01
社区卫生服务中心	10 379 692	10 195 370	9 728 446	466 924	25	51 011	654 534	0.01
社区卫生服务站	249 351	249 033	245 736	3 297	0	17 406	7 805	0.00
乡镇卫生院	3 259 643	3 175 123	2 607 052	568 071	112	211 927	306 400	0.02
村卫生室	344 912	333 420	333 420	—	—	—	—	—
门诊部	47 928	47 928	47 928	—	—	—	—	—
诊所、卫生所、医务室	560 768	559 033	559 033	—	—	—	—	—
诊所	89	89	89	—	—	—	—	—
卫生所、医务室	560 679	558 944	558 944	—	—	—	—	—
3．专业公共卫生机构	6 662 980	6 333 265	5 344 037	989 228	187	1 305	466 684	0.02
专科疾病防治院（所、站）	993 574	993 574	993 574	0	0	0	116 356	—
妇幼保健院（所、站）	5 461 714	5 131 999	4 350 463	781 536	187	1 305	350 328	0.02
急救中心（站）	207 692	207 692	0	207 692	0	0	0	—
4．其他机构	83 905	83 905	81 876	2 029	0	0	110 341	—
疗养院	83 905	83 905	81 876	2 029	0	0	110 341	—

2012年广州市医疗机构住院服务情况

机构分类	入院人数/人	出院人数/人		住院病人手术人次数/人次	死亡率/%	每百门诊、急诊的入院率/%
		总计	死亡			
总计	2 208 059	2 203 365	17 353	977 108	0.79	2.06
1. 医院	1 889 873	1 885 731	15 458	894 533	0.82	2.32
综合医院	1 339 059	1 337 279	10 977	675 689	0.82	2.49
中医医院	290 887	290 816	3 286	104 749	1.13	1.57
中西医结合医院	3 938	3 728	0	445	0.00	4.75
专科医院	254 081	251 951	1 195	113 650	0.47	2.82
护理院	1 908	1 957	0	0	0.00	8.24
2. 基层医疗卫生机构	127 594	127 614	1 605	—	1.26	0.66
社区卫生服务中心	54 314	54 197	1 329	—	2.45	0.41
乡镇卫生院	72 703	72 840	276	—	0.38	2.28
门诊部	577	577	—	—	—	—
3. 专业公共卫生机构	135 399	135 109	189	82 575	0.14	2.21
专科疾病防治院（所、站）	540	503	4	0	0.80	0.05
妇幼保健院（所、站）	134 859	134 606	185	82 575	0.14	2.63
4. 其他机构	55 193	54 911	101	0	0.18	15.73
疗养院	55 193	54 911	101	0	0.18	47.37

2012年广州市医疗机构住院服务情况（非营利性）

机构分类	入院人数/人	出院人数/人		住院病人手术人次数/人次	死亡率/%	每百门诊、急诊的入院率/%
		总计	死亡			
总计	2 107 931	2 104 517	17 151	938 924	0.81	2.04
1. 医院	1 790 322	1 787 460	15 256	856 349	0.85	2.28
综合医院	1 301 223	1 299 834	10 904	658 600	0.84	2.48
中医医院	269 635	269 589	3 165	95 996	1.17	1.51
中西医结合医院	3 938	3 728	0	445	0.00	4.75
专科医院	213 618	212 352	1 187	101 308	0.56	2.61
护理院	1 908	1 957	0	0	0.00	8.24
2. 基层医疗卫生机构	127 017	127 037	1 605	—	1.26	0.69
社区卫生服务中心	54 314	54 197	1 329	—	2.45	0.41
乡镇卫生院	72 703	72 840	276	—	0.38	2.28
3. 专业公共卫生机构	135 399	135 109	189	82 575	0.14	2.21
专科疾病防治院（所、站）	540	503	4	0	0.80	0.05
妇幼保健院（所、站）	134 859	134 606	185	82 575	0.14	2.63
4. 其他机构	55 193	54 911	101	0	0.18	34.29
疗养院	55 193	54 911	101	0	0.18	47.37

2012年广州市医疗机构住院服务情况（营利性）

机构分类	入院人数/人	出院人数/人		住院病人手术人次数/人次	死亡率/%	每百门诊、急诊的入院率/%
		总计	死亡			
总计	100 128	98 848	202	38 184	0.20	2.57
1. 医院	99 551	98 271	202	38 184	0.21	3.42
综合医院	37 836	37 445	73	17 089	0.19	2.90
中医医院	21 252	21 227	121	8 753	0.57	2.78
专科医院	40 463	39 599	8	12 342	0.02	4.81
2. 基层医疗卫生机构	577	577	—	—	—	—
门诊部	577	577	—	—	—	—

2012年广州市医疗机构住院服务情况（公立）

机构分类	入院人数/人	出院人数/人		住院病人手术人次数/人次	死亡率/%	每百门诊、急诊的入院率/%
		总计	死亡			
总计	2 088 154	2 084 669	16 984	924 575	0.81	2.09
1. 医院	1 781 056	1 777 918	15 159	842 000	0.85	2.29
综合医院	1 278 846	1 277 627	10 860	644 909	0.85	2.47
中医医院	269 314	269 243	3 165	95 996	1.18	1.51
中西医结合医院	3 938	3 728	0	445	0.00	4.75
专科医院	227 050	225 363	1 134	100 650	0.50	2.77
护理院	1 908	1 957	0	0	0.00	8.24
2. 基层医疗卫生机构	116 506	116 731	1 535	—	1.31	0.74
社区卫生服务中心	43 803	43 891	1 259	—	2.87	0.38
乡镇卫生院	72 703	72 840	276	—	0.38	2.28
3. 专业公共卫生机构	135 399	135 109	189	82 575	0.14	2.21
专科疾病防治院（所、站）	540	503	4	0	0.80	0.05
妇幼保健院（所、站）	134 859	134 606	185	82 575	0.14	2.63
4. 其他机构	55 193	54 911	101	0	0.18	34.29
疗养院	55 193	54 911	101	0	0.18	47.37

2012年广州市医疗机构住院服务情况（民营）

机构分类	入院人数/人	出院人数/人		住院病人手术人次数/人次	死亡率/%	每百门诊、急诊的入院率/%
		总计	死亡			
总计	119 905	118 696	369	52 533	0.31	1.62
1. 医院	108 817	107 813	299	52 533	0.28	3.01
综合医院	60 213	59 652	117	30 780	0.20	2.99

续表

机构分类	入院人数/人	出院人数/人		住院病人手术人次数/人次	死亡率/%	每百门诊、急诊的入院率/%
		总计	死亡			
中医医院	21 573	21 573	121	8 753	0.56	2.76
专科医院	27 031	26 588	61	13 000	0.23	3.29
2. 基层医疗卫生机构	11 088	10 883	70	0	0.64	0.29
社区卫生服务中心	10 511	10 306	70	0	0.68	0.69
门诊部	577	577	—	—	—	—

2012年广州市医疗机构住院服务情况（政府办）

机构分类	入院人数/人	出院人数/人		住院病人手术人次数/人次	死亡率/%	每百门诊、急诊的入院率/%
		总计	死亡			
总计	2 001 514	1 999 254	15 866	909 312	0.79	2.09
1. 医院	1 705 960	1 703 675	14 344	826 737	0.84	2.25
综合医院	1 230 384	1 229 341	10 053	632 451	0.82	2.46
中医医院	269 314	269 243	3 165	95 996	1.18	1.51
专科医院	204 354	203 134	1 126	98 290	0.55	2.54
护理院	1 908	1 957	0	0	0.00	8.24
2. 基层医疗卫生机构	111 677	112 002	1 333	—	1.19	0.82
社区卫生服务中心	39 314	39 491	1 057	—	2.68	0.39
乡镇卫生院	72 363	72 511	276	—	0.38	2.28
3. 专业公共卫生机构	135 399	135 109	189	82 575	0.14	2.21
专科疾病防治院（所、站）	540	503	4	0	0.80	0.05
妇幼保健院（所、站）	134 859	134 606	185	82 575	0.14	2.63
4. 其他机构	48 478	48 468	0	0	0.00	57.78
疗养院	48 478	48 468	0	0	0.00	57.78

2012年广州市医疗机构床位利用情况

机构分类	实有床位/张	实际开放总床位/床日	平均开放病床数/张	实际占用总床日数/床日	出院者占用总床日数/床日	病床周转次数/次	病床工作日/日	病床使用率/%	出院者平均住院日/日
总计	70 649	24 779 783	67 704	22 040 158	21 104 619	32.54	325.54	88.94	9.6
1. 医院	62 194	21 773 718	59 491	19 859 598	19 051 242	31.70	333.83	91.21	10.1
综合医院	41 117	14 190 565	38 772	12 924 196	12 578 168	34.49	333.34	91.08	9.4
中医医院	9 169	3 323 445	9 080	3 098 808	3 081 736	32.03	341.26	93.24	10.6
中西医结合医院	250	91 270	249	36 767	40 427	14.95	147.44	40.28	10.8
专科医院	11 508	4 113 688	11 240	3 753 681	3 304 765	22.43	333.97	91.25	13.1
护理院	150	54 750	150	46 146	46 146	13.08	308.48	84.28	23.6

续表

机构分类	实有床位/张	实际开放总床位/床日	平均开放病床数/张	实际占用总床日数/床日	出院者占用总床日数/床日	病床周转次数/次	病床工作日/日	病床使用率/%	出院者平均住院日/日
2. 基层医疗卫生机构	4 511	1 597 880	4 366	1 130 854	1 093 793	29.23	259.03	70.77	8.6
社区卫生服务中心（站）	2 435	881 407	2 408	663 940	643 074	22.51	275.70	75.33	11.9
乡镇卫生院	2 050	716 473	1 958	466 914	450 719	37.21	238.52	65.17	6.2
3. 专业公共卫生机构	2 431	878 230	2 400	798 041	779 931	56.31	332.58	90.87	5.8
专科疾病防治院（所、站）	106	38 796	106	28 646	23 634	4.75	270.25	73.84	47.0
妇幼保健院（所、站）	2 325	839 434	2 294	769 395	756 297	58.69	335.46	91.66	5.6
4. 其他机构	1 513	529 955	1 448	251 665	179 653	37.92	173.81	47.49	3.3
疗养院	1 513	529 955	1 448	251 665	179 653	37.92	173.81	47.49	3.3

2012年广州市医疗机构床位利用情况（非营利性）

机构分类	实有床位/张	实际开放总床位/床日	平均开放病床数/张	实际占用总床日数/床日	出院者占用总床日数/床日	病床周转次数/次	病床工作日/日	病床使用率/%	出院者平均住院日/日
总计	65 706	23 065 586	63 021	20 886 731	20 128 301	33.39	331.43	90.55	9.6
1. 医院	57 278	20 059 886	54 808	18 706 171	18 074 924	32.61	341.30	93.25	10.1
综合医院	39 376	13 589 607	37 130	12 615 582	12 301 902	35.01	339.77	92.83	9.5
中医医院	8 561	3 101 975	8 475	2 938 406	2 927 190	31.81	346.70	94.73	10.9
中西医结合医院	250	91 270	249	36 767	40 427	14.95	147.44	40.28	10.8
专科医院	8 941	3 222 284	8 804	3 069 270	2 759 259	24.12	348.62	95.25	13.0
护理院	150	54 750	150	46 146	46 146	13.08	308.48	84.28	23.6
2. 基层医疗卫生机构	4 484	1 597 515	4 365	1 130 854	1 093 793	29.10	259.09	70.79	8.6
社区卫生服务中心	2 434	881 042	2 407	663 940	643 074	22.51	275.81	75.36	11.9
乡镇卫生院	2 050	716 473	1 958	466 914	450 719	37.21	238.52	65.17	6.2
3. 专业公共卫生机构	2 431	878 230	2 400	798 041	779 931	56.31	332.58	90.87	5.8
专科疾病防治院（所、站）	106	38 796	106	28 646	23 634	4.75	270.25	73.84	47.0
妇幼保健院（所、站）	2 325	839 434	2 294	769 395	756 297	58.69	335.46	91.66	5.6
4. 其他机构	1 513	529 955	1 448	251 665	179 653	37.92	173.81	47.49	3.3
疗养院	1 513	529 955	1 448	251 665	179 653	37.92	173.81	47.49	3.3

2012年广州市医疗机构床位利用情况（营利性）

机构分类	实有床位/张	实际开放总床位/床日	平均开放病床数/张	实际占用总床日数/床日	出院者占用总床日数/床日	病床周转次数/次	病床工作日/日	病床使用率/%	出院者平均住院日/日
总计	4 943	1 714 197	4 684	1 153 427	976 318	21.11	246.27	67.29	9.9
1. 医院	4 916	1 713 832	4 683	1 153 427	976 318	20.99	246.32	67.30	9.9
综合医院	1 741	600 958	1 642	308 614	276 266	22.81	187.95	51.35	7.4
中医医院	608	221 470	605	160 402	154 546	35.08	265.08	72.43	7.3
专科医院	2 567	891 404	2 436	684 411	545 506	16.26	281.01	76.78	13.8
2. 基层医疗卫生机构	27	365	1	0	0	578.58	0.00	0.00	0.0

2012年广州市医疗机构床位利用情况（公立）

机构分类	实有床位/张	实际开放总床位/床日	平均开放病床数/张	实际占用总床日数/床日	出院者占用总床日数/床日	病床周转次数/次	病床工作日/日	病床使用率/%	出院者平均住院日/日
总计	64 839	22 760 262	62 187	20 884 998	20 135 903	33.52	335.84	91.76	9.7
1. 医院	56 817	19 896 548	54 362	18 806 858	18 168 002	32.71	345.95	94.52	10.2
综合医院	38 462	13 260 673	36 231	12 512 559	12 200 511	35.26	345.35	94.36	9.6
中医医院	8 541	3 094 675	8 455	2 934 906	2 923 690	31.84	347.10	94.84	10.9
中西医结合医院	250	91 270	249	36 767	40 427	14.95	147.44	40.28	10.8
专科医院	9 414	3 395 180	9 276	3 276 480	2 957 228	24.29	353.20	96.50	13.1
护理院	150	54 750	150	46 146	46 146	13.08	308.48	84.28	23.6
2. 基层医疗卫生机构	4 078	1 455 529	3 977	1 028 434	1 008 317	29.35	258.60	70.66	8.6
社区卫生服务中心	2 028	739 056	2 019	561 520	557 598	21.74	278.08	75.98	12.7
乡镇卫生院	2 050	716 473	1 958	466 914	450 719	37.21	238.52	65.17	6.2
3. 专业公共卫生机构	2 431	878 230	2 400	798 041	779 931	56.31	332.58	90.87	5.8
专科疾病防治院（所、站）	106	38 796	106	28 646	23 634	4.75	270.25	73.84	47.0
妇幼保健院（所、站）	2 325	839 434	2 294	769 395	756 297	58.69	335.46	91.66	5.6
4. 其他机构	1 513	529 955	1 448	251 665	179 653	37.92	173.81	47.49	3.3
疗养院	1 513	529 955	1 448	251 665	179 653	37.92	173.81	47.49	3.3

2012年广州市医疗机构床位利用情况（民营）

机构分类	实有床位/张	实际开放总床位/床日	平均开放病床数/张	实际占用总床日数/床日	出院者占用总床日数/床日	病床周转次数/次	病床工作日/日	病床使用率/%	出院者平均住院日/日
总计	5 810	2 019 521	5 518	1 155 160	968 716	21.51	209.35	57.20	8.2
1. 医院	5 377	1 877 170	5 129	1 052 740	883 240	21.02	205.26	56.08	8.2
综合医院	2 655	929 892	2 541	411 637	377 657	23.48	162.02	44.27	6.3
中医医院	628	228 770	625	163 902	158 046	34.51	262.22	71.64	7.3
专科医院	2 094	718 508	1 963	477 201	347 537	13.54	243.08	66.42	13.1
2. 基层医疗卫生机构	433	142 351	389	102 420	85 476	27.98	263.33	71.95	7.9
社区卫生服务中心	406	141 986	388	102 420	85 476	26.57	264.01	72.13	8.3

2012年广州市医疗机构床位利用情况（政府办）

机构分类	实有床位/张	实际开放总床位/床日	平均开放病床数/张	实际占用总床日数/床日	出院者占用总床日数/床日	病床周转次数/次	病床工作日/日	病床使用率/%	出院者平均住院日/日
总计	60 008	21 067 116	57 560	19 539 439	18 982 976	34.73	339.46	92.75	9.5
1. 医院	53 118	18 596 847	50 811	17 685 167	17 199 157	33.53	348.06	95.10	10.1
综合医院	35 944	12 392 158	33 858	11 755 121	11 579 827	36.31	347.19	94.86	9.4
中医医院	8 541	3 094 675	8 455	2 934 906	2 923 690	31.84	347.10	94.84	10.9

续表

机构分类	实有床位/张	实际开放总床位/床日	平均开放病床数/张	实际占用总床日数/床日	出院者占用总床日数/床日	病床周转次数/次	病床工作日/日	病床使用率/%	出院者平均住院日/日
专科医院	8 483	3 055 264	8 348	2 948 994	2 649 494	24.33	353.27	96.52	13.0
护理院	150	54 750	150	46 146	46 146	13.08	308.48	84.28	23.6
2. 基层医疗卫生机构	3 580	1 273 921	3 481	931 789	926 827	32.18	267.70	73.14	8.3
社区卫生服务中心	1 548	564 018	1 541	468 536	479 699	25.63	304.04	83.07	12.2
乡镇卫生院	2 032	709 903	1 940	463 253	447 128	37.38	238.84	65.26	6.2
3. 专业公共卫生机构	2 431	878 230	2 400	798 041	779 931	56.31	332.58	90.87	5.8
专科疾病防治院(所、站)	106	38 796	106	28 646	23 634	4.75	270.25	73.84	47.0
妇幼保健院(所、站)	2 325	839 434	2 294	769 395	756 297	58.69	335.46	91.66	5.6
4. 其他机构	879	318 118	869	124 442	77 061	55.76	143.17	39.12	1.6
疗养院	879	318 118	869	124 442	77 061	55.76	143.17	39.12	1.6

2012年广州市采供血情况（包括四区）

指标名称	数量/U	构成/%
1. 血液来源		
血液总量	535 033	100.00
采集血液总量	530 086	98.90
采集全血总量	484 518	90.40
无偿献全血总量	484 518	90.40
其中：自愿	484 518	90.40
计划	0	0.00
有偿献全血总量	0	0.00
采集成分血总量	45 568	8.50
无偿献成分血总量	45 568	8.50
其中：自愿	45 568	8.50
计划	0	0.00
有偿献成分血总量	0	0.00
调入血液总量	4 947	0.92
2. 供血情况		
供血总量	911 493	100.00
临床用血总量	908 768	99.70
全血	4 630	0.51
成分血	904 138	99.19
红细胞	444 675	48.79
血浆	407 496	44.71
血小板	51 967	5.70
机采血小板	44 721	4.91
手工分离血小板	7 246	0.79
粒细胞	0	0.00

续表

指标名称	数量/U	构成/%
其他	0	0.00
调出血液总量	2 725	0.30

备注：①每200 mL全血统计为1U，手工分离成分血按每袋200 mL全血制备分离统计为1U，机采成分血每1人份统计为1U（采集双人份计为2U，不足1人份根据实际采量按小数计，合计量有小数的四舍五入），机采血浆（含兼收及单采）按每100 mL为1U统计

②血液总量＝采集血液总量＋调入血液总量

2012年广州血液中心采供血情况

指标名称	数量/U	构成/%
1．血液来源		
血液总量	441 957	100.00
采集血液总量	437 706	99.04
采集全血总量	394 178	89.19
无偿献全血总量	394 178	89.19
其中：自愿	394 178	89.19
计划	0	0.00
有偿献全血总量	0	0.00
采集成分血总量	43 528	9.85
无偿献成分血总量	43 528	9.85
其中：自愿	43 528	9.85
计划	0	0.00
有偿献成分血总量	0	0.00
调入血液总量	4 251	0.96
2．供血情况		
供血总量	823 158	100.00
临床用血总量	822 773	99.95
全血	2 487	0.30
成分血	820 287	99.02
红细胞	362 547	41.83
血浆	346 269	42.07
血小板	49 876	6.06
机采血小板	42 630	5.18
手工分离血小板	7 246	0.88
粒细胞	0	0.00
冷沉淀凝血因子	61 595	7.48
其他	0	0.00
调出血液总量	385	0.05

备注：①每200 mL全血统计为1U，手工分离成分血按每袋200 mL全血制备分离统计为1U，机采成分血每1人份统计为1U（采集双人份计为2U，不足1人份根据实际采量按小数计，合计量有小数的四舍五入），机采血浆（含兼收及单采）按每100 mL为1U统计。冷沉淀凝血因子：指从200 mL新鲜冰冻血浆中分离出来，计数为1U，含Ⅷ≥80IU

②血液总量＝采集血液总量＋调入血液总量

2012年广州市120急救分月工作情况

	全年合计	一月	二月	三月	四月	五月	六月	七月	八月	九月	十月	十一月	十二月
120接话数量/次	864 777	68 616	65 333	81 510	77 842	81 343	75 579	84 134	75 562	66 257	62 082	61 692	64 827
出车总次数/次	137 474	11 769	10 368	12 524	11 231	12 529	11 245	11 279	11 190	11 166	10 958	10 975	12 240
其中：120派车次数	136 993	11 767	10 344	12 504	11 207	12 498	11 220	11 230	11 138	11 099	10 904	10 922	12 160
医院自出车次数	481	2	24	20	24	31	25	49	52	67	54	53	80
医院平均每日出车次数	377	380	358	405	375	404	375	364	361	372	353	366	395
120接话次数与医院接救次数的比例	1:0.004	1:0.0002	1:0.002	1:0.002	1:0.002	1:0.002	1:0.002	1:0.004	1:0.005	1:0.006	1:0.005	1:0.005	1:0.007
本期医院借车率/%	0	0	0	0	0	0	0	0	0	0	0	0	0
本期医院空车率/%	0	0	0	0	0	0	0	0	0	0	0	0	0
本期突发事件/宗	1 018	83	59	92	86	87	70	94	101	106	82	92	66
其中：普通突发事件/宗	157	15	10	15	15	10	17	20	16	12	10	12	5
大型突发事件/宗	839	67	48	75	69	76	51	71	83	92	69	77	61
重大突发事件/宗	22	1	1	2	2	1	2	3	2	2	3	3	0
突发事件总受伤人数/人	3 434	270	192	283	274	314	233	279	332	470	274	298	215
突发事件总死亡人数/人	104	6	4	12	4	6	27	12	7	3	10	6	7

3．医疗机构业务收支与资产负债情况

2012年广州市医疗机构年收入（合计）

（单位：万元）

机构分类	总收入				
	合计	财政补助收入	科教项目收入	上级补助收入	医疗收入/事业收入
总计	5 619 801.0	534 640.6	50 950.0	10 473.3	4 840 620.3
1．医院	4 863 571.6	366 935.3	50 630.2	—	4 342 843.3
综合医院	3 231 901.4	200 508.3	28 331.0	—	2 937 370.1
中医医院	779 331.7	60 985.7	5 552.6	—	705 642.9
中西医结合医院	7 984.1	959.7	12.5	—	5 727.2
专科医院	840 352.2	102 498.0	16 734.1	—	692 084.5
护理院	4 002.2	1 983.6	0.0	—	2 018.6
2．基层医疗卫生机构	447 359.4	129 296.6	—	10 473.2	279 318.8
社区卫生服务中心（站）	267 764.7	97 336.1	—	7 812.2	159 964.9
社区卫生服务中心	251 735.8	95 809.6	—	7 212.6	146 154.8
社区卫生服务站	16 028.9	1 526.5	—	599.6	13 810.1

续表

（单位：万元）

机构分类	总收入				
	合计	财政补助收入	科教项目收入	上级补助收入	医疗收入/事业收入
乡镇卫生院	79 392.7	31 960.5	—	160.2	46 424.3
村卫生室	10 759.7	—	—	2 500.8	7 303.2
门诊部	65 531.9	—	—	—	47 587.3
诊所、卫生所、医务室	23 910.4	—	—	—	18 039.1
诊所	15 828.9	—	—	—	13 364.6
卫生所、医务室	8 081.5	—	—	—	4 674.5
3．专业公共卫生机构	231 379.9	26 966.6	319.8	0.1	198 689.8
专科疾病防治院（所、站）	28 882.5	4 786.6	0.0	—	21 373.1
妇幼保健院（所、站）	200 623.5	20 306.2	319.8	—	177 316.7
急救中心（站）	1 873.9	1 873.8	—	0.1	—
4．其他机构	77 490.1	11 442.1	0.0	—	19 768.4
疗养院	30 097.8	11 442.1	0.0	—	8 528.6
临床检验中心	47 392.3	0.0	0.0	—	11 239.8

2012年广州市医疗机构年支出（合计）

（单位：万元）

机构分类	总支出						总支出中的人员支出
	合计	医疗业务成本/医疗支出/事业支出	公共卫生支出	科教项目支出	管理费用	财政项目补助支出	
总计	5 459 690.2	4 260 207.1	57 984.1	33 513.9	622 552.1	203 419.1	1 621 409.7
1．医院	4 754 718.1	3 835 781.3	—	33 317.1	573 708.4	185 183.7	1 363 497.7
综合医院	3 209 799.3	2 631 276.1	—	18 159.8	397 269.9	91 462.9	914 980.4
中医医院	758 734.9	626 424.7	—	2 702.5	80 402.7	40 007.1	219 755.6
中西医结合医院	8 198.3	5 326.5	—	0.0	0.0	0.0	1 471.3
专科医院	775 019.1	572 474.3	—	12 454.8	95 866.1	51 730.3	226 756.7
护理院	2 966.5	279.7	—	0.0	169.7	1 983.4	533.7
2．基层医疗卫生机构	415 514.5	250 946.1	57 984.1	—	—	—	152 317.4
社区卫生服务中心（站）	246 697.9	189 956.9	44 587.3	—	—	—	77 578.3
社区卫生服务中心	230 804.9	176 939.7	42 975.8	—	—	—	73 060.5
社区卫生服务站	15 893.0	13 017.2	1 611.5	—	—	—	4 517.8
乡镇卫生院	76 984.1	60 989.2	13 396.8	—	—	—	31 481.3
村卫生室	9 699.3	—	—	—	—	—	4 202.8
门诊部	60 402.9	—	—	—	—	—	28 190.9
诊所、卫生所、医务室	21 730.3	—	—	—	—	—	10 864.1
诊所	13 139.1	—	—	—	—	—	6 926.4
卫生所、医务室	8 591.2	—	—	—	—	—	3 937.7
3．专业公共卫生机构	219 817.7	158 724.2	—	192.3	43 029.7	13 101.1	84 368.9

续表

（单位：万元）

机构分类	总支出						总支出中的人员支出
	合计	医疗业务成本/医疗支出/事业支出	公共卫生支出	科教项目支出	管理费用	财政项目补助支出	
专科疾病防治院（所、站）	27 629.2	15 606.9	—	0.0	7 826.6	3 146.7	6 029.9
妇幼保健院（所、站）	190 056.6	142 848.0	—	192.3	35 203.1	9 323.5	77 912.7
急救中心（站）	2 131.9	269.3	—	—	—	630.9	426.3
4．其他机构	69 639.9	14 755.5	—	4.5	5 814.0	5 134.3	21 225.7
疗养院	28 994.0	10 125.7	—	4.5	5 357.3	5 134.3	9 933.6
临床检验中心	40 645.9	4 629.8	—	0.0	456.7	0.0	11 292.1

2012年广州市医疗机构年收入（非营利性）

（单位：万元）

机构分类	总收入				
	合计	财政补助收入	科教项目收入	上级补助收入	医疗收入/事业收入
总计	5 300 507.7	534 627.2	50 950.0	10 455.5	4 576 454.9
1．医院	4 658 564.8	366 930.6	50 630.2	—	4 142 415.2
综合医院	3 154 236.8	200 507.7	28 331.0	—	2 859 753.5
中医医院	739 902.5	60 985.7	5 552.6	—	666 674.2
中西医结合医院	7 984.1	959.7	12.5	—	5 727.2
专科医院	752 439.2	102 493.9	16 734.1	—	608 241.7
护理院	4 002.2	1 983.6	—	—	2 018.6
2．基层医疗卫生机构	378 681.6	129 287.9	—	10 455.4	225 041.7
社区卫生服务中心（站）	266 706.9	97 327.4	—	7 812.2	158 915.8
社区卫生服务中心	251 727.2	95 809.6	—	7 212.6	146 146.2
社区卫生服务站	14 979.7	1 517.8	—	599.6	12 769.6
乡镇卫生院	79 392.7	31 960.5	—	160.2	46 424.3
村卫生室	10 481.4	—	—	2 483.0	7 110.9
门诊部	14 203.3	—	—	—	7 999.9
诊所、卫生所、医务室	7 897.3	—	—	—	4 590.8
诊所	431.9	—	—	—	365.9
卫生所、医务室	7 465.4	—	—	—	4 224.9
3．专业公共卫生机构	231 379.9	26 966.6	319.8	0.1	198 689.8
专科疾病防治院（所、站）	28 882.5	4 786.6	0.0	—	21 373.1
妇幼保健院（所、站）	200 623.5	20 306.2	319.8	—	177 316.7
急救中心（站）	1 873.9	1 873.8	—	0.1	—
4．其他机构	31 881.4	11 442.1	0.0	—	10 308.2
疗养院	30 097.8	11 442.1	0.0	—	8 528.6
临床检验中心	1 783.6	0.0	0.0	—	1 779.6

2012年广州市医疗机构年支出（非营利性）

（单位：万元）

机构分类	总支出						总支出中的人员支出
	合计	医疗业务成本/医疗支出/事业支出	公共卫生支出	科教项目支出	管理费用	财政项目补助支出	
总计	5 167 915.6	4 129 820.1	57 956.3	33 508.4	599 975.5	203 417.1	1 526 739.4
1. 医院	4 561 922.2	3 708 637.2	—	33 311.6	551 131.8	185 181.7	1 311 145.0
综合医院	3 128 609.6	2 578 788.2	—	18 154.3	389 025.7	91 460.9	896 979.2
中医医院	720 785.2	597 714.1	—	2 702.5	74 334.0	40 007.1	207 011.7
中西医结合医院	8 198.3	5 326.5	—	0.0	0.0	0.0	1 471.3
专科医院	701 362.6	526 528.7	—	12 454.8	87 602.4	51 730.3	205 149.1
护理院	2 966.5	279.7	—	0.0	169.7	1 983.4	533.7
2. 基层医疗卫生机构	354 309.5	249 917.8	57 956.3	—	—	—	121 103.4
社区卫生服务中心（站）	245 641.8	188 928.6	44 559.5	—	—	—	77 171.8
社区卫生服务中心	230 776.4	176 924.2	42 962.8	—	—	—	73 037.5
社区卫生服务站	14 865.4	12 004.4	1 596.7	—	—	—	4 134.3
乡镇卫生院	76 984.1	60 989.2	13 396.8	—	—	—	31 481.3
村卫生室	9 436.2	—	—	—	—	—	4 031.2
门诊部	13 873.4	—	—	—	—	—	4 550.0
诊所、卫生所、医务室	8 374.0	—	—	—	—	—	3 869.1
诊所	384.2	—	—	—	—	—	185.1
卫生所、医务室	7 989.8	—	—	—	—	—	3 684.0
3. 专业公共卫生机构	219 817.7	158 724.2	—	192.3	43 029.7	13 101.1	84 368.9
专科疾病防治院（所、站）	27 629.2	15 606.9	—	0.0	7 826.6	3 146.7	6 029.9
妇幼保健院（所、站）	190 056.6	142 848.0	—	192.3	35 203.1	9 323.5	77 912.7
急救中心（站）	2 131.9	269.3	—	—	—	630.9	426.3
4. 其他机构	31 866.2	12 540.9	—	4.5	5 814.0	5 134.3	10 122.1
疗养院	28 994.0	10 125.7	—	4.5	5 357.3	5 134.3	9 933.6
临床检验中心	2 872.2	2 415.2	—	0.0	456.7	0.0	188.5

2012年广州市医疗机构年收入（营利性）

（单位：万元）

机构分类	总收入				
	合计	财政补助收入	科教项目收入	上级补助收入	医疗收入/事业收入
总计	319 293.3	13.4	0.0	17.8	264 165.3
1. 医院	205 006.8	4.7	0.0	—	200 428.1
综合医院	77 664.6	0.6	0.0	—	77 616.6
中医医院	39 429.2	0.0	0.0	—	38 968.7
专科医院	87 913.0	4.1	0.0	—	83 842.8
2. 基层医疗卫生机构	68 677.8	8.7	—	17.8	54 277.0
社区卫生服务中心（站）	1 058.6	8.7	—	0.0	1 049.1

续表

（单位：万元）

机构分类	总收入				
	合计	财政补助收入	科教项目收入	上级补助收入	医疗收入/事业收入
社区卫生服务中心	8.6	0.0	—	0.0	8.6
社区卫生服务站	1 049.2	8.7	—	0.0	1 040.5
村卫生室	278.3	—	—	17.8	192.2
门诊部	51 328.6	—	—	—	39 587.4
诊所、卫生所、医务室	16 013.1	—	—	—	13 448.3
诊所	15 397.0	—	—	—	12 998.7
卫生所、医务室	616.1	—	—	—	449.6
3. 其他机构	45 608.7	0.0	0.0	—	9 460.2
临床检验中心	45 608.7	0.0	0.0	—	9 460.2

2012年广州市医疗机构年支出（营利性）

（单位：万元）

机构分类	总支出						总支出中的人员支出
	合计	医疗业务成本/医疗支出/事业支出	公共卫生支出	科教项目支出	管理费用	财政项目补助支出	
总计	291 774.6	130 387.0	27.8	5.5	22 576.6	2.0	94 670.3
1. 医院	192 795.9	127 144.1	—	5.5	22 576.6	2.0	52 352.7
综合医院	81 189.7	52 487.9	—	5.5	8 244.2	2.0	18 001.2
中医医院	37 949.7	28 710.6	—	0.0	6 068.7	0.0	12 743.9
专科医院	73 656.5	45 945.6	—	0.0	8 263.7	0.0	21 607.6
2. 基层医疗卫生机构	61 205.0	1 028.3	27.8	—	—	—	31 214.0
社区卫生服务中心（站）	1 056.1	1 028.3	27.8	—	—	—	406.5
社区卫生服务中心	28.5	15.5	13.0	—	—	—	23.0
社区卫生服务站	1 027.6	1 012.8	14.8	—	—	—	383.5
村卫生室	263.1	—	—	—	—	—	171.6
门诊部	46 529.5	—	—	—	—	—	23 640.9
诊所、卫生所、医务室	13 356.3	—	—	—	—	—	6 995.0
诊所	12 754.9	—	—	—	—	—	6 741.3
卫生所、医务室	601.4	—	—	—	—	—	253.7
3. 其他机构	37 773.7	2 214.6	—	0.0	0.0	0.0	11 103.6
临床检验中心	37 773.7	2 214.6	—	0.0	0.0	0.0	11 103.6

2012年广州市医疗机构年收入（公立）

（单位：万元）

机构分类	总收入				
	合计	财政补助收入	科教项目收入	上级补助收入	医疗收入/事业收入
总计	5 280 136.3	530 626.7	50 950.0	9 236.7	4 560 821.4
1. 医院	4 673 560.1	366 694.5	50 630.2	—	4 156 828.8
综合医院	3 137 943.8	200 321.6	28 331.0	—	2 843 655.1

续表

（单位：万元）

机构分类	总收入				
	合计	财政补助收入	科教项目收入	上级补助收入	医疗收入/事业收入
中医医院	739 405.0	60 985.7	5 552.6	—	666 298.9
中西医结合医院	7 984.1	959.7	12.5	—	5 727.2
专科医院	784 225.0	102 443.9	16 734.1	—	639 129.0
护理院	4 002.2	1 983.6	—	—	2 018.6
2. 基层医疗卫生机构	343 361.9	125 523.5	—	9 236.6	195 041.6
社区卫生服务中心（站）	232 284.6	93 563.0	—	6 665.3	129 517.1
社区卫生服务中心	226 698.3	92 733.8	—	6 255.4	125 178.0
社区卫生服务站	5 586.3	829.2	—	409.9	4 339.1
乡镇卫生院	79 392.7	31 960.5	—	160.2	46 424.3
村卫生室	9 650.7	—	—	2 411.1	6 378.9
门诊部	14 836.3	—	—	—	8 812.7
诊所、卫生所、医务室	7 197.6	—	—	—	3 908.6
诊所	626.3	—	—	—	444.6
卫生所、医务室	6 571.3	—	—	—	3 464.0
3. 专业公共卫生机构	231 332.9	26 966.6	319.8	—	198 642.8
专科疾病防治院（所、站）	28 835.5	4 786.6	0.0	—	21 326.1
妇幼保健院（所、站）	200 623.5	20 306.2	319.8	—	177 316.7
急救中心（站）	1 873.9	1 873.8	—	0.1	—
4. 其他机构	31 881.4	11 442.1	0.0	—	10 308.2
疗养院	30 097.8	11 442.1	0.0	—	8 528.6
临床检验中心	1 783.6	0.0	0.0	—	1 779.6

2012年广州市医疗机构年支出（公立）

（单位：万元）

机构分类	总支出						总支出中的人员支出
	合计	医疗业务成本/医疗支出/事业支出	公共卫生支出	科教项目支出	管理费用	财政项目补助支出	
总计	5 145 284.1	4 115 653.0	54 025.4	33 507.6	601 363.0	203 219.0	1 522 769.1
1. 医院	4 572 804.5	3 720 867.9	—	33 310.8	552 519.3	184 983.6	1 314 113.9
综合医院	3 110 903.6	2 565 819.0	—	18 153.5	386 532.2	91 262.8	893 280.9
中医医院	720 329.5	597 372.3	—	2 702.5	74 334.0	40 007.1	206 892.6
中西医结合医院	8 198.3	5 326.5	—	0.0	0.0	0.0	1 471.3
专科医院	730 406.6	552 070.4	—	12 454.8	91 483.4	51 730.3	211 935.4
护理院	2 966.5	279.7	—	0.0	169.7	1 983.4	533.7
2. 基层医疗卫生机构	320 840.6	223 533.5	54 025.4	—	—	—	114 186.8
社区卫生服务中心（站）	213 004.7	162 544.3	40 628.6	—	—	—	70 572.5
社区卫生服务中心	207 043.0	157 709.7	40 160.9	—	—	—	68 954.6
社区卫生服务站	5 961.7	4 834.6	467.7	—	—	—	1 617.9

续表

（单位：万元）

机构分类	总支出						总支出中的人员支出
	合计	医疗业务成本/医疗支出/事业支出	公共卫生支出	科教项目支出	管理费用	财政项目补助支出	
乡镇卫生院	76 984.1	60 989.2	13 396.8	—	—	—	31 481.3
村卫生室	8 634.5	—	—	—	—	—	3 626.3
门诊部	14 752.0	—	—	—	—	—	5 140.5
诊所、卫生所、医务室	7 465.3	—	—	—	—	—	3 366.2
诊所	539.1	—	—	—	—	—	215.7
卫生所、医务室	6 926.2	—	—	—	—	—	3 150.5
3. 专业公共卫生机构	219 772.8	158 710.7	—	192.3	43 029.7	13 101.1	84 346.3
专科疾病防治院（所、站）	27 584.3	15 593.4	—	0.0	7 826.6	3 146.7	6 007.3
妇幼保健院（所、站）	190 056.6	142 848.0	—	192.3	35 203.1	9 323.5	77 912.7
急救中心（站）	2 131.9	269.3	—	—	—	630.9	426.3
4. 其他机构	31 866.2	12 540.9	—	4.5	5 814.0	5 134.3	10 122.1
疗养院	28 994.0	10 125.7	—	4.5	5 357.3	5 134.3	9 933.6
临床检验中心	2 872.2	2 415.2	—	0.0	456.7	0.0	188.5

2012年广州市医疗机构年收入（民营）

（单位：万元）

机构分类	总收入				
	合计	财政补助收入	科教项目收入	上级补助收入	医疗收入/事业收入
总计	339 664.7	4 013.9	0.0	1 236.6	279 798.9
1. 医院	190 011.5	240.8	0.0	—	186 014.5
综合医院	93 957.6	186.7	0.0	—	93 715.0
中医医院	39 926.7	0.0	0.0	—	39 344.0
专科医院	56 127.2	54.1	0.0	—	52 955.5
2. 基层医疗卫生机构	103 997.5	3 773.1	—	1 236.6	84 277.2
社区卫生服务中心（站）	35 480.1	3 773.1	—	1 146.9	30 447.8
社区卫生服务中心	25 037.5	3 075.8	—	957.2	20 976.8
社区卫生服务站	10 442.6	697.3	—	189.7	9 471.0
村卫生室	1 109.0	—	—	89.7	924.3
门诊部	50 695.6	—	—	—	38 774.6
诊所、卫生所、医务室	16 712.8	—	—	—	14 130.5
诊所	15 202.6	—	—	—	12 920.0
卫生所、医务室	1 510.2	—	—	—	1 210.5
3. 专业公共卫生机构	47.0	0.0	0.0	—	47.0
专科疾病防治院（所、站）	47.0	0.0	0.0	—	47.0
4. 其他机构	45 608.7	0.0	0.0	—	9 460.2
临床检验中心	45 608.7	0.0	0.0	—	9 460.2

2012年广州市医疗机构年支出（民营）

（单位：万元）

机构分类	总支出						总支出中的人员支出
	合计	医疗业务成本/医疗支出/事业支出	公共卫生支出	科教项目支出	管理费用	财政项目补助支出	
总计	314 406.2	144 554.1	3 958.7	6.3	21 189.1	200.1	98 640.6
1．医院	181 913.6	114 913.4	—	6.3	21 189.1	200.1	49 383.8
综合医院	98 895.7	65 457.1	—	6.3	10 737.7	200.1	21 699.5
中医医院	38 405.4	29 052.4	—	0.0	6 068.7	0.0	12 863.0
专科医院	44 612.5	20 403.9	—	0.0	4 382.7	0.0	14 821.3
2．基层医疗卫生机构	94 674.0	27 412.6	3 958.7	—	—	—	38 130.6
社区卫生服务中心（站）	33 693.2	27 412.6	3 958.7	—	—	—	7 005.8
社区卫生服务中心	23 761.9	19 230.0	2 814.9	—	—	—	4 105.9
社区卫生服务站	9 931.3	8 182.6	1 143.8	—	—	—	2 899.9
村卫生室	1 064.9	—	—	—	—	—	576.5
门诊部	45 650.9	—	—	—	—	—	23 050.4
诊所、卫生所、医务室	14 265.0	—	—	—	—	—	7 497.9
诊所	12 600.0	—	—	—	—	—	6 710.7
卫生所、医务室	1 665.0	—	—	—	—	—	787.2
3．专业公共卫生机构	44.9	13.5	—	0.0	0.0	0.0	22.6
专科疾病防治院（所、站）	44.9	13.5	—	0.0	0.0	0.0	22.6
4．其他机构	37 773.7	2 214.6	—	0.0	0.0	0.0	11 103.6
临床检验中心	37 773.7	2 214.6	—	0.0	0.0	0.0	11 103.6

2012年广州市医疗机构年收入（政府办）

（单位：万元）

机构分类	总收入				
	合计	财政补助收入	科教项目收入	上级补助收入	医疗收入/事业收入
总计	5 077 973.9	512 569.2	50 937.5	2 462.7	4 402 736.3
1．医院	4 541 554.9	354 619.2	50 617.7	—	4 041 739.6
综合医院	3 062 411.3	196 849.2	28 331.0	—	2 773 886.4
中医医院	739 405.0	60 985.7	5 552.6	—	666 298.9
专科医院	735 736.4	94 800.7	16 734.1	—	599 535.7
护理院	4 002.2	1 983.6	0.0	—	2 018.6
2．基层医疗卫生机构	283 933.2	120 945.3	—	2 462.6	157 112.6
社区卫生服务中心（站）	202 431.6	88 984.8	—	2 180.1	109 154.2
社区卫生服务中心	200 822.5	88 425.9	—	2 170.9	108 113.2
社区卫生服务站	1 609.1	558.9	—	9.2	1 041.0
乡镇卫生院	79 163.0	31 960.5	—	160.2	46 211.3
村卫生室	604.7	—	—	122.3	481.5

续表

（单位：万元）

机构分类	总收入				
	合计	财政补助收入	科教项目收入	上级补助收入	医疗收入/事业收入
门诊部	274.2	—	—	—	251.8
诊所、卫生所、医务室	1 459.7	—	—	—	1 013.8
3．专业公共卫生机构	231 332.9	26 966.6	319.8	0.1	198 642.8
专科疾病防治院（所、站）	28 835.5	4 786.6	0.0	—	21 326.I
妇幼保健院（所、站）	200 623.5	20 306.2	319.8	—	177 316.7
急救中心（站）	1 873.9	1 873.8	—	0.1	—
4．其他机构	21 152.9	10 038.1	0.0	—	5 241.3
疗养院	21 152.9	10 038.1	0.0	—	5 241.3

2012年广州市医疗机构年支出（政府办）

（单位：万元）

机构分类	总支出						总支出中的人员支出
	合计	医疗业务成本/医疗支出/事业支出	公共卫生支出	科教项目支出	管理费用	财政项目补助支出	
总计	4 950 884.5	3 986 692.0	51 563.6	33 499.6	588 093.6	199 187.2	1 465 647.0
1．医院	4 447 128.1	3 618 591.9	—	33 302.8	541 401.0	180 951.8	1 276 217.8
综合医院	3 035 589.3	2 499 858.3	—	18 153.5	380 144.1	90 480.2	868 397.9
中医医院	720 329.5	597 372.3	—	2 702.5	74 334.0	40 007.1	206 892.6
专科医院	688 242.8	521 081.6	—	12 446.8	86 753.2	48 481.1	200 393.6
护理院	2 966.5	279.7	—	—	169.7	1 983.4	533.7
2．基层医疗卫生机构	263 821.9	200 886.8	51 563.6	—	—	—	97 734.0
社区卫生服务中心（站）	184 848.4	140 152.4	38 166.8	—	—	—	65 142.3
社区卫生服务中心	183 323.5	139 125.3	37 972.6	—	—	—	64 854.5
社区卫生服务站	1 524.9	1 027.1	194.2	—	—	—	287.8
乡镇卫生院	76 729.3	60 734.4	13 396.8	—	—	—	31 372.0
村卫生室	666.0	—	—	—	—	—	350.0
门诊部	169.3	—	—	—	—	—	144.0
诊所、卫生所、医务室	1 408.9	—	—	—	—	—	725.7
3．专业公共卫生机构	219 772.8	158 710.7	—	192.3	43 029.7	13 101.1	84 346.3
专科疾病防治院（所、站）	27 584.3	15 593.4	—	0.0	7 826.6	3 146.7	6 007.3
妇幼保健院（所、站）	190 056.6	142 848.0	—	192.3	35 203.1	9 323.5	77 912.7
急救中心（站）	2 131.9	269.3	—	0.0	0.0	630.9	426.3
4．其他机构	20 161.7	8 502.6	—	4.5	3 662.9	5 134.3	7 348.9
疗养院	20 161.7	8 502.6	—	4.5	3 662.9	5 134.3	7 348.9

2012年广州市医疗机构资产与负债（合计）

（单位：万元）

机构分类	总资产						负债与净资产			
	合计	流动资产	非流动资产				负债	净资产		
			小计	固定资产	在建工程	无形资产		小计	事业基金	专业基金
总计	5 252 837	2 327 968	2 924 869	2 219 224	555 446	42 252	1 846 721	3 406 116	1 770 367	256 260
1．医院	4 703 675	2 090 836	2 612 839	1 978 107	500 840	38 890	1 645 211	3 058 464	1 657 370	230 517
综合医院	3 086 080	1 319 810	1 766 270	1 419 952	298 628	11 084	1 298 057	1 788 024	986 924	131 745
中医医院	746 776	331 983	414 793	252 749	139 646	19 665	190 588	556 188	341 637	37 713
中西医结合医院	6 303	4 548	1 755	1 755	0	0	8 386	−2 083	−2 262	81
专科医院	860 091	434 277	425 814	299 814	62 566	8 141	147 842	712 248	331 003	60 860
护理院	4 425	219	4 207	3 838	0	0	339	4 086	69	117
2．基层医疗卫生机构	215 084	100 598	114 485	107 243	3 949	1 665	87 327	127 757	17 904	9 720
社区卫生服务中心（站）	153 100	81 366	71 734	66 622	3 093	1 433	68 743	84 357	16 478	7 681
社区卫生服务中心	141 790	77 208	64 582	60 640	3 093	342	65 358	76 432	15 342	7 083
社区卫生服务站	11 310	4 158	7 152	5 983	0	1 092	3 385	7 925	1 136	597
乡镇卫生院	61 984	19 232	42 752	40 620	856	232	18 584	43 400	1 426	2 039
3．专业公共卫生机构	226 603	78 832	147 771	91 758	49 745	934	62 802	163 801	81 728	11 977
专科疾病防治院（所、站）	36 788	12 804	23 984	23 867	93	24	4 018	32 770	8 690	1 036
妇幼保健院（所、站）	178 707	64 754	113 954	58 058	49 652	910	58 688	120 020	72 688	10 916
急救中心（站）	11 108	1 274	9 834	9 834	0	0	97	11 011	350	25
4．其他机构	107 476	57 702	49 774	42 117	913	763	51 382	56 094	13 366	4 047
疗养院	52 412	12 698	39 714	34 194	913	81	9 111	43 301	12 901	4 047

2012年广州市医疗机构资产与负债（非营利性）

（单位：万元）

机构分类	总资产						负债与净资产			
	合计	流动资产	非流动资产				负债	净资产		
			小计	固定资产	在建工程	无形资产		小计	事业基金	专业基金
总计	4 999 887	2 200 076	2 799 812	2 126 303	554 156	20 255	1 702 356	3 297 531	1 768 535	258 242
1．医院	4 504 240	2 007 730	2 496 510	1 891 768	499 550	17 585	1 540 844	2 963 397	1 655 608	232 558
综合医院	3 023 234	1 299 205	1 724 029	1 388 226	297 546	7 610	1 246 559	1 776 676	985 140	134 068
中医医院	703 891	315 227	388 664	240 509	139 459	6 192	168 205	535 685	341 487	37 600
中西医结合医院	6 303	4 548	1 755	1 755	0	0	8 386	−2 083	−2 262	81

续表

（单位：万元）

机构分类	总资产						负债与净资产			
	合计	流动资产	非流动资产				负债	净资产		
			小计	固定资产	在建工程	无形资产		小计	事业基金	专业基金
专科医院	766 387	388 531	377 856	257 439	62 545	3 783	117 355	649 031	331 175	60 692
护理院	4 425	219	4 207	3 838	0	0	339	4 086	69	117
2. 基层医疗卫生机构	213 219	99 974	113 245	106 012	3 949	1 655	86 671	126 548	17 832	9 660
社区卫生服务中心（站）	151 235	80 742	70 493	65 392	3 093	1 423	68 087	83 148	16 407	7 621
社区卫生服务中心	140 990	77 008	63 982	60 040	3 093	342	65 358	75 632	15 342	7 083
社区卫生服务站	10 245	3 734	6 511	5 352	0	1 082	2 729	7 516	1 065	538
乡镇卫生院	61 984	19 232	42 752	40 620	856	232	18 584	43 400	1 426	2 039
3. 专业公共卫生机构	226 603	78 832	147 771	91 758	49 745	934	62 802	163 801	81 728	11 977
专科疾病防治院（所、站）	36 788	12 804	23 984	23 867	93	24	4 018	32 770	8 690	1 036
妇幼保健院（所、站）	178 707	64 754	113 954	58 058	49 652	910	58 688	120 020	72 688	10 916
急救中心（站）	11 108	1 274	9 834	9 834	0	0	97	11 011	350	25
4. 其他机构	55 826	13 540	42 286	36 766	913	81	12 039	43 786	13 366	4 047
疗养院	52 412	12 698	39 714	34 194	913	81	9 111	43 301	12 901	4 047

2012年广州市医疗机构资产与负债（营利性）

（单位：万元）

机构分类	总资产						负债与净资产			
	合计	流动资产	非流动资产				负债	净资产		
			小计	固定资产	在建工程	无形资产		小计	事业基金	专业基金
总计	252 950	127 893	125 057	92 921	1 290	21 997	144 365	108 584	1 833	−1 982
1. 医院	199 435	83 106	116 329	86 340	1 290	21 305	104 367	95 067	1 761	−2 042
综合医院	62 846	20 605	42 241	31 726	1 082	3 474	51 498	11 348	1 784	−2 323
中医医院	42 885	16 756	26 129	12 239	188	13 473	22 382	20 503	150	113
专科医院	93 704	45 745	47 959	42 374	21	4 358	30 487	63 217	−173	168
2. 基层医疗卫生机构	1 865	624	1 241	1 231	0	10	656	1 209	71	59
社区卫生服务中心（站）	1 865	624	1 241	1 231	0	10	656	1 209	71	59
社区卫生服务中心	800	200	600	600	0	0	0	800	0	0
社区卫生服务站	1 065	424	641	631	0	10	656	409	71	59
3. 其他机构	51 650	44 162	7 488	5 351	0	682	39 343	12 308	0	0

2012年广州市医疗机构资产与负债（公立）

（单位：万元）

机构分类	总资产						负债与净资产			
	合计	流动资产	非流动资产				负债	净资产		
			小计	固定资产	在建工程	无形资产		小计	事业基金	专业基金
总计	4 965 413	2 193 742	2 771 671	2 102 905	552 422	18 127	1 675 431	3 289 982	1 762 733	250 363
1．医院	4 492 629	2 012 194	2 480 435	1 878 764	499 077	15 784	1 523 347	2 969 282	1 654 135	226 641
综合医院	2 992 564	1 291 723	1 700 841	1 365 047	297 538	7 609	1 230 276	1 762 288	981 361	129 552
中医医院	703 590	315 127	388 463	240 457	139 459	6 146	168 205	535 385	341 487	37 600
中西医结合医院	6 303	4 548	1 755	1 755	0	0	8 386	−2 083	−2 262	81
专科医院	785 746	400 577	385 169	267 667	62 081	2 029	116 141	669 605	333 481	59 291
护理院	4 425	219	4 207	3 838	0	0	339	4 086	69	117
2．基层医疗卫生机构	190 416	89 212	101 204	95 642	2 687	1 328	77 243	113 173	13 504	7 699
社区卫生服务中心（站）	128 432	69 980	58 453	55 022	1 832	1 096	58 659	69 774	12 078	5 660
社区卫生服务中心	123 494	68 969	54 524	52 108	1 832	82	57 861	65 633	12 078	5 654
社区卫生服务站	4 939	1 011	3 928	2 914	0	1 014	798	4 141	0	6
乡镇卫生院	61 984	19 232	42 752	40 620	856	232	18 584	43 400	1 426	2 039
3．专业公共卫生机构	226 543	78 797	147 746	91 733	49 745	934	62 802	163 741	81 728	11 977
专科疾病防治院（所、站）	36 728	12 769	23 959	23 842	93	24	4 018	32 710	8 690	1 036
妇幼保健院（所、站）	178 707	64 754	113 954	58 058	49 652	910	58 688	120 020	72 688	10 916
急救中心（站）	11 108	1 274	9 834	9 834	0	0	97	11 011	350	25
4．其他机构	55 826	13 540	42 286	36 766	913	81	12 039	43 786	13 366	4 047
疗养院	52 412	12 698	39 714	34 194	913	81	9 111	43 301	12 901	4 047

2012年广州市医疗机构资产与负债（民营）

（单位：万元）

机构分类	总资产						负债与净资产			
	合计	流动资产	非流动资产				负债	净资产		
			小计	固定资产	在建工程	无形资产		小计	事业基金	专业基金
总计	287 424	134 226	153 198	116 320	3 024	24 125	171 290	116 134	7 635	5 897
1．医院	211 046	78 642	132 404	99 344	1 763	23 106	121 864	89 182	3 235	3 876
综合医院	93 516	28 086	65 430	54 905	1 090	3 475	67 780	25 736	5 563	2 194
中医医院	43 185	16 856	26 329	12 291	188	13 519	22 382	20 803	150	113
专科医院	74 344	33 700	40 645	32 147	485	6 112	31 701	42 643	−2 478	1 570
2．基层医疗卫生机构	24 668	11 387	13 281	11 601	1 262	338	10 084	14 584	4 400	2 021

续表 （单位：万元）

机构分类	总资产						负债与净资产			
	合计	流动资产	非流动资产				负债	净资产		
			小计	固定资产	在建工程	无形资产		小计	事业基金	专业基金
社区卫生服务中心（站）	24 668	11 387	13 281	11 601	1 262	338	10 084	14 584	4 400	2 021
社区卫生服务中心	18 297	8 239	10 058	8 532	1 262	260	7 497	10 799	3 264	1 429
社区卫生服务站	6 371	3 147	3 224	3 069	0	77	2 586	3 785	1 136	591
3．专业公共卫生机构	60	35	25	25	0	0	0	60	0	0
专科疾病防治院（所、站）	60	35	25	25	0	0	0	60	0	0
4．其他机构	51 650	44 162	7 488	5 351	0	682	39 343	12 308	0	0

2012年广州市医疗机构资产与负债（政府办）

（单位：万元）

机构分类	总资产						负债与净资产			
	合计	流动资产	非流动资产				负债	净资产		
			小计	固定资产	在建工程	无形资产		小计	事业基金	专业基金
总计	4 812 885	2 126 765	2 686 120	2 019 794	552 327	16 865	1 606 489	3 206 396	1 754 504	244 398
1．医院	4 377 283	1 954 415	2 422 868	1 822 545	498 997	15 573	1 466 866	2 910 417	1 648 858	222 393
综合医院	2 933 561	1 263 920	1 669 640	1 335 091	297 457	7 444	1 195 591	1 737 970	976 185	125 870
中医医院	703 590	315 127	388 463	240 457	139 459	6 146	168 205	535 385	341 487	37 600
专科医院	735 707	375 149	360 558	243 159	62 081	1 984	102 731	632 976	331 117	58 805
护理院	4 425	219	4 207	3 838	0	0	339	4 086	69	117
2．基层医疗卫生机构	171 537	84 251	87 286	82 783	2 672	283	71 045	100 492	11 166	6 571
社区卫生服务中心（站）	109 802	65 085	44 717	42 346	1 817	52	52 614	57 188	9 740	4 549
社区卫生服务中心	109 241	64 655	44 586	42 214	1 817	52	52 319	56 922	9 740	4 543
社区卫生服务站	561	430	132	132	0	0	295	267	0	6
乡镇卫生院	61 735	19 166	42 569	40 438	856	232	18 432	43 303	1 426	2 022
3．专业公共卫生机构	226 543	78 797	147 746	91 733	49 745	934	62 802	163 741	81 728	11 977
专科疾病防治院（所、站）	36 728	12 769	23 959	23 842	93	24	4 018	32 710	8 690	1 036
妇幼保健院（所、站）	178 707	64 754	113 954	58 058	49 652	910	58 688	120 020	72 688	10 916
急救中心（站）	11 108	1 274	9 834	9 834	0	0	97	11 011	350	25
4．其他机构	37 522	9 303	28 219	22 732	913	75	5 775	31 747	12 752	3 458
疗养院	37 522	9 303	28 219	22 732	913	75	5 775	31 747	12 752	3 458

2012年广州市医疗机构业务收支情况

指标名称	医院			基层医疗卫生机构	
	合计	综合医院	中医医院	社区卫生服务中心	乡镇卫生院
机构数 / 个	199	116	24	150	35
总收入 / 万元	4 863 571.6	3 231 901.4	779 331.7	251 735.8	79 392.7
医疗收入	4 342 843.3	2 937 370.1	705 642.9	146 154.8	46 424.3
门诊收入	1 812 055.8	1 139 642.7	369 670.1	123 431.4	27 013.7
内：挂号收入	13 670.0	9 616.2	2 316.6	579.9	54.4
诊察收入	32 004.4	17 873.5	8 699.9	—	—
检查收入	259 510.3	178 257.9	41 391.7	6 779.4	3 650.7
化验收入	172 819.6	117 202.2	26 044.0	5 263.3	1 979.2
手术收入	36 943.6	22 689.5	2 993.5	1 339.0	634.4
治疗收入	243 234.4	120 945.7	57 375.7	18 321.6	2 380.6
卫生材料收入	29 728.1	19 182.7	2 700.8	4 532.4	1 733.6
药品收入	975 979.0	624 265.3	225 282.2	66 328.2	11 828.7
住院收入	2 530 787.5	1 797 727.4	335 972.8	22 723.4	19 410.6
内：床位收入	104 603.3	70 631.8	17 552.9	1 865.7	1 549.9
诊察收入	9 373.6	5 500.3	1 338.0	209.2	170.0
检查收入	188 522.6	132 198.4	27 676.3	1 164.5	1 281.1
治疗收入	394 018.5	240 504.0	73 346.0	5 899.7	2 984.7
手术收入	198 286.0	136 405.1	23 281.2	1 173.9	1 773.8
化验收入	240 378.0	177 209.4	31 398.3	2 069.6	2 050.5
护理收入	41 957.4	31 003.8	3 634.5	681.6	650.7
卫生材料收入	318 482.9	248 043.6	37 304.5	772.1	1 324.6
药品收入	959 541.3	695 698.9	116 892.4	7 650.0	7 054.6
其他收入	103 162.8	65 692.0	7 150.5	2 558.8	847.7
总支出 / 万元	4 754 718.1	3 209 799.3	758 734.9	230 804.9	76 984.1
医疗业务成本	3 835 781.3	2 631 276.1	626 424.7	—	—
财政项目补助支出	185 183.7	91 462.9	40 007.1	—	—
其他支出	126 727.6	71 630.6	9 197.9	—	—
总费用中：人员经费 / 万元	1 363 497.7	914 980.4	219 755.6	—	—
药品费 / 万元	1 719 063.2	1 178 247.5	300 438.6	—	—
在职职工数 / 人	93 763	63 339	14 115	9 077	3 706
执业医师 / 人	23 676	15 709	4 215	2 839	823
执业助理医师 / 人	844	579	95	424	314
总诊疗人次数 / 人次	82 445 480	54 446 433	18 812 299	13 513 963	3 271 143
出院人数 / 人	1 885 731	1 337 279	290 816	54 197	72 840

续表

指标名称	医院			基层医疗卫生机构	
	合计	综合医院	中医医院	社区卫生服务中心	乡镇卫生院
实有床位/张	62 194	41 117	9 169	2 434	2 050
实际开放总床日数	21 773 718	14 190 565	3 323 445	881 042	716 473
实际占用总床日数	19 859 598	12 924 196	3 098 808	663 940	466 914
出院者占用总床日数	19 051 242	12 578 168	3 081 736	643 074	450 719
平均每诊疗人次医疗费/元	219.79	209.31	196.50	91.34	82.58
内：挂号费	1.66	1.77	1.23	0.43	0.17
药费	118.38	114.66	119.75	49.08	36.16
检查费	31.48	32.74	22.00	5.02	11.16
治疗费	29.50	22.21	30.50	13.56	7.28
出院者人均医疗费/元	13 420.72	13 443.17	11 552.76	4 192.74	2 664.83
内：床位费	554.71	528.18	603.57	344.24	212.78
药费	5 088.43	5 202.35	4 019.46	1 411.52	968.51
检查费	999.73	988.56	951.68	214.86	175.88
治疗费	2 089.47	1 798.46	2 522.08	1 088.57	409.76
手术费	1 051.51	1 020.02	800.55	216.60	243.52
出院者平均每天住院医疗费/元	1 328.41	1 429.24	1 090.21	353.36	430.66
医师人均全年担负诊疗人次/人次	3 362.4	3 342.7	4 364.8	4 141.6	2 877.0
住院床日/个	809.9	793.5	719.0	203.5	410.7
医师人均每日担负诊疗人次/人次	13.4	13.3	17.4	16.5	11.5
住院床日/个	2.2	2.2	2.0	0.6	1.1

备注：机构数不包括相应类别的分支机构数（社区卫生服务中心除外）

2012年广州市卫生部门综合医院业务收支情况

指标名称	合计	部属	省属	市属	区属
机构数/个	58	4	7	8	39
总收入/万元	2 968 136.5	705 063.1	1 010 322.6	681 617.8	571 133.0
财政补助收入	191 093.2	24 402.7	47 495.6	73 798.2	45 396.7
医疗收入	2 687 481.0	650 597.8	927 212.3	590 956.4	518 714.5
门诊收入	1 032 243.6	258 859.5	285 509.9	220 240.4	267 633.8
内：挂号收入	8 591.2	3 428.4	1 051.0	1 695.3	2 416.5
诊察收入	16 312.2	2 716.3	3 636.6	3 331.6	6 627.7
检查收入	163 395.4	37 150.1	48 450.3	29 736.8	48 058.2
化验收入	107 437.4	29 995.4	26 595.7	21 080.7	29 765.6
治疗收入	103 431.0	25 475.8	22 329.5	26 309.0	29 316.7

续表

指标名称	合计	部属	省属	市属	区属
手术收入	15 915.2	3 343.8	4 682.2	2 556.9	5 332.3
卫生材料收入	17 411.2	5 025.0	3 425.8	3 619.5	5 340.9
药品收入	575 430.5	149 445.6	165 412.3	127 842.1	132 730.5
住院收入	1 655 237.4	391 738.3	641 702.4	370 716.0	251 080.7
内：床位收入	61 544.2	11 977.5	21 786.1	13 646.6	14 134.0
诊察收入	4 851.8	1 148.4	844.8	1 373.2	1 485.4
检查收入	122 466.0	27 050.9	39 469.8	34 571.6	21 373.7
化验收入	166 941.4	39 906.2	53 705.8	43 654.7	29 674.7
治疗收入	210 878.2	40 019.0	65 773.8	62 045.1	43 040.3
手术收入	122 418.8	30 177.5	48 851.4	20 658.0	22 731.9
护理收入	27 292.9	5 243.2	9 007.4	6 337.2	6 705.1
卫生材料收入	236 491.6	64 866.0	108 105.9	41 093.7	22 426.0
药品收入	645 404.7	165 117.0	248 349.0	145 521.7	86 417.0
其他收入	61 231.3	21 190.7	24 831.8	9 453.1	5 755.7
总支出 / 万元	2 942 607.1	702 351.1	992 940.8	671 641.3	575 673.9
医疗业务成本	2 430 167.1	581 817.4	837 809.4	541 387.5	469 152.8
财政项目补助支出	88 254.9	16 677.7	29 221.9	25 895.3	16 460.0
科教项目支出	18 153.5	5 601.5	8 389.1	3 585.7	577.2
其他支出	44 258.9	15 911.6	13 031.6	9 068.3	6 247.4
总支出中：人员经费 / 万元	840 439.8	198 430.9	248 669.7	203 378.5	189 960.7
卫生材料费 / 万元	436 641.2	109 047.3	176 136.4	92 507.6	58 949.9
药品费 / 万元	1 096 001.3	279 120.1	376 618.6	244 802.4	195 460.2
医师人均担负年诊疗人次 / 人次	3 548.2	3 528.1	3 268.1	3 220.2	3 958.7
医师人均担负年住院床日 / 个	820.5	813.8	1 001.7	852.4	680.7
医师人均每日担负诊疗人次 / 人次	14.2	14.1	13.1	12.9	15.8
医师人均每日担负住院床日 / 个	2.2	2.2	2.7	2.3	1.9
医师人均年医疗收入 / 元	1 951 976.3	2 333 564.6	2 866 189.5	1 967 886.8	1 093 872.8
门诊病人每次平均诊疗费用 / 元	211.3	263.2	270.1	227.8	142.6
内：挂号费	1.8	3.5	1.0	1.8	1.3
诊察费	3.3	2.8	3.4	3.5	3.5
检查费	33.5	37.8	45.8	30.8	25.6
化验费	22.0	30.5	25.2	21.8	15.9
治疗费	21.2	25.9	21.1	27.2	15.6
手术费	3.3	3.4	4.4	2.6	2.8
卫生材料费	3.6	5.1	3.2	3.7	2.9
药费	117.8	151.9	156.5	132.2	70.7
住院病人人均住院费用 / 元	13 944.0	17 495.2	20 285.5	15 656.8	6 123.4
内：床位费	518.5	534.9	688.7	576.4	344.7

续表

指标名称	合计	部属	省属	市属	区属
诊察费	40.9	51.3	26.7	58.0	36.2
检查费	1 031.7	1 208.1	1 247.7	1 460.1	521.3
化验费	1 406.3	1 782.2	1 697.8	1 843.7	723.7
治疗费	1 776.5	1 787.3	2 079.3	2 620.4	1 049.7
手术费	1 031.3	1 347.7	1 544.3	872.5	554.4
护理费	229.9	234.2	284.7	267.6	163.5
卫生材料费	1 992.3	2 896.9	3 417.5	1 735.5	546.9
药费	5 437.0	7 374.2	7 850.8	6 145.9	2 107.6
出院者日均住院费用/元	1 483.0	1 726.8	1 982.1	1 451.4	809.3

备注：机构数不包括相应类别的分支机构数

（三）疾病预防与控制

2012年广州市甲类、乙类传染病发病、死亡情况

病名	发病数/人	死亡数/人	发病率/每10万	死亡率/每10万	病死率/%	发病构成比/%	与去年相比较发病率升降/%	与去年相比较死亡率升降/%
合计	26 306	112	205.59	0.88	0.43	100.00	-10.71	-20.97
鼠疫	0	0	0.00	0.00	—	0.00	—	—
霍乱	1	0	0.01	0.00	0.00	0.00	-0.51	—
传染性非典	0	0	0.00	0.00	—	0.00	—	—
艾滋病	342	63	2.67	0.49	18.42	1.30	-17.41	-26.26
HIV	861	54	6.73	0.42	6.27	3.27	34.27	41.39
肝炎	3 287	1	25.69	0.01	0.03	12.50	-46.58	-75.13
脊髓灰质炎	0	0	0.00	0.00	—	0.00	—	—
人禽流感	0	0	0.00	0.00	—	0.00	—	—
甲型H1N1流感	0	0	0.00	0.00	—	0.00	-100.00	—
麻疹	295	0	2.31	0.00	0.00	1.12	615.87	—
出血热	134	0	1.05	0.00	0.00	0.51	16.95	-100.00
狂犬病	2	2	0.02	0.02	100.00	0.01	98.99	98.99
乙脑	2	0	0.02	0.00	0.00	0.01	-0.51	—
登革热	154	0	1.20	0.00	0.00	0.59	283.05	—
炭疽	0	0	0.00	0.00	—	0.00	—	—
痢疾	225	0	1.76	0.00	0.00	0.86	-23.33	—
肺结核	11 603	43	90.68	0.34	0.37	44.11	-5.17	-19.28
伤寒和副伤寒	147	0	1.15	0.00	0.00	0.56	22.90	—
流脑	2	0	0.02	0.00	0.00	0.01	—	—
百日咳	0	0	0.00	0.00	—	0.00	—	—
白喉	0	0	0.00	0.00	—	0.00	—	—

续表

病名	发病数/人	死亡数/人	发病率/每10万	死亡率/每10万	病死率/%	发病构成比/%	与去年相比较发病率升降/%	与去年相比较死亡率升降/%
新生儿破伤风	14	0	11.84	0.00	0.00	0.05	-17.61	-100.00
猩红热	135	0	1.06	0.00	0.00	0.51	-49.31	—
布病	16	0	0.13	0.00	0.00	0.06	-0.51	—
淋病	2 059	0	16.09	0.00	0.00	7.83	-7.47	—
梅毒	7 856	2	61.40	0.02	0.03	29.86	4.36	-66.84
钩体病	12	0	0.09	0.00	0.00	0.05	49.24	—
血吸虫病	0	0	0.00	0.00	—	0.00	—	—
疟疾	20	1	0.16	0.01	5.00	0.08	-26.30	—

备注：①2012年发病率、死亡率使用2011年末和2012年末广州市常住人口数的平均值［（1275.14万人+1283.89万人）/2］计算
②2011年发病率、死亡率使用2010年末和2011年末广州市常住人口数的平均值［（1270.96万人+1275.14万人）/2］计算
③发病数、死亡数合计总数不包括HIV
④*指该病无发病或死亡，无法计算病死率或发病率、死亡率升降
⑤新生儿破伤风发病率、死亡率单位为每10万，均使用年内活产儿数计算

2012年广州市甲类、乙类主要传染病职业分布情况（1）

（单位：人）

职业	合计	鼠疫	霍乱	传染性非典	艾滋病	HIV	肝炎	脊髓灰质炎	人禽流感	甲型H1N1流感	麻疹	出血热	狂犬病	乙脑	登革热
合计	26 306	0	1	0	342	861	28 815	0	0	0	295	134	2	2	154
幼托儿童	92	0	0	0	1	0	16	0	0	0	2	0	0	0	0
散居儿童	619	0	0	0	1	0	208	0	0	0	182	0	0	1	0
学生	624	0	0	0	1	24	525	0	0	0	12	0	0	1	9
教师	118	0	0	0	3	9	295	0	0	0	3	1	0	0	1
保育员及保姆	8	0	0	0	0	0	6	0	0	0	0	0	0	0	0
餐饮食品业人员	284	0	0	0	5	7	113	0	0	0	0	5	0	0	3
公共场所服务员	63	0	0	0	6	8	80	0	0	0	1	0	0	0	0
商业服务人员	1 903	0	0	0	27	82	3 173	0	0	0	15	16	1	0	15
医务人员	94	0	0	0	1	3	104	0	0	0	3	0	0	0	3
工人	1 927	0	0	0	31	60	1 626	0	0	0	12	11	0	0	8
民工	820	0	0	0	16	36	492	0	0	0	3	1	0	0	1
农民	3 518	0	0	0	32	33	3 140	0	0	0	7	8	1	0	1
牧民	8	0	0	0	0	0	4	0	0	0	0	0	0	0	0
渔（船）民	20	0	0	0	0	0	18	0	0	0	0	0	0	0	0
海员及长途驾驶员	17	0	0	0	1	3	20	0	0	0	0	0	0	0	0
干部职员	322	0	0	0	5	21	647	0	0	0	2	4	0	0	10
离退休人员	2 149	0	0	0	14	10	2 115	0	0	0	0	7	0	0	44
家务及待业人员	5 368	0	1	0	86	153	5 698	0	0	0	20	37	0	0	21

续表 （单位：人）

职业	合计	鼠疫	霍乱	传染性非典	艾滋病	HIV	肝炎	脊髓灰质炎	人禽流感	甲型H1N1流感	麻疹	出血热	狂犬病	乙脑	登革热
不详	2 222	0	0	0	24	71	2 207	0	0	0	9	3	0	0	1
其他	6 130	0	0	0	88	341	8 328	0	0	0	24	41	0	0	37

2012年广州市甲类、乙类主要传染病职业分布情况（2）

（单位：人）

职业	炭疽	痢疾	肺结核	伤寒和副伤寒	流脑	百日咳	白喉	新生儿破伤风	猩红热	布病	淋病	梅毒	钩体病	血吸虫病	疟疾
合计	0	225	11 603	147	2	0	0	14	135	16	2 059	7 856	12	0	20
幼托儿童	0	8	4	8	0	0	0	0	61	0	0	3	0	0	0
散居儿童	0	60	21	39	2	0	0	14	33	2	5	162	0	0	0
学生	0	17	431	10	0	0	0	0	37	0	17	23	0	0	1
教师	0	2	45	0	0	0	0	0	0	0	5	32	1	0	0
保育员及保姆	0	1	1	0	0	0	0	0	0	0	0	6	0	0	0
餐饮食品业人员	0	2	121	0	0	0	0	0	0	0	50	76	0	0	0
公共场所服务员	0	0	19	0	0	0	0	0	0	0	9	22	0	0	0
商业服务人员	0	17	509	6	0	0	0	0	1	3	368	756	0	0	3
医务人员	0	1	49	0	0	0	0	0	1	0	5	19	0	0	0
工人	0	20	1 190	11	0	0	0	0	0	0	127	310	0	0	2
民工	0	5	476	2	0	0	0	0	0	0	60	129	0	0	0
农民	0	11	1 650	12	0	0	0	0	0	4	232	1 011	3	0	2
牧民	0	0	6	0	0	0	0	0	0	0	0	2	0	0	0
渔（船）民	0	0	7	0	0	0	0	0	0	0	4	7	0	0	0
海员及长途驾驶员	0	0	8	0	0	0	0	0	0	0	2	3	0	0	0
干部职员	0	6	137	3	0	0	0	0	0	0	29	76	0	0	2
离退休人员	0	19	900	9	0	0	0	0	0	1	36	850	3	0	0
家务及待业人员	0	32	2 302	14	0	0	0	0	1	3	333	1 874	4	0	0
不详	0	6	846	5	0	0	0	0	0	0	308	726	1	0	0
其他	0	18	2 881	28	0	0	0	0	1	3	469	1 769	0	0	10

2012年广州市甲类、乙类主要传染病月份分布情况

（单位：人）

病名		合计	一月	二月	三月	四月	五月	六月	七月	八月	九月	十月	十一月	十二月
合计	发病数	26 306	1 727	2 239	2 524	2 462	2 692	2 254	2 236	2 236	2 041	2 174	1 922	1 799
	死亡数	112	8	6	8	14	14	13	9	5	6	6	13	10
霍乱	发病数	1	0	0	0	0	0	0	0	0	0	0	0	1
	死亡数	0	0	0	0	0	0	0	0	0	0	0	0	0

续表

（单位：人）

病名		合计	一月	二月	三月	四月	五月	六月	七月	八月	九月	十月	十一月	十二月
艾滋病	发病数	342	7	20	26	14	37	37	41	41	32	29	30	28
	死亡数	63	2	5	7	5	11	6	4	2	2	2	10	7
HIV	发病数	861	40	52	75	57	65	84	104	96	61	71	67	89
	死亡数	54	1	2	7	7	10	6	2	3	5	3	3	5
肝炎	发病数	28 815	2 322	2 513	2 563	2 214	2 305	1 992	2 523	2 328	2 134	2 790	2 844	2 287
	死亡数	40	2	3	3	3	2	2	2	4	5	9	4	1
麻疹	发病数	295	1	5	8	14	45	41	41	40	24	24	25	27
	死亡数	0	0	0	0	0	0	0	0	0	0	0	0	0
出血热	发病数	134	12	10	18	18	17	8	6	8	4	7	10	16
	死亡数	0	0	0	0	0	0	0	0	0	0	0	0	0
狂犬病	发病数	2	0	0	1	0	0	0	0	0	1	0	0	0
	死亡数	2	0	0	0	1	0	0	0	0	1	0	0	0
乙脑	发病数	2	0	0	0	0	1	0	1	0	0	0	0	0
	死亡数	0	0	0	0	0	0	0	0	0	0	0	0	0
登革热	发病数	154	0	0	0	0	3	1	7	15	53	57	18	0
	死亡数	0	0	0	0	0	0	0	0	0	0	0	0	0
痢疾	发病数	225	15	14	12	17	20	16	19	22	24	27	23	16
	死亡数	0	0	0	0	0	0	0	0	0	0	0	0	0
肺结核	发病数	11 603	799	989	1 170	1 220	1 208	1 053	957	938	890	903	764	712
	死亡数	43	5	1	1	7	3	6	5	3	3	4	3	2
伤寒和副伤寒	发病数	147	6	9	12	9	15	17	13	18	14	12	12	10
	死亡数	0	0	0	0	0	0	0	0	0	0	0	0	0
流脑	发病数	2	0	0	2	0	0	0	0	0	0	0	0	0
	死亡数	0	0	0	0	0	0	0	0	0	0	0	0	0
新生儿破伤风	发病数	14	3	3	1	0	1	0	2	1	0	0	1	2
	死亡数	0	0	0	0	0	0	0	0	0	0	0	0	0
猩红热	发病数	135	14	11	21	11	8	5	12	6	4	8	9	26
	死亡数	0	0	0	0	0	0	0	0	0	0	0	0	0
布病	发病数	16	0	0	1	3	2	2	2	1	1	3	1	0
	死亡数	0	0	0	0	0	0	0	0	0	0	0	0	0
淋病	发病数	2 059	129	194	169	161	164	175	176	199	156	167	196	173
	死亡数	0	0	0	0	0	0	0	0	0	0	0	0	0
梅毒	发病数	7 856	493	665	755	700	870	658	681	673	618	637	575	531
	死亡数	2	0	0	0	1	0	1	0	0	0	0	0	0
钩体病	发病数	12	0	1	0	0	1	0	0	2	2	3	2	1
	死亡数	0	0	0	0	0	0	0	0	0	0	0	0	0
疟疾	发病数	20	2	2	0	1	2	3	3	1	2	2	1	1
	死亡数	1	0	0	0	0	0	0	0	0	0	0	0	1

2012年广州市甲类、乙类主要传染病年龄分布情况

（单位：人）

年龄	合计	霍乱	艾滋病	HIV	肝炎	甲型H1N1流感	麻疹	出血热	狂犬病	乙脑	登革热	痢疾	细菌性痢疾	阿米巴性痢疾	肺结核	伤寒和副伤寒	新生儿破伤风	猩红热	布病	淋病	梅毒	钩体病	疟疾
合计	26 306	1	342	861	28 815	295	134	2	2	154	225	223	2	11 603	147	2	14	135	16	2 059	7 856	12	20
0~1岁（不含）	414	0	0	0	106	115	0	0	0	0	33	33	0	6	13	2	14	2	2	3	171	0	0
1~2岁（不含）	92	0	2	0	29	38	0	0	1	0	11	11	0	5	18	0	0	3	0	0	2	0	0
2~3岁（不含）	48	0	0	0	22	14	0	0	0	0	9	9	0	2	6	0	0	6	0	1	2	0	0
3~4岁（不含）	43	0	0	0	35	9	0	0	0	0	4	4	0	1	3	0	0	10	0	0	2	0	0
4~5岁（不含）	58	0	0	0	14	9	0	0	0	0	3	3	0	3	5	0	0	30	0	1	1	0	0
5~6岁（不含）	50	0	0	0	11	3	0	0	0	0	4	4	0	1	3	0	0	31	0	0	2	0	0
6~7岁（不含）	28	0	0	0	5	2	0	0	0	0	2	2	0	3	1	0	0	15	0	4	1	0	0
7~8岁（不含）	26	0	0	0	7	2	0	0	0	1	2	2	0	0	3	0	0	14	0	2	1	0	0
8~9岁（不含）	13	0	0	0	9	1	0	0	0	0	1	1	0	3	0	0	0	8	0	0	0	0	0
9~10岁（不含）	12	0	0	0	11	1	0	0	0	0	1	1	0	3	0	0	0	3	0	1	0	0	0
10~15岁（不含）	84	0	0	1	99	0	1	0	1	2	4	4	0	35	4	0	0	8	0	1	6	0	0
15~20岁（不含）	996	0	3	28	653	8	4	0	0	8	11	11	0	585	4	0	0	3	0	110	150	0	0
20~25岁（不含）	3 108	0	34	151	2 771	34	8	0	0	14	29	28	1	1 625	4	0	0	0	0	387	667	0	3
25~30岁（不含）	3 612	0	57	171	4 276	14	13	1	0	13	15	15	0	1 556	20	0	0	0	1	502	993	0	2
30~35岁（不含）	3 078	0	54	161	3 982	25	16	0	0	8	14	14	0	1 182	8	0	0	0	2	335	1 056	0	2
35~40岁（不含）	2 745	1	63	144	3 743	14	22	0	0	16	15	15	0	1 079	7	0	0	1	0	248	907	0	4
40~45岁（不含）	2 470	0	47	80	3 093	5	24	1	0	16	13	13	0	1 112	12	0	0	1	2	193	716	2	5
45~50岁（不含）	1 973	0	27	53	2 581	1	18	0	0	13	8	8	0	902	8	0	0	0	3	87	612	1	3
50~55岁（不含）	1 415	0	12	29	1 746	0	9	0	0	14	10	10	0	691	7	0	0	0	3	66	404	1	1
55~60岁（不含）	1 552	0	13	18	1 805	0	6	0	0	10	10	10	0	801	1	0	0	0	2	52	445	0	0
60~65岁（不含）	1 136	0	12	9	1 312	0	6	0	0	11	12	12	0	515	2	0	0	0	1	34	369	0	0
65~70岁（不含）	922	0	6	6	888	0	5	0	0	5	2	2	0	418	2	0	0	0	0	13	363	2	0
70~75岁（不含）	837	0	8	8	685	0	1	0	0	7	5	4	1	378	7	0	0	0	0	6	315	2	0
75~80岁（不含）	784	0	3	1	529	0	1	0	0	10	2	2	0	373	6	0	0	0	0	9	288	4	0
80~85岁（不含）	485	0	1	1	276	0	0	0	0	5	3	3	0	209	2	0	0	0	0	2	206	0	0
85岁及以上	325	0	0	0	127	0	0	0	0	1	2	2	0	115	1	0	0	0	0	2	177	0	0

2012年广州市甲类、乙类传染病发病、死亡年分类表（按病种归类）

疾病病种	2012年					2011年					2012年与2011年比较		
	发病数/人	死亡数/人	发病率/每10万	死亡率/每10万	病死率/%	发病数/人	死亡数/人	发病率/每10万	死亡率/每10万	病死率/%	发病率增减/%	死亡率增减/%	病死率增减/%
合计	26 306	112	205.59	0.88	0.43	29 311	141	230.24	1.11	0.48	−10.71	−20.97	−11.49
肠道传染病	1 907	1	14.90	0.01	0.05	2 179	1	17.12	0.01	0.05	−12.93	−0.51	14.26
呼吸道传染病	12 035	43	94.06	0.34	0.36	12 655	53	99.41	0.42	0.42	−5.38	−19.28	−14.69
自然疫源及虫媒传染病	340	3	2.66	0.02	0.88	208	2	1.63	0.02	0.96	62.63	49.24	−8.24
血源及性传播传染病	12 010	65	93.86	0.51	0.54	14 253	84	111.96	0.66	0.59	−16.16	−23.01	−8.17
新生儿破伤风	14	0	0.11	0.00	0.00	16	1	25.46	1.59	6.25	−99.57	−100.00	−100.00

备注：①2012年发病率、死亡率使用2011年末和2012年末广州市常住人口数的平均值［（1275.14万人+1283.89万人）/2］计算

②2011年发病率、死亡率使用2010年末和2011年末广州市常住人口数的平均值［（1270.96万人+1275.14万人）/2］计算

2012年广州市丙类传染病发病、死亡情况

疾病名称	2012年					2011年					2012年与2011年比较		
	发病数/人	死亡数/人	发病率/每10万	死亡率/每10万	病死率/%	发病数/人	死亡数/人	发病率/每10万	死亡率/每10万	病死率/%	发病率增减/%	死亡率增减/%	病死率增减/%
合计	79 835	5	623.94	0.04	0.000 3	74 045	2	581.63	0.02	0.003	7.27	148.74	131.87
流行性感冒	4 236	0	33.11	0.00	0.000 0	1 053	0	8.27	0.00	0.000	300.25	—	—
流行性腮腺炎	7 856	0	61.40	0.00	0.000 0	10 008	0	78.61	0.00	0.000	−21.90	—	—
风疹	505	0	3.95	0.00	0.000 0	771	0	6.06	0.00	0.000	−34.83	—	—
急性出血性结膜炎	458	0	3.58	0.00	0.000 0	562	0	4.41	0.00	0.000	−18.92	—	—
麻风病	8	0	0.06	0.00	0.000 0	7	0	0.05	0.00	0.000	13.71	—	—
斑疹伤寒	20	0	0.16	0.00	0.000 0	23	0	0.18	0.00	0.000	−13.48	—	—
黑热病	0	0	0.00	0.00	—	0	0	0.00	0.00	—	—	—	—
包虫病	0	0	0.00	0.00	—	1	0	0.01	0.00	0.000	−100.00	—	—
丝虫病	0	0	0.00	0.00	—	0	0	0.00	0.00	—	—	—	—
其他感染性腹泻病	11 750	0	91.83	0.00	0.000 0	15 479	0	121.59	0.00	0.000	−24.47	—	—
手足口病	55 002	5	429.86	0.04	0.009 1	46 141	2	362.44	0.02	0.004	18.60	148.74	109.72

备注：①2012年发病率、死亡率使用2011年末和2012年末广州市常住人口数的平均值［（1275.14万人+1283.89万人）/2］计算

②2011年发病率、死亡率使用2010年末和2011年末广州市常住人口数的平均值［（1270.96万人+1275.14万人）/2］计算

③*指该病无发病或死亡，无法计算病死率、发病率或死亡率升降

2012年广州市丙类传染病发病、死亡各地区情况（1）

（单位：人）

行政区域	合计		黑热病		丝虫病		包虫病		麻风病		流行性感冒	
	发病	死亡	发病	死亡	发病	死亡	发病	死亡	发病	死亡	发病	死亡
广州市	79 835	5	0	0	0	0	0	0	8	0	4 236	0
荔湾区	4 008	0	0	0	0	0	0	0	0	0	321	0
越秀区	5 029	0	0	0	0	0	0	0	0	0	650	0
海珠区	6 763	0	0	0	0	0	0	0	0	0	565	0
天河区	9 614	0	0	0	0	0	0	0	2	0	609	0
白云区	17 041	2	0	0	0	0	0	0	3	0	960	0
黄埔区	3 661	0	0	0	0	0	0	0	0	0	95	0
番禺区	10 444	0	0	0	0	0	0	0	1	0	240	0
花都区	9 325	2	0	0	0	0	0	0	0	0	140	0
南沙区	1 902	0	0	0	0	0	0	0	1	0	30	0
萝岗区	1 865	0	0	0	0	0	0	0	0	0	67	0
增城市	6 795	1	0	0	0	0	0	0	1	0	302	0
从化市	3 283	0	0	0	0	0	0	0	0	0	254	0
不详县	105	0	0	0	0	0	0	0	0	0	3	0

2012年广州市丙类传染病发病、死亡各地区情况（2）

（单位：人）

行政区域	流行性腮腺炎		风疹		急性出血性结膜炎		其他感染性腹泻病		斑疹伤寒		手足口病	
	发病	死亡	发病	死亡	发病	死亡	发病	死亡	发病	死亡	发病	死亡
广州市	7 856	0	505	0	458	0	11 750	0	20	0	55 002	5
荔湾区	310	0	25	0	10	0	628	0	1	0	2 713	0
越秀区	387	0	39	0	18	0	850	0	2	0	3 083	0
海珠区	820	0	61	0	66	0	821	0	2	0	4 428	0
天河区	1 007	0	49	0	38	0	950	0	0	0	6 959	0
白云区	1 228	0	75	0	150	0	2 426	0	3	0	12 196	2
黄埔区	295	0	23	0	11	0	887	0	0	0	2 350	0
番禺区	1 648	0	66	0	99	0	2 304	0	2	0	6 084	0
花都区	1 126	0	15	0	17	0	1 442	0	1	0	6 584	2
南沙区	208	0	6	0	18	0	259	0	1	0	1 379	0
萝岗区	212	0	20	0	4	0	277	0	0	0	1 285	0
增城市	239	0	9	0	19	0	835	0	1	0	5 389	1
从化市	369	0	116	0	8	0	60	0	7	0	2 469	0
不详县	7	0	1	0	0	0	11	0	0	0	83	0

2012年广州市丙类传染病发病、死亡各月情况

（单位：人）

疾病名称		全年	一月	二月	三月	四月	五月	六月	七月	八月	九月	十月	十一月	十二月
合计	发病数	79 835	2 683	2 780	4 853	9 109	14 219	9 217	7 117	4 878	6 449	6 587	6 333	5 610
	死亡数	5	0	0	0	0	0	1	1	0	3	0	0	0
流行性感冒	发病数	4 236	221	807	1 387	564	798	225	54	32	43	53	26	26
	死亡数	0	0	0	0	0	0	0	0	0	0	0	0	0
流行性腮腺炎	发病数	7 856	553	393	518	735	1 105	1 203	1 141	601	416	407	403	381
	死亡数	0	0	0	0	0	0	0	0	0	0	0	0	0
风疹	发病数	505	10	27	51	116	102	58	39	20	20	28	15	19
	死亡数	0	0	0	0	0	0	0	0	0	0	0	0	0
急性出血性结膜炎	发病数	458	18	15	42	31	47	38	56	52	45	42	50	22
	死亡数	0	0	0	0	0	0	0	0	0	0	0	0	0
麻风病	发病数	8	2	1	0	0	0	0	3	1	0	0	1	0
	死亡数	0	0	0	0	0	0	0	0	0	0	0	0	0
斑疹伤寒	发病数	20	1	2	1	2	1	4	2	2	0	2	1	2
	死亡数	0	0	0	0	0	0	0	0	0	0	0	0	0
黑热病	发病数	0	0	0	0	0	0	0	0	0	0	0	0	0
	死亡数	0	0	0	0	0	0	0	0	0	0	0	0	0
包虫病	发病数	0	0	0	0	0	0	0	0	0	0	0	0	0
	死亡数	0	0	0	0	0	0	0	0	0	0	0	0	0
丝虫病	发病数	0	0	0	0	0	0	0	0	0	0	0	0	0
	死亡数	0	0	0	0	0	0	0	0	0	0	0	0	0
其他感染性腹泻病	发病数	11 750	1 243	621	446	489	558	575	731	634	707	1 709	2 425	1 612
	死亡数	0	0	0	0	0	0	0	0	0	0	0	0	0
手足口病	发病数	55 002	635	914	2 408	7 172	11 608	7 114	5 091	3 536	5 218	4 346	3 412	3 548
	死亡数	5	0	0	0	0	0	1	1	0	3	0	0	0

2012年广州市传染病漏报调查统计表（按地区统计）

地区	查出传染病数/例	报告例数/例	漏报数/例	漏报率/%
合计	6 051	5 980	71	1.17
荔湾区	368	362	6	1.63
越秀区	1 244	1 224	20	1.61
海珠区	1 278	1 261	17	1.33
天河区	559	549	10	1.79
白云区	784	780	4	0.51
黄埔区	298	297	1	0.34
番禺区	228	228	0	0.00
花都区	356	355	1	0.28
南沙区	130	128	2	1.54
萝岗区	138	134	4	2.90
增城市	157	156	1	0.64
从化市	511	506	5	0.98

2012年广州市传染病漏报调查统计表（按医院类别统计）

类别	医院间数/间	查出传染病数/例	漏报例数/例	漏报率/%
合计	264	6 051	71	1.17
省级	32	1 391	24	1.73
地市级	33	1 380	23	1.67
县级	56	1 471	15	1.02
乡级	52	947	6	0.63
社区卫生服务中心	68	752	1	0.13
社区卫生服务站	1	8	0	0.00
民营	22	102	2	1.96

2012年广州市艾滋病血清学哨点监测结果

监测人群	HIV			梅毒			HCV		
	检测数/人	阳性数/人	阳性率/%	检测数/人	阳性数/人	阳性率/%	检测数/人	阳性数/人	阳性率/%
吸毒者	1 263	30	2.38	1 263	106	8.39	1 263	936	74.11
暗娼	944	0	0.00	944	6	0.64	944	3	0.32
男男性行为者	401	40	9.98	401	36	8.98	401	6	1.50
性病门诊男性就诊者	400	4	1.00	400	14	3.50	400	2	0.50
孕产妇	429	0	0.00	429	0	0.00	429	0	0.00
流动人群	400	2	0.50	400	6	1.50	400	2	0.50
青年学生	828	0	0.00	828	0	0.00	828	0	0.00
结核病人	400	8	2.00	395	12	3.04	395	8	2.03

2012年广州市成蚊密度监测情况

月份	成蚊密度/只每灯	合计/只	构成比/%						
			致倦库蚊	三带喙库蚊	白纹伊蚊	中华按蚊	嗜人按蚊	微小按蚊	其他
一月	3	403	87.84	0.25	5.71	0.25	0.00	0.00	5.96
二月	3	465	92.69	0.00	5.81	0.43	0.00	0.00	1.08
三月	7	981	88.07	0.10	8.66	0.31	0.00	0.00	2.85
四月	14	2 005	86.43	0.55	12.12	0.60	0.00	0.00	0.30
五月	13	1 796	83.96	0.50	14.20	0.39	0.00	0.00	0.95
六月	10	1 411	83.84	0.28	15.59	0.21	0.00	0.00	0.07
七月	10	1 365	84.18	0.00	14.21	1.61	0.00	0.00	0.00
八月	9	1 305	83.14	2.22	14.64	0.00	0.00	0.00	0.00
九月	8	1 172	84.30	1.96	13.74	0.00	0.00	0.00	0.00
十月	9	1 315	82.43	0.46	15.29	1.83	0.00	0.00	0.00
十一月	6	869	84.00	0.23	13.69	2.07	0.00	0.00	0.00
十二月	4	561	82.17	0.00	14.62	3.21	0.00	0.00	0.00
合计	8	13 648	84.77	0.63	13.20	0.81	0.00	0.00	0.00

2012年广州市蝇密度监测情况

月份	蝇密度/只每笼	合计/只	构成比/%														
			家蝇	市蝇	丝光绿蝇	铜绿蝇	亮绿蝇	大头金蝇	伏蝇	新陆原伏蝇	巨尾阿丽蝇	红头丽蝇	厩腐蝇	夏厕蝇	元厕蝇	棕尾别麻蝇	其他
一月	0.45	29	51.72	34.48	0.00	0.00	0.00	13.79	0.00	0.00	0.00	0.00	0.00	0.00	0.00	0.00	0.00
二月	0.25	16	75.00	6.25	0.00	0.00	0.00	18.75	0.00	0.00	0.00	0.00	0.00	0.00	0.00	0.00	0.00
三月	1.02	66	42.42	10.61	1.52	4.55	0.00	39.39	0.00	0.00	0.00	0.00	0.00	0.00	0.00	1.52	0.00
四月	1.45	94	41.49	13.83	0.00	4.26	1.06	36.17	0.00	0.00	0.00	0.00	0.00	0.00	0.00	3.19	0.00
五月	1.77	115	40.87	13.04	0.00	2.61	0.00	40.00	0.00	0.00	0.00	0.00	0.00	0.00	0.00	3.48	0.00
六月	2.02	131	42.75	17.56	0.00	3.82	0.00	32.82	0.00	0.00	0.00	0.00	0.00	0.00	0.00	3.05	0.00
七月	1.71	111	47.75	13.51	0.00	2.70	0.00	36.04	0.00	0.00	0.00	0.00	0.00	0.00	0.00	0.00	0.00
八月	2.18	142	45.77	14.08	0.70	3.52	0.00	33.10	0.00	0.00	0.00	0.00	0.00	0.00	0.00	2.82	0.00
九月	1.71	111	50.45	18.92	0.00	2.70	0.00	26.13	0.00	0.00	0.00	0.00	0.00	0.00	0.00	1.80	0.00
十月	1.35	88	52.27	13.64	0.00	3.41	0.00	28.41	0.00	0.00	0.00	0.00	0.00	0.00	0.00	2.27	0.00
十一月	1.37	89	33.71	16.85	0.00	1.12	0.00	44.94	0.00	0.00	0.00	0.00	0.00	0.00	0.00	3.37	0.00
十二月	0.31	20	65.00	20.00	0.00	0.00	0.00	15.00	0.00	0.00	0.00	0.00	0.00	0.00	0.00	0.00	0.00
合计	1.30	1 012	45.45	15.42	0.20	2.96	0.10	33.60	0.00	0.00	0.00	0.00	0.00	0.00	0.00	2.27	0.00

2012年广州市蟑螂密度监测情况

月份	蟑螂密度/只每张	侵害率/%	构成比/%							
			合计	德国小蠊	美洲大蠊	澳洲大蠊	黑胸大蠊	褐斑大蠊	日本大蠊	其他
一月	0.34	9.42	196	80.61	15.82	3.06	0.00	0.00	0.00	1.82
二月	0.50	11.66	294	83.33	13.27	3.40	0.00	0.00	0.00	0.00
三月	0.97	11.73	572	91.08	7.34	1.40	0.00	0.00	0.00	1.45
四月	1.15	13.29	675	89.63	9.19	1.19	0.00	0.00	0.00	0.00
五月	0.89	15.97	528	82.77	13.07	3.41	0.00	0.00	0.00	4.21
六月	0.65	19.00	390	76.41	16.41	7.18	0.00	0.00	0.00	0.00
七月	0.99	18.77	597	80.23	13.23	5.70	0.00	0.84	0.00	0.00
八月	0.71	20.88	424	79.72	15.33	4.72	0.00	0.24	0.00	0.00
九月	0.79	20.10	472	75.21	14.83	9.96	0.00	0.00	0.00	0.00
十月	0.61	19.60	364	72.80	19.78	7.14	0.00	0.27	0.00	0.00
十一月	0.67	16.92	402	88.81	8.71	2.49	0.00	0.00	0.00	0.00
十二月	0.44	12.19	264	84.85	11.74	3.41	0.00	0.00	0.00	0.00
合计	0.73	15.82	5 178	82.70	12.73	4.33	0.00	0.14	0.00	0.53

2012年广州市鼠密度监测情况

月份	捕获率/%	合计/只	构成比/%					
			褐家鼠	黄胸鼠	小家鼠	黑线姬鼠	黄毛鼠	其他
一月	1.69	22	86.36	0.00	13.64	0.00	0.00	0.00
二月	3.91	50	88.00	0.00	12.00	0.00	0.00	0.00
三月	2.26	29	96.55	0.00	3.45	0.00	0.00	0.00
四月	3.04	46	80.43	6.52	13.04	0.00	0.00	0.00
五月	2.22	40	77.50	5.00	10.00	0.00	0.00	7.50
六月	4.13	90	78.89	5.56	4.44	0.00	0.00	11.11
七月	3.08	49	65.31	6.12	10.20	0.00	0.00	18.37
八月	3.26	56	76.79	3.57	16.07	0.00	0.00	3.57
九月	2.99	39	87.18	5.13	5.13	0.00	0.00	2.56
十月	3.38	48	83.33	8.33	6.25	0.00	2.08	0.00
十一月	4.70	80	77.50	15.00	7.50	0.00	0.00	0.00
十二月	3.19	42	73.81	21.43	4.76	0.00	0.00	0.00
合计	3.21	591	79.86	7.11	8.63	0.00	0.17	4.23

2012年广州市儿童免疫基础资料

地区	行政区域数/个						统计局人口资料					免疫规划相关资料			
	国际编码	市级	县级	街道级	乡镇级	村级	年末常住人口总数/人	<15岁常住儿童数/人	≤7岁常住儿童数/人	本年度常住人口出生		≤7岁流动儿童数/人	建卡（册）人数/人	建证人数/人	六苗接种率达到90%的乡镇（街道）数/个
										人数/人	率/‰				
荔湾区	440103	0	1	22	0	192	898 204	92 832	48 359	6 691	7.45	31 390	6 691	6 691	22
越秀区	440104	0	1	22	0	272	1 171 089	131 951	64 768	8 869	7.57	21 825	22 727	22 209	22
海珠区	440105	0	1	18	0	257	1 558 658	211 601	108 911	8 498	5.45	61 763	41 147	41 147	18
天河区	440106	0	1	21	0	198	1 392 954	156 697	80 797	12 496	8.97	63 082	50 776	50 776	21
白云区	440111	0	1	14	4	328	1 332 494	254 584	128 872	18 316	13.75	175 907	72 113	72 113	18
黄埔区	440112	0	1	9	0	57	493 150	74 040	42 287	3 480	7.06	21 894	9 465	9 465	9
南沙区	440115	0	1	2	3	79	182 421	26 877	13 091	2 115	11.59	17 997	5 397	5 397	5
萝岗区	440116	0	1	5	1	57	199 249	32 352	19 101	2 760	13.85	17 307	7 002	7 002	6
番禺区	440181	0	1	10	9	329	2 092 313	285 312	129 981	23 989	11.47	150 702	45 199	45 199	19
花都区	440182	0	1	1	7	237	936 774	112 868	58 042	10 117	10.80	45 349	34 477	34 480	8
增城市	440183	0	1	3	6	313	845 790	156 558	63 613	11 482	13.58	52 844	19 594	19 594	9
从化市	440184	0	1	3	5	337	630 801	100 762	48 244	7 502	11.89	8 156	11 003	11 003	8
合计	4401	1	12	130	35	2 656	11 733 897	1 636 434	806 066	116 315	9.91	668 216	325 591	325 076	165

2012年广州市儿童常规免疫接种情况（合计）（1）

地区	累计应接种剂次数/次											
	卡介苗	脊灰疫苗				百白破疫苗				白破疫苗	麻风疫苗	
		1	2	3	4	1	2	3	4		1	2
荔湾区	15 128	14 364	14 351	13 910	10 102	14 232	13 858	13 134	10 088	6 266	13 526	—
越秀区	16 343	15 051	14 898	14 455	13 590	15 214	14 560	13 983	11 608	8 574	13 837	—
海珠区	37 863	27 815	28 887	28 591	20 450	28 693	28 707	27 863	22 294	13 835	27 496	—
天河区	38 164	30 625	30 728	29 267	15 398	32 596	31 414	28 986	20 049	8 272	29 484	—
白云区	38 358	56 792	57 098	54 916	31 106	58 270	57 128	54 536	43 078	16 801	58 352	—
黄埔区	8 900	6 699	7 145	7 057	4 600	7 268	7 292	6 967	5 658	2 317	6 942	—
番禺区	35 694	37 541	37 802	37 150	32 139	38 176	37 201	36 421	38 860	18 379	41 655	—
花都区	29 626	31 550	30 585	30 414	21 821	29 315	29 209	28 022	19 117	9 142	35 528	—
南沙区	4 297	3 628	3 611	3 618	3 235	3 725	3 720	3 683	3 360	2 687	4 029	—
萝岗区	9 220	5 958	6 450	6 708	4 193	6 451	6 702	6 784	5 398	2 344	6 758	—
增城市	24 723	26 749	24 348	23 664	15 607	24 197	23 708	22 941	18 337	11 842	24 476	—
从化市	5 060	11 828	11 075	10 708	9 495	11 052	10 608	11 303	11 376	5 287	10 909	—
合计	263 376	268 600	266 978	260 458	181 736	269 189	264 107	254 623	209 223	105 746	272 992	0

2012年广州市儿童常规免疫接种情况（合计）（2）

地区	累计应接种剂次数/次											
	麻腮风疫苗		乙肝疫苗			乙脑疫苗		A群流脑疫苗		A+C群流脑疫苗		甲肝疫苗
	1	2	1	2	3	1	2	1	2	1	2	
荔湾区	—	12 051	15 760	11 408	12 738	11 970	9 443	12 621	10 752	7 878	4 823	8 926
越秀区	—	12 044	17 516	13 707	13 689	13 768	11 324	14 015	12 808	11 529	7 026	11 611
海珠区	—	24 641	35 878	24 112	27 865	25 349	21 466	27 219	24 303	20 747	8 863	20 915
天河区	—	24 451	38 557	27 108	28 356	25 747	18 838	26 462	22 759	16 480	5 334	21 548
白云区	—	48 914	46 284	46 099	49 786	49 357	36 890	52 731	46 865	29 718	14 655	38 735
黄埔区	—	5 855	9 018	5 312	7 301	6 614	5 085	7 306	6 558	4 854	1 878	5 156
番禺区	—	41 826	39 300	30 529	37 003	36 707	32 790	39 556	38 970	32 138	16 190	29 892
花都区	—	26 759	26 378	25 554	26 057	24 013	20 144	26 395	24 453	15 391	6 537	19 607
南沙区	—	3 430	4 374	2 980	4 019	3 677	2 924	3 864	3 697	4 356	1 483	3 222
萝岗区	—	5 538	9 323	4 785	6 812	6 599	4 823	7 082	6 501	4 294	1 850	5 640
增城市	—	22 344	25 189	22 725	21 519	20 175	15 766	20 913	20 227	11 525	6 114	17 046
从化市	—	10 644	5 399	7 900	8 596	10 540	9 452	11 528	11 207	8 397	4 602	9 636
合计	0	238 497	272 976	222 219	243 741	234 516	188 945	249 692	229 100	167 307	79 355	191 934

2012年广州市儿童常规免疫接种情况（合计）（3）

地区	累计实接种剂次数/次													
	卡介苗	脊灰疫苗				百白破疫苗				白破疫苗	麻风疫苗		麻腮风疫苗	
		1	2	3	4	1	2	3	4		1	2	1	2
荔湾区	15 117	14 344	14 337	13 897	10 089	14 220	13 844	13 123	10 082	6 263	13 394	1	78	12 049
越秀区	16 330	15 042	14 888	14 442	13 582	15 201	14 548	13 958	11 590	8 566	11 417	103	160	11 739
海珠区	37 809	27 742	28 809	28 497	20 398	28 613	28 630	27 792	22 229	13 786	22 742	483	692	23 372
天河区	38 137	30 533	30 665	29 205	15 359	32 520	31 359	28 926	19 994	8 257	26 403	476	332	20 707
白云区	38 313	56 714	57 024	54 836	31 064	58 176	57 033	54 437	42 998	16 769	56 742	110	393	48 515
黄埔区	8 898	6 693	7 135	7 054	4 596	7 263	7 289	6 962	5 635	2 307	6 634	396	115	5 294
番禺区	35 618	37 326	37 577	36 915	31 915	37 890	36 972	36 202	38 570	18 216	38 705	640	704	40 505
花都区	29 606	31 521	30 540	30 362	21 794	29 278	29 163	27 982	19 092	9 121	28 054	263	5 712	25 856
南沙区	4 289	3 602	3 597	3 605	3 223	3 710	3 706	3 670	3 347	2 676	3 730	0	62	3 417
萝岗区	9 208	5 907	6 395	6 645	4 136	6 389	6 647	6 729	5 310	2 306	6 324	20	72	5 413
增城市	24 713	26 717	24 319	23 637	15 594	24 171	23 681	22 923	18 325	11 828	23 455	0	37	22 017
从化市	5 058	11 806	11 056	10 689	9 486	11 028	10 591	11 287	11 360	5 275	10 898	0	0	10 637
合计	263 096	267 947	266 342	259 784	181 236	268 459	263 463	253 991	208 532	105 370	248 498	2 492	8 357	229 521

2012年广州市儿童常规免疫接种情况（合计）（4）

地区	累计实接种剂次数/次														
	麻腮疫苗		麻疹疫苗		乙肝疫苗				乙脑疫苗		A群流脑疫苗		A+C群流脑疫苗		甲肝疫苗
	1	2	1	2	1	首针及时接种数	2	3	1	2	1	2	1	2	
荔湾区	0	0	41	0	15 750	15 419	11 391	12 726	11 967	9 440	12 614	10 750	7 873	4 822	8 913
越秀区	0	0	2 249	194	17 508	16 568	13 703	13 677	13 752	11 313	13 998	12 792	11 498	7 002	11 559
海珠区	2	3	4 001	733	35 830	34 497	24 047	27 795	25 297	21 421	27 162	24 243	20 700	8 827	20 864
天河区	0	0	2 704	3 232	38 529	36 400	27 065	28 282	25 704	18 801	26 387	22 690	16 430	5 325	21 482
白云区	0	1	1 166	253	46 231	45 313	46 022	49 710	49 314	36 860	52 668	46 811	29 676	14 633	38 685
黄埔区	0	1	156	141	9 016	8 409	5 310	7 290	6 605	5 067	7 283	6 535	4 833	1 877	5 144
番禺区	0	19	1 875	126	39 230	38 556	30 400	36 775	36 530	32 608	39 340	38 756	31 918	16 061	29 707
花都区	0	0	1 731	612	26 358	26 037	25 529	26 034	23 981	20 121	26 367	24 420	15 368	6 532	19 584
南沙区	0	0	214	2	4 365	4 066	2 971	4 006	3 668	2 916	3 848	3 678	4 343	1 477	3 179
萝岗区	0	3	283	12	9 313	8 586	4 768	6 738	6 510	4 741	6 997	6 386	4 215	1 821	5 552
增城市	0	1	962	314	25 177	24 791	22 708	21 505	20 160	15 756	20 896	20 210	11 510	6 110	17 032
从化市	0	0	0	0	5 399	5 258	7 890	8 587	10 530	9 443	11 509	11 190	8 385	4 596	9 621
合计	2	28	15 382	5 619	272 706	263 900	221 804	243 125	234 018	188 487	249 069	228 461	166 749	79 083	191 322

2012年广州市本地儿童常规免疫接种情况（1）

地区	累计应接种剂次数/次											
	卡介苗	脊灰疫苗				百白破疫苗				白破疫苗	麻风疫苗	
		1	2	3	4	1	2	3	4		1	2
荔湾区	6 240	6 627	6 530	6 226	4 388	6 483	6 137	5 785	4 363	3 014	5 927	—
越秀区	8 279	8 310	7 845	7 639	9 065	8 116	7 692	7 573	6 954	6 426	7 322	—
海珠区	13 657	11 991	11 997	11 604	9 135	11 998	11 690	11 394	10 117	6 965	11 006	—
天河区	13 509	12 245	11 707	11 062	6 726	12 620	11 999	11 107	8 497	4 369	11 169	—
白云区	9 427	14 418	13 841	13 324	9 781	14 459	13 919	13 388	12 116	6 578	14 394	—
黄埔区	2 567	2 368	2 367	2 297	1 931	2 407	2 356	2 256	2 023	1 165	2 206	—
番禺区	11 520	13 823	13 543	13 290	13 858	13 917	13 146	12 849	14 993	9 018	13 704	—
花都区	9 662	12 278	11 929	11 680	8 694	11 491	11 301	10 949	8 590	4 952	14 227	—
南沙区	1 714	1 874	1 786	1 676	1 838	1 859	1 753	1 669	1 575	1 992	1 814	—
萝岗区	3 236	2 743	2 757	2 745	1 991	2 778	2 757	2 764	2 522	1 461	2 659	—
增城市	8 868	12 127	11 527	11 460	9 843	11 320	11 127	11 257	10 639	8 215	12 247	—
从化市	3 947	8 597	8 181	8 008	7 027	8 140	7 951	8 271	8 359	4 151	7 999	—
合计	92 626	107 401	104 010	101 011	84 277	105 588	101 828	99 262	90 748	58 306	104 674	0

2012年广州市本地儿童常规免疫接种情况（2）

地区	累计应接种剂次数/次											
	麻腮风疫苗		乙肝疫苗			乙脑疫苗		A群流脑疫苗		A+C群流脑疫苗		甲肝疫苗
	1	2	1	2	3	1	2	1	2	1	2	
荔湾区	—	5 014	6 606	5 440	5 627	5 479	4 162	5 706	4 802	3 473	2 153	3 905
越秀区	—	7 190	8 768	8 220	7 415	7 411	6 915	7 514	7 337	7 435	5 127	7 162
海珠区	—	10 708	13 772	11 640	11 384	10 539	9 613	11 192	10 384	9 370	5 116	9 013
天河区	—	10 598	13 953	11 913	10 676	10 036	8 134	10 364	9 361	7 289	2 839	9 558
白云区	—	13 508	11 201	12 849	12 725	12 993	10 832	14 019	13 031	9 320	5 177	11 606
黄埔区	—	2 062	2 593	2 187	2 373	2 094	1 933	2 312	2 190	1 903	1 015	1 922
番禺区	—	15 701	12 681	12 611	13 132	13 100	13 176	13 705	13 726	13 538	8 367	11 659
花都区	—	10 497	9 744	9 916	10 132	9 844	8 690	11 073	10 342	7 112	3 691	8 961
南沙区	—	1 691	1 764	1 672	1 756	1 572	1 495	1 702	1 627	2 477	1 143	1 482
萝岗区	—	2 550	3 239	2 578	2 751	2 685	2 345	2 791	2 719	2 068	1 289	2 573
增城市	—	12 860	8 940	9 769	9 790	10 460	9 306	11 108	10 826	7 262	4 079	10 243
从化市	—	7 924	4 121	5 986	6 583	7 838	7 167	8 415	8 289	6 328	3 559	7 162
合计	0	100 303	97 382	94 781	94 344	94 051	83 768	99 901	94 634	77 575	43 555	85 246

2012年广州市本地儿童常规免疫接种情况（3）

地区	累计实接种剂次数/次													
	卡介苗	脊灰疫苗				百白破疫苗				白破疫苗	麻风疫苗		麻腮风疫苗	
		1	2	3	4	1	2	3	4		1	2	1	2
荔湾区	6 239	6 622	6 525	6 224	4 385	6 480	6 134	5 783	4 362	3 013	5 900	1	10	5 013
越秀区	8 275	8 305	7 840	7 635	9 061	8 109	7 688	7 563	6 945	6 422	5 945	48	69	7 083
海珠区	13 638	11 960	11 958	11 555	9 112	11 962	11 656	11 365	10 089	6 946	9 307	164	224	10 281
天河区	13 503	12 212	11 683	11 042	6 703	12 592	11 982	11 086	8 471	4 361	10 033	208	121	8 641
白云区	9 420	14 404	13 828	13 309	9 774	14 443	13 905	13 375	12 107	6 574	13 839	28	62	13 394
黄埔区	2 566	2 365	2 364	2 297	1 931	2 404	2 356	2 255	2 015	1 164	2 097	122	27	1 904
番禺区	11 496	13 749	13 464	13 208	13 772	13 819	13 061	12 780	14 883	8 938	12 793	107	86	15 238
花都区	9 657	12 269	11 920	11 672	8 688	11 482	11 292	10 940	8 585	4 947	10 730	114	2 665	10 082
南沙区	1 713	1 872	1 781	1 672	1 831	1 853	1 747	1 665	1 570	1 985	1 699	0	10	1 683
萝岗区	3 234	2 719	2 736	2 719	1 964	2 750	2 736	2 744	2 487	1 437	2 610	1	15	2 511
增城市	8 865	12 109	11 512	11 451	9 835	11 305	11 115	11 247	10 632	8 205	11 812	0	9	12 658
从化市	3 946	8 580	8 166	7 996	7 021	8 121	7 938	8 259	8 346	4 144	7 991	0	0	7 919
合计	92 552	107 166	103 777	100 780	84 077	105 320	101 610	99 062	90 492	58 136	94 756	793	3 298	96 407

2012年广州市本地儿童常规免疫接种情况（4）

地区	累计实接种剂次数/次														
	麻腮疫苗		麻疹疫苗		乙肝疫苗				乙脑疫苗		A群流脑疫苗		A+C群流脑疫苗		甲肝疫苗
	1	2	1	2	1	首针及时接种数	2	3	1	2	1	2	1	2	
荔湾区	0	0	17	0	6 604	6 515	5 439	5 625	5 479	4 162	5 706	4 801	3 473	2 153	3 899
越秀区	0	0	1 302	55	8 766	8 434	8 217	7 409	7 410	6 909	7 504	7 331	7 412	5 106	7 114
海珠区	1	1	1 447	239	13 753	13 238	11 603	11 350	10 515	9 594	11 169	10 360	9 348	5 100	8 991
天河区	0	0	1 002	1 734	13 947	13 225	11 895	10 657	10 022	8 118	10 343	9 347	7 273	2 834	9 541
白云区	0	0	487	82	11 194	11 016	12 835	12 716	12 987	10 830	14 009	13 023	9 312	5 174	11 593
黄埔区	0	0	59	32	2 592	2 439	2 187	2 371	2 091	1 929	2 307	2 181	1 897	1 015	1 917
番禺区	0	16	660	46	12 658	12 417	12 554	13 049	13 019	13 106	13 629	13 651	13 424	8 307	11 529
花都区	0	0	825	295	9 740	9 626	9 909	10 125	9 839	8 685	11 069	10 337	7 108	3 690	8 955
南沙区	0	0	89	1	1 763	1 669	1 670	1 752	1 569	1 493	1 697	1 620	2 471	1 140	1 463
萝岗区	0	1	10	1	3 238	3 042	2 572	2 730	2 648	2 310	2 759	2 675	2 031	1 271	2 531
增城市	0	1	416	196	8 936	8 780	9 762	9 783	10 455	9 300	11 098	10 818	7 253	4 076	10 236
从化市	0	0	0	0	4 121	4 022	5 978	6 577	7 832	7 161	8 402	8 275	6 319	3 555	7 153
合计	1	19	6 314	2 681	97 312	94 423	94 621	94 144	93 866	83 597	99 692	94 419	77 321	43 421	84 922

2012年广州市外地儿童常规免疫接种情况（1）

地区	累计应接种剂次数/次											
	卡介苗	脊灰疫苗				百白破疫苗				白破疫苗	麻风疫苗	
		1	2	3	4	1	2	3	4		1	2
荔湾区	8 888	7 737	7 821	7 684	5 714	7 749	7 721	7 349	5 725	3 252	7 599	—
越秀区	8 064	6 741	7 053	6 816	4 525	7 098	6 868	6 410	4 654	2 148	6 515	—
海珠区	24 206	15 824	16 890	16 987	11 315	16 695	17 017	16 469	12 177	6 870	16 490	—
天河区	24 655	18 380	19 021	18 205	8 672	19 976	19 415	17 879	11 552	3 903	18 315	—
白云区	28 931	42 374	43 257	41 592	21 325	43 811	43 209	41 148	30 962	10 223	43 958	—
黄埔区	6 333	4 331	4 778	4 760	2 669	4 861	4 936	4 711	3 635	1 152	4 736	—
番禺区	24 174	23 718	24 259	23 860	18 281	24 259	24 055	23 572	23 867	9 361	27 951	—
花都区	19 964	19 272	18 656	18 734	13 127	17 824	17 908	17 073	10 527	4 190	21 301	—
南沙区	2 583	1 754	1 825	1 942	1 397	1 866	1 967	2 014	1 785	695	2 215	—
萝岗区	5 984	3 215	3 693	3 963	2 202	3 673	3 945	4 020	2 876	883	4 099	—
增城市	15 855	14 622	12 821	12 204	5 764	12 877	12 581	11 684	7 698	3 627	12 229	—
从化市	1 113	3 231	2 894	2 700	2 468	2 912	2 657	3 032	3 017	1 136	2 910	—
合计	170 750	161 199	162 968	159 447	97 459	163 601	162 279	155 361	118 475	47 440	168 318	0

2012年广州市外地儿童常规免疫接种情况（2）

地区	累计应接种剂次数/次											
	麻腮风疫苗		乙肝疫苗			乙脑疫苗		A群流脑疫苗		A+C群流脑疫苗		甲肝疫苗
	1	2	1	2	3	1	2	1	2	1	2	
荔湾区	—	7 037	9 154	5 968	7 111	6 491	5 281	6 915	5 950	4 405	2 670	5 021
越秀区	—	4 854	8 748	5 487	6 274	6 357	4 409	6 501	5 471	4 094	1 899	4 449
海珠区	—	13 933	22 106	12 472	16 481	14 810	11 853	16 027	13 919	11 377	3 747	11 902
天河区	—	13 853	24 604	15 195	17 680	15 711	10 704	16 098	13 398	9 191	2 495	11 990
白云区	—	35 406	35 083	33 250	37 061	36 364	26 058	38 712	33 834	20 398	9 478	27 129
黄埔区	—	3 793	6 425	3 125	4 928	4 520	3 152	4 994	4 368	2 951	863	3 234
番禺区	—	26 125	26 619	17 918	23 871	23 607	19 614	25 851	25 244	18 600	7 823	18 233
花都区	—	16 262	16 634	15 638	15 925	14 169	11 454	15 322	14 111	8 279	2 846	10 646
南沙区	—	1 739	2 610	1 308	2 263	2 105	1 429	2 162	2 070	1 879	340	1 740
萝岗区	—	2 988	6 084	2 207	4 061	3 914	2 478	4 291	3 782	2 226	561	3 067
增城市	—	9 484	16 249	12 956	11 729	9 715	6 460	9 805	9 401	4 263	2 035	6 803
从化市	—	2 720	1 278	1 914	2 013	2 702	2 285	3 113	2 918	2 069	1 043	2 474
合计	0	138 194	175 594	127 438	149 397	140 465	105 177	149 791	134 466	89 732	35 800	106 688

2012年广州市外地儿童常规免疫接种情况（3）

地区	累计实接种剂次数/次													
	卡介苗	脊灰疫苗				百白破疫苗				白破疫苗	麻风疫苗		麻腮风疫苗	
		1	2	3	4	1	2	3	4		1	2	1	2
荔湾区	8 878	7 722	7 812	7 673	5 704	7 740	7 710	7 340	5 720	3 250	7 494	0	68	7 036
越秀区	8 055	6 737	7 048	6 807	4 521	7 092	6 860	6 395	4 645	2 144	5 472	55	91	4 656
海珠区	24 171	15 782	16 851	16 942	11 286	16 651	16 974	16 427	12 140	6 840	13 435	319	468	13 091
天河区	24 634	18 321	18 982	18 163	8 656	19 928	19 377	17 840	11 523	3 896	16 370	268	211	12 066
白云区	28 893	42 310	43 196	41 527	21 290	43 733	43 128	41 062	30 891	10 195	42 903	82	331	35 121
黄埔区	6 332	4 328	4 771	4 757	2 665	4 859	4 933	4 707	3 620	1 143	4 537	274	88	3 390
番禺区	24 122	23 577	24 113	23 707	18 143	24 071	23 911	23 422	23 687	9 278	25 912	533	618	25 267
花都区	19 949	19 252	18 620	18 690	13 106	17 796	17 871	17 042	10 507	4 174	17 324	149	3 047	15 774
南沙区	2 576	1 730	1 816	1 933	1 392	1 857	1 959	2 005	1 777	691	2 031	0	52	1 734
萝岗区	5 974	3 188	3 659	3 926	2 172	3 639	3 911	3 985	2 823	869	3 714	19	57	2 902
增城市	15 848	14 608	12 807	12 186	5 759	12 866	12 566	11 676	7 693	3 623	11 643	0	28	9 359
从化市	1 112	3 226	2 890	2 693	2 465	2 907	2 653	3 028	3 014	1 131	2 907	0	0	2 718
合计	170 544	160 781	162 565	159 004	97 159	163 139	161 853	154 929	118 040	47 234	153 742	1 699	5 059	133 114

2012年广州市外地儿童常规免疫接种情况（4）

地区	累计实接种剂次数/次														
	麻腮疫苗		麻疹疫苗		乙肝疫苗				乙脑疫苗		A群流脑疫苗		A+C群流脑疫苗		甲肝疫苗
	1	2	1	2	1	首针及时接种数	2	3	1	2	1	2	1	2	
荔湾区	0	0	24	0	9 146	8 904	5 952	7 101	6 488	5 278	6 908	5 949	4 400	2 669	5 014
越秀区	0	0	947	139	8 742	8 134	5 486	6 268	6 342	4 404	6 494	5 461	4 086	1 896	4 445
海珠区	1	2	2 554	494	22 077	21 259	12 444	16 445	14 782	11 827	15 993	13 883	11 352	3 727	11 873
天河区	0	0	1 702	1 498	24 582	23 175	15 170	17 625	15 682	10 683	16 044	13 343	9 157	2 491	11 941
白云区	0	1	679	171	35 037	34 297	33 187	36 994	36 327	26 030	38 659	33 788	20 364	9 459	27 092
黄埔区	0	1	97	109	6 424	5 970	3 123	4 919	4 514	3 138	4 976	4 354	2 936	862	3 227
番禺区	0	3	1 215	80	26 572	26 139	17 846	23 726	23 511	19 502	25 711	25 105	18 494	7 754	18 178
花都区	0	0	906	317	16 618	16 411	15 620	15 909	14 142	11 436	15 298	14 083	8 260	2 842	10 629
南沙区	0	0	125	1	2 602	2 397	1 301	2 254	2 099	1 423	2 151	2 058	1 872	337	1 716
萝岗区	0	2	273	11	6 075	5 544	2 196	4 008	3 862	2 431	4 238	3 711	2 184	550	3 021
增城市	0	0	546	118	16 241	16 011	12 946	11 722	9 705	6 456	9 798	9 392	4 257	2 034	6 796
从化市	0	0	0	0	1 278	1 236	1 912	2 010	2 698	2 282	3 107	2 915	2 066	1 041	2 468
合计	1	9	9 068	2 938	175 394	169 477	127 183	148 981	140 152	104 890	149 377	134 042	89 428	35 662	106 400

2012年广州市儿童常规免疫接种率情况（合计）（1）

地区	累计接种率/%										
	卡介苗	脊灰疫苗				百白破疫苗				白破疫苗	麻疹类疫苗	
		1	2	3	4	1	2	3	4		1	2
荔湾区	99.93	99.86	99.90	99.91	99.87	99.92	99.90	99.92	99.94	99.95	99.90	99.99
越秀区	99.92	99.94	99.93	99.91	99.94	99.91	99.92	99.82	99.84	99.91	99.92	99.93
海珠区	99.86	99.74	99.73	99.67	99.75	99.72	99.73	99.75	99.71	99.65	99.79	99.80
天河区	99.93	99.70	99.79	99.79	99.75	99.77	99.82	99.79	99.73	99.82	99.85	99.85
白云区	99.88	99.86	99.87	99.85	99.86	99.84	99.83	99.82	99.81	99.81	99.91	99.93
黄埔区	99.98	99.91	99.86	99.96	99.91	99.93	99.96	99.93	99.59	99.57	99.47	99.61
番禺区	99.79	99.43	99.40	99.37	99.30	99.25	99.38	99.40	99.25	99.11	99.11	98.72
花都区	99.93	99.91	99.85	99.83	99.88	99.87	99.84	99.86	99.87	99.77	99.91	99.90
南沙区	99.81	99.28	99.61	99.64	99.63	99.60	99.62	99.65	99.61	99.59	99.43	99.68
萝岗区	99.87	99.14	99.15	99.06	98.64	99.04	99.18	99.19	98.37	98.38	98.83	98.37
增城市	99.96	99.88	99.88	99.89	99.92	99.89	99.89	99.92	99.93	99.88	99.91	99.95
从化市	99.96	99.81	99.83	99.82	99.91	99.78	99.84	99.86	99.86	99.77	99.90	99.93
合计	99.89	99.76	99.76	99.74	99.72	99.73	99.76	99.75	99.67	99.64	99.72	99.65

2012年广州市儿童常规免疫接种率情况（合计）（2）

地区	累计接种率/%										
	乙肝疫苗				乙脑疫苗		A群流脑疫苗		A+C群流脑疫苗		甲肝疫苗
	1	首针及时接种	2	3	1	2	1	2	1	2	
荔湾区	99.94	97.84	99.85	99.91	99.97	99.97	99.94	99.98	99.94	99.98	99.90
越秀区	99.95	94.59	99.97	99.91	99.88	99.90	99.88	99.88	99.73	99.66	99.54
海珠区	99.87	96.15	99.73	99.75	99.79	99.79	99.79	99.75	99.77	99.59	99.76
天河区	99.93	94.41	99.84	99.74	99.83	99.80	99.72	99.70	99.70	99.83	99.78
白云区	99.89	97.90	99.83	99.85	99.91	99.92	99.88	99.88	99.86	99.85	99.88
黄埔区	99.98	93.25	99.96	99.85	99.86	99.65	99.69	99.65	99.57	99.95	99.77
番禺区	99.82	98.11	99.58	99.38	99.52	99.44	99.45	99.45	99.32	99.20	99.24
花都区	99.92	98.71	99.90	99.91	99.87	99.89	99.89	99.87	99.85	99.92	99.88
南沙区	99.79	92.96	99.70	99.68	99.76	99.73	99.59	99.49	99.70	99.60	98.67
萝岗区	99.89	92.09	99.64	98.91	98.65	98.30	98.80	98.23	98.16	98.43	98.44
增城市	99.95	98.42	99.93	99.93	99.93	99.94	99.92	99.92	99.87	99.93	99.92
从化市	100.00	97.39	99.87	99.90	99.91	99.90	99.84	99.85	99.86	99.87	99.84
合计	99.90	96.68	99.81	99.75	99.79	99.76	99.75	99.72	99.67	99.66	99.67

2012年广州市本地儿童常规免疫接种率情况（1）

地区	累计接种率/%											
	卡介苗	脊灰疫苗				百白破疫苗				白破疫苗	麻疹类疫苗	
		1	2	3	4	1	2	3	4		1	2
荔湾区	99.98	99.92	99.92	99.97	99.93	99.95	99.95	99.97	99.98	99.97	100.00	99.92
越秀区	99.95	99.94	99.94	99.95	99.96	99.91	99.95	99.87	99.87	99.94	99.92	99.94
海珠区	99.86	99.74	99.67	99.58	99.75	99.70	99.71	99.75	99.72	99.73	99.75	99.79
天河区	99.96	99.73	99.79	99.82	99.66	99.78	99.86	99.81	99.69	99.82	99.88	99.86
白云区	99.93	99.90	99.91	99.89	99.93	99.89	99.90	99.90	99.93	99.94	99.96	99.97
黄埔区	99.96	99.87	99.87	100.00	100.00	99.88	100.00	99.96	99.60	99.91	98.96	99.81
番禺区	99.79	99.46	99.42	99.38	99.38	99.30	99.35	99.46	99.27	99.11	98.80	98.13
花都区	99.95	99.93	99.92	99.93	99.93	99.92	99.92	99.92	99.94	99.90	99.95	99.94
南沙区	99.94	99.89	99.72	99.76	99.62	99.68	99.66	99.76	99.68	99.65	99.12	99.59
萝岗区	99.94	99.13	99.24	99.05	98.64	98.99	99.24	99.28	98.61	98.36	99.10	98.59
增城市	99.97	99.85	99.87	99.92	99.92	99.87	99.89	99.91	99.93	99.88	99.92	99.96
从化市	99.97	99.80	99.82	99.85	99.91	99.77	99.84	99.85	99.84	99.83	99.90	99.94
合计	99.92	99.78	99.78	99.77	99.76	99.75	99.79	99.80	99.72	99.71	99.71	99.60

2012年广州市本地儿童常规免疫接种率情况（2）

地区	累计接种率/%										
	乙肝疫苗				乙脑疫苗		A群流脑疫苗		A+C群流脑疫苗		甲肝疫苗
	1	首针及时接种	2	3	1	2	1	2	1	2	
荔湾区	99.97	98.62	99.98	99.96	100.00	100.00	100.00	99.98	100.00	100.00	99.92
越秀区	99.98	96.19	99.96	99.92	99.99	99.91	99.87	99.92	99.69	99.59	99.33
海珠区	99.86	96.12	99.68	99.70	99.77	99.80	99.79	99.77	99.77	99.69	99.76
天河区	99.96	94.78	99.85	99.82	99.86	99.80	99.80	99.85	99.78	99.82	99.83
白云区	99.94	98.35	99.89	99.93	99.95	99.98	99.93	99.94	99.91	99.94	99.90
黄埔区	99.96	94.06	100.00	99.92	99.86	99.79	99.78	99.59	99.68	100.00	99.74
番禺区	99.82	97.92	99.55	99.37	99.38	99.47	99.45	99.45	99.16	99.28	98.96
花都区	99.96	98.79	99.93	99.93	99.95	99.94	99.96	99.95	99.94	99.97	99.93
南沙区	99.94	94.61	99.88	99.77	99.81	99.87	99.71	99.57	99.76	99.74	98.72
萝岗区	99.97	93.92	99.77	99.24	98.62	98.51	98.85	98.38	98.21	98.60	98.37
增城市	99.96	98.21	99.93	99.93	99.95	99.94	99.91	99.93	99.88	99.93	99.93
从化市	100.00	97.60	99.87	99.91	99.92	99.92	99.85	99.83	99.86	99.89	99.87
合计	99.93	96.96	99.83	99.79	99.80	99.80	99.79	99.77	99.67	99.69	99.64

2012年广州市外地儿童常规免疫接种率情况（1）

地区	累计接种率/%											
	卡介苗	脊灰疫苗				百白破疫苗				白破疫苗	麻疹类疫苗	
		1	2	3	4	1	2	3	4		1	2
荔湾区	99.89	99.81	99.88	99.86	99.82	99.88	99.86	99.88	99.91	99.94	99.83	99.99
越秀区	99.89	99.94	99.93	99.87	99.91	99.92	99.88	99.77	99.81	99.81	99.92	99.92
海珠区	99.86	99.73	99.77	99.74	99.74	99.74	99.75	99.74	99.70	99.56	99.81	99.81
天河区	99.91	99.68	99.79	99.77	99.82	99.76	99.80	99.78	99.75	99.82	99.83	99.85
白云区	99.87	99.85	99.86	99.84	99.84	99.82	99.81	99.79	99.77	99.73	99.90	99.91
黄埔区	99.98	99.93	99.85	99.94	99.85	99.96	99.94	99.92	99.59	99.22	99.70	99.50
番禺区	99.78	99.41	99.40	99.36	99.25	99.23	99.40	99.36	99.25	99.11	99.26	99.07
花都区	99.92	99.90	99.81	99.77	99.84	99.84	99.79	99.82	99.81	99.62	99.89	99.86
南沙区	99.73	98.63	99.51	99.54	99.64	99.52	99.59	99.55	99.55	99.42	99.68	99.77
萝岗区	99.83	99.16	99.08	99.07	98.64	99.07	99.14	99.13	98.16	98.41	98.66	98.19
增城市	99.96	99.90	99.89	99.85	99.91	99.91	99.88	99.93	99.94	99.89	99.90	99.93
从化市	99.91	99.85	99.86	99.74	99.88	99.83	99.85	99.87	99.90	99.56	99.90	99.93
合计	99.88	99.74	99.75	99.72	99.69	99.72	99.74	99.72	99.63	99.57	99.73	99.69

2012年广州市外地儿童常规免疫接种率情况（2）

地区	累计接种率/%										
	乙肝疫苗				乙脑疫苗		A群流脑疫苗		A+C群流脑疫苗		甲肝疫苗
	1	首针及时接种	2	3	1	2	1	2	1	2	
荔湾区	99.91	97.27	99.73	99.86	99.95	99.94	99.90	99.98	99.89	99.96	99.88
越秀区	99.93	92.98	99.98	99.90	99.76	99.89	99.89	99.82	99.80	99.84	99.89
海珠区	99.87	96.17	99.78	99.78	99.81	99.78	99.79	99.74	99.78	99.47	99.76
天河区	99.91	94.19	99.84	99.69	99.82	99.80	99.66	99.59	99.63	99.84	99.74
白云区	99.87	97.76	99.81	99.82	99.90	99.89	99.86	99.86	99.83	99.80	99.87
黄埔区	99.98	92.92	99.94	99.82	99.87	99.56	99.64	99.68	99.49	99.88	99.78
番禺区	99.82	98.20	99.60	99.39	99.59	99.43	99.46	99.45	99.43	99.12	99.41
花都区	99.90	98.66	99.88	99.90	99.81	99.84	99.84	99.80	99.77	99.86	99.84
南沙区	99.69	91.84	99.46	99.60	99.71	99.58	99.49	99.42	99.63	99.12	98.62
萝岗区	99.85	91.12	99.50	98.69	98.67	98.10	98.76	98.12	98.11	98.04	98.50
增城市	99.95	98.54	99.92	99.94	99.90	99.94	99.93	99.90	99.86	99.95	99.90
从化市	100.00	96.71	99.90	99.85	99.85	99.87	99.81	99.90	99.86	99.81	99.76
合计	99.89	96.52	99.80	99.72	99.78	99.73	99.72	99.68	99.66	99.61	99.70

2012年广州市户籍肺结核患者年度登记情况

（单位：人）

地区	户籍平均人口数	涂阳						其中涂阳		涂阴（初治和复治）		未查痰		结核性胸膜炎	其他肺外结核	病人登记总计		
		小计	新涂阳	复治涂阳														
				复发	失败	返回	其他	新登记数	新登记率/每10万	小计	其中重症涂阴	小计	其中重症患者数			总病人数	其中新登记数	新登记率/每10万
荔湾区	71	251	202	42	7	0	0	244	34	274	45	0	0	22	7	554	518	73
越秀区	117	494	402	83	9	0	0	485	41	482	70	0	0	35	8	1 019	967	83
海珠区	98	378	313	56	9	0	0	369	38	398	44	2	0	27	9	814	767	78
天河区	80	226	194	17	15	0	0	211	26	296	19	1	0	21	6	550	507	64
白云区	86	319	287	25	6	0	1	312	36	381	11	3	0	25	5	733	693	80
黄埔区	20	44	36	7	1	0	0	43	21	65	6	1	0	5	2	117	108	53
番禺区	81	391	354	29	5	0	3	383	47	393	1	0	0	29	4	817	776	96
花都区	68	272	223	45	4	0	0	268	40	342	23	0	0	31	2	647	610	90
南沙区	37	55	45	9	1	0	0	54	15	50	0	0	0	1	0	106	104	28
萝岗区	20	46	42	2	2	0	0	44	22	73	6	0	0	8	1	128	117	58
增城市	85	336	291	43	2	0	0	334	39	308	0	1	0	18	7	670	642	76
从化市	60	165	120	44	1	0	0	164	28	237	3	1	0	20	2	425	401	67
合计	822	2 977	2 509	402	62	0	4	2 911	35	3 299	228	9	0	242	53	6 580	6 210	76

备注：①新登记：指2012年1月1日到12月31日期间登记的户籍新发和复发肺结核病人

②新登记率：指平均每10万人口中1年内新登记的病人，用以替代发病率的指标，反映发病的频率

③涂阳：指痰涂片阳性的病人，涂阴是指痰涂片阴性的病人（包括涂阴培阳病人）

④初治：指从未患过肺结核或曾患过肺结核但联合规则用药小于等于1个月的病人

⑤复治：指曾患过肺结核但联合规则用药大于1个月以上的病人

2012年广州市登记的户籍新发涂阳年龄性别情况（1）

（单位：人）

地区	0~4岁			5~14岁			15~24岁			25~34岁			35~44岁		
	男	女	合计	男	女	合计	男	女	合计	男	女	合计	男	女	合计
荔湾区	0	0	0	0	1	1	13	3	16	8	6	14	13	8	21
越秀区	0	1	1	2	1	3	32	18	50	30	23	53	33	19	52
海珠区	0	0	0	1	0	1	27	17	44	17	19	36	27	9	36
天河区	0	0	0	0	1	1	29	28	57	26	27	53	22	8	30
白云区	1	0	1	4	1	5	30	24	54	27	17	44	34	11	45
黄埔区	0	0	0	0	0	0	2	1	3	3	2	5	8	2	10
番禺区	0	0	0	0	0	0	46	25	71	40	26	66	34	18	52
花都区	0	0	0	0	0	0	26	11	37	30	14	44	20	8	28
南沙区	0	0	0	0	0	0	5	1	6	4	2	6	8	0	8
萝岗区	0	0	0	0	0	0	5	2	7	2	2	4	5	2	7

续表

（单位：人）

地区	0~4岁			5~14岁			15~24岁			25~34岁			35~44岁		
	男	女	合计	男	女	合计	男	女	合计	男	女	合计	男	女	合计
增城市	0	0	0	1	1	2	32	18	50	27	16	43	38	12	50
从化市	0	0	0	1	0	1	11	6	17	11	7	18	13	3	16
合计	1	1	2	9	5	14	258	154	412	225	161	386	255	100	355

2012年广州市登记的户籍新发涂阳年龄性别情况（2）

（单位：人）

地区	45~54岁			55~64岁			65~74岁			75岁及以上			全部		
	男	女	合计	男	女	合计	男	女	合计	男	女	合计	男	女	合计
荔湾区	37	9	46	35	14	49	21	5	26	19	10	29	146	56	202
越秀区	57	14	71	61	16	77	30	12	42	36	17	53	281	121	402
海珠区	48	9	57	46	13	59	31	8	39	31	10	41	228	85	313
天河区	14	2	16	16	4	20	2	5	7	7	3	10	116	78	194
白云区	37	9	46	34	10	44	20	7	27	19	2	21	206	81	287
黄埔区	6	0	6	3	0	3	2	1	3	4	2	6	28	8	36
番禺区	41	10	51	43	13	56	34	5	39	15	4	19	253	101	354
花都区	32	8	40	26	4	30	14	5	19	17	8	25	165	58	223
南沙区	6	2	8	5	2	7	4	0	4	5	1	6	37	8	45
萝岗区	11	2	13	4	0	4	2	1	3	4	0	4	33	9	42
增城市	31	15	46	52	6	58	19	4	23	15	4	19	215	76	291
从化市	15	2	17	22	6	28	14	0	14	9	0	9	96	24	120
合计	335	82	417	347	88	435	193	53	246	181	61	242	1 804	705	2 509

2012年广州市登记的户籍复发涂阳年龄性别情况（1）

（单位：人）

地区	0~4岁			5~14岁			15~24岁			25~34岁			35~44岁		
	男	女	合计	男	女	合计	男	女	合计	男	女	合计	男	女	合计
荔湾区	0	0	0	0	0	0	2	0	2	0	1	1	3	1	4
越秀区	0	0	0	0	0	0	3	0	3	0	1	1	1	0	1
海珠区	0	0	0	0	0	0	0	0	0	3	1	4	4	1	5
天河区	0	0	0	0	0	0	1	1	2	3	0	3	2	1	3
白云区	0	0	0	0	0	0	0	0	0	2	0	2	1	2	3
黄埔区	0	0	0	0	0	0	0	0	0	1	0	1	1	0	1
番禺区	0	0	0	0	0	0	1	1	2	3	1	4	3	1	4
花都区	0	0	0	0	0	0	0	1	1	1	1	2	6	0	6
南沙区	0	0	0	0	0	0	0	0	0	0	0	0	1	0	1
萝岗区	0	0	0	0	0	0	1	0	1	0	0	0	1	0	1
增城市	0	0	0	0	0	0	1	1	2	4	0	4	7	3	10
从化市	0	0	0	0	0	0	0	0	0	1	1	2	3	0	3
合计	0	0	0	0	0	0	9	4	13	18	6	24	33	9	42

2012年广州市登记的户籍复发涂阳年龄性别情况（2）

（单位：人）

地区	45~54岁			55~64岁			65~74岁			75岁及以上			全部		
	男	女	合计	男	女	合计	男	女	合计	男	女	合计	男	女	合计
荔湾区	9	1	10	8	2	10	8	1	9	6	0	6	36	6	42
越秀区	12	5	17	18	6	24	11	4	15	16	6	22	61	22	83
海珠区	14	3	17	6	2	8	8	0	8	9	5	14	44	12	56
天河区	2	0	2	1	0	1	3	0	3	2	1	3	14	3	17
白云区	2	2	4	8	0	8	3	0	3	5	0	5	21	4	25
黄埔区	0	1	1	2	0	2	1	0	1	1	0	1	6	1	7
番禺区	2	0	2	6	1	7	6	0	6	4	0	4	25	4	29
花都区	4	3	7	9	5	14	6	1	7	8	0	8	34	11	45
南沙区	3	0	3	0	1	1	1	1	2	1	1	2	6	3	9
萝岗区	0	0	0	0	0	0	0	0	0	0	0	0	2	0	2
增城市	8	1	9	9	1	10	5	1	6	2	0	2	36	7	43
从化市	9	1	10	9	3	12	6	2	8	8	1	9	36	8	44
合计	65	17	82	76	21	97	58	10	68	62	14	76	321	81	402

2012年广州市新登记户籍肺结核病病型分布（不含未查痰）

（单位：人）

地区	新发涂阳				复发涂阳				新发涂阴				复发涂阴			
	Ⅰ	Ⅱ	Ⅲ	合计	Ⅰ	Ⅱ	Ⅲ	合计	Ⅰ	Ⅱ	Ⅲ	合计	Ⅰ	Ⅱ	Ⅲ	合计
荔湾区	0	2	200	202	0	0	42	42	3	2	250	255	0	0	19	19
越秀区	1	3	398	402	0	0	83	83	0	1	462	463	0	1	18	19
海珠区	0	1	312	313	0	0	56	56	1	7	380	388	0	0	10	10
天河区	0	1	193	194	0	0	17	17	2	4	281	287	0	0	6	6
白云区	0	3	284	287	0	0	25	25	0	4	365	369	0	0	12	12
黄埔区	0	0	36	36	0	0	7	7	0	1	61	62	0	0	2	2
番禺区	0	1	353	354	0	0	29	29	2	6	375	383	0	0	8	8
花都区	0	0	223	223	0	0	45	45	0	0	317	317	0	0	25	25
南沙区	0	0	45	45	0	0	9	9	0	1	46	47	0	0	3	3
萝岗区	0	0	42	42	0	0	2	2	0	1	70	71	0	0	1	1
增城市	0	3	288	291	0	0	43	43	1	2	301	304	0	0	4	4
从化市	0	1	119	120	0	0	44	44	1	3	221	225	0	0	8	8
合计	1	15	2 493	2 509	0	0	402	402	10	32	3 129	3 171	0	1	116	117

备注：此表为实时统计，与定时统计存在差异。主要是涂阴转为涂阳1例，9例涂阴订正为胸膜炎

2012年广州市户籍肺结核患者的职业分布构成

（单位：人）

职业	总合计	涂阳						涂阴		未查痰	结核性胸膜炎	其他肺外结核
		涂阳总数	新涂阳	复治涂阳				涂阴总数	其中重症涂阴			
				复发	失败	返回	其他					
幼托儿童	3	1	1	0	0	0	0	2	0	0	0	0
散居儿童	14	2	2	0	0	0	0	11	0	0	1	0
学生	413	151	147	1	3	0	0	220	11	1	36	5
教师	33	10	8	1	1	0	0	21	0	0	2	0
保育员及保姆	0	0	0	0	0	0	0	0	0	0	0	0
餐饮食品业人员	29	14	13	1	0	0	0	15	2	0	0	0
公共场所服务员	5	2	1	1	0	0	0	3	1	0	0	0
商业服务人员	166	77	72	2	3	0	0	84	7	0	5	0
医务人员	40	12	10	2	0	0	0	25	1	0	3	0
工人	539	256	227	23	5	0	1	264	19	0	16	3
民工	37	18	17	1	0	0	0	19	1	0	0	0
农民	1 310	653	529	113	9	0	2	618	24	1	33	5
牧民	1	0	0	0	0	0	0	1	0	0	0	0
渔（船）民	4	2	2	0	0	0	0	2	0	0	0	0
海员及长途驾驶员	6	2	2	0	0	0	0	4	0	0	0	0
干部职员	109	35	33	2	0	0	0	66	10	0	7	1
离退人员	842	431	337	85	9	0	0	377	34	0	31	3
家政、家务及待业人员	1 036	469	401	60	8	0	0	520	49	2	33	12
不详	204	91	82	6	3	0	0	107	4	1	5	0
其他	1 789	751	625	104	21	0	1	940	65	4	70	24
总计	6 580	2 977	2 509	402	62	0	4	3 299	228	9	242	53

2012年广州市登记的户籍病人初治涂阳2、3月末痰涂阴转表（队列分析法）

（单位：人）

地区	登记患者数	治疗满2个月痰涂片检查阳性			治疗满2个月痰涂片检查阴性			治疗满2个月痰涂片检查未查		
		3月末阳性人数	3月末阴性人数	3月末未查人数	3月末阳性人数	3月末阴性人数	3月末未查人数	3月末阳性人数	3月末阴性人数	3月末未查人数
荔湾区	202	8	19	1	3	28	134	0	0	9
越秀区	402	19	10	0	0	29	338	0	0	6
海珠区	313	6	14	0	9	32	249	0	0	3
天河区	197	6	15	4	1	30	130	0	0	11
白云区	287	6	18	6	1	28	220	1	0	7

续表 （单位：人）

地区	登记患者数	治疗满2个月痰涂片检查阳性			治疗满2个月痰涂片检查阴性			治疗满2个月痰涂片检查未查		
		3月末阳性人数	3月末阴性人数	3月末未查人数	3月末阳性人数	3月末阴性人数	3月末未查人数	3月末阳性人数	3月末阴性人数	3月末未查人数
黄埔区	37	1	2	3	0	2	24	0	1	4
番禺区	354	7	28	3	0	21	288	0	0	7
花都区	223	5	16	5	0	6	187	0	0	4
南沙区	45	0	8	1	0	0	33	0	0	3
萝岗区	42	0	4	0	0	4	31	0	0	3
增城市	291	1	5	3	1	9	256	0	0	16
从化市	119	0	2	2	0	3	105	0	0	7
合计	2 512	59	141	28	15	192	1 995	1	1	80

2012年广州市登记的户籍复治涂阳病人2、3月末痰涂阴转表（队列分析法）

（单位：人）

地区	登记患者数	治疗满2个月痰涂片检查阳性			治疗满2个月痰涂片检查阴性			治疗满2个月痰涂片检查未查		
		3月末阳性人数	3月末阴性人数	3月末未查人数	3月末阳性人数	3月末阴性人数	3月末未查人数	3月末阳性人数	3月末阴性人数	3月末未查人数
荔湾区	49	0	4	1	3	6	28	0	0	7
越秀区	92	5	3	0	0	5	77	0	0	2
海珠区	65	2	5	0	1	8	45	0	0	4
天河区	32	2	3	3	0	3	18	0	0	3
白云区	32	4	3	2	0	1	21	0	0	1
黄埔区	8	0	0	2	0	1	3	0	0	2
番禺区	37	5	2	0	0	0	27	0	0	3
花都区	49	4	4	1	0	1	36	0	0	3
南沙区	10	2	1	0	0	1	6	0	0	0
萝岗区	4	0	1	0	0	0	2	0	0	1
增城市	45	1	1	1	1	1	35	0	0	5
从化市	45	0	1	1	0	0	36	0	0	7
合计	468	25	28	11	5	27	334	0	0	38

2012年广州市登记的户籍初治涂阳病人治疗转归表（1年队列分析法）

（单位：人）

地区	登记患者数	系统管理的患者数	队列分析结果											
			治愈	完成疗程	结核死亡	非结核死亡	失败	丢失	诊断变更	不良反应	转入耐多药治疗	其他	拒治	未结案
荔湾区	201	195	181	1	1	13	3	0	0	0	0	0	0	2
越秀区	402	401	381	0	5	9	6	0	0	0	0	1	0	0
海珠区	313	312	290	0	2	10	7	0	0	0	1	3	0	0
天河区	197	189	180	4	0	3	6	0	0	0	0	4	0	0
白云区	287	286	281	0	1	2	3	0	0	0	0	0	0	0
黄埔区	37	36	32	1	0	1	1	0	1	0	0	1	0	0
番禺区	349	332	319	2	0	6	7	2	1	3	1	8	0	0
花都区	223	202	209	5	0	5	2	0	0	0	0	2	0	0
南沙区	45	44	39	1	0	1	3	0	0	0	0	0	0	1
萝岗区	42	41	39	0	0	2	1	0	0	0	0	0	0	0
增城市	291	262	258	4	0	0	1	7	1	0	0	0	0	20
从化市	119	116	93	10	0	5	1	1	0	0	0	6	0	3
合计	2 506	2 416	2 302	28	9	57	41	10	3	3	2	25	0	26

2012年广州市登记的户籍复治涂阳病人治疗转归表（1年队列分析法）

（单位：人）

地区	登记患者数	系统管理的患者数	队列分析结果											
			治愈	完成疗程	结核死亡	非结核死亡	失败	丢失	诊断变更	不良反应	转入耐多药治疗	其他	拒治	未结案
荔湾区	49	43	37	0	1	6	0	0	0	1	0	1	0	3
越秀区	92	91	82	0	1	8	0	0	0	0	0	1	0	0
海珠区	65	64	57	1	2	1	2	0	0	0	2	0	0	0
天河区	32	29	27	0	0	1	2	0	0	0	0	2	0	0
白云区	32	32	30	0	0	0	2	0	0	0	0	0	0	0
黄埔区	8	8	5	0	0	0	1	0	0	0	1	1	0	0
番禺区	42	37	31	1	0	0	5	0	1	1	1	2	0	0
花都区	49	46	45	0	0	1	1	1	0	0	0	1	0	0
南沙区	10	9	7	1	0	0	2	0	0	0	0	0	0	0
萝岗区	4	4	3	0	1	0	0	0	0	0	0	0	0	0
增城市	45	37	38	1	0	0	0	1	0	0	0	0	0	5
从化市	45	44	32	3	1	4	0	0	0	1	0	3	0	1
合计	473	444	394	7	6	21	15	2	1	3	4	11	0	9

2012年广州市登记的户籍初治涂阴病人治疗转归表（1年队列分析法）

（单位：人）

地区	登记患者数	系统管理的患者数	队列分析结果											
			治愈	完成疗程	结核死亡	非结核死亡	失败	丢失	诊断变更	不良反应	转入耐多药治疗	其他	拒治	未结案
荔湾区	256	254	0	253	0	3	0	0	0	0	0	0	0	0
越秀区	463	462	0	448	2	8	1	0	2	0	0	2	0	0
海珠区	388	387	0	373	0	6	1	0	6	0	0	2	0	0
天河区	285	262	0	262	0	4	2	0	2	0	0	15	0	0
白云区	369	368	0	364	0	1	1	0	2	0	0	0	0	1
黄埔区	62	61	0	55	0	1	0	0	3	2	0	0	1	0
番禺区	383	372	0	369	0	3	0	0	3	0	0	8	0	0
花都区	317	277	0	282	0	5	0	4	0	4	0	20	0	2
南沙区	47	45	0	45	0	0	1	0	0	0	0	0	0	1
萝岗区	71	70	0	65	2	0	0	0	2	1	0	1	0	0
增城市	304	252	0	266	0	1	1	4	1	2	0	0	0	29
从化市	224	213	0	184	0	3	0	0	7	0	0	19	0	11
合计	3 169	3 023	0	2 966	4	35	7	8	28	9	0	67	1	44

2012年广州市登记的户籍复治涂阴病人治疗转归表（1年队列分析法）

（单位：人）

地区	登记患者数	系统管理的患者数	队列分析结果											
			治愈	完成疗程	结核死亡	非结核死亡	失败	丢失	诊断变更	不良反应	转入耐多药治疗	其他	拒治	未结案
荔湾区	19	18	0	18	0	1	0	0	0	0	0	0	0	0
越秀区	19	19	0	18	0	1	0	0	0	0	0	0	0	0
海珠区	10	10	0	10	0	0	0	0	0	0	0	0	0	0
天河区	7	7	0	6	0	0	1	0	0	0	0	0	0	0
白云区	12	12	0	12	0	0	0	0	0	0	0	0	0	0
黄埔区	2	2	0	2	0	0	0	0	0	0	0	0	0	0
番禺区	8	7	0	7	0	0	0	0	0	1	0	0	0	0
花都区	24	22	0	20	0	1	0	0	1	0	0	1	0	1
南沙区	3	3	0	3	0	0	0	0	0	0	0	0	0	0
萝岗区	1	1	0	1	0	0	0	0	0	0	0	0	0	0
增城市	4	2	0	2	0	0	0	0	0	0	0	0	0	2
从化市	9	9	0	8	0	0	0	0	1	0	0	0	0	0
合计	118	112	0	107	0	3	1	0	2	1	0	1	0	3

（四）妇幼保健

2012年广州市各区（县级市）两纲达标情况

区（县级市）	孕产妇死亡率/每10万	婴儿死亡率/‰	5岁以下儿童死亡率/‰	农村孕产妇住院分娩率/%	农村高危产妇住院分娩率/%	农村新法接生率/%	孕产妇保健管理覆盖率/%	妇女病普查率/%	7岁以下儿童保健管理覆盖率/%	低出生体重发生率/%	5岁以下儿童中度及重度营养不良患病率/%	新生儿破伤风发病率高于1‰的区（县级市）数/个	婚前医学检查率/%
荔湾区	0.00	4.26	5.77	—	—	—	98.87	63.10	99.57	4.64	0.83	0	44.74
越秀区	0.00	3.72	4.27	—	—	—	97.95	93.53	99.61	5.79	0.61	0	41.18
海珠区	15.20	2.43	3.34	—	—	—	97.73	89.03	99.85	5.64	0.58	0	65.48
天河区	0.00	3.98	5.10	—	—	—	97.58	94.83	99.86	5.08	0.53	0	36.08
白云区	10.81	3.57	4.43	—	—	—	97.82	88.31	99.62	5.16	1.09	0	43.01
黄埔区	0.00	4.91	6.31	—	—	—	99.16	76.67	99.65	5.89	0.55	0	31.96
番禺区	43.09	2.41	3.36	—	—	—	98.82	70.59	99.82	5.37	1.58	0	49.42
花都区	9.98	2.50	4.09	—	—	—	98.24	83.34	99.34	4.48	0.89	0	54.53
南沙区	0.00	5.23	6.40	—	—	—	98.43	47.99	99.13	5.87	1.53	0	44.77
萝岗区	0.00	4.38	5.97	—	—	—	98.29	57.91	99.37	3.62	1.21	0	27.95
增城市	19.80	5.74	7.13	99.85	100.00	100.00	95.48	80.23	91.79	4.73	0.88	0	39.73
从化市	23.82	4.53	6.31	99.69	99.91	100.00	98.07	13.84	98.20	5.17	2.54	0	38.98
全市	15.17	3.72	4.92	99.94	99.98	100.00	97.84	37.81	98.67	5.10	1.08	0	23.61

2012年广州市孕产妇死亡情况

顺位	死亡原因	例数/例	构成比/%	顺位	死亡原因	例数/例	构成比/%
1	猝死	2	16.67	2	异位妊娠	1	8.33
2	羊水栓塞	1	8.33	2	原因不明	1	8.33
2	子宫破裂	1	8.33	2	血小板减少性紫癜	1	8.33
2	疤痕妊娠	1	8.33	2	系统性红斑狼疮	1	8.33
2	产褥感染	1	8.33	2	妊娠合并脂肪肝	1	8.33
2	甲亢	1	8.33				

备注：2012年度广州市户籍孕产妇死亡12例

2012年广州地区孕产妇保健情况（广州户籍）

地区	活产数/人	孕产妇管理			接生情况			高危情况		出生低体重儿发生率/%
		建卡率/%	产前检查率/%	产后访视率/%	系统管理率/%	住院分娩率/%	非住院分娩新法接生率/%	高危产妇检出率/%	高危住院分娩率/%	
合计	79 117	98.71	97.84	97.01	93.63	99.94	96.00	36.34	99.98	5.10
荔湾区	3 986	98.73	98.87	97.49	97.37	100.00	—	36.00	99.93	4.64
越秀区	7 255	98.92	97.95	97.05	96.94	100.00	—	41.16	100.00	5.79
海珠区	6 578	98.40	97.73	96.87	96.85	99.97	100.00	42.33	99.96	5.64
天河区	6 274	98.05	97.58	96.64	96.61	100.00	—	33.40	100.00	5.08
白云区	9 252	98.78	97.82	96.95	96.76	99.99	100.00	37.24	100.00	5.16
黄埔区	1 426	98.23	99.16	97.19	96.84	100.00	—	32.67	100.00	5.89
番禺区	11 603	99.94	98.82	98.40	96.33	99.97	100.00	41.77	99.98	5.37
花都区	10 017	98.99	98.24	98.04	94.23	100.00	—	26.58	100.00	4.48
南沙区	1 720	100.00	98.43	98.55	94.42	99.88	0.00	41.54	100.00	5.87
萝岗区	2 511	97.47	98.29	96.22	94.70	100.00	—	28.87	100.00	3.62
增城市	10 100	96.95	95.48	95.38	84.47	99.85	100.00	32.05	100.00	4.73
从化市	8 395	99.46	98.07	95.91	86.31	99.69	100.00	39.96	99.91	5.17

备注："—"指无非住院分娩孕产妇

2012年广州地区7岁以下儿童保健工作情况（广州户籍及集体户籍儿童）

地区	7岁以下儿童保健管理率/%	3岁以下儿童系统管理率/%	5岁以下儿童中度及重度营养不良发生率/%	婴儿死亡率/‰	5岁以下儿童死亡率/‰	7岁以下儿童眼保健管理率/%	7岁以下儿童口腔保健管理率/%	7岁以下儿童听力保健管理率/%
合计	98.67	95.05	1.08	3.72	4.92	94.69	97.24	96.30
荔湾区	99.57	97.09	0.83	4.26	5.77	97.34	97.80	96.47
越秀区	99.61	97.58	0.61	3.72	4.27	96.10	99.60	98.93
海珠区	99.85	98.42	0.58	2.43	3.34	97.67	99.13	97.82
天河区	99.86	98.06	0.53	3.98	5.10	97.32	98.61	98.53
白云区	99.62	96.84	1.09	3.57	4.43	98.04	96.62	96.11
黄埔区	99.65	95.13	0.55	4.91	6.31	98.42	98.65	97.22
番禺区	99.82	97.35	1.58	2.41	3.36	86.00	98.99	96.38
花都区	99.34	95.97	0.89	2.50	4.09	98.00	98.02	96.77
南沙区	99.13	95.09	1.53	5.23	6.40	91.38	96.14	96.69
萝岗区	99.37	95.97	1.21	4.38	5.97	99.13	99.13	99.13
增城市	91.79	82.14	0.88	5.74	7.13	90.11	90.16	90.36
从化市	98.20	94.51	2.54	4.53	6.31	96.57	96.47	95.92

2012年广州地区婚前医学检查情况

地区	婚检率/%	疾病检出率/%	指定传染病		严重遗传病/%	有关精神病/%	生殖系统疾病/%	内科系统疾病/%
			传染病/%	其中性病/%				
合计	44.74	14.88	1.27	0.15	1.26	0.01	11.68	1.20
荔湾区	41.18	15.60	1.41	0.09	2.48	0.02	11.94	1.08
越秀区	65.48	13.64	0.18	0.13	0.14	0.00	13.38	0.48
海珠区	36.08	17.17	1.64	0.20	4.92	0.00	8.65	2.88
天河区	43.01	10.90	0.46	0.07	0.03	0.00	10.19	0.27
白云区	31.96	14.26	0.40	0.08	5.29	0.00	7.93	0.82
黄埔区	49.42	13.78	2.63	0.19	0.38	0.00	10.35	0.61
番禺区	54.53	18.08	3.14	0.13	0.13	0.03	14.91	0.34
花都区	44.77	12.76	1.87	0.24	0.68	0.01	8.34	1.99
南沙区	27.95	13.11	2.03	0.00	1.07	0.00	10.87	0.11
萝岗区	39.73	21.15	0.35	0.20	0.00	0.00	22.92	0.05
增城市	38.98	14.20	0.79	0.17	0.11	0.00	10.37	3.89
从化市	23.61	22.62	1.61	0.44	5.36	0.07	12.60	2.98

2012年广州地区妇女常见疾病检出情况

地区	受检率/%	妇科病检出率/%	滴虫性阴道炎检出率/%	宫颈炎症检出率/%	淋病检出率/每10万	尖锐湿疣检出率/每10万	宫颈癌检出率/每10万	乳腺癌检出率/每10万	卵巢癌检出率/每10万
合计	63.10	27.44	0.27	11.95	3.89	5.59	9.14	8.13	0.85
荔湾区	93.53	46.15	0.66	11.57	0.00	0.00	6.30	4.20	2.10
越秀区	89.03	41.94	0.22	15.54	1.14	3.42	7.98	22.79	3.42
海珠区	94.83	24.82	0.16	13.81	0.00	0.00	0.00	18.23	0.00
天河区	88.31	40.19	0.18	30.26	0.00	0.00	0.00	0.00	8.96
白云区	76.67	25.62	0.35	13.29	71.39	63.45	7.93	0.00	0.00
黄埔区	70.59	51.44	0.17	39.35	0.00	13.65	6.82	27.30	0.00
番禺区	83.34	22.46	0.08	9.13	1.64	4.36	9.81	0.55	0.00
花都区	47.99	10.72	0.21	7.47	0.00	2.44	2.44	2.44	0.00
南沙区	57.91	34.49	0.19	11.18	0.00	14.23	14.23	0.00	0.00
萝岗区	80.23	34.73	0.18	8.70	0.00	0.00	18.90	12.60	0.00
增城市	13.84	29.01	0.41	15.10	0.00	3.39	33.92	6.78	0.00
从化市	37.81	30.78	0.89	22.51	5.31	0.00	37.20	53.15	0.00

2012年广州市产科质量工作情况

地区	产妇数/万人	广州市户籍产妇比例/%	剖宫产率/%	羊水栓塞发生率/‰	产后出血率/%	早产儿发生率/%	出生缺陷发生率/每万	新生儿窒息发生率/%	围产儿死亡率/‰	母婴同室率/%	母乳喂养率/%
合计	233 674	32.46	40.04	0.00	3.29	7.34	179.54	15.35	6.77	93.04	98.15
荔湾区	11 665	43.06	45.18	0.00	2.73	13.60	163.20	16.62	11.07	84.81	99.11
越秀区	26 116	41.71	49.28	0.00	4.62	10.53	435.03	13.81	12.55	91.43	98.05
海珠区	19 678	22.76	38.29	0.00	1.77	7.22	123.20	10.06	6.79	91.45	97.87
天河区	30 095	32.25	40.98	0.00	2.85	7.23	169.62	12.16	7.73	91.48	99.54
白云区	42 477	15.99	31.18	0.01	3.24	6.19	84.43	16.18	4.50	95.15	99.10
黄埔区	6 553	20.56	38.34	0.00	2.43	5.03	62.18	15.55	5.61	97.96	98.63
番禺区	35 782	27.05	42.09	0.00	4.28	6.94	187.78	15.18	6.19	92.60	96.28
花都区	25 328	37.99	41.90	0.00	2.36	6.84	257.94	12.41	5.43	97.86	96.45
南沙区	2 286	39.41	47.28	0.00	1.53	2.96	60.98	6.10	0.87	90.37	99.00
萝岗区	6 080	26.76	36.56	0.02	3.85	3.99	84.83	7.20	3.26	98.20	99.75
增城市	19 115	48.22	44.25	0.00	3.07	6.30	123.35	25.03	5.34	95.15	98.86
从化市	8 499	77.27	27.42	0.00	5.24	6.04	93.45	33.54	5.14	84.24	97.69

2012年广州市新生儿疾病筛查工作情况

地区	新生儿疾病筛查						听力筛查	
	产科医院单位数	检测例数*	代谢性疾病筛查率/%	苯丙酮尿症数	甲状腺功能低下数	G6PD缺乏数	听力筛查人数	筛查率/%
合计	157	232 209	98.76	8	130	5 886	225 422	95.88
荔湾区	7	11 721	98.69	3	4	131	11 532	97.10
越秀区	12	26 076	98.61	1	24	614	25 209	95.33
海珠区	13	19 686	99.67	0	12	381	19 602	99.25
天河区	16	29 774	98.26	0	16	782	29 057	95.89
白云区	22	41 914	98.19	1	16	498	39 596	92.76
黄埔区	7	6 529	99.57	0	4	141	6 458	98.49
番禺区	19	35 902	99.91	1	22	1 162	35 249	98.09
花都区	17	25 032	98.37	1	15	783	24 033	94.44
南沙区	7	2 293	99.96	0	1	46	2 269	98.91
萝岗区	6	6 057	99.13	0	8	48	5 925	96.97
增城市	19	18 735	97.62	1	6	723	18 447	96.12
从化市	12	8 490	99.69	0	2	577	8 045	94.46

备注：检测单位是广东省妇幼保健院和广州市妇女儿童医疗中心

2012年广州市婴儿出生缺陷发生情况

顺位	出生缺陷类型	发生率/每万
1	先天性心脏病	105.61
2	多指（趾）	20.70
3	总唇腭裂	10.98
	唇裂	3.00
	腭裂	3.38
	唇裂合并腭裂	4.60
4	并指（趾）	6.46
5	尿道下裂	6.21
6	马蹄内翻足	5.87
7	外耳其他畸形	5.53
8	胎儿水肿综合征	4.10
9	肢体短缩	2.53
10	先天性脑积水	2.11
11	直肠肛门闭锁或狭窄	1.99
12	唐氏综合症	1.65
13	巴氏胎儿水肿综合征	1.56
13	小耳	1.56
14	神经管畸形	1.31
	脊柱裂	0.76
	无脑畸形	0.25
	脑膨出	0.30
15	脐膨出	0.72
16	食道闭锁或狭窄	0.68
17	先天性膈疝	0.63
17	腹裂	0.63
18	联体双胎	0.04
18	膀胱外翻	0.04

备注：监测对象为2011年10月1日至2012年9月30日广州市助产技术机构内出生的妊娠满28周至产后7天的围产儿，包括活产、死胎、死产

（五）卫生监督

2012年广州市卫生监督总体情况

单位	出动人次	监督单位间次	处罚案件宗数	罚款/元	没收非法所得/元	处理投诉案件宗数
广州市卫生监督所	12 274	5 499	27	42 700	0	28
荔湾区卫生监督所	6 903	6 306	32	51 720	0	32
越秀区卫生监督所	6 337	6 678	52	130 500	29 528	83
海珠区卫生监督所	7 634	10 886	168	465 750	4 283	93
天河区卫生监督所	2 356	2 414	30	61 300	0	162
白云区卫生监督所	4 580	5 893	162	486 100	7 614	263
黄埔区卫生监督所	1 542	638	12	42 300	0	95
番禺区卫生监督所	31 579	22 339	69	152 180	5 136	346
花都区卫生监督所	4 500	4 916	27	81 990	2 409	178
南沙区卫生监督所	1 098	540	11	34 500	0	6
萝岗区卫生监督所	2 845	1 497	24	25 900	0	21
增城市卫生监督所	5 191	3 327	100	21 750	0	43
从化市卫生监督所	10 654	3 851	66	94 600	8 302	31
合计	97 493	74 784	780	1 691 290	57 273	1 381

2012年广州市公共场所卫生监督情况

单位	监督单位间次	抽检单位间次	查处案件宗数	罚款/元	没收违法所得/元	取缔间次	引导办证间次
广州市卫生监督所	2 675	61	0	0	0	0	0
荔湾区卫生监督所	5 417	95	17	32 600	0	0	112
越秀区卫生监督所	7 326	64	141	348 100	0	441	344
海珠区卫生监督所	3 889	27	13	21 500	0	0	378
天河区卫生监督所	1 668	32	1	9 000	0	0	462
白云区卫生监督所	4 136	77	58	122 300	0	0	730
黄埔区卫生监督所	3 428	148	24	5 700	0	62	134
番禺区卫生监督所	2 957	972	15	15 950	0	0	131
花都区卫生监督所	23 944	158	2	4 500	0	2	335
南沙区卫生监督所	362	171	8	22 500	0	18	41
萝岗区卫生监督所	1 289	—	5	2 500	0	4	72
增城市卫生监督所	3 136	648	30	42 000	0	82	56
从化市卫生监督所	2 202	380	27	4 000	0	81	87
合计	62 429	2 833	341	630 650	0	690	2 882

2012年广州市生活饮用水卫生监督情况

单位	集中式供水单位间次	二次供水单位间次	现制现售饮水机台次	抽检饮用水水质次数	合格间次
广州市卫生监督所	48	16	50	50	39
荔湾区卫生监督所	397	165	158	63	52
越秀区卫生监督所	0	45	49	98	83
海珠区卫生监督所	0	0	50	62	60
天河区卫生监督所	18	98	64	27	22
白云区卫生监督所	13	15	61	42	36
黄埔区卫生监督所	0	0	20	90	30
番禺区卫生监督所	12	89	20	20	19
花都区卫生监督所	38	42	13	10	9
南沙区卫生监督所	3	0	12	85	64
萝岗区卫生监督所	0	0	13	—	—
增城市卫生监督所	14	22	0	415	272
从化市卫生监督所	108	48	6	6	5
合计	651	540	516	968	691

2012年广州市医疗机构和传染病卫生监督情况

单位	医疗机构间次	查处案件宗数	罚款/元	没收违法所得/元	吊证/间	取缔无证医疗场所间次	处理群众涉及医疗机构投诉举报宗数
广州市卫生监督所	323	5	11 900	0	0	31	19
荔湾区卫生监督所	471	11	97 900	29 528	0	12	69
越秀区卫生监督所	820	18	99 000	4 278	0	165	80
海珠区卫生监督所	754	19	30 220	0	0	56	27
天河区卫生监督所	292	14	22 150	0	0	158	104
白云区卫生监督所	917	101	348 800	7 614	0	195	253
黄埔区卫生监督所	133	6	29 700	0	0	41	34
番禺区卫生监督所	286	12	66 040	2 409	1	220	178
花都区卫生监督所	396	63	128 280	3 783	5	87	154
南沙区卫生监督所	130	3	12 000	0	0	7	6
萝岗区卫生监督所	197	19	23 400	0	2	24	7
增城市卫生监督所	435	26	4 100	8 302	0	77	19
从化市卫生监督所	530	3	7 000	0	0	196	42
合计	5 684	300	880 490	55 915	8	1 269	992

2012年广州市学校卫生监督和重大公共卫生保障情况

单位	学校卫生监督			重大公共卫生保障		
	检查单位间次	查处案件宗数	罚款/元	卫生保障任务宗数	出动人次	监督单位间次
广州市卫生监督所	510	0	0	14	938	204
荔湾区卫生监督所	917	0	0	8	801	629
越秀区卫生监督所	538	1	6 505	12	1 497	679
海珠区卫生监督所	116	0	0	3	150	150
天河区卫生监督所	279	0	0	6	185	62
白云区卫生监督所	550	0	0	8	685	563
黄埔区卫生监督所	25	0	0	7	90	360
番禺区卫生监督所	10	0	0	3	12	20
花都区卫生监督所	714	0	0	23	150	103
南沙区卫生监督所	41	0	0	8	71	94
萝岗区卫生监督所	146	0	0	8	55	34
增城市卫生监督所	139	0	0	12	106	56
从化市卫生监督所	235	0	0	1	36	12
合计	4 220	1	6 505	113	4 776	2 966

2012年广州市餐饮具集中消毒单位卫生监督情况

单位	监督单位间次	发出监督意见书/份	行政处罚宗数	罚款/元
广州市卫生监督所	0	0	0	0
荔湾区卫生监督所	0	0	0	0
越秀区卫生监督所	48	20	4	12 000
海珠区卫生监督所	9	9	0	0
天河区卫生监督所	34	28	0	0
白云区卫生监督所	59	42	3	15 000
黄埔区卫生监督所	10	10	3	6 900
番禺区卫生监督所	22	22	0	0
花都区卫生监督所	52	48	5	15 500
南沙区卫生监督所	4	4	0	0
萝岗区卫生监督所	9	6	0	0
增城市卫生监督所	9	12	0	0
从化市卫生监督所	24	9	0	0
合计	280	210	15	49 400

（六）中医工作

2012年广州地区中医医院卫生机构、床位、人员情况

机构分类	机构个数	床位数	人员数/人											
			合计	卫生技术人员								其他技术人员	管理人员	工勤技能人员
				小计	执业（助理）医师		注册护士	药剂师（士）	检验技师（士）	影像技师（士）	其他			
					小计	内：执业医师								
总计	31	9 419	14 645	12 225	4 474	4 377	5 209	1 321	377	152	692	544	593	1 283
中医医院	28	9 169	14 115	11 941	4 310	4 215	5 134	1 303	371	151	672	506	534	1 134
非营利性	25	8 561	13 067	11 030	4 056	3 968	4 734	1 228	338	131	543	426	519	1 092
省	5	4 796	6 955	6 086	2 180	2 170	2 766	733	179	67	161	227	279	363
市	2	449	713	614	274	273	209	71	25	13	22	44	22	33
区	17	3 296	5 369	4 304	1 589	1 515	1 750	422	133	50	360	155	215	695
营利性	3	608	1 048	911	254	247	400	75	33	20	129	80	15	42
中西医结合医院	3	250	530	284	164	162	75	18	6	1	20	38	59	149

2012年广州地区中医医院房屋建筑面积情况

机构分类	房屋建筑面积/平方米			租房面积/平方米	
	小计	业务用房面积		小计	业务用房面积
		其中	危房面积		
总计	962 191	757 070	765	65 659	57 596
中医医院	893 061	707 239	765	64 919	56 886
非营利性	814 097	639 167	765	61 623	53 590
省	441 727	366 043	—	52 461	44 687
市	34 942	34 942	—	928	928
区	337 428	238 182	765	6 634	6 375
营利性	78 964	68 072	—	3 296	3 296
中西医结合医院	69 130	49 831	—	740	710

2012年广州地区中医医院万元以上设备情况

机构分类	万元以上设备总价值/万元	万元以上设备台数/台		
		合计	50万~100万元设备	100万元以上设备
总计	320 756	14 447	496	423
中医医院	316 894	14 196	484	416
非营利性	304 833	13 211	458	391
省	172 968	9 013	336	300
市	12 835	795	25	20
区	118 910	3 395	96	71
营利性	12 061	985	26	25
中西医结合医院	3 862	251	12	7

2012年广州地区中医医院床位数分组情况

分组名称	总计	0~49张	50~99张	100~199张	200~299张	300~399张	400~499张	500~799张	800张及以上
总计	31	10	4	4	5	1	1	3	3
中医医院	28	8	4	4	4	1	1	3	3
中西医结合医院	3	2	0	0	1	0	0	0	0

2012年广州地区中医医院门诊服务情况

机构分类	总诊疗人次数/人次					观察室留观病例数/例	健康检查人数/人	急诊病死率/%
	合计	门诊、急诊人次						
		小计	门诊人次数	急诊人次数				
				小计	死亡人数/人			
总计	18 895 558	18 658 013	17 231 850	1 426 163	325	245 445	617 613	0.02
中医医院	18 812 299	18 575 064	17 166 791	1 408 273	324	245 017	617 613	0.02
非营利性	18 042 328	17 809 536	16 465 198	1 344 338	309	244 419	574 320	0.02
省	10 212 583	9 995 525	9 382 095	613 430	116	241 672	197 455	0.02
市	743 128	743 128	723 967	19 161	67	779	10 503	0.35
区	7 069 336	7 053 602	6 342 478	711 124	126	1 968	366 362	0.02
营利性	769 971	765 528	701 593	63 935	15	598	43 293	0.02
中西医结合医院	83 259	82 949	65 059	17 890	1	428	0	0.01

2012年广州地区中医医院住院服务情况

机构分类	入院人数/人	出院人数/人		住院病人手术人次/人次	死亡率/%	每百门急诊的入院人数/%
		总计	死亡			
总计	294 825	294 544	3 286	105 194	1.12	1.58
中医医院	290 887	290 816	3 286	104 749	1.13	1.57
非营利性	269 635	269 589	3 165	95 996	1.17	1.51
省	143 557	143 576	1 609	46 905	1.12	1.44
市	12 540	12 611	456	2 637	3.62	1.69
区	113 217	113 056	1 100	46 454	0.97	1.61
营利性	21 252	21 227	121	8 753	0.57	2.78
中西医结合医院	3 938	3 728	—	445	—	4.75

2012年广州地区中医医院床位利用情况

机构分类	实有床位数/张	实际开放总床日数/床日	平均开放病床/张	实际占用总床日数/床日	出院者占用总床日数/床日	病床周转次数/人次	病床工作日/日	病床使用率/%	出院者平均住院日/日
总计	9 419	3 414 715	9 330	3 135 575	3 122 163	31.6	336.1	91.83	10.6
中医医院	9 169	3 323 445	9 080	3 098 808	3 081 736	32.0	341.3	93.24	10.6
非营利性	8 561	3 101 975	8 475	2 938 406	2 927 190	31.8	346.7	94.73	10.9
省	4 796	1 728 165	4 722	1 639 660	1 632 469	30.4	347.3	94.88	11.4
市	449	164 334	449	173 379	173 485	28.1	386.1	105.50	13.8
区	3 296	1 202 176	3 285	1 121 867	1 117 736	34.4	341.6	93.32	9.9
营利性	608	221 470	605	160 402	154 546	35.1	265.1	72.43	7.3
中西医结合医院	250	91 270	249	36 767	40 427	14.9	147.4	40.28	10.8

2012年广州地区中医医院年收入与支出

机构分类	总收入/万元			总支出/万元			总费用中：人员经费/万元
	合计	财政补助收入	医疗收入	合计	医疗业务员成本	财政项目补助支出	
总计	787 315.8	61 945.4	711 370.1	766 933.2	631 751.2	40 007.1	221 226.9
中医医院	779 331.7	60 985.7	705 642.9	758 734.9	626 424.7	40 007.1	219 755.6
非营利性	739 902.5	60 985.7	666 674.2	720 785.2	597 714.1	40 007.1	207 011.7
省	484 419.2	38 751.6	437 194.0	468 924.8	393 773.5	30 150.1	121 243.5

续表

机构分类	总收入/万元			总支出/万元			总费用中：人员经费/万元
	合计	财政补助收入	医疗收入	合计	医疗业务员成本	财政项目补助支出	
市	37 187.7	6 679.5	29 925.1	36 557.1	28 487.3	1 627.3	13 777.9
区	217 798.1	15 554.6	199 179.8	214 847.6	175 111.5	8 229.7	71 871.2
营利性	39 429.2	0.0	38 968.7	37 949.7	28 710.6	0.0	12 743.9
中西医结合医院	7 984.1	959.7	5 727.2	8 198.3	5 326.5	0.0	1 471.3

2012年广州地区中医医院资产与负债

机构分类	总资产/千元			负债与净资产/千元					
	合计	流动资产	非流动资产	合计	流动负债	非流动负债	净资产		
							小计	事业基金	专用基金
总计	7 530 789	3 365 311	4 165 478	7 530 789	1 646 587	343 147	5 541 055	3 393 743	377 937
中医医院	7 467 757	3 319 832	4 147 925	7 467 757	1 622 730	283 147	5 561 880	3 416 365	377 131
非营利性	7 038 906	3 152 271	3 886 635	7 038 906	1 527 908	154 145	5 356 853	3 414 865	376 003
省	5 298 974	2 263 143	3 035 831	5 298 974	929 658	90 000	4 279 316	2 652 954	291 330
市	246 594	122 340	124 254	246 594	64 489	5 000	177 105	56 748	2 656
区	1 490 335	765 786	724 549	1 490 335	533 761	59 145	897 429	705 163	82 017
营利性	428 851	167 561	261 290	428 851	94 822	129 002	205 027	1 500	1 128
中西医结合医院	63 032	45 479	17 553	63 032	23 857	60 000	−20 825	−22 622	806

2012年广州地区政府办非营利性中医医院业务收支情况

指标名称	合计	省属	市属	区属
机构数/个	24	5	2	17
总收入/万元	739 405	484 419	37 188	217 798
医疗收入	666 299	437 194	29 925	199 180
门诊收入	348 469	225 222	12 531	110 717
内：挂号收入	2 251	1 415	52	785
诊察收入	7 932	5 303	383	2 246
检查收入	37 479	22 142	873	14 463
化验收入	23 161	16 571	848	5 743

续表

指标名称	合计	省属	市属	区属
治疗收入	2 672	1 417	77	1 178
手术收入	53 386	26 307	1 863	25 216
卫生材料收入	2 205	509	161	1 535
药品收入	216 959	150 808	8 216	57 934
住院收入	317 830	211 972	17 394	88 463
内：床位收入	15 420	10 231	730	4 459
诊察收入	921	497	52	372
检查收入	26 152	18 704	1 513	5 936
化验收入	71 612	46 280	3 157	22 176
治疗收入	20 091	11 688	504	7 899
手术收入	29 924	19 667	2 588	7 669
护理收入	2 945	1 415	172	1 358
卫生材料收入	35 455	24 163	1 674	9 619
药品收入	112 386	77 006	6 918	28 462
其他收入	6 568	3 116	510	2 942
总支出/万元	720 330	468 925	36 557	214 848
财政项目补助支出	40 007	30 150	1 627	8 230
医疗业务成本	597 372	393 774	28 487	175 112
其他支出	5 914	2 919	423	2 572
总费用中：人员经费/万元	206 893	121 244	13 778	71 871
药品费/万元	289 499	201 458	13 310	74 730
平均每诊疗人次医疗费/元	193.3	220.5	168.6	156.6
内：挂号费	1.2	1.4	0.7	1.1
药费	120.4	147.7	110.6	82.0
检查费	20.8	21.7	11.8	20.5
治疗费	1.5	1.4	1.0	1.7
出院者人均医疗费/元	11 804.6	14 763.8	13 792.6	7 824.7
内：床位费	572.7	712.6	578.6	394.4
药费	4 174.1	5 363.4	5 485.9	2 517.5
检查费	971.3	1 302.7	1 199.3	525.0

续表

指标名称	合计	省属	市属	区属
治疗费	746.2	814.1	399.8	698.7
手术费	1 111.4	1 369.8	2 052.4	678.3
出院者平均每天住院医疗费/元	1 087.1	1 298.5	1 002.6	791.4
医师人均全年担负				
诊疗人次	4 458.3	4 684.7	2 712.1	4 448.9
住院床日	725.9	752.1	632.8	706.0
医师人均每日担负				
诊疗人次	17.7	18.6	10.8	17.7
住院床日	2.0	2.1	1.7	1.9

备注：机构数不含分支机构数

第三部分　居民健康状况

（一）广州市居民期望寿命

2012年广州市居民期望寿命

地区	人口数/人	出生率/‰	死亡率/‰	自然增长率/‰	平均期望寿命/岁
广州市	8 184 383	12.44	6.17	6.27	79.41
荔湾区	711 192	8.81	8.50	0.31	80.36
越秀区	1 171 863	8.83	6.84	1.99	81.98
海珠区	972 470	10.69	6.70	3.99	80.95
天河区	790 736	12.94	3.43	9.51	81.58
白云区	854 869	14.98	5.50	9.48	79.67
黄埔区	202 848	13.47	5.10	8.37	80.89
番禺区（新行政区划）	908 326	15.59	5.40	10.19	78.56
花都区	673 198	16.41	6.92	9.49	77.16
南沙区（新行政区划）	262 088	11.92	4.39	7.53	78.74
萝岗区	198 842	16.48	6.32	10.16	75.16
增城市	846 753	11.71	6.87	4.84	76.38
从化市	591 202	12.63	6.27	6.36	75.63

（二）居民死亡原因疾病分类情况

2012年广州市八个区前十位疾病死亡率、构成比和位次

性别	顺位	死亡原因	死亡率/每10万	构成比/%
合计	1	循环系统疾病	240.04	38.47
	2	肿瘤	150.94	24.19
	3	呼吸系统疾病	102.56	16.44
	4	损伤和中毒等外部原因	32.86	5.27
	5	内分泌、营养和代谢的其他疾病	18.09	2.90
	6	消化系统疾病	17.17	2.75
	7	泌尿生殖系统疾病	7.10	1.14
	8	传染病和寄生虫病	7.05	1.13
	9	神经系统疾病	4.84	0.78
	10	起源于围生期的某些情况	2.54	0.41

续表

性别	顺位	死亡原因	死亡率/每10万	构成比/%
男性	1	循环系统疾病	245.53	34.97
	2	肿瘤	190.55	27.14
	3	呼吸系统疾病	116.92	16.65
	4	损伤和中毒等外部原因	42.12	6.00
	5	消化系统疾病	20.74	2.95
	6	内分泌、营养和代谢的其他疾病	16.99	2.42
	7	传染病和寄生虫病	10.31	1.47
	8	泌尿生殖系统疾病	7.24	1.03
	9	神经系统疾病	5.20	0.74
	10	起源于围生期的某些情况	3.10	0.44
女性	1	循环系统疾病	234.41	43.10
	2	肿瘤	110.38	20.29
	3	呼吸系统疾病	87.86	16.16
	4	损伤和中毒等外部原因	23.38	4.30
	5	内分泌、营养和代谢的其他疾病	19.21	3.53
	6	消化系统疾病	13.51	2.48
	7	泌尿生殖系统疾病	6.97	1.28
	8	神经系统疾病	4.46	0.82
	9	传染病和寄生虫病	3.72	0.68
	10	肌肉骨骼和结缔组织疾病	2.58	0.47

2012年广州市八个区意外死亡外部原因、死亡率及构成比

死亡原因	合计		男性		女性	
	死亡率/每10万	构成比/%	死亡率/每10万	构成比/%	死亡率/每10万	构成比/%
机动车辆交通事故	8.30	25.27	12.20	28.97	4.31	18.45
机动车以外的运输事故	3.12	9.50	4.74	11.26	1.46	6.26
意外中毒	1.71	5.22	2.54	6.03	0.87	3.71
意外跌落	6.93	21.10	7.50	17.82	6.35	27.15
火灾	0.31	0.93	0.39	0.92	0.22	0.95
由自然环境因素所致的意外事故	0.11	0.34	0.12	0.29	0.10	0.42
淹死	2.12	6.45	2.57	6.09	1.66	7.10
意外的机械性窒息	0.24	0.75	0.34	0.80	0.15	0.64
砸死	0.10	0.30	0.19	0.46	0.00	0.00
由机器切割和穿刺工具所致的意外事故	0.15	0.45	0.27	0.63	0.02	0.11

续表

死亡原因	合计		男性		女性	
	死亡率/每10万	构成比/%	死亡率/每10万	构成比/%	死亡率/每10万	构成比/%
触电	0.13	0.41	0.24	0.57	0.02	0.11
其他意外事故和有害效应	4.19	12.75	4.87	11.55	3.50	14.95
自杀	4.87	14.83	5.33	12.64	4.41	18.88
被杀	0.56	1.71	0.82	1.95	0.30	1.27

2012年广州市婴儿死亡原因构成及排位

排位	疾病名称	例数/例	构成比/%
1	早产或低出生体重	46	15.65
2	出生窒息	40	13.61
3	先天性心脏病	38	12.93
4	肺炎	32	10.88
5	其他新生儿病	30	10.20
6	意外窒息	19	6.46
7	其他先天异常	18	6.12
8	其他	11	3.74
9	败血症	8	2.72
10	其他呼吸系统疾病	7	2.38

备注：2012年度广州市户籍婴儿死亡294例

2012年广州市5岁以下儿童主要疾病死亡构成及排位

排位	疾病名称	例数/例	构成比/%
1	早产或低出生体重	46	11.83
2	先天性心脏病	45	11.57
3	肺炎	43	11.05
4	出生窒息	40	10.28
5	其他新生儿病	30	7.71
6	意外窒息	22	5.66
7	其他先天异常	21	5.40
8	其他	16	4.11
9	其他肿瘤	12	3.08
10	交通意外	11	2.83

备注：2012年度广州市户籍5岁以下儿童死亡389例

（三）住院病人疾病分类及年龄分布情况

2012年广州市医院出院病人疾病分类及转归情况

疾病名称	出院人数/人	治愈率/%	好转率/%	未愈率/%	死亡率/%	出院者平均住院日/日	疾病构成/%
总计	1 126 192	55.7	41.7	1.5	1.1	9.6	100.00
1．传染病和寄生虫病小计	29 512	32.0	64.5	2.4	1.1	12.2	2.62
其中：肠道传染病	1 216	73.0	26.1	0.7	0.2	5.5	0.11
结核病	10 194	11.1	85.0	3.1	0.9	15.0	0.91
猩红热	24	62.5	33.3	4.2	—	7.5	0.00
性传播模式疾病	400	48.8	48.5	2.8	—	11.6	0.04
乙型脑炎	13	23.1	69.2	—	7.7	11.9	0.00
斑疹伤寒	543	69.4	28.4	1.5	0.7	7.3	0.05
病毒性肝炎	6 268	11.8	84.7	2.7	0.8	13.8	0.56
人类免疫缺陷病毒（HIV）病	842	4.6	85.4	4.5	5.5	16.7	0.07
血吸虫病	11	18.2	81.8	—	—	12.2	0.00
丝虫病	2	—	100.0	—	—	5.5	0.00
钩虫病	15	46.7	53.3	—	—	9.0	0.00
2．肿瘤小计	107 566	54.6	37.2	4.4	3.8	12.1	9.55
恶性肿瘤小计	75 658	41.1	47.9	5.7	5.3	13.5	6.72
其中：鼻咽恶性肿瘤	3 648	28.4	63.6	5.0	3.0	12.5	0.32
食管恶性肿瘤	2 113	40.4	46.7	8.1	4.8	13.7	0.19
胃恶性肿瘤	3 193	45.2	41.4	7.0	6.5	13.6	0.28
小肠恶性肿瘤	264	44.7	44.3	6.4	4.5	15.2	0.02
结肠恶性肿瘤	4 108	53.2	35.4	4.4	7.0	15.2	0.36
直肠乙状结肠连接处、直肠、肛门和肛管恶性肿瘤	3 435	53.4	37.8	4.4	4.4	14.9	0.31
肝和肝内胆管恶性肿瘤	9 150	29.4	56.5	6.9	7.2	11.9	0.81
喉恶性肿瘤	703	63.2	29.6	4.0	3.3	17.5	0.06
气管、支气管、肺恶性肿瘤	12 635	28.3	54.0	8.6	9.1	13.0	1.12
骨、关节软骨恶性肿瘤	570	42.8	48.9	6.3	1.9	14.8	0.05
乳房恶性肿瘤	5 521	66.8	29.1	1.8	2.3	13.5	0.49
女性生殖器官恶性肿瘤	5 307	48.4	45.0	4.1	2.4	14.8	0.47
男性生殖器官恶性肿瘤	1 773	37.4	54.9	3.4	4.3	14.7	0.16
泌尿道恶性肿瘤	2 554	65.5	27.0	4.1	3.4	14.7	0.23
脑恶性肿瘤	910	43.8	45.6	5.8	4.7	18.7	0.08
白血病	2 485	23.2	64.8	5.7	6.3	16.3	0.22
原位癌小计	1 484	82.6	14.4	2.0	1.0	9.3	0.13
其中：子宫颈原位癌	1 009	87.3	10.8	1.8	0.1	7.6	0.09

续表

疾病名称	出院人数/人	治愈率/%	好转率/%	未愈率/%	死亡率/%	出院者平均住院日/日	疾病构成/%
良性肿瘤小计	27 670	90.0	8.8	1.1	0.1	8.4	2.46
其中：皮肤良性肿瘤	603	93.9	5.6	0.5	—	5.8	0.05
乳房良性肿瘤	5 057	97.8	2.1	0.1	—	4.0	0.45
子宫平滑肌瘤	6 156	95.2	3.6	1.2	—	8.8	0.55
卵巢良性肿瘤	2 410	97.7	2.0	0.3	—	8.2	0.21
前列腺良性肿瘤	—	—	—	—	—	—	—
甲状腺良性肿瘤	761	92.1	6.6	1.1	0.3	7.6	0.07
交界恶性和动态未知的肿瘤	2 754	53.0	41.0	4.6	1.4	11.9	0.24
3．血液、造血器官及免疫疾病小计	9 095	27.6	69.1	2.5	0.8	8.4	0.81
其中：贫血	5 019	18.2	78.4	2.7	0.6	7.6	0.45
4．内分泌、营养和代谢疾病小计	36 805	38.2	60.5	0.7	0.6	10.6	3.27
其中：甲状腺功能亢进	2 637	36.6	62.2	0.9	0.4	8.8	0.23
糖尿病	22 300	21.5	77.6	0.4	0.6	12.0	1.98
5．精神和行为障碍小计	11 932	40.6	58.0	1.4	0.1	31.0	1.06
其中：依赖性物质引起的精神和行为障碍	885	57.3	41.1	1.4	0.2	16.8	0.08
酒精引起的精神和行为障碍	430	46.5	52.1	1.2	0.2	10.9	0.04
精神分裂症、分裂型和妄想性障碍	2 381	45.9	52.9	1.3	—	65.7	0.21
情感障碍	2 951	61.9	37.0	1.1	—	34.9	0.26
6．神经系统疾病小计	28 373	31.0	66.9	1.6	0.6	11.2	2.52
其中：中枢神经系统炎性疾病	1 108	29.2	65.2	3.9	1.8	17.2	0.10
帕金森病	1 678	9.5	90.0	0.2	0.3	15.4	0.15
癫痫	3 215	33.2	63.2	3.1	0.5	8.1	0.29
7．眼和附器疾病小计	29 917	92.3	7.3	0.4	—	3.9	2.66
其中：晶状体疾患	17 947	99.0	0.8	0.3	—	2.4	1.59
视网膜脱离和断裂	1 648	91.0	8.5	0.5	—	6.1	0.15
青光眼	2 104	84.0	15.6	0.3	—	7.2	0.19
8．耳和乳突疾病小计	7 639	57.5	40.5	1.9	—	9.6	0.68
其中：中耳和乳突疾病	2 822	84.2	15.1	0.7	—	9.1	0.25
9．循环系统疾病小计	129 856	28.3	68.2	1.4	2.2	11.5	11.53
其中：急性风湿热	99	19.2	78.8	2.0	—	11.9	0.01
慢性风湿性心脏病	1 753	32.3	63.3	2.4	2.0	11.2	0.16
高血压	23 846	15.7	83.7	0.3	0.3	10.7	2.12
缺血性心脏病	28 315	26.3	69.1	1.2	3.4	9.7	2.51
肺栓塞	278	20.5	65.5	2.5	11.5	13.5	0.02
心律失常	5 939	44.5	53.8	1.0	0.7	6.8	0.53
心力衰竭	2 877	27.9	61.7	3.0	7.5	11.0	0.26
脑血管病	47 842	21.0	74.9	1.8	2.3	14.5	4.25
静脉炎和血栓形成	1 266	39.0	59.0	1.6	0.4	11.9	0.11
下肢静脉曲张	1 027	84.1	14.9	0.9	0.1	8.9	0.09

续表

疾病名称	出院人数/人	治愈率/%	好转率/%	未愈率/%	死亡率/%	出院者平均住院日/日	疾病构成/%
10. 呼吸系统疾病小计	112 766	60.0	36.8	1.3	1.9	9.3	10.01
其中：急性上呼吸道感染	12 937	74.6	24.7	0.7	0.0	5.2	1.15
流行性感冒	496	80.6	17.5	1.2	0.6	5.5	0.04
肺炎	33 237	66.9	29.1	1.2	2.7	9.7	2.95
慢性鼻窦炎	3 403	83.9	15.7	0.4	—	7.8	0.30
慢性扁桃体和腺样体疾病	2 491	94.0	5.5	0.5	—	6.1	0.22
慢性下呼吸道疾病	27 935	36.2	60.6	1.2	2.1	11.2	2.48
外部物质引起的肺病	547	36.7	53.0	2.7	7.5	20.0	0.05
11. 消化系统疾病小计	82 597	60.0	37.9	1.5	0.6	8.8	7.33
其中：口腔疾病	2 824	82.6	16.5	0.9	—	7.9	0.25
胃及十二指肠溃疡	6 311	45.6	52.7	0.9	0.8	8.8	0.56
阑尾炎	7 633	88.8	10.7	0.5	0.0	6.5	0.68
疝	7 132	94.6	4.2	1.2	0.1	6.5	0.63
肠梗阻	3 423	68.7	27.5	3.1	0.7	9.0	0.30
酒精性肝病	824	14.2	79.5	3.3	3.0	11.5	0.07
肝硬化	4 903	13.1	82.1	2.5	2.2	12.9	0.44
胆石病和胆囊炎	9 321	71.3	27.4	1.2	0.1	9.9	0.83
急性胰腺炎	2 167	60.9	36.7	1.7	0.7	9.8	0.19
12. 皮肤和皮下组织疾病小计	10 063	59.8	38.9	0.8	0.5	12.8	0.89
其中：皮炎及湿疹	1 585	42.6	57.1	0.3	0.1	11.6	0.14
牛皮癣	467	18.6	81.2	0.2	—	13.3	0.04
荨麻疹	454	65.4	34.1	0.4	—	6.0	0.04
13. 肌肉骨骼系统和结缔组织疾病小计	59 022	33.9	65.2	0.8	0.1	11.7	5.24
其中：炎性多关节炎	6 392	25.3	74.3	0.4	0.1	10.7	0.57
痛风	2 798	35.1	64.6	0.3	0.0	10.2	0.25
其他关节病	4 707	38.3	61.4	0.2	0.0	14.1	0.42
系统性结缔组织病	6 185	14.0	84.8	0.8	0.4	10.0	0.55
内：系统性红斑狼疮	3 964	10.0	88.8	0.8	0.4	9.6	0.35
脊椎关节强硬	11 353	24.9	74.6	0.5	0.0	11.6	1.01
椎间盘疾病	12 162	33.9	65.3	0.8	0.0	11.7	1.08
骨密度和骨结构疾病	5 535	38.9	60.2	0.7	0.2	13.4	0.49
骨髓炎	405	56.0	41.5	2.2	0.2	19.2	0.04
14. 泌尿生殖系统疾病小计	72 150	62.6	35.6	1.5	0.3	9.4	6.41
其中：肾小球疾病	6 844	19.2	79.5	0.9	0.3	10.8	0.61
肾盂肾炎	951	57.5	42.1	0.3	0.1	9.8	0.08
肾衰竭	8 606	10.3	86.0	1.8	1.9	15.0	0.76
尿石病	10 010	74.2	23.9	1.9	0.0	8.8	0.89
膀胱炎	797	58.0	41.8	0.1	0.1	9.6	0.07

续表

疾病名称	出院人数/人	治愈率/%	好转率/%	未愈率/%	死亡率/%	出院者平均住院日/日	疾病构成/%
尿道狭窄	327	59.3	39.1	1.5	—	10.3	0.03
男性生殖器官疾病	7 657	75.9	23.1	1.0	0.1	9.4	0.68
乳房疾患	4 062	84.4	14.0	1.6	—	5.4	0.36
女性盆腔炎性疾病	4 919	80.6	18.6	0.8	—	7.7	0.44
子宫内膜异位	3 499	89.4	9.4	1.3	—	8.0	0.31
女性生殖器脱垂	975	91.6	6.6	1.8	—	11.1	0.09
15. 妊娠、分娩和产褥期小计	131 647	91.4	8.0	0.5	0.0	5.4	11.69
其中：异位妊娠	7 317	86.7	12.2	1.1	—	7.4	0.65
医疗性流产	10 321	99.3	0.6	0.0	—	3.7	0.92
妊娠高血压	1 894	69.5	29.6	0.8	—	7.3	0.17
前置胎盘、胎盘早剥和产前出血	1 270	90.1	7.8	2.1	—	9.2	0.11
梗阻性分娩	2 338	93.8	6.2	0.0	—	6.1	0.21
分娩时会阴、阴道裂伤	5 994	98.3	1.7	0.0	—	3.3	0.53
产后出血	2 779	97.0	2.8	0.1	0.1	5.8	0.25
顺产	13 492	99.8	0.2	—	—	3.5	1.20
16. 起源于围生期疾病小计	25 864	76.7	22.0	0.8	0.5	6.8	2.30
其中：产伤	279	59.5	38.0	2.5	—	6.8	0.02
出生窒息	838	80.3	16.9	0.7	2.0	9.2	0.07
新生儿吸入综合征	2 051	59.7	39.5	0.7	0.1	5.8	0.18
围生期的感染	881	77.6	19.5	1.8	1.0	8.7	0.08
胎儿和新生儿的溶血性疾病	595	80.7	18.8	0.5	—	5.4	0.05
新生儿硬化症	11	81.8	18.2	—	—	6.7	0.00
17. 先天性畸形、变形和染色体异常小计	14 222	79.3	17.5	2.6	0.5	9.6	1.26
其中：神经系统其他先天性畸形	327	57.8	38.2	3.7	0.3	14.7	0.03
循环系统先天性畸形	4 619	71.0	23.7	4.0	1.3	10.6	0.41
唇裂和腭裂	887	96.5	1.2	2.3	—	7.2	0.08
消化系统先天性畸形	1 194	76.3	19.3	3.8	0.6	12.5	0.11
生殖泌尿系统先天性畸形	2 718	85.4	12.6	2.0	—	9.4	0.24
肌肉骨骼系统先天性畸形	1 582	78.1	20.5	1.3	0.2	9.1	0.14
18. 症状、体征和检验异常小计	10 913	44.6	44.9	6.5	4.0	7.3	0.97
19. 损伤、中毒小计	69 688	66.1	31.7	1.4	0.7	12.7	6.19
其中：骨折	10 696	70.1	27.6	1.8	0.4	13.6	0.95
颅内损伤	6 927	56.3	37.1	2.1	4.5	12.8	0.62
烧伤和腐蚀伤	3 295	70.0	28.3	1.4	0.2	11.7	0.29
药物、药剂和生物制品中毒	449	52.8	45.0	1.6	0.7	6.9	0.04
非药用物质的毒性效应	1 307	34.2	60.0	2.8	3.1	6.3	0.12
医疗并发症	4 273	70.8	28.2	0.7	0.2	12.7	0.38
20. 其他接收医疗服务小计	146 565	47.2	51.8	0.9	0.1	7.0	13.01

2012年广州市医院出院病人疾病分类年龄组分布（合计）

疾病名称	出院人数/人	构成/%				
		5岁以下	5~14岁	15~44岁	45~59岁	60岁及以上
总计	1 126 192	0.1	0.0	0.3	0.2	0.3
1．传染病和寄生虫病小计	29 512	0.2	0.0	0.4	0.2	0.2
其中：肠道传染病	1 216	0.7	0.0	0.1	0.1	0.1
结核病	10 194	0.0	0.0	0.5	0.2	0.3
猩红热	24	0.1	0.7	0.2	—	—
性传播模式疾病	400	0.1	0.0	0.5	0.3	0.2
乙型脑炎	13	0.2	0.8	—	—	—
斑疹伤寒	543	0.0	0.0	0.2	0.4	0.3
病毒性肝炎	6 268	0.0	0.0	0.7	0.2	0.1
人类免疫缺陷病毒（HIV）病	842	0.0	0.0	0.6	0.3	0.1
血吸虫病	11	—	—	0.5	0.1	0.4
丝虫病	2	—	—	0.5	—	0.5
钩虫病	15	—	—	0.1	0.4	0.5
2．肿瘤小计	107 566	0.0	0.0	0.3	0.3	0.3
恶性肿瘤小计	75 658	0.0	0.0	0.2	0.4	0.4
其中：鼻咽恶性肿瘤	3 648	0.0	0.0	0.4	0.5	0.2
食管恶性肿瘤	2 113	—	—	0.0	0.4	0.5
胃恶性肿瘤	3 193	—	—	0.1	0.4	0.5
小肠恶性肿瘤	264	—	0.0	0.2	0.4	0.4
结肠恶性肿瘤	4 108	—	—	0.1	0.3	0.6
直肠乙状结肠连接处、直肠、肛门和肛管恶性肿瘤	3 435	—	—	0.1	0.3	0.5
肝和肝内胆管恶性肿瘤	9 150	0.0	0.0	0.2	0.4	0.4
喉恶性肿瘤	703	—	—	0.0	0.4	0.6
气管、支气管、肺恶性肿瘤	12 635	—	0.0	0.1	0.3	0.6
骨、关节软骨恶性肿瘤	570	0.0	0.2	0.5	0.1	0.1
乳房恶性肿瘤	5 521	0.0	—	0.3	0.5	0.2
女性生殖器官恶性肿瘤	5 307	0.0	0.0	0.3	0.5	0.2
男性生殖器官恶性肿瘤	1 773	0.0	0.0	0.1	0.1	0.8
泌尿道恶性肿瘤	2 554	0.0	0.0	0.1	0.3	0.6
脑恶性肿瘤	910	0.0	0.1	0.4	0.2	0.2
白血病	2 485	0.1	0.1	0.4	0.2	0.2
原位癌小计	1 484	0.0	—	0.6	0.3	0.1
其中：子宫颈原位癌	1 009	—	—	0.7	0.3	0.0
良性肿瘤小计	27 670	0.1	0.0	0.5	0.3	0.1
其中：皮肤良性肿瘤	603	0.1	0.2	0.5	0.1	0.1

续表

疾病名称	出院人数/人	构成/%				
		5岁以下	5~14岁	15~44岁	45~59岁	60岁及以上
乳房良性肿瘤	5 057	0.0	0.0	0.8	0.2	0.0
子宫平滑肌瘤	6 156	—	—	0.6	0.4	0.0
卵巢良性肿瘤	2 410	0.0	0.0	0.8	0.1	0.1
前列腺良性肿瘤	—	—	—	—	—	—
甲状腺良性肿瘤	761	0.0	0.0	0.5	0.3	0.1
交界恶性和动态未知的肿瘤	2 754	0.0	0.0	0.4	0.2	0.3
3．血液、造血器官及免疫疾病小计	9 095	0.2	0.3	0.3	0.1	0.2
其中：贫血	5 019	0.1	0.3	0.3	0.1	0.2
4．内分泌、营养和代谢疾病小计	36 805	0.0	0.0	0.2	0.3	0.4
其中：甲状腺功能亢进	2 637	0.0	0.0	0.5	0.3	0.2
糖尿病	22 300	0.0	0.0	0.1	0.3	0.6
5．精神和行为障碍小计	11 932	0.1	0.0	0.5	0.2	0.2
其中：依赖性物质引起的精神和行为障碍	885	—	0.0	0.8	0.2	0.0
酒精引起的精神和行为障碍	430	—	0.0	0.6	0.3	0.1
精神分裂症、分裂型和妄想性障碍	2 381	0.0	0.0	0.7	0.2	0.1
情感障碍	2 951	—	0.0	0.7	0.2	0.1
6．神经系统疾病小计	28 373	0.1	0.1	0.2	0.2	0.5
其中：中枢神经系统炎性疾病	1 108	0.2	0.1	0.3	0.2	0.1
帕金森病	1 678	—	0.0	0.0	0.2	0.8
癫痫	3 215	0.2	0.2	0.3	0.1	0.2
7．眼和附器疾病小计	29 917	0.0	0.0	0.1	0.2	0.7
其中：晶状体疾患	17 947	0.0	0.0	0.0	0.1	0.8
视网膜脱离和断裂	1 648	0.0	0.0	0.4	0.3	0.2
青光眼	2 104	0.0	0.0	0.2	0.2	0.6
8．耳和乳突疾病小计	7 639	0.0	0.0	0.4	0.3	0.2
其中：中耳和乳突疾病	2 822	0.0	0.1	0.6	0.2	0.1
9．循环系统疾病小计	129 856	0.0	0.0	0.1	0.2	0.7
其中：急性风湿热	99	—	0.1	0.3	0.3	0.3
慢性风湿性心脏病	1 753	0.0	0.0	0.2	0.3	0.5
高血压	23 846	0.0	0.0	0.1	0.2	0.7
内：高血压性心脏、肾脏病	2 693	0.0	0.0	0.1	0.2	0.8
缺血性心脏病	28 315	0.0	0.0	0.0	0.2	0.8
肺栓塞	278	—	0.0	0.2	0.2	0.6
心律失常	5 939	0.0	0.0	0.2	0.3	0.5
心力衰竭	2 877	0.0	0.0	0.0	0.1	0.8
脑血管病	47 842	0.0	0.0	0.1	0.2	0.8
静脉炎和血栓形成	1 266	0.0	0.0	0.2	0.3	0.5
下肢静脉曲张	1 027	—	—	0.2	0.4	0.4

续表

疾病名称	出院人数/人	构成/%				
		5岁以下	5~14岁	15~44岁	45~59岁	60岁及以上
10. 呼吸系统疾病小计	112 766	0.3	0.1	0.1	0.1	0.4
其中：急性上呼吸道感染	12 937	0.5	0.2	0.2	0.1	0.1
流行性感冒	496	0.7	0.3	0.0	0.0	0.0
肺炎	33 237	0.5	0.1	0.1	0.1	0.3
慢性鼻窦炎	3 403	0.0	0.0	0.5	0.3	0.1
慢性扁桃体和腺样体疾病	2 491	0.2	0.5	0.3	0.1	0.0
慢性下呼吸道疾病	27 935	0.0	0.0	0.1	0.1	0.8
外部物质引起的肺病	547	0.1	0.0	0.1	0.2	0.7
11. 消化系统疾病小计	82 597	0.1	0.0	0.3	0.3	0.3
其中：口腔疾病	2 824	0.1	0.1	0.4	0.2	0.2
胃及十二指肠溃疡	6 311	0.0	0.0	0.3	0.3	0.4
阑尾炎	7 633	0.0	0.1	0.7	0.1	0.1
疝	7 132	0.2	0.1	0.1	0.1	0.4
肠梗阻	3 423	0.1	0.0	0.2	0.2	0.4
酒精性肝病	824	—	—	0.2	0.5	0.2
肝硬化	4 903	0.0	0.0	0.2	0.4	0.3
胆石病和胆囊炎	9 321	0.0	0.0	0.3	0.3	0.4
急性胰腺炎	2 167	0.0	0.0	0.4	0.3	0.4
12. 皮肤和皮下组织疾病小计	10 063	0.1	0.1	0.3	0.2	0.3
其中：皮炎及湿疹	1 585	0.0	0.0	0.2	0.2	0.5
牛皮癣	467	0.0	0.0	0.4	0.3	0.2
荨麻疹	454	0.2	0.2	0.4	0.2	0.1
13. 肌肉骨骼系统和结缔组织疾病小计	59 022	0.0	0.0	0.2	0.3	0.5
其中：炎性多关节炎	6 392	0.0	0.1	0.2	0.2	0.5
痛风	2 798	—	0.0	0.1	0.2	0.6
其他关节病	4 707	0.0	0.0	0.0	0.2	0.7
系统性结缔组织病	6 185	0.0	0.1	0.5	0.2	0.1
脊椎关节强硬	11 353	—	0.0	0.1	0.3	0.5
椎间盘疾病	12 162	0.0	0.0	0.3	0.3	0.4
骨密度和骨结构疾病	5 535	0.0	0.0	0.1	0.1	0.8
骨髓炎	405	0.0	0.1	0.4	0.3	0.2
14. 泌尿生殖系统疾病小计	72 150	0.0	0.0	0.5	0.2	0.2
其中：肾小球疾病	6 844	0.1	0.1	0.5	0.2	0.1
肾盂肾炎	951	0.0	0.0	0.5	0.2	0.3
肾衰竭	8 606	0.0	0.0	0.3	0.3	0.4
尿石病	10 010	0.0	0.0	0.3	0.4	0.3
膀胱炎	797	0.0	0.0	0.3	0.3	0.3

续表

疾病名称	出院人数/人	构成/%				
		5岁以下	5~14岁	15~44岁	45~59岁	60岁及以上
尿道狭窄	327	0.0	0.1	0.3	0.3	0.4
男性生殖器官疾病	7 657	0.1	0.1	0.2	0.1	0.5
乳房疾患	4 062	0.0	0.0	0.6	0.3	0.0
女性盆腔炎性疾病	4 919	0.0	0.0	0.8	0.1	0.0
子宫内膜异位	3 499	—	0.0	0.8	0.2	0.0
女性生殖器脱垂	975	0.0	—	0.1	0.2	0.7
15．妊娠、分娩和产褥期小计	131 647	0.0	0.0	1.0	0.0	0.0
其中：异位妊娠	7 317	—	—	1.0	0.0	0.0
医疗性流产	10 321	—	0.0	1.0	0.0	0.0
妊娠高血压	1 894	—	0.0	1.0	0.0	—
前置胎盘、胎盘早剥和产前出血	1 270	—	—	1.0	0.0	—
梗阻性分娩	2 338	—	—	1.0	0.0	—
分娩时会阴、阴道裂伤	5 994	—	—	1.0	0.0	0.0
产后出血	2 779	—	—	1.0	0.0	—
顺产	13 492	0.0	0.0	1.0	0.0	0.0
16．起源于围生期疾病小计	25 864	1.0	0.0	0.0	—	0.0
其中：产伤	279	1.0	0.0	0.0	—	0.0
出生窒息	838	1.0	—	0.0	—	—
新生儿吸入综合征	2 051	1.0	—	0.0	—	0.0
围生期的感染	881	1.0	—	—	—	0.0
胎儿和新生儿的溶血性疾病	595	1.0	—	—	—	—
新生儿硬化症	11	1.0	—	—	—	—
17．先天性畸形、变形和染色体异常小计	14 222	0.4	0.2	0.3	0.1	0.0
其中：神经系统其他先天性畸形	327	0.5	0.1	0.2	0.1	0.0
循环系统先天性畸形	4 619	0.4	0.1	0.3	0.1	0.1
唇裂和腭裂	887	0.8	0.1	0.1	0.0	—
消化系统先天性畸形	1 194	0.7	0.1	0.1	0.1	0.0
生殖泌尿系统先天性畸形	2 718	0.4	0.2	0.3	0.1	0.0
肌肉骨骼系统先天性畸形	1 582	0.5	0.2	0.2	0.1	0.0
18．症状、体征和检验异常小计	10 913	0.1	0.1	0.3	0.2	0.4
19．损伤、中毒小计	69 688	0.0	0.0	0.5	0.2	0.2
其中：骨折	10 696	0.0	0.1	0.5	0.2	0.3
颅内损伤	6 927	0.0	0.1	0.5	0.2	0.2
烧伤和腐蚀伤	3 295	0.4	0.1	0.4	0.1	0.1
药物、药剂和生物制品中毒	449	0.1	0.0	0.6	0.1	0.2
非药用物质的毒性效应	1 307	0.1	0.1	0.6	0.2	0.1
医疗并发症	4 273	0.0	0.0	0.4	0.3	0.3
20．其他接收医疗服务小计	146 565	0.0	0.0	0.3	0.4	0.3

（四）卫生服务调查结果

1．调查人口的基本情况

第四次卫生服务调查人数及年龄构成

	调查总户数	调查总人口/人	年龄构成/%							
			0～4岁	5～14岁	15～24岁	25～34岁	35～44岁	45～54岁	55～64岁	65岁及以上
合计	7 564	25 518	4.3	10.6	14.7	15.3	16.7	15.2	11.5	11.7
城市	4 922	15 671	4.4	9.3	13.0	15.7	16.8	15.8	12.1	12.9
农村	2 642	9 847	4.0	13.3	18.6	14.3	16.6	13.8	10.3	9.1

第四次卫生服务调查15岁及以上被调查者受教育程度和职业状况构成

（单位：%）

	文化程度							职业状况			
	没上过学	小学	初中	高中、技校	中专、中技	大专	大学以上	在业	离退休	在校学生	无业或失业
合计	6.1	20.6	30.9	18.9	7.4	8.4	7.8	52.1	16.1	9.7	22.1
城市	5.2	16.4	26.8	22.0	8.3	10.8	10.4	47.2	21.8	9.2	21.8
农村	8.2	30.0	40.1	11.6	5.4	3.0	1.7	63.1	3.0	10.8	23.1

第四次卫生服务调查家庭消费支出构成

（单位：%）

消费种类	食物	衣着日用品	交通通信	住房水电燃料	文化教育	医疗卫生	其他
合计	43	8.3	9.5	11.5	12	8.9	6.8
城市	42.6	8.5	9.7	12.1	11.3	8.7	7.1
农村	46.1	8.2	9.2	9.9	12.1	9.7	4.8

第四次卫生服务调查住户到最近医疗点的距离和所需的时间构成

（单位：%）

调查地区	到最近医疗点的距离/千米						所需时间/分钟			
	<1	1～2	2～3	3～4	4～5	>5	10	10～20	20～30	>30
合计	61.9	20.6	10.5	3.7	1.4	2.0	—	—	—	—
城市	66.7	20.4	8.5	2.3	0.4	1.8	36.2	53.2	9.0	1.6
农村	50.8	21.0	15.0	6.8	3.7	2.6	47.9	42.9	7.3	1.9

2. 居民健康状况与卫生服务需要

第四次卫生服务调查两周患病人次和患病率

	调查人数	患病人次数	两周患病率（例数）/‰
合计	4 889	5 524	216.5
城市	3 557	4 170	266.1
农村	1 332	1 354	137.5

第四次卫生服务调查居民两周患病系统类别疾病构成

顺位	城市		农村	
	疾病系统分类	构成比/%	疾病系统分类	构成比/%
1	循环系统疾病	36.34	呼吸系统疾病	37.53
2	呼吸系统疾病	23.48	循环系统疾病	20.92
3	肌肉骨骼系统和结缔组织疾病	12.58	肌肉骨骼系统和结缔组织疾病	11.91
4	内分泌、营养和代谢疾病及免疫疾病	7.99	消化系统疾病	9.98
5	消化系统疾病	6.94	损伤和中毒	4.62
6	损伤和中毒	2.09	泌尿生殖系统疾病	3.13
7	泌尿生殖系统疾病	1.72	内分泌、营养和代谢疾病及免疫疾病	2.76
8	其他疾病	1.55	其他疾病	2.08
9	神经系统疾病	1.41	皮肤和皮下组织疾病	1.71
10	皮肤和皮下组织疾病	1.34	神经系统疾病	1.64

第四次卫生服务调查疾病类别两周患病率前十位

顺位	城市		农村	
	疾病名称	患病率/‰	疾病名称	患病率/‰
1	高血压病	283.3	急性上呼吸道感染	186.2
2	急性上呼吸道感染	93.7	高血压病	163.8
3	急性鼻咽炎	80.8	急性鼻咽炎	106.5
4	其他运动系统疾病	71.9	急、慢性胃肠炎	58.8
5	糖尿病	64.8	其他运动系统疾病	46.9
6	急、慢性胃肠炎	31.8	类风湿性关节炎	40.2
7	椎间盘疾病	31.1	椎间盘疾病	32.0
8	类风湿性关节炎	22.6	其他慢性阻塞性肺疾病	24.6
9	脑血管疾病	21.4	流行性感冒	24.6
10	其他缺血性心脏病	20.4	糖尿病	20.1

第四次卫生服务调查居民慢性病患病人数与例数及相应的慢性病患病率

调查样本	调查总人口	半年内患病人数	半年内患病例数
合计	25 518	3 881（152.09‰）	5 003（196.06‰）
城市	15 671	2 843	3 801
农村	9 847	1 038	1 202

第四次卫生服务调查城市和农村地区疾病系统类别慢性病患病率

（单位：‰）

疾病系统	城市		农村		合计	
	2008年	2003年	2008年	2003年	2008年	2003年
循环系统疾病	115.6	125.2	50.1	32.7	95.6	93.5
肌肉骨骼系统疾病	33.0	35.9	20.1	25.0	29.1	32.2
内分泌、营养和代谢疾病	26.7	24.3	8.4	1.1	21.1	16.4
呼吸系统疾病	18.4	23.2	12.4	27.2	16.6	24.6
消化系统疾病	15.5	21.2	10.3	24.4	13.9	22.3
泌尿生殖系统疾病	7.5	6.4	5.2	12.8	6.8	8.6
眼及附器疾病	5.2	3.2	2.3	3.3	4.3	3.2
神经系统疾病	4.7	4.6	1.8	1.7	3.8	3.6
肿瘤	4.1	2.9	2.0	1.1	3.5	2.3
精神病	3.1	2.0	2.6	1.1	2.9	1.7

3. 居民医疗服务需求、利用及费用

第四次卫生服务调查患病两周者采取治疗措施构成

（单位：%）

	未治疗	纯自我医疗	到医院就诊		
			小计	两周前就诊	两周内就诊
合计	7.4	25.3	67.3	31.1	36.2
城市	7.3	24.7	68.0	34.9	33.1
农村	7.6	27.0	79.3	33.1	46.2

第四次卫生服务调查两周就诊率及就诊单位构成

	两周就诊率/‰	就诊单位构成/%		
		诊所、卫生室	卫生院、社区机构	县及县以上机构
合计	165.4	25.8	26.9	46.6
城市	173.7	22.2	26.2	50.8
农村	152.1	50.0	31.5	18.5

第四次卫生服务调查两周未就诊比例及未治疗原因构成

（单位：%）

	未就诊比例	未采取任何治疗措施（就诊和自我医疗）原因构成					
		自感病轻	经济困难	无时间	交通不便	无有效措施	其他
合计	32.7	51.0	23.1	2.6	0.3	11.6	11.4
城市	32.0	49.6	20.8	2.5	0.0	14.0	13.2
农村	34.6	54.2	28.3	2.8	1.1	6.2	7.3

第四次卫生服务调查居民住院基本情况

	住院率/‰	平均住院天数/天	手术比例/%	入院平均等待天数/天
合计	59.9	12.4	35.6	3.6
城市	65.0	13.7	37.5	3.4
农村	48.2	9.5	31.5	3.9

第四次卫生服务调查居民住院原因构成

（单位：%）

	疾病	损伤、中毒	康复	计划生育	分娩	体检	其他
合计	70.4	5.8	0.6	0.4	17.9	0.4	4.6
城市	71.2	4.4	0.7	0.6	17.7	0.4	5.1
农村	68.5	9.1	0.2	0.0	18.3	0.5	3.4

第四次卫生服务调查居民住院医疗机构构成

（单位：%）

	卫生院、社区中心	县（县级市、区）医院	地级市医院	省医院	其他
合计	19.9	43.5	14.6	21.1	0.9
城市	8.0	45.6	17.1	28.2	1.1
农村	46.9	38.7	9.2	4.9	0.3

第四次卫生服务调查居民出院者出院原因构成

（单位：%）

	病愈医生要求出院	未愈医生要求出院	自己要求出院	其他原因
合计	60.6	8.8	26.1	4.6
城市	61.5	9.3	24.2	5.0
农村	58.3	7.6	30.4	3.7

第四次卫生服务调查出院者自己要求出院原因构成

（单位：%）

	久病不愈	自认为病愈	经济困难	花费太多	医院设施差	服务态度不好	医生技术差	其他
合计	7.6	35.9	21.1	19.9	0.3	0.3	0	14.9
城市	7.6	33.6	17.5	22.0	0.5	0.5	0	18.4
农村	7.6	41.0	29.2	15.3	0	0	0	7.0

第四次卫生服务调查疾病类别两周患病率前十位

（单位：‰）

顺位	城市		农村	
	疾病系统分类	构成比	疾病系统分类	构成比
1	循环系统疾病	20.9	循环系统疾病	18.5
2	妊娠、分娩疾病	17.0	妊娠、分娩疾病	16.2
3	消化系统疾病	10.8	损伤和中毒	12.6
4	呼吸系统疾病	9.7	消化系统疾病	11.8
5	泌尿生殖系统疾病	7.5	呼吸系统疾病	11.5
6	肿瘤	6.7	肿瘤	6.4
7	肌肉骨骼系统疾病	6.7	泌尿生殖系统疾病	5.6
8	损伤和中毒	5.2	肌肉骨骼系统疾病	4.9
9	眼及附器疾病	4.7	眼及附器疾病	3.1
10	内分泌、营养和代谢疾病	4.6	内分泌、营养和代谢疾病	2.3

第四次卫生服务调查住院病人的疾病类别住院构成

（单位：%）

顺位	城市		农村	
	疾病名称	构成比	疾病名称	构成比
1	高血压病	7.97	高血压病	9.74
2	脑血管疾病	6.46	骨折	7.44
3	其他运动系统疾病	4.05	脑血管疾病	4.10
4	糖尿病	3.67	肺炎	4.10
5	白内障	2.91	急、慢性胃肠炎	3.33
6	急性咽、喉、扁桃体和气管等上呼吸道感染	2.41	其他慢性阻塞性肺疾病（含慢性支气管炎等）	2.82
7	其他消化系统疾病	2.41	其他消化系统疾病	2.82
8	泌尿系统结石	2.41	泌尿系统结石	2.82
9	骨折	2.41	其他良性肿瘤	2.56
10	肺炎	2.28	急性咽、喉、扁桃体和气管等上呼吸道感染	2.31
11	其他缺血性心脏病	2.03	椎间盘疾病	2.31
12	急、慢性胃肠炎	1.90	糖尿病	2.05
13	子宫良性肿瘤	1.77	其他类型心脏病	2.05
14	其他类型心脏病	1.77	白内障	1.79
15	其他呼吸系统疾病（含急性下呼吸道感染）	1.65	其他运动系统疾病	1.79

续表 （单位：%）

顺位	城市		农村	
	疾病名称	构成比	疾病名称	构成比
16	椎间盘疾病	1.65	其他神经系统疾病	1.54
17	其他良性肿瘤	1.52	阑尾疾病	1.54
18	其他女性生殖器官疾病	1.52	开放性创伤和血管损伤	1.54
19	其他神经系统疾病	1.39	消化性溃疡	1.28
20	胃恶性肿瘤	1.39	胆结石症和胆囊炎	1.28

第四次卫生服务调查居民应住院而未住院的比例

	应住院人次数	未住院人次数	未住院比例/%
合计	1 874	380	20.3
城市	1 305	286	21.9
农村	569	94	16.5

第四次卫生服务调查居民应住院而未住院原因构成

（单位：%）

	没必要	无有效措施	经济困难	医院服务差	无时间	无床位	其他
合计	25.4	3.7	55.6	0.0	2.3	2.2	10.7
城市	27.1	4.5	52.3	0.0	2.6	3.2	10.3
农村	21.7	1.7	63.3	0.0	1.7	0.0	11.7

4．卫生系统反应性及居民满意度

第四次卫生服务调查门诊服务评价

（单位：%）

		合计	城市	农村
两周就诊患者候诊所花时间长短评价	长或很长	12.3	12.7	11.3
	一般	35.3	36.2	33.5
	短或很短	52.2	50.8	55.2
两周就诊患者就诊机构环境评价	差或很差	3.9	7.1	5.1
	一般	39.8	39.0	41.5
	好或很好	52.1	52.2	51.8
两周就诊患者就诊时医护人员解释清晰度评价	差或很差	4.7	5.2	3.1
	一般	38.2	36.3	42.1
	好或很好	56.0	57.1	53.4
两周就诊患者对医护人员信任程度评价	不信任或很不信任	1.4	1.5	1.3
	一般	15.6	15.6	15.7
	信任或很信任	81.9	81.9	82.1

第四次卫生服务调查住院服务评价

（单位：%）

		合计	城市	农村
住院患者对病房环境评价	差或很差	3.7	4.3	2.4
	一般	38.3	35.2	44.4
	好或很好	57.9	60.5	52.8
住院患者对医务人员解释治疗方案的清晰程度评价	差或很差	2.3	2.7	1.2
	一般	25.0	25.6	23.5
	好或很好	72.1	70.8	75.0
住院患者对医务人员信任程度评价	不信任或很不信任	1.5	1.4	1.7
	一般	13.3	14.1	11.6
	信任或很信任	84.2	83.1	84.4

第四次卫生服务调查就诊者对就诊单位的满意度评价

（单位：%）

顺位	选项	城市	选项	农村
1	没有不满意	38.3	没有不满意	45.4
2	医疗费用高	16.2	医疗费用高	11.7
3	等候时间过长	11.2	设备条件差	11.1
4	设备条件差	6.6	药品种类少	8.5
5	看病手续繁琐	6.5	技术水平低	5.5
6	药品种类少	5.1	等候时间过长	5.5
7	技术水平低	4.1	收费不合理	3.9
8	其他	3.6	看病手续繁琐	3.9
9	服务态度差	3.2	其他	1.9
10	提供不必要的服务	3.0	服务态度差	1.8
11	收费不合理	2.6	提供不必要的服务	0.8

第四次卫生服务调查城市和农村居民对住院单位满意度评价

（单位：%）

顺位	选项	城市	选项	农村
1	没有不满意	39.5	没有不满意	46.1
2	医疗费用高	20.5	医疗费用高	17.4
3	看病手续繁琐	6.4	设备条件差	7.1
4	等候时间过长	6.2	看病手续繁琐	4.4
5	其他	6.0	收费不合理	4.4
6	提供不必要的服务	5.4	服务态度差	4.2
7	服务态度差	4.3	药品种类少	4.2
8	设备条件差	4.1	等候时间过长	3.8
9	收费不合理	3.6	其他	3.0
10	技术水平低	2.6	技术水平低	3.0
11	药品种类少	1.7	提供不必要的服务	2.6

第四部分　广州市各区（县级市）卫生资源情况

（一）荔湾区

荔湾区卫生机构、床位、人员情况

分类	机构个数	床位个数	人员数/人										
			合计	卫生技术人员							其他技术人员	管理人员	工勤技能人员
				小计	执业（助理）医师		注册护士	药剂师（士）	技师（士）	其他			
					小计	内：执业医师							
总计	181	4 472	8 336	6 878	2 645	2 475	2 745	635	403	450	275	389	794
1. 按经济类型分													
国有	67	4 046	6 266	5 121	1 888	1 807	2 155	459	315	304	216	317	612
集体	18	274	876	745	297	280	285	78	33	52	43	29	59
联营	0	0	0	0	0	0	0	0	0	0	0	0	0
私营	85	87	844	733	373	308	190	73	34	63	2	26	83
其他	11	65	350	279	87	80	115	25	21	31	14	17	40
2. 按主办单位分													
政府办	43	4 037	6 469	5 263	1 972	1 889	2 197	483	313	298	253	322	631
其中：卫生部门	39	3 995	6 281	5 116	1 908	1 831	2 177	455	307	269	249	302	614
社会办	53	348	1 046	900	295	276	362	82	54	107	18	41	87
个人办	85	87	821	715	378	310	186	70	36	45	4	26	76

荔湾区卫生机构、床位、人员情况（不含诊所、卫生所、医务室及村卫生室）

分类	机构个数	床位个数	人员数/人										
			合计	卫生技术人员							其他技术人员	管理人员	工勤技能人员
				小计	执业（助理）医师		注册护士	药剂师（士）	技师（士）	其他			
					小计	内：执业医师							
总计	112	4 472	8 115	6 665	2 496	2 345	2 705	625	403	436	275	389	786
1. 按经济类型分													
国有	41	4 046	6 203	5 058	1 838	1 760	2 149	457	315	299	216	317	612
集体	18	274	876	745	297	280	285	78	33	52	43	29	59
联营	0	0	0	0	0	0	0	0	0	0	0	0	0
私营	47	87	710	607	284	234	162	66	34	61	2	26	75
其他	6	65	326	255	77	71	109	24	21	24	14	17	40
2. 按主办单位分													
政府办	42	4 037	6 464	5 258	1 968	1 885	2 196	483	313	298	253	322	631
其中：卫生部门	39	3 995	6 281	5 116	1 908	1 831	2 177	455	307	269	249	302	614
社会办	23	348	964	818	239	224	351	79	54	95	18	41	87
个人办	47	87	687	589	289	236	158	63	36	43	4	26	68

荔湾区诊所、医务室、卫生所、人员情况

<table>
<tr><th rowspan="4">分类</th><th rowspan="4">机构个数</th><th colspan="9">人员数/人</th></tr>
<tr><th rowspan="3">合计</th><th colspan="7">卫生技术人员</th><th rowspan="3">工勤技能人员</th></tr>
<tr><th rowspan="2">小计</th><th colspan="2">执业（助理）医师</th><th rowspan="2">注册护士</th><th rowspan="2">药剂师（士）</th><th rowspan="2">技师（士）</th><th rowspan="2">其他</th></tr>
<tr><th>小计</th><th>内：执业医师</th></tr>
<tr><td>总计</td><td>69</td><td>221</td><td>213</td><td>149</td><td>130</td><td>40</td><td>10</td><td>0</td><td>14</td><td>8</td></tr>
<tr><td>1. 按经济类型分</td><td></td><td></td><td></td><td></td><td></td><td></td><td></td><td></td><td></td><td></td></tr>
<tr><td>国有</td><td>26</td><td>63</td><td>63</td><td>50</td><td>47</td><td>6</td><td>2</td><td>0</td><td>5</td><td>0</td></tr>
<tr><td>集体</td><td>0</td><td>0</td><td>0</td><td>0</td><td>0</td><td>0</td><td>0</td><td>0</td><td>0</td><td>0</td></tr>
<tr><td>联营</td><td>0</td><td>0</td><td>0</td><td>0</td><td>0</td><td>0</td><td>0</td><td>0</td><td>0</td><td>0</td></tr>
<tr><td>私营</td><td>38</td><td>134</td><td>126</td><td>89</td><td>74</td><td>28</td><td>7</td><td>0</td><td>2</td><td>8</td></tr>
<tr><td>其他</td><td>5</td><td>24</td><td>24</td><td>10</td><td>9</td><td>6</td><td>1</td><td>0</td><td>7</td><td>0</td></tr>
<tr><td>2. 按主办单位分</td><td></td><td></td><td></td><td></td><td></td><td></td><td></td><td></td><td></td><td></td></tr>
<tr><td>政府办</td><td>1</td><td>5</td><td>5</td><td>4</td><td>4</td><td>1</td><td>0</td><td>0</td><td>0</td><td>0</td></tr>
<tr><td>其中：卫生部门</td><td>0</td><td>0</td><td>0</td><td>0</td><td>0</td><td>0</td><td>0</td><td>0</td><td>0</td><td>0</td></tr>
<tr><td>社会办</td><td>30</td><td>82</td><td>82</td><td>56</td><td>52</td><td>11</td><td>3</td><td>0</td><td>12</td><td>0</td></tr>
<tr><td>个人办</td><td>38</td><td>134</td><td>126</td><td>89</td><td>74</td><td>28</td><td>7</td><td>0</td><td>2</td><td>8</td></tr>
</table>

荔湾区按经济类型和主办单位分各类卫生机构数

（单位：个）

<table>
<tr><th rowspan="2">卫生机构分类</th><th rowspan="2">合计</th><th colspan="5">按经济类型分</th><th colspan="3">按主办单位分</th></tr>
<tr><th>国有</th><th>集体</th><th>联营</th><th>私营</th><th>其他</th><th>政府办</th><th>社会办</th><th>个人办</th></tr>
<tr><td>总计</td><td>181</td><td>67</td><td>18</td><td>0</td><td>85</td><td>0</td><td>43</td><td>53</td><td>0</td></tr>
<tr><td>1. 医院</td><td>26</td><td>16</td><td>5</td><td>0</td><td>3</td><td>0</td><td>17</td><td>6</td><td>0</td></tr>
<tr><td>综合医院</td><td>13</td><td>8</td><td>2</td><td>0</td><td>2</td><td>0</td><td>7</td><td>4</td><td>0</td></tr>
<tr><td>中医医院</td><td>5</td><td>4</td><td>1</td><td>0</td><td>0</td><td>0</td><td>5</td><td>0</td><td>0</td></tr>
<tr><td>中西医结合医院</td><td>2</td><td>1</td><td>1</td><td>0</td><td>0</td><td>0</td><td>1</td><td>1</td><td>0</td></tr>
<tr><td>专科医院</td><td>6</td><td>3</td><td>1</td><td>0</td><td>1</td><td>0</td><td>4</td><td>1</td><td>0</td></tr>
<tr><td>2. 基层医疗卫生机构</td><td>152</td><td>48</td><td>13</td><td>0</td><td>82</td><td>0</td><td>23</td><td>47</td><td>0</td></tr>
<tr><td>社区卫生服务中心（站）</td><td>35</td><td>17</td><td>10</td><td>0</td><td>7</td><td>0</td><td>22</td><td>5</td><td>0</td></tr>
<tr><td>社区卫生服务中心</td><td>21</td><td>13</td><td>8</td><td>0</td><td>0</td><td>0</td><td>18</td><td>3</td><td>0</td></tr>
<tr><td>社区卫生服务站</td><td>14</td><td>4</td><td>2</td><td>0</td><td>7</td><td>0</td><td>4</td><td>2</td><td>0</td></tr>
<tr><td>门诊部</td><td>48</td><td>5</td><td>3</td><td>0</td><td>37</td><td>0</td><td>0</td><td>12</td><td>0</td></tr>
<tr><td>综合门诊部</td><td>33</td><td>3</td><td>1</td><td>0</td><td>27</td><td>0</td><td>0</td><td>7</td><td>0</td></tr>
<tr><td>中医门诊部</td><td>6</td><td>1</td><td>0</td><td>0</td><td>5</td><td>0</td><td>0</td><td>1</td><td>0</td></tr>
<tr><td>中西医结合门诊部</td><td>1</td><td>0</td><td>0</td><td>0</td><td>1</td><td>0</td><td>0</td><td>0</td><td>0</td></tr>
<tr><td>专科门诊部</td><td>8</td><td>1</td><td>2</td><td>0</td><td>4</td><td>0</td><td>0</td><td>4</td><td>0</td></tr>
<tr><td>诊所、卫生所、医务室</td><td>69</td><td>26</td><td>0</td><td>0</td><td>38</td><td>0</td><td>1</td><td>30</td><td>0</td></tr>
<tr><td>诊所</td><td>38</td><td>1</td><td>0</td><td>0</td><td>37</td><td>0</td><td>0</td><td>1</td><td>0</td></tr>
</table>

续表

（单位：个）

卫生机构分类	合计	按经济类型分					按主办单位分		
		国有	集体	联营	私营	其他	政府办	社会办	个人办
卫生所、医务室	31	25	0	0	1	0	1	29	0
3. 专业公共卫生机构	3	3	0	0	0	0	3	0	0
疾病预防控制中心	1	1	0	0	0	0	1	0	0
妇幼保健院（所、站）	1	1	0	0	0	0	1	0	0
卫生监督所（中心）	1	1	0	0	0	0	1	0	0

荔湾区医疗机构分级情况

（单位：个）

等级	医院					妇幼保健院
	合计	其中				
		综合医院	中医医院	中西医结合医院	专科医院	
总计	26	13	5	2	6	1
三级	4	1	1	0	2	0
三级甲等	3	1	1	0	1	0
未评等次	1	0	0	0	1	0
二级	5	5	0	0	0	1
二级甲等	4	4	0	0	0	1
未评等次	1	1	0	0	0	0
一级	2	1	0	1	0	0
一级甲等	2	1	0	1	0	0
其他	15	6	4	1	4	0

荔湾区医疗机构分科床位、门急诊及出院情况（合计）

分科	实有床位		门急诊人次		出院人数	
	小计/张	构成/%	小计/人次	构成/%	小计/人	构成/%
总计	4 472	100.00	7 627 801	100.00	104 069	100.00
预防保健科	0	0.00	163 667	2.15	0	0.00
全科医疗科	0	0.00	942 066	12.35	758	0.73
内科	827	18.49	1 170 572	15.35	24 485	23.53
外科	519	11.61	156 084	2.05	13 790	13.25
妇产科	441	9.86	676 056	8.86	23 090	22.19
儿科	96	2.15	144 213	1.89	4 590	4.41
小儿外科	0	0.00	462	0.01	0	0.00
眼科	13	0.29	42 690	0.56	347	0.33
耳鼻咽喉科	19	0.42	72 044	0.94	556	0.53

续表

分科	实有床位		门急诊人次		出院人数	
	小计/张	构成/%	小计/人次	构成/%	小计/人	构成/%
口腔科	56	1.25	491 966	6.45	475	0.46
皮肤科	8	0.18	78 958	1.04	114	0.11
医疗美容科	3	0.07	3 951	0.05	12	0.01
精神科	1 419	31.73	484 615	6.35	5 002	4.81
传染科	12	0.27	1 194	0.02	11	0.01
肿瘤科	30	0.67	0	0.00	907	0.87
急诊医学科	0	0.00	166 648	2.18	0	0.00
康复医学科	50	1.12	346 975	4.55	1 656	1.59
重症医学科	29	0.65	1 049	0.01	531	0.51
中医科	238	5.32	826 591	10.84	5 785	5.56
中西医结合科	30	0.67	67 036	0.88	506	0.49
其他	682	15.25	1 790 964	23.48	21 454	20.62

荔湾区医疗机构分科床位、门急诊及出院情况（医院）

分科	实有床位		门急诊人次		出院人数	
	小计/张	构成/%	小计/人次	构成/%	小计/人	构成/%
总计	4 322	100.00	6 072 507	100.00	97 620	100.00
预防保健科	0	0.00	80 070	1.32	0	0.00
内科	777	17.98	991 094	16.32	24 485	25.08
外科	519	12.01	154 287	2.54	13 790	14.13
妇产科	441	10.20	666 713	10.98	23 090	23.65
儿科	96	2.22	140 947	2.32	4 590	4.70
小儿外科	0	0.00	462	0.01	0	0.00
眼科	13	0.30	42 690	0.70	347	0.36
耳鼻咽喉科	19	0.44	70 624	1.16	556	0.57
口腔科	56	1.30	466 826	7.69	475	0.49
皮肤科	8	0.19	78 958	1.30	114	0.12
医疗美容科	3	0.07	3 951	0.07	12	0.01
精神科	1 419	32.83	484 615	7.98	5 002	5.12
传染科	12	0.28	1 194	0.02	11	0.01
肿瘤科	30	0.69	0	0.00	907	0.93
急诊医学科	0	0.00	166 648	2.74	0	0.00
康复医学科	50	1.16	339 968	5.60	1 656	1.70
重症医学科	29	0.67	1 049	0.02	531	0.54
中医科	238	5.51	592 864	9.76	5 785	5.93
中西医结合科	30	0.69	501	0.01	506	0.52
其他	582	13.47	1 789 046	29.46	15 763	16.15

荔湾区医疗机构分科床位、门急诊及出院情况（综合医院）

分科	实有床位		门急诊人次		出院人数	
	小计/张	构成/%	小计/人次	构成/%	小计/人	构成/%
总计	2 033	100.00	3 050 916	100.00	68 091	100.00
预防保健科	0	0.00	80 070	2.62	0	0.00
内科	777	38.22	991 094	32.49	24 485	35.96
外科	519	25.53	154 287	5.06	13 790	20.25
妇产科	363	17.86	561 639	18.41	18 159	26.67
儿科	94	4.62	140 827	4.62	4 590	6.74
小儿外科	0	0.00	462	0.02	0	0.00
眼科	13	0.64	42 690	1.40	347	0.51
耳鼻咽喉科	19	0.93	70 624	2.31	556	0.82
口腔科	3	0.15	78 102	2.56	30	0.04
皮肤科	8	0.39	78 958	2.59	114	0.17
医疗美容科	3	0.15	3 951	0.13	12	0.02
传染科	12	0.59	1 194	0.04	11	0.02
肿瘤科	30	1.48	0	0.00	907	1.33
急诊医学科	0	0.00	166 648	5.46	0	0.00
康复医学科	50	2.46	51 420	1.69	1 656	2.43
重症医学科	29	1.43	1 049	0.03	531	0.78
中医科	64	3.15	358 933	11.76	1 778	2.61
中西医结合科	30	1.48	0	0.00	506	0.74
其他	19	0.93	268 968	8.82	619	0.91

荔湾区医疗机构分科床位、门急诊及出院情况（社区卫生服务中心）

分科	实有床位		门急诊人次		出院人数	
	小计/张	构成/%	小计/人次	构成/%	小计/人	构成/%
总计	50	100.00	1 213 654	100.00	758	100.00
预防保健科	0	0.00	83 597	6.89	0	0.00
全科医疗科	0	0.00	885 805	72.99	758	100.00
内科	50	100.00	121 312	10.00	0	0.00
妇产科	0	0.00	4 602	0.38	0	0.00
儿科	0	0.00	2 134	0.18	0	0.00
耳鼻咽喉科	0	0.00	1 420	0.12	0	0.00

续表

分科	实有床位		门急诊人次		出院人数	
	小计/张	构成/%	小计/人次	构成/%	小计/人	构成/%
口腔科	0	0.00	1 985	0.16	0	0.00
康复医学科	0	0.00	7 007	0.58	0	0.00
中医科	0	0.00	104 451	8.61	0	0.00
其他	0	0.00	1 341	0.11	0	0.00

荔湾区卫生机构专业卫生人员分类构成情况

（单位：%）

指标名称	总计	卫生技术人员							其他技术人员	管理人员	工勤技能人员
		合计	执业（助理）医师		注册护士	药剂师（士）	技师（士）	其他			
			小计	内：执业医师							
总计	100.00	100.00	100.00	100.00	100.00	100.00	100.00	100.00	100.00	100.00	100.00
按性别分											
男	32.50	30.32	51.89	52.18	5.98	30.28	42.31	38.62	39.81	40.51	45.45
女	67.50	69.68	48.11	47.82	94.02	69.72	57.69	61.38	60.19	59.49	54.55
按年龄分											
25岁以下	7.06	7.52	0.23	0.12	14.00	4.57	3.59	17.02	3.76	1.03	7.41
25～34岁	35.36	37.64	33.06	32.06	38.19	34.70	42.82	56.98	38.24	21.28	20.28
35～44岁	30.85	31.95	30.84	31.36	36.30	34.07	32.31	12.62	28.53	35.13	19.16
45～54岁	17.35	14.04	20.27	20.48	8.36	17.51	13.08	8.60	20.06	32.56	39.16
55～59岁	5.98	5.21	8.03	8.09	2.38	7.26	6.15	2.49	8.46	8.21	10.91
60岁及以上	3.40	3.64	7.56	7.88	0.76	1.89	2.05	2.29	0.94	1.79	3.08
按工作年限分											
5年以下	21.57	22.80	16.96	16.42	23.50	17.67	19.49	56.60	20.38	6.92	18.46
5～9年	16.23	16.98	16.53	16.17	18.05	16.40	16.67	14.72	14.42	9.49	13.57
10～19年	25.70	27.11	26.67	27.05	29.67	26.81	36.41	9.75	24.14	27.44	12.17
20～29年	21.14	20.17	21.60	22.04	21.76	20.03	14.36	9.56	21.00	32.05	24.48
30年及以上	15.36	12.94	18.25	18.31	7.00	19.09	13.08	9.37	20.06	24.10	31.33
按学位分											
博士	1.16	1.24	2.50	2.63	0.00	0.32	1.54	2.29	0.00	2.82	—
硕士	6.27	7.15	16.06	16.91	0.26	2.21	4.36	6.31	2.19	5.90	—
学士	24.08	26.78	48.50	50.57	6.62	19.72	25.38	31.74	19.12	25.38	—
按学历分											
研究生	7.43	8.40	18.56	19.54	0.26	2.53	5.90	8.60	2.19	8.72	0.00
大学本科	30.91	33.02	54.50	56.36	12.00	27.44	33.08	40.54	37.30	37.18	4.76

续表

（单位：%）

指标名称	总计	卫生技术人员 合计	执业（助理）医师 小计	内：执业医师	注册护士	药剂师（士）	技师（士）	其他	其他技术人员	管理人员	工勤技能人员
大专	31.30	32.77	18.44	17.20	46.93	35.33	37.69	24.67	33.54	36.15	13.85
中专及中技	23.25	24.25	7.60	6.32	39.86	29.02	22.05	22.94	20.38	14.36	19.86
技校	0.38	0.12	0.00	0.00	0.19	0.00	0.26	0.38	0.00	0.26	3.08
高中及以下	6.73	1.45	0.94	0.66	0.76	5.68	1.54	2.29	6.58	3.33	58.46
按所学专业分											
医学小计	76.64	89.66	93.06	93.39	89.89	87.85	90.00	73.80	19.12	38.56	—
基础医学	0.33	0.40	0.86	0.86	0.04	0.00	0.26	0.57	0.00	0.00	—
预防医学	2.21	2.49	4.06	3.90	0.04	0.00	2.56	10.13	0.63	2.83	—
临床医学	20.18	23.34	55.91	56.90	0.23	0.00	4.36	22.94	2.19	17.22	—
医学技术	5.72	6.64	2.65	2.55	0.08	0.79	79.49	12.05	4.39	1.54	—
口腔医学	2.54	3.05	6.87	6.41	0.00	0.00	0.26	5.54	0.31	0.26	—
中医学	7.76	9.21	22.16	22.27	0.00	0.95	0.26	8.99	0.94	2.31	—
护理学	30.62	36.15	0.16	0.16	89.36	1.10	2.56	11.28	5.02	11.83	—
药学	7.17	8.26	0.20	0.12	0.08	85.02	0.00	2.29	5.64	2.57	—
卫生管理	0.78	0.16	0.08	0.04	0.00	0.16	0.26	1.34	2.19	11.83	—
经济学	2.02	0.07	0.00	0.00	0.08	0.16	0.00	0.38	31.03	15.68	—
法学	0.16	0.01	0.04	0.00	0.00	0.00	0.00	0.00	1.25	2.06	—
其他	21.19	10.25	6.91	6.61	10.03	11.99	10.00	25.81	48.59	43.70	—
按技术资格分											
正高	1.59	1.69	4.05	4.27	0.04	0.63	1.03	0.19	0.00	4.10	—
副高	7.35	8.19	19.03	19.99	0.87	3.15	4.62	0.76	3.13	9.74	—
中级	19.88	22.06	30.41	31.94	16.01	23.19	25.13	8.03	15.36	22.31	—
助理/师级	31.87	35.70	36.88	37.23	33.76	38.01	38.97	34.42	37.62	19.23	—
员/士	21.28	23.63	3.24	0.49	41.98	29.18	22.56	25.05	29.47	12.82	—
无职称	18.04	8.74	6.39	6.08	7.34	5.84	7.69	31.55	14.42	31.79	—
按聘任技术职务分											
正高	1.75	1.66	3.94	4.15	0.00	0.63	1.03	0.58	0.00	5.48	—
副高	7.98	8.04	18.60	19.54	0.91	3.15	4.62	0.77	3.13	11.61	—
中级	22.66	22.76	31.70	33.29	16.39	23.66	24.87	8.29	14.11	29.35	—
助理/师级	38.26	38.52	42.03	41.26	36.79	39.27	37.69	29.67	40.44	30.32	—
员/士	23.70	23.96	2.69	0.78	43.45	29.34	25.64	21.97	27.90	13.87	—
待聘	5.65	5.07	1.05	0.99	2.46	3.94	6.15	38.73	14.42	9.35	—

荔湾区分科执业（助理）医师构成情况

（单位：%）

分科	合计	执业医师	执业助理医师
总计	100.00	100.00	100.00
临床专业类别小计	63.78	64.59	48.06
内科专业	19.76	20.06	13.95
外科专业	11.04	11.50	2.33
妇产科专业	9.82	9.61	13.95
儿科专业	3.13	3.22	1.55
眼耳鼻咽喉科专业	1.41	1.45	0.78
皮肤病与性病专业	0.88	0.92	0.00
精神卫生专业	7.76	8.16	0.00
职业病专业	0.04	0.00	0.78
医学影像和放射治疗专业	3.94	3.86	5.43
医学检验、病理专业	0.46	0.48	0.00
全科医学专业	2.52	2.53	2.33
急救医学专业	0.88	0.92	0.00
康复医学专业	0.15	0.08	1.55
预防保健专业	0.69	0.52	3.88
特种医学与军事医学专业	0.04	0.00	0.78
其他专业	1.26	1.29	0.78
中医专业类别小计	23.69	23.71	23.26
中医专业	21.74	21.82	20.16
中西医结合专业	1.18	1.21	0.78
其他专业	0.76	0.68	2.33
口腔专业类别小计	7.37	6.87	17.05
口腔专业	7.30	6.79	17.05
其他专业	0.07	0.08	0.00
公共卫生专业类别小计	5.16	4.82	11.63
公共卫生专业	2.03	1.85	5.43
其他专业	3.13	2.97	6.20

荔湾区疾病预防控制中心执业（助理）医师构成情况

（单位：%）

分科	合计	执业医师	执业助理医师
总计	100.00	100.00	100.00
传染病预防控制科	19.80	20.82	9.43
性病、艾滋病预防控制科	2.71	2.97	0.00

续表

（单位：%）

分科	合计	执业医师	执业助理医师
结核病预防控制科	0.51	0.56	0.00
慢性非传染性疾病预防控制科	4.57	5.02	0.00
寄生虫病预防控制科	2.20	2.04	3.77
地方病控制科	0.51	0.56	0.00
精神卫生科	0.68	0.74	0.00
免疫规划科	5.75	6.32	0.00
疾病控制与应急处理办公室	1.52	1.67	0.00
食品卫生科	11.00	9.48	26.42
环境卫生所	5.92	5.95	5.66
职业卫生科	4.74	4.83	3.77
放射卫生科	0.85	0.74	1.89
学校卫生科	2.37	2.60	0.00
健康教育科	4.06	4.28	1.89
预防医学门诊	6.60	5.95	13.21
其他业务科室	26.23	25.46	33.96

荔湾区医院、妇幼保健院、专科疾病防治所医疗设备拥有情况

（单位：台）

设备名称	设备台数	按产地分		按购进时新旧分		按设备使用情况分		
		进口	国产/合资	新设备	二手设备	启用	未启用	报废
800mA及以上数字减影血管造影X线机	4	4	0	4	0	4	0	0
800mA及以上医用X线诊断机（不含DSA）	3	1	2	3	0	3	0	0
500～800mA医用X线诊断机	25	15	10	25	0	25	0	0
移动式X线诊断机	15	6	9	15	0	15	0	0
X线电子计算机断层扫描装置（CT）	6	4	2	5	1	6	0	0
单光子发射型电子计算机断层扫描仪（ECT）	1	1	0	1	0	1	0	0
核磁（MRI）	1	0	1	1	0	1	0	0
彩超	28	21	7	28	0	28	0	0
B型超声诊断仪	49	27	22	49	0	49	0	0
医学图像存档及传输系统（PACS，套）	4	1	3	4	0	4	0	0
危重病人监护系统（ICU，套）	51	19	32	51	0	51	0	0
有创呼吸机	46	42	4	46	0	46	0	0
无创呼吸机	35	30	5	35	0	35	0	0
高压氧舱	4	0	4	4	0	4	0	0
人工肾透析装置	32	32	0	32	0	32	0	0
牙科综合治疗台	287	238	49	287	0	287	0	0

续表　　　　（单位：台）

设备名称	设备台数	按产地分		按购进时新旧分		按设备使用情况分		
		进口	国产/合资	新设备	二手设备	启用	未启用	报废
全自动生化分析仪	32	24	8	32	0	32	0	0
血液酸碱气体分析仪	9	7	2	9	0	9	0	0
救护车	27	12	15	27	0	27	0	0

荔湾区疾病死亡率前十位及其构成比和顺位

	顺位	死亡原因	死亡率/每10万	构成比/%
合计	1	循环系统疾病	304.09	35.54
	2	肿瘤	246.84	28.85
	3	呼吸系统疾病	197.33	23.06
	4	损伤和中毒等外部原因	27.57	3.22
	5	消化系统疾病	25.88	3.02
	6	内分泌、营养和代谢的其他疾病	20.82	2.43
	7	传染病和寄生虫病	9.28	1.08
	8	泌尿生殖系统疾病	7.17	0.84
	9	神经系统疾病	6.19	0.72
	10	血液、造血器官及免疫的其他疾病	2.39	0.28
男性	1	循环系统疾病	314.54	32.48
	2	肿瘤	304.18	31.41
	3	呼吸系统疾病	230.03	23.75
	4	损伤和中毒等外部原因	32.74	3.38
	5	消化系统疾病	29.66	3.06
	6	内分泌、营养和代谢的其他疾病	19.31	1.99
	7	传染病和寄生虫病	15.95	1.65
	8	泌尿生殖系统疾病	7.00	0.72
	9	神经系统疾病	6.44	0.66
	10	先天畸形、变性和染色体异常	2.52	0.26
女性	1	循环系统疾病	293.53	39.57
	2	肿瘤	188.90	25.47
	3	呼吸系统疾病	164.30	22.15
	4	内分泌、营养和代谢的其他疾病	22.34	3.01
	5	损伤和中毒等外部原因	22.34	3.01
	6	消化系统疾病	22.06	2.97
	7	泌尿生殖系统疾病	7.35	0.99
	8	神经系统疾病	5.94	0.80
	9	肌肉骨骼和结缔组织疾病	4.24	0.57
	10	血液、造血器官及免疫的其他疾病	3.11	0.42

荔湾区意外死亡外部原因及其死亡率和构成比

死亡原因	合计		男性		女性	
	死亡率/每10万	构成比/%	死亡率/每10万	构成比/%	死亡率/每10万	构成比/%
机动车辆交通事故	3.38	12.24	4.48	13.68	2.26	10.13
机动车以外的运输事故	0.56	2.04	0.56	1.71	0.57	2.53
意外中毒	1.83	6.63	2.80	8.55	0.85	3.80
意外跌落	8.58	31.12	8.40	25.64	8.77	39.24
火灾	0.14	0.51	0.28	0.85	0.00	0.00
由自然环境因素所致的意外事故	0.00	0.00	0.00	0.00	0.00	0.00
淹死	1.27	4.59	1.40	4.27	1.13	5.06
意外的机械性窒息	0.28	1.02	0.56	1.71	0.00	0.00
砸死	0.14	0.51	0.28	0.85	0.00	0.00
由机器切割和穿刺工具所致的意外事故	0.00	0.00	0.00	0.00	0.00	0.00
触电	0.00	0.00	0.00	0.00	0.00	0.00
其他意外事故和有害效应	4.78	17.35	5.04	15.38	4.52	20.25
自杀	6.19	22.45	8.12	24.79	4.24	18.99
被杀	0.42	1.53	0.84	2.56	0.00	0.00

（二）越秀区

越秀区卫生机构、床位、人员情况

分类	机构个数	床位个数	人员数/人										
			合计	卫生技术人员							其他技术人员	管理人员	工勤技能人员
				小计	执业（助理）医师		注册护士	药剂师（士）	技师（士）	其他			
					小计	内：执业医师							
总计	299	20 489	38 374	31 526	10 495	10 251	13 838	2 103	2 039	3 051	1 247	2 000	3 591
1．按经济类型分													
国有	142	19 599	34 664	28 716	9 152	9 069	12 945	1 853	1 899	2 867	1 108	1 825	3 015
集体	19	353	1 377	1 113	495	451	307	143	52	116	33	76	145
联营	4	0	51	39	23	23	9	5	2	0	0	0	12
私营	103	282	1 400	989	507	412	334	59	48	41	91	64	256
其他	31	255	882	669	318	296	243	43	38	27	15	35	163
2．按主办单位分													
政府办	63	19 660	35 231	29 177	9 347	9 248	13 073	1 956	1 898	2 903	1 126	1 864	3 064
其中：卫生部门	58	19 630	35 038	29 017	9 281	9 182	13 028	1 949	1 860	2 899	1 118	1 858	3 045
社会办	141	532	2 082	1 557	706	645	542	95	106	108	76	87	352
个人办	95	297	1 061	792	442	358	223	52	35	40	45	49	175

越秀区卫生机构、床位、人员情况（不含诊所、卫生所、医务室及村卫生室）

分类	机构个数	床位个数	人员数/人										
			合计	卫生技术人员							其他技术人员	管理人员	工勤技能人员
				小计	执业（助理）医师		注册护士	药剂师（士）	技师（士）	其他			
					小计	内：执业医师							
总计	150	20 489	37 900	31 115	10 227	10 027	13 736	2 093	2 034	3 025	1 247	2 000	3 538
1. 按经济类型分													
国有	67	19 599	34 451	28 528	9 037	8 957	12 891	1 851	1 896	2 853	1 108	1 825	2 990
集体	18	353	1 367	1 113	495	451	307	143	52	116	33	76	145
联营	3	0	49	37	21	21	9	5	2	0	0	0	12
私营	42	282	1 175	789	367	312	295	52	46	29	91	64	231
其他	20	255	858	648	307	286	234	42	38	27	15	35	160
2. 按主办单位分													
政府办	60	19 660	35 200	29 154	9 331	9 232	13 069	1 956	1 895	2 903	1 126	1 864	3 056
其中：卫生部门	58	19 630	35 038	29 017	9 281	9 182	13 028	1 949	1 860	2 899	1 118	1 858	3 045
社会办	56	532	1 864	1 369	594	537	483	92	106	94	76	87	332
个人办	34	297	836	592	302	258	184	45	33	28	45	49	150

越秀区诊所、医务室、卫生所、人员情况

分类	机构个数	人员数/人								
		合计	卫生技术人员							工勤技能人员
			小计	执业（助理）医师		注册护士	药剂师（士）	技师（士）	其他	
				小计	内：执业医师					
总计	148	464	411	268	224	102	10	5	26	53
1. 按经济类型分										
国有	75	213	188	115	112	54	2	3	14	25
集体	0	0	0	0	0	0	0	0	0	0
联营	1	2	2	2	2	0	0	0	0	0
私营	61	225	200	140	100	39	7	2	12	25
其他	11	24	21	11	10	9	1	0	0	3
2. 按主办单位分										
政府办	3	31	23	16	16	4	0	3	0	8
其中：卫生部门	0	0	0	0	0	0	0	0	0	0
社会办	84	208	188	112	108	59	3	0	14	20
个人办	61	225	200	140	100	39	7	2	12	25

越秀区按经济类型和主办单位分各类卫生机构数

（单位：个）

卫生机构分类	合计	按经济类型分					按主办单位分		
		国有	集体	联营	私营	其他	政府办	社会办	个人办
总计	299	142	19	4	103	31	63	141	95
1．医院	37	24	0	0	6	7	22	8	7
综合医院	12	7	0	0	2	3	6	4	2
中医医院	8	6	0	0	1	1	6	0	2
专科医院	17	11	0	0	3	3	10	4	3
2．基层医疗卫生机构	237	97	17	3	96	24	22	127	88
社区卫生服务中心	22	6	16	0	0	0	19	3	0
村卫生室	1	0	1	0	0	0	0	1	0
门诊部	66	16	0	2	35	13	0	39	27
综合门诊部	31	12	0	1	13	5	0	24	7
中医门诊部	10	0	0	1	6	3	0	4	6
专科门诊部	25	4	0	0	16	5	0	11	14
诊所、卫生所、医务室	148	75	0	1	61	11	3	84	61
诊所	63	1	0	0	61	1	0	2	61
卫生所、医务室	85	74	0	1	0	10	3	82	0
3．专业公共卫生机构	14	12	2	0	0	0	12	2	0
疾病预防控制中心	2	2	0	0	0	0	1	1	0
专科疾病防治院（所、站）	3	1	2	0	0	0	3	0	0
健康教育所（站、中心）	1	1	0	0	0	0	1	0	0
妇幼保健院（所、站）	3	3	0	0	0	0	3	0	0
急救中心（站）	1	1	0	0	0	0	1	0	0
采供血机构	1	1	0	0	0	0	1	0	0
卫生监督所（中心）	3	3	0	0	0	0	2	1	0
4．其他卫生机构	11	9	0	1	1	0	7	4	0
疗养院	2	2	0	0	0	0	0	2	0
医学科学研究机构	5	5	0	0	0	0	5	0	0
临床检验中心（所、站）	3	1	0	1	1	0	1	2	0
统计信息中心	1	1	0	0	0	0	1	0	0

越秀区医疗机构分级情况

（单位：个）

等级	医院					妇幼保健院	专科疾病防治院
	合计	其中					
		综合医院	中医医院	中西医结合医院	专科医院		
总计	37	12	8	0	17	3	0
三级	15	6	3	0	6	2	0
三级甲等	11	6	2	0	3	2	0
未评等次	4	0	1	0	3	0	0
二级	4	0	3	0	1	1	0
未评等次	4	0	3	0	1	0	0
一级	2	2	0	0	0	0	0
未评等次	2	2	0	0	0	0	0
其他	16	4	2	0	10	0	0

越秀区医疗机构分科床位、门急诊及出院情况（合计）

分科	实有床位		门急诊人次		出院人数	
	小计/张	构成/%	小计/人次	构成/%	小计/人	构成/%
总计	20 489	100.00	34 586 131	100.00	710 463	100.00
预防保健科	4	0.02	230 915	0.67	0	0.00
全科医疗科	293	1.43	647 019	1.87	5 386	0.76
内科	3 421	16.70	6 248 179	18.07	113 064	15.91
外科	3 256	15.89	1 226 197	3.55	111 692	15.72
妇产科	757	3.69	1 247 119	3.61	42 157	5.93
妇女保健科	0	0.00	1 454	0.00	0	0.00
儿科	1 112	5.43	2 788 639	8.06	49 326	6.94
小儿外科	83	0.41	0	0.00	3 520	0.50
眼科	490	2.39	1 020 698	2.95	40 492	5.70
耳鼻咽喉科	317	1.55	503 308	1.46	14 523	2.04
口腔科	150	0.73	967 921	2.80	5 619	0.79
皮肤科	104	0.51	723 414	2.09	3 037	0.43
医疗美容科	25	0.12	5 596	0.02	245	0.03
精神科	80	0.39	161 299	0.47	1 320	0.19
传染科	586	2.86	539 841	1.56	12 806	1.80
结核病科	336	1.64	206 082	0.60	7 124	1.00
地方病科	0	0.00	0	0.00	0	0.00

续表

分科	实有床位		门急诊人次		出院人数	
	小计/张	构成/%	小计/人次	构成/%	小计/人	构成/%
肿瘤科	2 417	11.80	753 872	2.18	98 267	13.83
急诊医学科	30	0.15	475 261	1.37	610	0.09
康复医学科	146	0.71	190 101	0.55	2 808	0.40
运动医学科	20	0.10	12 891	0.04	79	0.01
疼痛科	12	0.06	22 083	0.06	88	0.01
重症医学科	309	1.51	3 771	0.01	5 284	0.74
中医科	1 300	6.34	4 521 163	13.07	31 517	4.44
中西医结合科	15	0.07	45	0.00	543	0.08
其他	5 226	25.51	12 089 263	34.95	160 956	22.66

越秀区医疗机构分科床位、门急诊及出院情况（医院）

分科	实有床位		门急诊人次		出院人数	
	小计/张	构成/%	小计/人次	构成/%	小计/人	构成/%
总计	18 547	100.00	28 396 713	100.00	643 295	100.00
预防保健科	4	0.02	153 636	0.54	0	0.00
全科医疗科	62	0.33	96 023	0.34	400	0.06
内科	3 321	17.91	5 572 011	19.62	110 732	17.21
外科	3 251	17.53	1 149 285	4.05	111 609	17.35
妇产科	757	4.08	1 201 223	4.23	42 157	6.55
妇女保健科	0	0.00	1 454	0.01	0	0.00
儿科	1 112	6.00	2 787 789	9.82	49 326	7.67
小儿外科	83	0.45	0	0.00	3 520	0.55
眼科	490	2.64	1 012 838	3.57	40 492	6.29
耳鼻咽喉科	317	1.71	497 725	1.75	14 523	2.26
口腔科	150	0.81	916 644	3.23	5 619	0.87
皮肤科	104	0.56	723 414	2.55	3 037	0.47
医疗美容科	25	0.13	5 063	0.02	245	0.04
精神科	80	0.43	161 299	0.57	1 320	0.21
传染科	586	3.16	539 841	1.90	12 806	1.99
结核病科	336	1.81	206 082	0.73	7 124	1.11
肿瘤科	2 417	13.03	753 872	2.65	98 267	15.28
急诊医学科	30	0.16	465 630	1.64	610	0.09
康复医学科	146	0.79	124 707	0.44	2 808	0.44

续表

分科	实有床位		门急诊人次		出院人数	
	小计/张	构成/%	小计/人次	构成/%	小计/人	构成/%
运动医学科	20	0.11	12 891	0.05	79	0.01
疼痛科	12	0.06	22 083	0.08	88	0.01
重症医学科	309	1.67	3 771	0.01	5 284	0.82
中医科	1 167	6.29	3 080 597	10.85	28 377	4.41
中西医结合科	15	0.08	45	0.00	543	0.08
其他	3 753	20.24	8 908 790	31.37	104 329	16.22

越秀区医疗机构分科床位、门急诊及出院情况（综合医院）

分科	实有床位		门急诊人次		出院人数	
	小计/张	构成/%	小计/人次	构成/%	小计/人	构成/%
总计	10 435	100.00	15 130 041	100.00	369 230	100.00
预防保健科	4	0.04	152 023	1.00	0	0.00
全科医疗科	2	0.02	0	0.00	0	0.00
内科	3 274	31.38	5 565 296	36.78	109 879	29.76
外科	2 993	28.68	1 121 588	7.41	106 966	28.97
妇产科	727	6.97	1 112 833	7.36	41 464	11.23
妇女保健科	0	0.00	1 454	0.01	0	0.00
儿科	488	4.68	889 717	5.88	20 355	5.51
小儿外科	83	0.80	0	0.00	3 520	0.95
眼科	105	1.01	279 147	1.84	7 061	1.91
耳鼻咽喉科	317	3.04	497 297	3.29	14 523	3.93
口腔科	92	0.88	339 569	2.24	3 830	1.04
皮肤科	65	0.62	577 092	3.81	2 246	0.61
医疗美容科	3	0.03	2 670	0.02	34	0.01
精神科	80	0.77	161 299	1.07	1 320	0.36
传染科	83	0.80	55 931	0.37	2 257	0.61
肿瘤科	683	6.55	122 690	0.81	25 945	7.03
急诊医学科	30	0.29	460 433	3.04	610	0.17
康复医学科	146	1.40	116 635	0.77	2 808	0.76
疼痛科	12	0.11	22 083	0.15	88	0.02
重症医学科	303	2.90	3 771	0.02	5 193	1.41
中医科	173	1.66	1 764 063	11.66	3 573	0.97
中西医结合科	15	0.14	45	0.00	543	0.15
其他	757	7.25	1 884 405	12.45	17 015	4.61

越秀区医疗机构分科床位、门急诊及出院情况（社区卫生服务中心）

分科	实有床位		门急诊人次		出院人数	
	小计/张	构成/%	小计/人次	构成/%	小计/人	构成/%
总计	469	100.00	2 820 577	100.00	10 541	100.00
预防保健科	0	0.00	77 279	2.74	0	0.00
全科医疗科	231	49.25	550 996	19.53	4 986	47.30
内科	100	21.32	676 168	23.97	2 332	22.12
外科	5	1.07	76 912	2.73	83	0.79
妇产科	0	0.00	45 896	1.63	0	0.00
儿科	0	0.00	850	0.03	0	0.00
眼科	0	0.00	7 860	0.28	0	0.00
耳鼻咽喉科	0	0.00	5 583	0.20	0	0.00
口腔科	0	0.00	45 888	1.63	0	0.00
急诊医学科	0	0.00	9 631	0.34	0	0.00
康复医学科	0	0.00	65 394	2.32	0	0.00
中医科	133	28.36	1 237 096	43.86	3 140	29.79
其他	0	0.00	21 024	0.75	0	0.00

越秀区卫生机构专业卫生人员分类构成情况

（单位：%）

指标名称	总计	卫生技术人员							其他技术人员	管理人员	工勤技能人员
		合计	执业（助理）医师		注册护士	药剂师（士）	技师（士）	其他			
			小计	内：执业医师							
总计	100.00	100.00	100.00	100.00	100.00	100.00	100.00	100.00	100.00	100.00	100.00
按性别分											
男	30.44	28.12	54.48	54.44	2.69	34.29	47.90	34.26	39.64	39.99	43.63
女	69.56	71.88	45.52	45.56	97.31	65.71	52.10	65.74	60.36	60.01	56.37
按年龄分											
25岁以下	9.34	9.92	0.06	0.04	14.98	6.60	3.52	22.75	6.47	2.54	9.30
25～34岁	42.38	45.12	33.78	33.18	52.02	45.62	37.45	54.16	38.04	23.61	28.78
35～44岁	26.83	26.63	33.07	33.40	25.08	25.91	33.52	12.43	30.62	29.93	25.13
45～54岁	15.24	12.72	20.81	21.09	6.92	14.88	17.74	8.19	19.35	32.67	27.53
55～59岁	3.90	3.17	5.67	5.56	0.89	5.47	6.21	1.80	4.36	9.16	7.69
60岁及以上	2.31	2.44	6.61	6.73	0.11	1.53	1.55	0.67	1.16	2.09	1.58
按工作年限分											
5年以下	27.45	29.15	17.17	17.01	30.96	23.60	18.47	61.78	23.27	12.75	21.71

续表

（单位：%）

指标名称	总计	卫生技术人员							其他技术人员	管理人员	工勤技能人员
		合计	执业（助理）医师 小计	执业（助理）医师 内：执业医师	注册护士	药剂师（士）	技师（士）	其他			
5～9年	17.52	17.91	17.33	17.04	20.18	17.00	15.83	13.15	18.25	11.40	17.31
10～19年	25.52	26.09	28.78	28.85	28.22	27.44	29.49	9.58	23.71	20.02	24.18
20～29年	18.85	18.16	22.55	22.95	16.72	16.95	22.40	10.35	19.64	31.03	17.54
30年及以上	10.66	8.70	14.16	14.15	3.92	15.02	13.81	5.15	15.13	24.80	19.25
按学位分											
博士	4.96	5.70	14.06	14.42	0.00	0.39	4.40	7.21	2.33	2.79	—
硕士	11.57	12.80	31.32	32.08	0.41	2.71	10.19	14.23	7.85	12.80	—
学士	24.12	26.12	36.67	37.38	15.31	29.11	29.18	32.84	27.42	27.64	—
按学历分											
研究生	16.11	18.13	44.60	45.70	0.29	2.91	14.07	21.29	9.53	13.79	0.03
大学本科	32.54	33.98	43.54	44.31	23.73	38.18	40.82	38.84	39.49	47.21	5.09
大专	30.24	30.51	8.17	7.11	48.08	31.48	27.26	28.88	34.04	24.35	29.66
中专及中技	16.04	16.64	3.38	2.68	27.67	22.66	16.14	10.06	12.73	9.46	15.80
技校	0.21	0.05	0.01	0.01	0.02	0.49	0.00	0.10	0.29	0.30	1.74
高中及以下	4.85	0.68	0.30	0.19	0.22	4.29	1.71	0.82	3.93	4.88	47.67
按所学专业分											
医学小计	75.81	88.42	94.27	94.33	86.34	85.21	81.67	85.68	19.78	34.80	—
基础医学	1.63	1.81	3.20	3.27	0.01	0.10	6.78	2.86	1.53	1.40	—
预防医学	1.10	1.15	2.30	2.22	0.02	0.05	0.98	2.73	0.73	2.30	—
临床医学	21.35	24.74	62.86	63.67	0.26	0.54	19.16	26.55	4.44	13.03	—
医学技术	4.67	5.36	2.45	2.39	0.05	0.10	49.46	11.61	3.20	2.25	—
口腔医学	1.74	2.05	5.62	5.09	0.02	0.00	0.41	1.80	0.07	0.70	—
中医学	5.42	6.32	17.47	17.32	0.12	0.94	0.36	4.87	1.09	2.65	—
护理学	34.80	41.06	0.17	0.18	85.82	0.59	3.94	32.32	6.55	10.53	—
药学	5.07	5.91	0.17	0.17	0.04	82.89	0.52	2.94	2.11	1.80	—
卫生管理	0.66	0.18	0.13	0.14	0.11	0.10	0.10	0.67	2.76	7.64	—
经济学	1.77	0.14	0.05	0.05	0.12	0.49	0.10	0.26	21.53	15.98	—
法学	0.18	0.04	0.04	0.04	0.02	0.05	0.00	0.10	0.51	2.50	—
其他	22.24	11.40	5.63	5.57	13.52	14.25	18.23	13.96	58.18	46.73	—
按技术资格分											
正高	3.58	3.78	10.55	10.82	0.08	0.89	2.33	1.31	0.73	7.87	—
副高	8.70	9.50	23.55	24.16	1.48	3.50	10.55	3.50	4.87	12.30	—
中级	18.99	20.61	28.34	29.03	16.88	19.85	28.71	9.94	20.29	21.96	—
助理/师级	29.32	32.92	29.88	29.00	34.67	39.21	34.92	30.48	27.85	19.27	—
员/士	16.52	18.69	0.99	0.36	32.74	22.07	13.97	16.65	19.27	6.13	—

续表 （单位：%）

指标名称	总计	卫生技术人员							其他技术人员	管理人员	工勤技能人员
		合计	执业（助理）医师		注册护士	药剂师（士）	技师（士）	其他			
			小计	内：执业医师							
无职称	22.89	14.50	6.69	6.63	14.14	14.48	9.52	38.12	26.98	32.47	—
按聘任技术职务分											
正高	3.76	3.60	9.99	10.25	0.06	0.84	1.97	1.49	0.73	9.20	—
副高	9.42	9.35	23.25	23.85	1.36	3.55	10.04	3.58	4.44	14.69	—
中级	20.59	20.33	28.98	29.69	15.55	19.66	29.38	10.08	19.35	26.37	—
助理/师级	34.85	35.40	32.98	31.91	36.77	41.43	35.02	33.91	33.45	26.02	—
员/士	18.08	18.44	0.85	0.37	32.12	25.67	13.14	15.60	21.96	8.38	—
待聘	13.29	12.88	3.95	3.92	14.14	8.87	10.45	35.34	20.07	15.34	—

越秀区分科执业（助理）医师构成情况

（单位：%）

分科	合计	执业医师	执业助理医师
总计	100.00	100.00	100.00
临床专业类别小计	63.78	64.59	48.06
内科专业	19.76	20.06	13.95
外科专业	11.04	11.50	2.33
妇产科专业	9.82	9.61	13.95
儿科专业	3.13	3.22	1.55
眼耳鼻咽喉科专业	1.41	1.45	0.78
皮肤病与性病专业	0.88	0.92	0.00
精神卫生专业	7.76	8.16	0.00
职业病专业	0.04	0.00	0.78
医学影像和放射治疗专业	3.94	3.86	5.43
医学检验、病理专业	0.46	0.48	0.00
全科医学专业	2.52	2.53	2.33
急救医学专业	0.88	0.92	0.00
康复医学专业	0.15	0.08	1.55
预防保健专业	0.69	0.52	3.88
特种医学与军事医学专业	0.04	0.00	0.78
其他专业	1.26	1.29	0.78
中医专业类别小计	23.69	23.71	23.26
中医专业	21.74	21.82	20.16
中西医结合专业	1.18	1.21	0.78
其他专业	0.76	0.68	2.33
口腔专业类别小计	7.37	6.87	17.05
口腔专业	7.30	6.79	17.05

续表

（单位：%）

分科	合计	执业医师	执业助理医师
其他专业	0.07	0.08	0.00
公共卫生专业类别小计	5.16	4.82	11.63
公共卫生专业	2.03	1.85	5.43
其他专业	3.13	2.97	6.20

越秀区疾病预防控制中心执业（助理）医师构成情况

（单位：%）

分科	合计	执业医师	执业助理医师
总计	100.00	100.00	100.00
传染病预防控制科	19.80	20.82	9.43
性病、艾滋病预防控制科	2.71	2.97	0.00
结核病预防控制科	0.51	0.56	0.00
血吸虫预防控制科	0.00	0.00	0.00
慢性非传染性疾病预防控制科	4.57	5.02	0.00
寄生虫病预防控制科	2.20	2.04	3.77
地方病控制科	0.51	0.56	0.00
精神卫生科	0.68	0.74	0.00
妇幼保健科	0.00	0.00	0.00
免疫规划科	5.75	6.32	0.00
农村改水技术指导科	0.00	0.00	0.00
疾病控制与应急处理办公室	1.52	1.67	0.00
食品卫生科	11.00	9.48	26.42
环境卫生所	5.92	5.95	5.66
职业卫生科	4.74	4.83	3.77
放射卫生科	0.85	0.74	1.89
学校卫生科	2.37	2.60	0.00
健康教育科	4.06	4.28	1.89
预防医学门诊	6.60	5.95	13.21
其他业务科室	26.23	25.46	33.96

越秀区医院、妇幼保健院、专科疾病防治所医疗设备拥有情况

（单位：台）

设备名称	设备台数	按产地分		按购进时新旧分		按设备使用情况分		
		进口	国产/合资	新设备	二手设备	启用	未启用	报废
800mA及以上数字减影血管造影X线机	37	34	3	37	0	37	0	0
800mA及以上医用X线诊断机（不含DSA）	38	36	2	38	0	38	0	0
500～800mA医用X线诊断机	85	59	26	85	0	85	0	0

续表 （单位：台）

设备名称	设备台数	按产地分		按购进时新旧分		按设备使用情况分		
		进口	国产/合资	新设备	二手设备	启用	未启用	报废
移动式X线诊断机	79	59	20	79	0	79	0	0
X线电子计算机断层扫描装置（CT）	30	30	0	30	0	30	0	0
X线-正电子发射计算机断层扫描仪（PET）	6	5	1	6	0	6	0	0
单光子发射型电子计算机断层扫描仪（ECT）	10	9	1	10	0	10	0	0
医用电子直线加速器（LA）	11	11	0	11	0	11	0	0
医用电子回旋加速治疗系统	6	2	4	6	0	6	0	0
质子治疗系统	5	1	4	5	0	5	0	0
伽玛射线立体定位治疗系统（γ刀）	2	1	1	2	0	2	0	0
核磁（MRI）	23	23	0	23	0	23	0	0
彩超	270	230	40	270	0	270	0	0
B型超声诊断仪	203	145	58	203	0	185	0	0
医学图像存档及传输系统（PACS，套）	54	28	26	54	0	54	0	0
危重病人监护系统（ICU，套）	696	398	298	696	0	696	0	0
有创呼吸机	442	402	40	442	0	442	0	0
无创呼吸机	404	365	39	404	0	404	0	0
高压氧舱	25	4	21	25	0	25	0	0
人工肾透析装置	314	307	7	314	0	314	0	0
牙科综合治疗台	578	533	45	578	0	578	0	0
全自动生化分析仪	107	94	13	107	0	107	0	0
血液酸碱气体分析仪	99	91	8	99	0	99	0	0
救护车	86	38	48	86	0	86	0	0
其他单价在500万元以上的医用设备	5	3	2	5	0	5	0	0

越秀区疾病死亡率前十位及其构成比和顺位

	顺位	死亡原因	死亡率/每10万	构成比/%
合计	1	循环系统疾病	240.43	34.89
	2	肿瘤	187.84	27.26
	3	呼吸系统疾病	129.44	18.79
	4	损伤和中毒等外部原因	22.71	3.30
	5	内分泌、营养和代谢的其他疾病	21.00	3.05
	6	消化系统疾病	19.81	2.87
	7	传染病和寄生虫病	7.26	1.05
	8	神经系统疾病	5.46	0.79
	9	泌尿生殖系统疾病	5.21	0.76
	10	肌肉骨骼和结缔组织疾病	2.31	0.33

续表

	顺位	死亡原因	死亡率/每10万	构成比/%
男性	1	循环系统疾病	242.82	31.42
	2	肿瘤	235.81	30.52
	3	呼吸系统疾病	153.96	19.92
	4	损伤和中毒等外部原因	23.92	3.10
	5	消化系统疾病	20.85	2.70
	6	内分泌、营养和代谢的其他疾病	19.82	2.57
	7	传染病和寄生虫病	10.42	1.35
	8	神经系统疾病	4.96	0.64
	9	泌尿生殖系统疾病	4.27	0.55
	10	精神障碍	1.37	0.18
女性	1	循环系统疾病	238.05	39.32
	2	肿瘤	139.93	23.11
	3	呼吸系统疾病	104.95	17.33
	4	内分泌、营养和代谢的其他疾病	22.18	3.66
	5	损伤和中毒等外部原因	21.50	3.55
	6	消化系统疾病	18.77	3.10
	7	泌尿生殖系统疾病	6.14	1.01
	8	神经系统疾病	5.97	0.99
	9	传染病和寄生虫病	4.10	0.68
	10	肌肉骨骼和结缔组织疾病	3.24	0.54

越秀区意外死亡外部原因及其死亡率和构成比

死亡原因	合计		男性		女性	
	死亡率/每10万	构成比/%	死亡率/每10万	构成比/%	死亡率/每10万	构成比/%
机动车辆交通事故	2.39	10.45	3.24	12.26	1.54	7.96
机动车以外的运输事故	0.34	1.49	0.34	1.29	0.34	1.77
意外中毒	1.03	4.48	1.71	6.45	0.34	1.77
意外跌落	8.72	38.06	8.36	31.61	9.08	46.90
火灾	0.51	2.24	1.02	3.87	0.00	0.00
由自然环境因素所致的意外事故	0.09	0.37	0.00	0.00	0.17	0.88
淹死	0.85	3.73	1.02	3.87	0.69	3.54
意外的机械性窒息	0.43	1.87	0.68	2.58	0.17	0.88
砸死	0.00	0.00	0.00	0.00	0.00	0.00
由机器切割和穿刺工具所致的意外事故	0.00	0.00	0.00	0.00	0.00	0.00
触电	0.09	0.37	0.17	0.65	0.00	0.00
其他意外事故和有害效应	2.91	12.69	3.58	13.55	2.23	11.50
自杀	5.04	22.01	5.46	20.65	4.62	23.89
被杀	0.51	2.24	0.85	3.23	0.17	0.88

（三）海珠区

海珠区卫生机构、床位、人员情况

分类	机构个数	床位个数	人员数/人										
			合计	卫生技术人员							其他技术人员	管理人员	工勤技能人员
				小计	执业（助理）医师		注册护士	药剂师（士）	技师（士）	其他			
					小计	内：执业医师							
总计	243	7 949	15 067	11 963	3 990	3 819	5 151	754	681	1 387	513	823	1 765
1. 按经济类型分													
国有	138	7 496	12 419	9 851	3 282	3 219	4 638	574	470	887	473	686	1 408
集体	27	165	625	536	209	187	173	73	24	57	8	26	53
联营	5	0	704	521	35	35	5	2	118	361	4	71	108
私营	58	288	1 059	840	365	303	286	83	60	46	23	32	164
其他	15	0	260	215	99	75	49	22	9	36	5	8	32
2. 按主办单位分													
政府办	55	6 811	11 258	9 045	2 884	2 826	4 319	546	441	855	435	569	1 209
其中：卫生部门	51	6 552	10 976	8 826	2 818	2 764	4 220	534	424	830	421	542	1 187
社会办	129	907	2 881	2 165	771	712	596	124	186	488	64	230	421
个人办	59	231	928	753	335	281	236	84	54	44	14	24	135

海珠区卫生机构、床位、人员情况（不含诊所、卫生所、医务室及村卫生室）

分类	机构个数	床位个数	人员数/人										
			合计	卫生技术人员							其他技术人员	管理人员	工勤技能人员
				小计	执业（助理）医师		注册护士	药剂师（士）	技师（士）	其他			
					小计	内：执业医师							
总计	115	7 949	14 542	11 463	3 709	3 574	5 005	713	667	1 369	513	823	1 743
1. 按经济类型分													
国有	56	7 496	12 138	9 584	3 132	3 080	4 555	559	463	875	473	686	1 395
集体	14	165	577	492	186	169	159	68	23	56	8	26	51
联营	1	0	691	508	29	29	0	0	118	361	4	71	108

续表

分类	机构个数	床位个数	人员数/人 合计	卫生技术人员 小计	执业（助理）医师 小计	内：执业医师	注册护士	药剂师（士）	技师（士）	其他	其他技术人员	管理人员	工勤技能人员
私营	33	288	885	673	267	224	247	64	54	41	23	32	157
其他	11	0	251	206	95	72	44	22	9	36	5	8	32
2. 按主办单位分													
政府办	52	6 811	11 246	9 033	2 879	2 821	4 315	546	438	855	435	569	1 209
其中：卫生部门	51	6 552	10 976	8 826	2 818	2 764	4 220	534	424	830	421	542	1 187
社会办	31	907	2 555	1 853	598	556	495	104	181	475	64	230	408
个人办	32	231	741	577	232	197	195	63	48	39	14	24	126

海珠区诊所、医务室、卫生所、人员情况

分类	机构个数	人员数/人 合计	卫生技术人员 小计	执业（助理）医师 小计	内：执业医师	注册护士	药剂师（士）	技师（士）	其他	工勤技能人员
总计	128	525	500	281	245	146	41	14	18	22
1. 按经济类型分										
国有	82	281	267	150	139	83	15	7	12	13
集体	13	48	44	23	18	14	5	1	1	2
联营	4	13	13	6	6	5	2	0	0	0
私营	25	174	167	98	79	39	19	6	5	7
其他	4	9	9	4	3	5	0	0	0	0
2. 按主办单位分										
政府办	3	12	12	5	5	4	0	3	0	0
其中：卫生部门	0	0	0	0	0	0	0	0	0	0
社会办	98	326	312	173	156	101	20	5	13	13
个人办	27	187	176	103	84	41	21	6	5	9

海珠区按经济类型和主办单位分各类卫生机构数

（单位：个）

卫生机构分类	合计	按经济类型分 国有	集体	联营	私营	其他	按主办单位分 政府办	社会办	个人办
总计	243	138	27	5	58	15	55	129	59
1. 医院	21	14	2	0	5	0	13	5	3

续表

（单位：个）

卫生机构分类	合计	按经济类型分					按主办单位分		
		国有	集体	联营	私营	其他	政府办	社会办	个人办
综合医院	11	10	0	0	1	0	8	2	1
中医医院	2	1	1	0	0	0	2	0	0
中西医结合医院	1	1	0	0	0	0	0	1	0
专科医院	7	2	1	0	4	0	3	2	2
2. 基层医疗卫生机构	211	114	25	4	53	15	34	121	56
社区卫生服务中心（站）	44	24	10	0	4	6	31	9	4
社区卫生服务中心	18	12	4	0	2	0	14	2	2
社区卫生服务站	26	12	6	0	2	6	17	7	2
门诊部	39	8	2	0	24	5	0	14	25
综合门诊部	32	6	2	0	22	2	0	11	21
中医门诊部	6	2	0	0	1	3	0	3	3
专科门诊部	1	0	0	0	1	0	0	0	1
诊所、卫生所、医务室	128	82	13	4	25	4	3	98	27
诊所	29	2	3	1	23	0	0	5	24
卫生所、医务室	99	80	10	3	2	4	3	93	3
3. 专业公共卫生机构	9	9	0	0	0	0	8	1	0
疾病预防控制中心	2	2	0	0	0	0	1	1	0
专科疾病防治院（所、站）	2	2	0	0	0	0	2	0	0
健康教育所（站、中心）	1	1	0	0	0	0	1	0	0
妇幼保健院（所、站）	2	2	0	0	0	0	2	0	0
卫生监督所（中心）	2	2	0	0	0	0	2	0	0
4. 其他卫生机构	2	1	0	1	0	0	0	2	0
疗养院	1	1	0	0	0	0	0	1	0
临床检验中心（所、站）	1	0	0	1	0	0	0	1	0

海珠区医疗机构分级情况

（单位：个）

等级	医院					妇幼保健院	专科疾病防治院
	合计	其中					
		综合医院	中医医院	中西医结合医院	专科医院		
总计	21	11	2	1	7	2	1
三级	7	6	0	0	1	0	0
三级甲等	5	5	0	0	0	0	0
未评等次	2	1	0	0	1	0	0
二级	2	1	1	0	0	1	1
二级甲等	2	1	1	0	0	1	0
其他	12	4	1	1	6	1	0

海珠区医疗机构分科床位、门急诊及出院情况（合计）

分科	实有床位		门急诊人次		出院人数	
	小计 / 张	构成 / %	小计 / 人次	构成 / %	小计 / 人	构成 / %
总计	7 949	100.00	10 202 053	100.00	225 374	100.00
预防保健科	0	0.00	256 671	2.52	0	0.00
全科医疗科	80	1.01	663 301	6.50	1 889	0.84
内科	2 402	30.22	3 014 380	29.55	63 783	28.30
外科	1 991	25.05	569 066	5.58	52 883	23.46
妇产科	483	6.08	648 042	6.35	27 220	12.08
妇女保健科	0	0.00	0	0.00	0	0.00
儿科	359	4.52	444 389	4.36	13 580	6.03
眼科	81	1.02	173 037	1.70	4 237	1.88
耳鼻咽喉科	147	1.85	211 220	2.07	6 137	2.72
口腔科	92	1.16	686 222	6.73	1 720	0.76
皮肤科	100	1.26	290 165	2.84	1 707	0.76
医疗美容科	20	0.25	11 298	0.11	238	0.11
精神科	0	0.00	64 526	0.63	0	0.00
传染科	27	0.34	44 518	0.44	814	0.36
肿瘤科	361	4.54	21 862	0.21	8 536	3.79
急诊医学科	75	0.94	433 318	4.25	2 933	1.30
康复医学科	455	5.72	167 193	1.64	7 119	3.16
疼痛科	50	0.63	24 900	0.24	1 598	0.71
重症医学科	85	1.07	555	0.01	1 256	0.56
中医科	223	2.81	1 344 015	13.17	7 022	3.12
中西医结合科	239	3.01	76 670	0.75	3 532	1.57
其他	679	8.54	1 056 705	10.36	19 170	8.51

海珠区医疗机构分科床位、门急诊及出院情况（医院）

分科	实有床位		门急诊人次		出院人数	
	小计 / 张	构成 / %	小计 / 人次	构成 / %	小计 / 人	构成 / %
总计	7 158	100.00	7 236 407	100.00	209 253	100.00
预防保健科	0	0.00	92 317	1.28	0	0.00
内科	1 998	27.91	1 985 430	27.44	58 899	28.15
外科	1 956	27.33	525 617	7.26	52 174	24.93
妇产科	453	6.33	580 064	8.02	26 784	12.80
儿科	358	5.00	391 750	5.41	13 580	6.49
眼科	81	1.13	166 785	2.30	4 237	2.02
耳鼻咽喉科	147	2.05	200 505	2.77	6 137	2.93
口腔科	92	1.29	659 674	9.12	1 720	0.82

续表

分科	实有床位		门急诊人次		出院人数	
	小计/张	构成/%	小计/人次	构成/%	小计/人	构成/%
皮肤科	100	1.40	290 165	4.01	1 707	0.82
医疗美容科	20	0.28	7 140	0.10	238	0.11
精神科	0	0.00	64 526	0.89	0	0.00
传染科	27	0.38	44 495	0.61	814	0.39
肿瘤科	361	5.04	21 862	0.30	8 536	4.08
急诊医学科	75	1.05	362 533	5.01	2 360	1.13
康复医学科	450	6.29	136 086	1.88	7 035	3.36
疼痛科	50	0.70	24 900	0.34	1 598	0.76
重症医学科	85	1.19	555	0.01	1 256	0.60
中医科	223	3.12	1 018 137	14.07	7 022	3.36
中西医结合科	239	3.34	76 670	1.06	3 532	1.69
其他	443	6.19	587 196	8.11	11 624	5.55

海珠区医疗机构分科床位、门急诊及出院情况（综合医院）

分科	实有床位		门急诊人次		出院人数	
	小计/张	构成/%	小计/人次	构成/%	小计/人	构成/%
总计	6 286	100.00	6 181 848	100.00	194 240	100.00
预防保健科	0	0.00	92 317	1.49	0	0.00
内科	1 998	31.78	1 980 174	32.03	58 899	30.32
外科	1 894	30.13	505 111	8.17	50 864	26.19
妇产科	412	6.55	566 971	9.17	25 429	13.09
儿科	358	5.70	391 750	6.34	13 580	6.99
眼科	81	1.29	166 785	2.70	4 237	2.18
耳鼻咽喉科	147	2.34	200 505	3.24	6 137	3.16
口腔科	42	0.67	166 845	2.70	530	0.27
皮肤科	0	0.00	235 968	3.82	50	0.03
医疗美容科	20	0.32	7 140	0.12	238	0.12
精神科	0	0.00	64 526	1.04	0	0.00
传染科	27	0.43	44 495	0.72	814	0.42
肿瘤科	361	5.74	21 862	0.35	8 536	4.39
急诊医学科	75	1.19	362 533	5.86	2 360	1.21
康复医学科	191	3.04	66 572	1.08	4 812	2.48
疼痛科	50	0.80	24 900	0.40	1 598	0.82
重症医学科	85	1.35	555	0.01	1 256	0.65
中医科	93	1.48	692 803	11.21	3 388	1.74
其他	452	7.19	590 036	9.54	11 512	5.93

海珠区医疗机构分科床位、门急诊及出院情况（社区卫生服务中心）

分科	实有床位		门急诊人次		出院人数	
	小计/张	构成/%	小计/人次	构成/%	小计/人	构成/%
总计	585	100.00	2 205 660	100.00	8 575	100.00
预防保健科	0	0.00	143 667	6.51	0	0.00
全科医疗科	80	13.68	614 751	27.87	1 889	22.03
内科	404	69.06	968 202	43.90	4 884	56.96
外科	35	5.98	40 172	1.82	709	8.27
妇产科	30	5.13	56 161	2.55	436	5.08
儿科	1	0.17	35 607	1.61	0	0.00
眼科	0	0.00	6 252	0.28	0	0.00
耳鼻咽喉科	0	0.00	10 715	0.49	0	0.00
口腔科	0	0.00	21 541	0.98	0	0.00
急诊医学科	0	0.00	56 592	2.57	573	6.68
康复医学科	5	0.85	29 891	1.36	84	0.98
中医科	0	0.00	218 476	9.91	0	0.00
其他	30	5.13	3 633	0.16	0	0.00

海珠区卫生机构专业卫生人员分类构成情况

（单位：%）

指标名称	总计	卫生技术人员							其他技术人员	管理人员	工勤技能人员
		合计	执业（助理）医师		注册护士	药剂师（士）	技师（士）	其他			
			小计	内：执业医师							
总计	100.00	100.00	100.00	100.00	100.00	100.00	100.00	100.00	100.00	100.00	100.00
按性别分											
男	33.53	29.39	56.81	57.27	1.77	32.88	45.53	44.40	40.16	49.53	54.10
女	66.47	70.61	43.19	42.73	98.23	67.12	54.47	55.60	59.84	50.47	45.90
按年龄分											
25岁以下	12.15	13.29	0.05	0.05	23.13	7.71	4.41	22.02	5.41	1.90	11.48
25～34岁	41.06	43.93	35.06	34.17	46.34	45.33	46.56	58.12	41.64	27.61	25.98
35～44岁	25.05	23.91	30.86	30.67	21.19	24.90	31.91	9.24	31.80	27.96	29.63
45～54岁	15.65	13.37	21.90	22.68	8.33	14.88	11.67	8.09	16.39	31.16	24.59

续表

（单位：%）

指标名称	总计	卫生技术人员							其他技术人员	管理人员	工勤技能人员
		合计	执业（助理）医师		注册护士	药剂师（士）	技师（士）	其他			
			小计	内：执业医师							
55～59岁	3.77	3.12	6.25	6.33	0.78	5.55	3.37	1.52	3.61	7.58	6.75
60岁及以上	2.32	2.38	5.88	6.10	0.23	1.62	2.08	1.01	1.15	3.79	1.58
按工作年限分											
5年以下	30.87	32.45	16.88	16.90	38.15	24.36	21.53	66.06	27.87	13.15	29.32
5～9年	18.03	18.19	17.40	16.82	19.74	19.76	20.10	12.71	17.38	12.56	19.92
10～19年	22.16	22.46	25.77	25.20	22.29	23.41	31.52	8.01	23.44	22.16	19.42
20～29年	17.80	17.28	23.51	24.15	15.13	16.10	16.73	8.45	20.66	29.27	14.56
30年及以上	11.14	9.62	16.45	16.93	4.69	16.37	10.12	4.77	10.66	22.87	16.77
按学位分											
博士	2.88	3.08	7.56	7.91	0.00	1.62	2.08	3.25	3.93	4.50	—
硕士	8.90	9.84	22.75	23.81	0.30	3.79	9.08	12.49	8.03	12.80	—
学士	24.25	27.04	45.03	46.81	9.15	23.95	30.74	42.67	23.28	30.45	—
按学历分											
研究生	10.98	11.87	27.75	29.04	0.25	5.41	8.69	15.45	10.98	15.76	1.64
大学本科	31.70	33.93	52.29	54.32	15.51	30.18	43.32	47.73	35.25	47.87	4.73
大专	31.12	33.98	14.52	12.43	51.71	35.18	33.33	22.45	35.74	21.56	12.61
中专及中技	18.32	19.48	5.10	3.92	32.24	24.63	13.88	12.85	13.28	8.41	16.65
技校	0.30	0.06	0.00	0.00	0.06	0.14	0.13	0.14	0.00	0.12	2.33
高中及以下	7.58	0.68	0.35	0.29	0.23	4.47	0.65	1.37	4.75	6.28	62.04
按所学专业分											
医学小计	77.12	92.71	93.05	93.17	95.75	87.25	82.99	88.52	18.39	40.48	—
基础医学	0.87	0.88	0.88	0.92	0.02	0.14	2.86	3.47	1.31	2.02	—
预防医学	3.40	3.90	7.13	7.01	0.11	0.27	5.19	10.18	1.15	4.29	—
临床医学	21.73	25.95	65.98	66.63	0.23	0.14	4.55	34.22	4.93	14.17	—
医学技术	6.40	7.66	2.74	2.69	0.00	0.27	69.09	20.58	2.13	3.33	—
口腔医学	2.27	2.58	7.20	6.83	0.02	0.00	0.00	1.88	0.33	3.45	—
中医学	2.98	3.48	8.79	8.78	0.02	0.95	0.00	4.62	1.64	2.50	—
护理学	34.68	42.58	0.20	0.21	95.25	0.95	0.65	9.96	4.27	8.33	—
药学	4.74	5.63	0.08	0.05	0.02	84.53	0.65	3.61	2.63	2.38	—
卫生管理	0.71	0.21	0.13	0.11	0.10	0.14	0.39	0.87	3.28	7.26	—

续表

（单位：%）

指标名称	总计	卫生技术人员							其他技术人员	管理人员	工勤技能人员
		合计	执业（助理）医师		注册护士	药剂师（士）	技师（士）	其他			
			小计	内：执业医师							
经济学	2.00	0.14	0.00	0.00	0.13	0.14	0.13	0.58	23.81	16.79	—
法学	0.17	0.03	0.03	0.03	0.00	0.00	0.00	0.22	0.82	1.90	—
其他	20.71	7.12	6.93	6.80	4.12	12.62	16.88	10.69	56.98	40.83	—
按技术资格分											
正高	3.42	3.66	9.47	9.91	0.06	1.49	3.63	1.81	0.66	8.29	—
副高	8.17	9.11	22.33	23.36	1.35	3.65	10.25	2.82	5.90	11.61	—
中级	16.78	18.61	26.22	27.39	15.28	17.32	23.61	7.29	21.80	18.25	—
助理/师级	27.10	31.65	36.59	35.27	27.86	39.24	29.96	28.66	21.31	16.82	—
员/士	21.83	25.44	1.73	0.50	45.87	31.39	18.55	16.90	27.05	7.23	—
无职称	22.71	11.52	3.67	3.57	9.58	6.90	14.01	42.53	23.28	37.80	—
按聘任技术职务分											
正高	3.82	3.56	9.17	9.59	0.06	1.49	3.63	1.81	0.82	10.73	—
副高	9.12	9.01	22.17	23.21	1.33	3.65	10.12	2.45	5.25	14.41	—
中级	19.67	19.15	26.72	27.91	15.61	17.86	24.38	8.59	22.62	25.99	—
助理/师级	30.49	31.02	38.25	36.58	27.57	37.48	30.74	20.00	28.20	23.45	—
员/士	25.02	25.94	1.88	0.89	44.38	33.02	24.51	22.24	22.46	11.44	—
待聘	11.89	11.32	1.81	1.81	11.05	6.50	6.61	44.91	20.66	13.98	—

海珠区分科执业（助理）医师构成情况

（单位：%）

分科	合计	执业医师	执业助理医师
总计	100.00	100.00	100.00
临床专业类别小计	75.38	75.95	63.39
内科专业	28.78	28.69	30.60
外科专业	17.85	18.33	7.65
妇产科专业	7.39	7.40	7.10
儿科专业	3.18	3.27	1.09
眼耳鼻咽喉科专业	2.95	3.09	0.00
皮肤病与性病专业	1.30	1.29	1.64
精神卫生专业	0.25	0.26	0.00
职业病专业	0.66	0.70	0.00

续表

（单位：%）

分科	合计	执业医师	执业助理医师
医学影像和放射治疗专业	6.03	6.01	6.56
医学检验、病理专业	1.28	1.34	0.00
全科医学专业	1.06	0.95	3.28
急救医学专业	0.94	0.98	0.00
康复医学专业	1.11	1.11	1.09
预防保健专业	0.96	0.82	3.83
特种医学与军事医学专业	0.02	0.03	0.00
计划生育技术服务专业	0.07	0.08	0.00
其他专业	1.55	1.60	0.55
中医专业类别小计	9.80	9.82	9.29
中医专业	8.00	7.99	8.20
中西医结合专业	0.69	0.67	1.09
其他专业	1.11	1.16	0.00
口腔专业类别小计	7.73	7.35	15.85
口腔专业	7.68	7.30	15.85
其他专业	0.05	0.05	0.00
公共卫生专业类别小计	7.09	6.88	11.48
公共卫生专业	2.07	1.96	4.37
其他专业	5.02	4.92	7.10

海珠区疾病预防控制中心执业（助理）医师构成情况

（单位：%）

分科	合计	执业医师	执业助理医师
总计	100.00	100.00	100.00
传染病预防控制科	14.81	13.95	33.33
性病、艾滋病预防控制科	5.19	5.43	0.00
慢性非传染性疾病预防控制科	8.89	9.30	0.00
寄生虫病预防控制科	6.67	5.43	33.33
地方病控制科	2.22	2.33	0.00
免疫规划科	11.85	12.40	0.00
疾病控制与应急处理办公室	2.96	3.10	0.00
食品卫生科	5.93	6.20	0.00
环境卫生所	3.70	3.88	0.00
职业卫生科	0.74	0.78	0.00

续表

（单位：%）

分科	合计	执业医师	执业助理医师
健康教育科	4.44	4.65	0.00
预防医学门诊	2.22	2.33	0.00
其他业务科室	30.37	30.23	33.33

海珠区医院、妇幼保健院、专科疾病防治所医疗设备拥有情况

（单位：台）

设备名称	设备台数	按产地分		按购进时新旧分		按设备使用情况分		
		进口	国产/合资	新设备	二手设备	启用	未启用	报废
800mA及以上数字减影血管造影X线机	9	7	2	9	0	9	0	0
800mA及以上医用X线诊断机（不含DSA）	22	22	0	22	0	22	0	0
500～800mA医用X线诊断机	41	24	17	41	0	41	0	0
移动式X线诊断机	41	16	25	41	0	40	1	0
X线电子计算机断层扫描装置（CT）	15	14	1	15	0	15	0	0
单光子发射型电子计算机断层扫描仪（ECT）	5	5	0	5	0	5	0	0
医用电子直线加速器（LA）	5	4	1	5	0	5	0	0
医用电子回旋加速治疗系统	1	1	0	1	0	1	0	0
伽玛射线立体定位治疗系统（γ刀）	1	0	1	1	0	1	0	0
核磁（MRI）	7	7	0	7	0	7	0	0
彩超	76	57	19	76	0	76	0	0
B型超声诊断仪	93	70	23	93	0	92	1	0
医学图像存档及传输系统（PACS，套）	5	4	1	5	0	5	0	0
危重病人监护系统（ICU，套）	113	19	94	113	0	111	2	0
有创呼吸机	150	140	10	150	0	150	0	0
无创呼吸机	58	52	6	58	0	58	0	0
高压氧舱	22	1	21	22	0	22	0	0
人工肾透析装置	109	102	7	109	0	109	0	0
牙科综合治疗台	209	173	36	209	0	209	0	0
全自动生化分析仪	27	25	2	27	0	27	0	0
血液酸碱气体分析仪	26	24	2	26	0	25	1	0
救护车	39	17	22	39	0	39	0	0
其他单价在500万元以上的医用设备	3	3	0	3	0	3	0	0

海珠区疾病死亡率前十位及其构成比和顺位

	顺位	死亡原因	死亡率/每10万	构成比/%
合计	1	循环系统疾病	243.73	36.31
	2	肿瘤	203.09	30.26
	3	呼吸系统疾病	117.70	17.54
	4	损伤和中毒等外部原因	28.29	4.22
	5	内分泌、营养和代谢的其他疾病	20.99	3.13
	6	消化系统疾病	17.28	2.58
	7	传染病和寄生虫病	8.44	1.26
	8	泌尿生殖系统疾病	7.41	1.10
	9	神经系统疾病	5.14	0.77
	10	先天畸形、变性和染色体异常	2.78	0.41
男性	1	循环系统疾病	267.11	34.16
	2	肿瘤	256.33	32.78
	3	呼吸系统疾病	140.37	17.95
	4	损伤和中毒等外部原因	32.35	4.14
	5	消化系统疾病	19.73	2.52
	6	内分泌、营养和代谢的其他疾病	19.53	2.50
	7	传染病和寄生虫病	11.19	1.43
	8	泌尿生殖系统疾病	8.54	1.09
	9	神经系统疾病	6.10	0.78
	10	先天畸形、变性和染色体异常	3.05	0.39
女性	1	循环系统疾病	219.80	39.40
	2	肿瘤	148.62	26.64
	3	呼吸系统疾病	94.50	16.94
	4	损伤和中毒外部原因	24.14	4.33
	5	内分泌、营养和代谢的其他疾病	22.48	4.03
	6	消化系统疾病	14.78	2.65
	7	泌尿生殖系统疾病	6.24	1.12
	8	传染病和寄生虫病	5.62	1.01
	9	神经系统疾病	4.16	0.75
	10	先天畸形、变性和染色体异常	2.50	0.45

海珠区意外死亡外部原因及其死亡率和构成比

死亡原因	合计		男性		女性	
	死亡率/每10万	构成比/%	死亡率/每10万	构成比/%	死亡率/每10万	构成比/%
机动车辆交通事故	2.67	9.45	3.46	10.69	1.87	7.76
机动车以外的运输事故	1.13	4.00	1.02	3.14	1.25	5.17
意外中毒	1.44	5.09	2.24	6.92	0.62	2.59

续表

死亡原因	合计		男性		女性	
	死亡率/每10万	构成比/%	死亡率/每10万	构成比/%	死亡率/每10万	构成比/%
意外跌落	7.61	26.91	9.36	28.93	5.83	24.14
火灾	0.31	1.09	0.00	0.00	0.62	2.59
由自然环境因素所致的意外事故	0.10	0.36	0.00	0.00	0.21	0.86
淹死	1.54	5.45	2.24	6.92	0.83	3.45
意外的机械性窒息	0.21	0.73	0.41	1.26	0.00	0.00
砸死	0.10	0.36	0.20	0.63	0.00	0.00
由机器切割和穿刺工具所致的意外事故	0.00	0.00	0.00	0.00	0.00	0.00
触电	0.10	0.36	0.00	0.00	0.21	0.86
其他意外事故和有害效应	7.20	25.45	8.14	25.16	6.24	25.86
自杀	5.04	17.82	4.48	13.84	5.62	23.28
被杀	0.82	2.91	0.81	2.52	0.83	3.45

（四）天河区

天河区卫生机构、床位、人员情况

分类	机构个数	床位个数	人员数/人										
			合计	卫生技术人员							其他技术人员	管理人员	工勤技能人员
				小计	执业（助理）医师		注册护士	药剂师（士）	技师（士）	其他			
					小计	内：执业医师							
总计	385	8 284	16 572	13 501	4 706	4 413	5 542	782	795	1 676	438	971	1 655
1. 按经济类型分													
国有	102	7 327	11 997	9 936	3 223	3 147	4 276	569	604	1 264	264	783	1 014
集体	13	60	260	198	93	73	49	22	15	19	13	11	38
联营	0	0	0	0	0	0	0	0	0	0	0	0	0
私营	237	563	3 150	2 476	1 108	947	872	140	131	225	56	121	490
其他	33	334	1 165	891	282	246	345	51	45	168	105	56	113
2. 按主办单位分													
政府办	32	6 668	10 603	8 864	2 757	2 705	3 910	500	504	1 193	236	679	824
其中：卫生部门	29	5 101	8 557	7 104	2 196	2 146	3 018	410	453	1 027	213	541	699
社会办	103	849	2 184	1 641	672	620	600	114	137	118	99	143	301
个人办	250	767	3 785	2 996	1 277	1 088	1 032	168	154	365	103	149	530

天河区卫生机构、床位、人员情况
（不含诊所、卫生所、医务室及村卫生室）

分类	机构个数	床位个数	人员数/人										
			合计	卫生技术人员							其他技术人员	管理人员	工勤技能人员
				小计	执业（助理）医师		注册护士	药剂师（士）	技师（士）	其他			
					小计	内：执业医师							
总计	193	8 284	15 852	12 796	4 272	4 024	5 335	763	791	1 635	438	971	1 640
1. 按经济类型分													
国有	59	7 327	11 822	9 772	3 130	3 059	4 228	559	603	1 252	264	783	1 003
集体	11	60	255	193	90	70	47	22	15	19	13	11	38
联营	0	0	0	0	0	0	0	0	0	0	0	0	0
私营	105	563	2 660	1 990	793	671	729	135	129	204	56	121	486
其他	18	334	1 115	841	259	224	331	47	44	160	105	56	113
2. 按主办单位分													
政府办	31	6 668	10 599	8 860	2 754	2 703	3 909	500	504	1 193	236	679	824
其中：卫生部门	28	5 101	8 553	7 100	2 193	2 144	3 017	410	453	1 027	213	541	699
社会办	42	849	1 947	1 417	552	507	535	100	135	95	99	143	288
个人办	120	767	3 306	2 519	966	814	891	163	152	347	103	149	528

天河区诊所、医务室、卫生所、人员情况

分类	机构个数	人员数/人								
		合计	卫生技术人员							工勤技能人员
			小计	执业（助理）医师		注册护士	药剂师（士）	技师（士）	其他	
				小计	内：执业医师					
总计	192	720	705	434	389	207	19	4	41	15
1. 按经济类型分										
国有	43	175	164	93	88	48	10	1	12	11
集体	2	5	5	3	3	2	0	0	0	0
联营	0	0	0	0	0	0	0	0	0	0
私营	132	490	486	315	276	143	5	2	21	4
其他	15	50	50	23	22	14	4	1	8	0
2. 按主办单位分										
政府办	1	4	4	3	2	1	0	0	0	0
其中：卫生部门	1	4	4	3	2	1	0	0	0	0
社会办	61	237	224	120	113	65	14	2	23	13
个人办	130	479	477	311	274	141	5	2	18	2

天河区按经济类型和主办单位分各类卫生机构数

（单位：个）

卫生机构分类	合计	按经济类型分					按主办单位分		
		国有	集体	联营	私营	其他	政府办	社会办	个人办
总计	385	102	13	0	237	33	32	103	250
1．医院	32	15	0	0	8	9	10	7	15
综合医院	22	11	0	0	6	5	7	6	9
中医医院	2	1	0	0	0	1	1	0	1
专科医院	8	3	0	0	2	3	2	1	5
2．基层医疗卫生机构	345	79	13	0	229	24	18	92	235
社区卫生服务中心（站）	44	25	7	0	9	3	16	13	15
社区卫生服务中心	27	18	3	0	5	1	12	8	7
社区卫生服务站	17	7	4	0	4	2	4	5	8
门诊部	109	11	4	0	88	6	1	18	90
综合门诊部	91	9	4	0	73	5	1	15	75
中医门诊部	4	0	0	0	4	0	0	0	4
中西医结合门诊部	4	0	0	0	3	1	0	0	4
专科门诊部	10	2	0	0	8	0	0	3	7
诊所、卫生所、医务室	192	43	2	0	132	15	1	61	130
诊所	130	0	0	0	128	2	0	4	126
卫生所、医务室	62	43	2	0	4	13	1	57	4
3．专业公共卫生机构	6	6	0	0	0	0	4	2	0
疾病预防控制中心	3	3	0	0	0	0	1	2	0
专科疾病防治院（所、站）	1	1	0	0	0	0	1	0	0
妇幼保健院（所、站）	1	1	0	0	0	0	1	0	0
卫生监督所（中心）	1	1	0	0	0	0	1	0	0
4．其他卫生机构	2	2	0	0	0	0	0	2	0
疗养院	1	1	0	0	0	0	0	1	0
临床检验中心（所、站）	1	1	0	0	0	0	0	1	0

天河区医疗机构分级情况

（单位：个）

等级	医院					妇幼保健院	专科疾病防治院
	合计	其中					
		综合医院	中医医院	中西医结合医院	专科医院		
总计	32	22	2	0	8	1	0
三级	5	4	0	0	1	0	0
三级甲等	2	2	0	0	0	0	0
未评等次	3	2	0	0	1	0	0
二级	3	2	1	0	0	1	0

续表 （单位：个）

等级	医院					妇幼保健院	专科疾病防治院
	合计	其中					
		综合医院	中医医院	中西医结合医院	专科医院		
二级甲等	1	1	0	0	0	1	0
未评等次	2	1	1	0	0	0	0
一级	2	1	1	0	0	0	0
未评等次	2	1	1	0	0	0	0
其他	22	15	0	0	7	0	0

天河区医疗机构分科床位、门急诊及出院情况（合计）

分科	实有床位		门急诊人次		出院人数	
	小计 / 张	构成 / %	小计 / 人次	构成 / %	小计 / 人	构成 / %
总计	8 284	100.00	11 769 612	100.00	210 642	100.00
预防保健科	0	0.00	739 424	6.28	0	0.00
全科医疗科	83	1.00	1 528 943	12.99	424	0.20
内科	2 032	24.53	2 073 457	17.62	41 634	19.77
外科	2 096	25.30	739 005	6.28	45 279	21.50
妇产科	856	10.33	1 003 316	8.52	36 584	17.37
儿科	787	9.50	2 010 529	17.08	35 831	17.01
小儿外科	188	2.27	56 646	0.48	7 971	3.78
眼科	40	0.48	145 627	1.24	1 450	0.69
耳鼻咽喉科	226	2.73	290 033	2.46	4 296	2.04
口腔科	20	0.24	346 531	2.94	332	0.16
皮肤科	13	0.16	284 899	2.42	492	0.23
医疗美容科	58	0.70	57 733	0.49	2 154	1.02
精神科	107	1.29	107 893	0.92	1 799	0.85
传染科	262	3.16	199 191	1.69	4 124	1.96
肿瘤科	428	5.17	7 578	0.06	9 505	4.51
急诊医学科	13	0.16	242 305	2.06	0	0.00
康复医学科	444	5.36	309 107	2.63	3 028	1.44
职业病科	35	0.42	12 950	0.11	354	0.17
疼痛科	0	0.00	6 580	0.06	0	0.00
重症医学科	86	1.04	0	0.00	741	0.35
中医科	129	1.56	598 729	5.09	2 427	1.15
中西医结合科	0	0.00	39 752	0.34	68	0.03
其他	381	4.60	969 384	8.24	12 149	5.77

天河区医疗机构分科床位、门急诊及出院情况（医院）

分科	实有床位		门急诊人次		出院人数	
	小计/张	构成/%	小计/人次	构成/%	小计/人	构成/%
总计	7 738	100.00	8 668 695	100.00	198 588	100.00
预防保健科	0	0.00	350 800	4.05	0	0.00
全科医疗科	19	0.25	91 788	1.06	0	0.00
内科	1 921	24.83	1 729 258	19.95	39 594	19.94
外科	2 046	26.44	653 446	7.54	45 183	22.75
妇产科	811	10.48	911 765	10.52	35 330	17.79
儿科	782	10.11	1 906 530	21.99	35 811	18.03
小儿外科	188	2.43	56 646	0.65	7 971	4.01
眼科	38	0.49	130 841	1.51	1 450	0.73
耳鼻咽喉科	226	2.92	261 898	3.02	4 296	2.16
口腔科	17	0.22	288 788	3.33	332	0.17
皮肤科	13	0.17	284 899	3.29	492	0.25
医疗美容科	58	0.75	24 746	0.29	2 154	1.08
精神科	107	1.38	107 893	1.24	1 799	0.91
传染科	225	2.91	199 136	2.30	4 124	2.08
肿瘤科	428	5.53	7 578	0.09	9 505	4.79
急诊医学科	11	0.14	191 201	2.21	0	0.00
康复医学科	414	5.35	272 655	3.15	2 978	1.50
职业病科	35	0.45	12 950	0.15	354	0.18
疼痛科	0	0.00	6 580	0.08	0	0.00
重症医学科	86	1.11	0	0.00	741	0.37
中医科	129	1.67	439 177	5.07	2 427	1.22
中西医结合科	0	0.00	17 134	0.20	68	0.03
其他	184	2.38	722 986	8.34	3 979	2.00

天河区医疗机构分科床位、门急诊及出院情况（综合医院）

分科	实有床位		门急诊人次		出院人数	
	小计/张	构成/%	小计/人次	构成/%	小计/人	构成/%
总计	6 528	100.00	6 765 363	100.00	156 337	100.00
预防保健科	0	0.00	350 800	5.19	0	0.00
全科医疗科	19	0.29	91 788	1.36	0	0.00
内科	1 921	29.43	1 729 258	25.56	39 594	25.33

续表

分科	实有床位		门急诊人次		出院人数	
	小计/张	构成/%	小计/人次	构成/%	小计/人	构成/%
外科	2 046	31.34	653 446	9.66	45 183	28.90
妇产科	811	12.42	911 765	13.48	35 330	22.60
儿科	247	3.78	562 190	8.31	8 858	5.67
眼科	38	0.58	130 841	1.93	1 450	0.93
耳鼻咽喉科	226	3.46	261 898	3.87	4 296	2.75
口腔科	17	0.26	281 953	4.17	332	0.21
皮肤科	13	0.20	284 899	4.21	492	0.31
医疗美容科	28	0.43	19 800	0.29	1 151	0.74
精神科	107	1.64	107 893	1.59	1 799	1.15
传染科	225	3.45	199 136	2.94	4 124	2.64
肿瘤科	428	6.56	7 578	0.11	9 505	6.08
急诊医学科	11	0.17	191 201	2.83	0	0.00
康复医学科	154	2.36	79 035	1.17	1 340	0.86
职业病科	35	0.54	12 950	0.19	354	0.23
疼痛科	0	0.00	6 580	0.10	0	0.00
重症医学科	86	1.32	0	0.00	741	0.47
中医科	59	0.90	396 830	5.87	901	0.58
中西医结合科	0	0.00	17 134	0.25	68	0.04
其他	57	0.87	468 388	6.92	819	0.52

天河区医疗机构分科床位、门急诊及出院情况（社区卫生服务中心）

分科	实有床位		门急诊人次		出院人数	
	小计/张	构成/%	小计/人次	构成/%	小计/人	构成/%
总计	368	100.00	1 804 876	100.00	4 106	100.00
预防保健科	0	0.00	319 292	17.69	0	0.00
全科医疗科	63	17.12	676 991	37.51	424	10.33
内科	111	30.16	293 607	16.27	2 040	49.68
外科	50	13.59	75 792	4.20	96	2.34
妇产科	45	12.23	74 153	4.11	1 254	30.54
儿科	5	1.36	85 147	4.72	20	0.49
眼科	2	0.54	14 786	0.82	0	0.00

续表

分科	实有床位		门急诊人次		出院人数	
	小计/张	构成/%	小计/人次	构成/%	小计/人	构成/%
耳鼻咽喉科	0	0.00	28 135	1.56	0	0.00
口腔科	3	0.82	45 125	2.50	0	0.00
传染科	37	10.05	55	0.00	0	0.00
急诊医学科	2	0.54	50 859	2.82	0	0.00
康复医学科	30	8.15	27 763	1.54	50	1.22
中医科	0	0.00	100 178	5.55	0	0.00
其他	20	5.43	12 993	0.72	222	5.41

天河区卫生机构专业卫生人员分类构成情况

（单位：%）

指标名称	总计	卫生技术人员							其他技术人员	管理人员	工勤技能人员
		合计	执业（助理）医师		注册护士	药剂师（士）	技师（士）	其他			
			小计	内：执业医师							
总计	100.00	100.00	100.00	100.00	100.00	100.00	100.00	100.00	100.00	100.00	100.00
按性别分											
男	29.33	26.69	52.39	52.55	1.71	28.03	43.65	29.19	37.62	37.66	47.12
女	70.67	73.31	47.61	47.45	98.29	71.97	56.35	70.81	62.38	62.34	52.88
按年龄分											
25岁以下	15.60	16.46	0.33	0.09	25.96	11.18	9.21	36.31	16.02	4.40	14.81
25～34岁	41.35	42.55	35.19	33.33	45.97	51.45	47.14	45.75	47.57	30.36	35.23
35～44岁	22.63	21.71	28.21	28.57	19.79	19.08	25.94	9.00	19.66	30.04	27.40
45～54岁	13.82	12.43	20.32	21.35	7.61	13.29	11.85	5.94	13.83	27.25	18.11
55～59岁	3.59	3.47	7.25	7.50	0.54	4.21	4.18	1.88	2.18	5.79	3.61
60岁及以上	3.02	3.38	8.69	9.16	0.13	0.79	1.67	1.13	0.73	2.15	0.84
按工作年限分											
5年以下	36.29	37.26	20.70	20.14	41.94	36.71	34.17	70.38	41.99	19.74	36.68
5～9年	17.08	17.28	17.48	17.01	18.79	19.74	16.04	11.00	16.75	13.20	18.04
10～19年	22.05	22.11	25.12	24.59	23.51	21.05	24.97	8.06	19.42	22.00	22.33
20～29年	15.04	14.33	20.41	21.32	11.81	10.92	16.32	6.19	13.83	26.93	13.97
30年及以上	9.54	9.03	16.29	16.94	3.95	11.58	8.51	4.38	8.01	18.13	8.98
按学位分											
博士	3.18	3.55	8.59	9.14	0.00	0.66	1.53	3.44	1.70	3.00	—
硕士	10.17	11.15	24.95	26.52	0.45	2.89	7.39	13.44	5.34	12.77	—
学士	23.34	24.86	35.79	37.64	12.27	34.74	32.22	28.06	28.64	32.30	—

续表 （单位：%）

指标名称	总计	卫生技术人员							其他技术人员	管理人员	工勤技能人员
		合计	执业（助理）医师		注册护士	药剂师（士）	技师（士）	其他			
			小计	内：执业医师							
按学历分											
研究生	13.59	14.92	33.95	36.10	0.54	4.08	8.93	16.88	7.52	16.52	0.15
大学本科	30.50	31.22	42.03	43.98	18.85	41.97	38.49	33.69	36.41	47.96	8.90
大专	33.53	34.65	16.95	14.57	49.33	30.13	36.82	36.94	37.62	25.32	26.86
中专及中技	17.71	18.68	6.77	5.17	30.89	21.58	14.78	11.94	16.02	6.65	16.42
技校	0.17	0.05	0.02	0.02	0.06	0.00	0.14	0.06	0.24	0.00	1.46
高中及以下	4.50	0.48	0.28	0.16	0.33	2.24	0.84	0.50	2.18	3.54	46.20
按所学专业分											
医学小计	77.95	90.77	93.30	93.57	89.96	88.16	88.84	88.38	23.96	31.32	—
基础医学	0.54	0.55	0.66	0.61	0.00	0.26	1.81	1.69	1.96	0.54	—
预防医学	1.76	1.84	2.92	2.83	0.02	0.00	1.12	6.06	1.71	3.13	—
临床医学	25.56	29.66	72.42	73.66	0.37	0.66	9.07	29.56	4.89	12.96	—
医学技术	5.31	6.17	2.11	2.03	0.07	0.39	75.73	9.81	5.62	0.54	—
口腔医学	1.92	2.27	5.51	4.95	0.02	0.00	0.00	2.69	0.00	0.65	—
中医学	3.44	3.95	9.31	9.16	0.07	1.05	0.00	4.88	1.47	2.05	—
护理学	34.97	41.16	0.22	0.19	89.34	1.05	0.84	32.63	6.36	9.72	—
药学	4.43	5.15	0.13	0.12	0.04	84.74	0.14	1.06	1.96	1.73	—
卫生管理	0.65	0.15	0.11	0.12	0.07	0.00	0.14	0.56	3.18	7.45	—
经济学	1.72	0.13	0.02	0.02	0.13	0.00	0.14	0.50	17.36	19.65	—
法学	0.26	0.05	0.00	0.00	0.06	0.00	0.14	0.13	1.47	3.02	—
其他	20.07	9.06	6.68	6.40	9.86	11.84	10.88	11.00	57.21	46.00	—
按技术资格分											
正高	2.12	2.26	6.04	6.43	0.06	0.39	0.42	0.63	0.24	3.86	—
副高	7.21	7.93	19.14	20.32	1.02	2.76	7.67	1.75	2.18	9.44	—
中级	17.77	19.26	30.64	32.53	13.07	17.50	19.39	8.38	14.08	23.50	—
助理/师级	29.14	32.79	35.94	35.19	26.62	47.11	39.47	34.75	27.67	19.53	—
员/士	25.75	29.67	3.75	1.21	52.60	23.95	24.55	31.50	26.94	6.44	—
无职称	18.01	8.09	4.49	4.31	6.63	8.29	8.51	23.00	28.88	37.23	—
按聘任技术职务分											
正高	2.30	2.20	5.87	6.25	0.04	0.39	0.42	0.63	0.73	5.01	—
副高	8.15	8.07	19.49	20.69	1.08	2.63	7.67	1.75	2.43	12.86	—
中级	20.37	20.06	32.48	34.47	13.16	18.55	20.08	8.52	9.95	31.53	—
助理/师级	34.31	34.19	37.36	35.68	27.98	47.24	40.86	36.84	42.48	31.94	—
员/士	29.19	30.46	3.00	1.17	53.94	25.26	26.92	33.90	25.97	8.53	—
待聘	5.68	5.02	1.80	1.75	3.81	5.92	4.04	18.36	18.45	10.15	—

天河区分科执业（助理）医师构成情况

（单位：%）

分科	合计	执业医师	执业助理医师
总计	100.00	100.00	100.00
临床专业类别小计	81.23	82.24	65.63
内科专业	25.59	25.65	24.65
外科专业	14.75	15.23	7.29
妇产科专业	10.34	10.06	14.58
儿科专业	6.36	6.59	2.78
眼耳鼻咽喉科专业	2.99	3.07	1.74
皮肤病与性病专业	1.50	1.58	0.35
精神卫生专业	0.53	0.56	0.00
职业病专业	0.17	0.18	0.00
医学影像和放射治疗专业	5.34	5.32	5.56
医学检验、病理专业	0.74	0.79	0.00
全科医学专业	8.20	8.66	1.04
急救医学专业	1.14	1.17	0.69
康复医学专业	0.66	0.63	1.04
预防保健专业	0.83	0.70	2.78
特种医学与军事医学专业	0.02	0.02	0.00
计划生育技术服务专业	0.19	0.20	0.00
其他专业	1.89	1.81	3.13
中医专业类别小计	10.06	9.75	14.93
中医专业	8.56	8.30	12.50
中西医结合专业	1.08	1.06	1.39
其他专业	0.42	0.38	1.04
口腔专业类别小计	5.59	4.99	14.93
口腔专业	5.59	4.99	14.93
公共卫生专业类别小计	3.11	3.02	4.51
公共卫生专业	2.06	2.01	2.78
其他专业	1.05	1.02	1.74

天河区疾病预防控制中心执业（助理）医师构成情况

（单位：%）

分科	合计	执业医师	执业助理医师
总计	100.00	100.00	100.00
传染病预防控制科	15.52	16.67	0.00
食品卫生科	5.17	5.56	0.00
职业卫生科	5.17	5.56	0.00
健康教育科	1.72	1.85	0.00
预防医学门诊	12.07	12.96	0.00
其他业务科室	60.34	57.41	100.00

天河区医院、妇幼保健院、专科疾病防治所医疗设备拥有情况

（单位：台）

设备名称	设备台数	按产地分		按购进时新旧分		按设备使用情况分		
		进口	国产/合资	新设备	二手设备	启用	未启用	报废
800mA及以上数字减影血管造影X线机	5	4	1	5	0	5	0	0
800mA及以上医用X线诊断机（不含DSA）	11	11	0	11	0	11	0	0
500～800mA医用X线诊断机	46	21	25	45	1	45	1	0
移动式X线诊断机	25	16	9	25	0	25	0	0
X线电子计算机断层扫描装置（CT）	17	17	0	17	0	17	0	0
X线-正电子发射计算机断层扫描仪（PET）	1	0	1	1	0	1	0	0
医用电子直线加速器（LA）	2	2	0	2	0	2	0	0
质子治疗系统	7	1	6	7	0	7	0	0
伽玛射线立体定位治疗系统（γ刀）	4	1	3	4	0	4	0	0
钴-60治疗机	2	1	1	2	0	2	0	0
核磁（MRI）	5	4	1	5	0	5	0	0
彩超	96	73	23	96	0	96	0	0
B型超声诊断仪	80	45	35	80	0	80	0	0
医学图像存档及传输系统（PACS，套）	5	3	2	5	0	5	0	0
危重病人监护系统（ICU，套）	44	15	29	44	0	44	0	0
有创呼吸机	113	97	16	113	0	111	2	0
无创呼吸机	79	71	8	79	0	79	0	0
高压氧舱	3	1	2	3	0	2	1	0
人工肾透析装置	117	93	24	117	0	117	0	0
牙科综合治疗台	159	77	82	155	4	159	0	0
全自动生化分析仪	46	31	15	46	0	46	0	0
血液酸碱气体分析仪	20	18	2	20	0	20	0	0
救护车	31	16	15	30	1	31	0	0
其他单价在500万元以上的医用设备	6	5	1	6	0	6	0	0

天河区疾病死亡率前十位及其构成比和顺位

	顺位	死亡原因	死亡率/每10万	构成比/%
合计	1	循环系统疾病	130.84	37.23
	2	肿瘤	100.73	28.66
	3	呼吸系统疾病	42.39	12.06
	4	损伤和中毒等外部原因	22.52	6.41
	5	内分泌、营养和代谢的其他疾病	16.20	4.61
	6	消化系统疾病	11.26	3.20
	7	神经系统疾病	5.95	1.69
	8	泌尿生殖系统疾病	4.94	1.40
	9	先天畸形、变性和染色体异常	4.56	1.30
	10	传染病和寄生虫病	3.16	0.90

续表

	顺位	死亡原因	死亡率/每10万	构成比/%
男性	1	循环系统疾病	144.69	35.35
	2	肿瘤	120.94	29.55
	3	呼吸系统疾病	56.55	13.82
	4	损伤和中毒等外部原因	27.91	6.82
	5	内分泌、营养和代谢的其他疾病	16.65	4.07
	6	消化系统疾病	13.95	3.41
	7	神经系统疾病	7.34	1.79
	8	泌尿生殖系统疾病	4.90	1.20
	9	传染病和寄生虫病	4.65	1.14
	10	先天畸形、变性和染色体异常	4.16	1.02
女性	1	循环系统疾病	116.03	40.09
	2	肿瘤	79.10	27.33
	3	呼吸系统疾病	27.24	9.41
	4	损伤和中毒等外部原因	16.76	5.79
	5	内分泌、营养和代谢的其他疾病	15.71	5.43
	6	消化系统疾病	8.38	2.90
	7	泌尿生殖系统疾病	4.98	1.72
	8	先天畸形、变性和染色体异常	4.98	1.72
	9	神经系统疾病	4.45	1.54
	10	血液、造血器官及免疫的其他疾病	2.36	0.81

天河区意外死亡外部原因及其死亡率和构成比

死亡原因	合计		男性		女性	
	死亡率/每10万	构成比/%	死亡率/每10万	构成比/%	死亡率/每10万	构成比/%
机动车辆交通事故	3.29	14.61	4.65	16.67	1.83	10.94
机动车以外的运输事故	0.89	3.93	1.22	4.39	0.52	3.13
意外中毒	0.89	3.93	1.22	4.39	0.52	3.13
意外跌落	5.57	24.72	5.88	21.05	5.24	31.25
火灾	0.13	0.56	0.00	0.00	0.26	1.56
由自然环境因素所致的意外事故	0.00	0.00	0.00	0.00	0.00	0.00
淹死	1.14	5.06	2.20	7.89	0.00	0.00
意外的机械性窒息	0.13	0.56	0.24	0.88	0.00	0.00
砸死	0.00	0.00	0.00	0.00	0.00	0.00
由机器切割和穿刺工具所致的意外事故	0.25	1.12	0.49	1.75	0.00	0.00
触电	0.00	0.00	0.00	0.00	0.00	0.00
其他意外事故和有害效应	6.96	30.90	8.81	31.58	4.98	29.69
自杀	3.16	14.04	2.94	10.53	3.40	20.31
被杀	0.13	0.56	0.24	0.88	0.00	0.00

（五）白云区

白云区卫生机构、床位、人员情况

分类	机构个数	床位个数	人员数/人										
			合计	卫生技术人员							其他技术人员	管理人员	工勤技能人员
				小计	执业（助理）医师		注册护士	药剂师（士）	技师（士）	其他			
					小计	内：执业医师							
总计	569	10 798	16 382	13 368	4 843	4 342	5 510	968	893	1 154	378	1 084	1 284
1．按经济类型分													
国有	71	8 293	11 467	9 410	3 057	2 902	3 984	723	698	948	300	848	903
集体	51	101	266	187	65	60	103	7	5	7	1	4	5
联营	42	0	119	22	16	8	6	0	0	0	0	0	0
私营	387	1 989	3 821	3 153	1 472	1 196	1 173	203	152	153	65	200	315
其他	18	415	709	596	233	176	244	35	38	46	12	32	61
2．按主办单位分													
政府办	47	7 213	10 324	8 567	2 844	2 725	3 558	682	650	833	263	737	751
其中：卫生部门	32	6 847	9 790	8 178	2 674	2 561	3 416	658	617	813	250	672	686
社会办	177	2 164	2 344	1 597	529	409	751	72	78	167	56	152	300
个人办	345	1 421	3 714	3 204	1 470	1 208	1 201	214	165	154	59	195	233

白云区卫生机构、床位、人员情况（不含诊所、卫生所、医务室及村卫生室）

分类	机构个数	床位个数	人员数/人										
			合计	卫生技术人员							其他技术人员	管理人员	工勤技能人员
				小计	执业（助理）医师		注册护士	药剂师（士）	技师（士）	其他			
					小计	内：执业医师							
总计	226	10 798	15 342	12 589	4 359	3 934	5 263	946	885	1 136	378	1 084	1 276
1．按经济类型分													
国有	51	8 293	11 366	9 312	3 003	2 850	3 950	720	693	946	300	848	902
集体	1	101	148	138	36	35	90	7	5	0	1	4	5
联营	0	0	0	0	0	0	0	0	0	0	0	0	0
私营	166	1 989	3 147	2 563	1 098	883	988	184	149	144	65	200	308
其他	8	415	681	576	222	166	235	35	38	46	12	32	61
2．按主办单位分													
政府办	38	7 213	10 251	8 501	2 808	2 692	3 535	679	647	832	263	737	750
其中：卫生部门	32	6 847	9 786	8 178	2 674	2 561	3 416	658	617	813	250	672	686
社会办	23	2 164	1 945	1 433	431	334	699	70	76	157	56	152	300
个人办	165	1 421	3 146	2 655	1 120	908	1 029	197	162	147	59	195	226

白云区诊所、医务室、卫生所、人员情况

分类	机构个数	人员数/人								
		合计	卫生技术人员							工勤技能人员
			小计	执业（助理）医师		注册护士	药剂师（士）	技师（士）	其他	
				小计	内：执业医师					
总计	231	753	742	457	395	237	22	8	18	8
1. 按经济类型分										
国有	20	101	98	54	52	34	3	5	2	1
集体	18	42	42	25	22	10	0	0	7	0
联营	1	1	1	1	1	0	0	0	0	0
私营	184	589	581	366	310	184	19	3	9	7
其他	8	20	20	11	10	9	0	0	0	0
2. 按主办单位分										
政府办	9	69	66	36	33	23	3	3	1	1
其中：卫生部门	0	0	0	0	0	0	0	0	0	0
社会办	42	129	129	73	62	42	2	2	10	0
个人办	180	555	547	348	300	172	17	3	7	7

白云区按经济类型和主办单位分各类卫生机构数

（单位：个）

卫生机构分类	合计	按经济类型分					按主办单位分		
		国有	集体	联营	私营	其他	政府办	社会办	个人办
总计	569	71	51	42	387	18	47	177	345
1. 医院	40	22	1	0	12	5	18	10	12
综合医院	26	16	0	0	6	4	13	7	6
中医医院	2	2	0	0	0	0	2	0	0
专科医院	11	3	1	0	6	1	2	3	6
护理院	1	1	0	0	0	0	1	0	0
2. 基层医疗卫生机构	522	42	50	42	375	13	23	166	333
社区卫生服务中心（站）	36	10	0	0	25	1	9	2	25
社区卫生服务中心	15	9	0	0	5	1	9	1	5
社区卫生服务站	21	1	0	0	20	0	0	1	20
乡镇卫生院	4	4	0	0	0	0	4	0	0
村卫生室	112	0	32	41	37	2	0	112	0
门诊部	139	8	0	0	129	2	1	10	128
综合门诊部	101	6	0	0	93	2	0	8	93
中医门诊部	2	0	0	0	2	0	0	0	2

续表

（单位：个）

卫生机构分类	合计	按经济类型分					按主办单位分		
		国有	集体	联营	私营	其他	政府办	社会办	个人办
专科门诊部	36	2	0	0	34	0	1	2	33
诊所、卫生所、医务室	231	20	18	1	184	8	9	42	180
诊所	179	0	1	0	178	0	0	5	174
卫生所、医务室	52	20	17	1	6	8	9	37	6
3. 专业公共卫生机构	5	5	0	0	0	0	5	0	0
疾病预防控制中心	2	2	0	0	0	0	2	0	0
健康教育所（站、中心）	1	1	0	0	0	0	1	0	0
妇幼保健院（所、站）	1	1	0	0	0	0	1	0	0
卫生监督所（中心）	1	1	0	0	0	0	1	0	0
4. 其他卫生机构	2	2	0	0	0	0	1	1	0
疗养院	2	2	0	0	0	0	1	1	0

白云区医疗机构分级情况

（单位：个）

等级	医院					妇幼保健院	专科疾病防治院
	合计	其中					
		综合医院	中医医院	中西医结合医院	专科医院		
总计	40	26	2	0	11	1	0
三级	2	1	1	0	0	0	0
三级甲等	2	1	1	0	0	0	0
二级	11	7	1	0	3	1	0
二级甲等	8	6	1	0	1	1	0
未评等次	3	1	0	0	2	0	0
一级	6	6	0	0	0	0	0
一级甲等	5	5	0	0	0	0	0
未评等次	1	1	0	0	0	0	0
其他	21	12	0	0	8	0	0

白云区医疗机构分科床位、门急诊及出院情况（合计）

分科	实有床位		门急诊人次		出院人数	
	小计/张	构成/%	小计/人次	构成/%	小计/人	构成/%
总计	10 798	100.00	12 416 015	100.00	301 777	100.00
预防保健科	3	0.03	574 051	4.62	27	0.01
全科医疗科	40	0.37	293 192	2.36	614	0.20
内科	1 750	16.21	1 754 965	14.13	65 367	21.66
外科	1 890	17.50	713 068	5.74	55 206	18.29

续表

分科	实有床位		门急诊人次		出院人数	
	小计 / 张	构成 / %	小计 / 人次	构成 / %	小计 / 人	构成 / %
妇产科	868	8.04	1 007 632	8.12	49 297	16.34
妇女保健科	0	0.00	8 106	0.07	0	0.00
儿科	283	2.62	608 395	4.90	14 351	4.76
儿童保健科	0	0.00	3 395	0.03	0	0.00
眼科	56	0.52	100 185	0.81	2 488	0.82
耳鼻咽喉科	57	0.53	189 678	1.53	1 987	0.66
口腔科	30	0.28	202 832	1.63	911	0.30
皮肤科	61	0.56	164 396	1.32	1 654	0.55
医疗美容科	59	0.55	36 426	0.29	2 255	0.75
精神科	1 448	13.41	54 123	0.44	3 218	1.07
传染科	122	1.13	65 998	0.53	2 199	0.73
结核病科	25	0.23	12 245	0.10	118	0.04
肿瘤科	394	3.65	22 501	0.18	12 421	4.12
急诊医学科	14	0.13	601 135	4.84	632	0.21
康复医学科	944	8.74	99 848	0.80	2 959	0.98
运动医学科	20	0.19	54 395	0.44	62	0.02
临终关怀科	60	0.56	0	0.00	0	0.00
疼痛科	0	0.00	9 259	0.07	0	0.00
重症医学科	69	0.64	0	0.00	34	0.01
中医科	560	5.19	819 394	6.60	11 064	3.67
中西医结合科	120	1.11	7 074	0.06	1 137	0.38
其他	1 925	17.83	5 013 722	40.38	73 776	24.45

白云区医疗机构分科床位、门急诊及出院情况（医院）

分科	实有床位		门急诊人次		出院人数	
	小计 / 张	构成 / %	小计 / 人次	构成 / %	小计 / 人	构成 / %
总计	10 063	100.00	10 040 221	100.00	276 276	100.00
预防保健科	3	0.03	85 134	0.85	27	0.01
全科医疗科	10	0.10	11 493	0.11	17	0.01
内科	1 646	16.36	1 163 059	11.58	60 578	21.93
外科	1 804	17.93	558 054	5.56	53 316	19.30
妇产科	787	7.82	853 783	8.50	43 559	15.77
妇女保健科	0	0.00	8 106	0.08	0	0.00
儿科	276	2.74	471 223	4.69	14 348	5.19

续表

分科	实有床位		门急诊人次		出院人数	
	小计/张	构成/%	小计/人次	构成/%	小计/人	构成/%
儿童保健科	0	0.00	3 395	0.03	0	0.00
眼科	55	0.55	96 339	0.96	2 488	0.90
耳鼻咽喉科	56	0.56	163 590	1.63	1 987	0.72
口腔科	29	0.29	159 518	1.59	911	0.33
皮肤科	61	0.61	164 396	1.64	1 654	0.60
医疗美容科	59	0.59	26 213	0.26	2 255	0.82
精神科	1 448	14.39	54 123	0.54	3 218	1.16
传染科	122	1.21	65 938	0.66	2 199	0.80
结核病科	25	0.25	12 245	0.12	118	0.04
肿瘤科	394	3.92	22 501	0.22	12 421	4.50
急诊医学科	14	0.14	570 299	5.68	632	0.23
康复医学科	943	9.37	75 276	0.75	2 959	1.07
运动医学科	20	0.20	54 395	0.54	62	0.02
临终关怀科	60	0.60	0	0.00	0	0.00
疼痛科	0	0.00	9 259	0.09	0	0.00
重症医学科	69	0.69	0	0.00	34	0.01
中医科	517	5.14	612 352	6.10	10 914	3.95
中西医结合科	120	1.19	7 074	0.07	1 137	0.41
其他	1 545	15.35	4 792 456	47.73	61 442	22.24

白云区医疗机构分科床位、门急诊及出院情况（综合医院）

分科	实有床位		门急诊人次		出院人数	
	小计/张	构成/%	小计/人次	构成/%	小计/人	构成/%
总计	5 277	100.00	6 326 629	100.00	189 853	100.00
预防保健科	3	0.06	83 604	1.32	27	0.01
全科医疗科	10	0.19	11 493	0.18	17	0.01
内科	1 403	26.59	1 021 630	16.15	52 216	27.50
外科	1 503	28.48	520 459	8.23	46 734	24.62
妇产科	652	12.36	810 618	12.81	40 818	21.50
妇女保健科	0	0.00	8 106	0.13	0	0.00
儿科	272	5.15	470 893	7.44	14 333	7.55
儿童保健科	0	0.00	3 395	0.05	0	0.00
眼科	55	1.04	96 189	1.52	2 488	1.31
耳鼻咽喉科	56	1.06	163 410	2.58	1 987	1.05

续表

分科	实有床位		门急诊人次		出院人数	
	小计/张	构成/%	小计/人次	构成/%	小计/人	构成/%
口腔科	29	0.55	158 698	2.51	911	0.48
皮肤科	61	1.16	163 716	2.59	1 654	0.87
医疗美容科	36	0.68	21 856	0.35	1 135	0.60
精神科	38	0.72	20 531	0.32	525	0.28
传染科	119	2.26	65 138	1.03	2 199	1.16
结核病科	22	0.42	11 045	0.17	28	0.01
肿瘤科	153	2.90	14 300	0.23	7 383	3.89
急诊医学科	14	0.27	568 155	8.98	632	0.33
康复医学科	120	2.27	19 517	0.31	861	0.45
临终关怀科	60	1.14	0	0.00	0	0.00
疼痛科	0	0.00	9 259	0.15	0	0.00
重症医学科	69	1.31	0	0.00	34	0.02
中医科	239	4.53	278 558	4.40	3 399	1.79
中西医结合科	120	2.27	7 074	0.11	1 137	0.60
其他	243	4.60	1 798 985	28.44	11 335	5.97

白云区医疗机构分科床位、门急诊及出院情况（乡镇卫生院）

分科	实有床位		门急诊人次		出院人数	
	小计/张	构成/%	小计/人次	构成/%	小计/人	构成/%
总计	180	100.00	437 516	100.00	9 199	100.00
预防保健科	0	0.00	104 901	23.98	0	0.00
全科医疗科	0	0.00	7 064	1.61	0	0.00
内科	68	37.78	127 019	29.03	3 368	36.61
外科	61	33.89	49 206	11.25	1 863	20.25
妇产科	44	24.44	59 103	13.51	3 968	43.14
儿科	5	2.78	5 510	1.26	0	0.00
眼科	0	0.00	2 468	0.56	0	0.00
耳鼻咽喉科	0	0.00	5 227	1.19	0	0.00
口腔科	0	0.00	4 888	1.12	0	0.00
急诊医学科	0	0.00	26 856	6.14	0	0.00
康复医学科	0	0.00	6 236	1.43	0	0.00
中医科	2	1.11	29 488	6.74	0	0.00
其他	0	0.00	9 550	2.18	0	0.00

白云区医疗机构分科床位、门急诊及出院情况（社区卫生服务中心）

分科	实有床位		门急诊人次		出院人数	
	小计 / 张	构成 / %	小计 / 人次	构成 / %	小计 / 人	构成 / %
总计	175	100.00	1 239 059	100.00	3 968	100.00
预防保健科	0	0.00	383 856	30.98	0	0.00
全科医疗科	30	17.14	194 325	15.68	597	15.05
内科	36	20.57	205 810	16.61	1 421	35.81
外科	25	14.29	87 966	7.10	27	0.68
妇产科	37	21.14	83 480	6.74	1 770	44.61
儿科	2	1.14	79 626	6.43	3	0.08
眼科	1	0.57	1 078	0.09	0	0.00
耳鼻咽喉科	1	0.57	19 303	1.56	0	0.00
口腔科	1	0.57	18 298	1.48	0	0.00
传染科	0	0.00	60	0.00	0	0.00
急诊医学科	0	0.00	2 380	0.19	0	0.00
康复医学科	1	0.57	11 144	0.90	0	0.00
中医科	41	23.43	99 828	8.06	150	3.78
其他	0	0.00	51 905	4.19	0	0.00

白云区卫生机构专业卫生人员分类构成情况

（单位：%）

指标名称	总计	卫生技术人员							其他技术人员	管理人员	工勤技能人员
		合计	执业（助理）医师		注册护士	药剂师（士）	技师（士）	其他			
			小计	内：执业医师							
总计	100.00	100.00	100.00	100.00	100.00	100.00	100.00	100.00	100.00	100.00	100.00
按性别分											
男	34.61	32.40	61.50	61.73	3.10	29.21	47.77	41.92	43.60	44.55	47.09
女	65.39	67.60	38.50	38.27	96.90	70.79	52.23	58.08	56.40	55.45	52.91
按年龄分											
25岁以下	9.51	10.11	0.09	0.07	18.35	9.36	5.21	16.43	11.59	3.96	7.04
25～34岁	42.10	44.79	31.50	28.77	53.56	49.06	40.07	57.10	41.16	28.49	25.49
35～44岁	24.69	23.68	28.64	28.69	20.41	22.87	33.25	12.79	22.26	32.78	29.53
45～54岁	14.70	12.66	20.15	21.38	6.43	13.83	13.28	9.86	17.68	25.96	26.13
55～59岁	4.14	3.54	6.53	6.99	0.97	3.43	5.46	2.13	4.88	5.83	8.74
60岁及以上	4.85	5.23	13.10	14.10	0.28	1.46	2.73	1.69	2.44	2.97	3.07

续表 （单位：%）

指标名称	总计	卫生技术人员							其他技术人员	管理人员	工勤技能人员
		合计	执业（助理）医师		注册护士	药剂师（士）	技师（士）	其他			
			小计	内：执业医师							
按工作年限分											
5年以下	25.66	26.05	15.50	15.41	31.04	28.69	19.48	47.42	25.30	17.27	27.91
5～9年	21.85	22.50	18.67	17.19	26.03	22.87	19.60	23.36	22.87	14.74	20.31
10～19年	24.30	24.92	24.63	23.78	27.45	21.93	32.01	12.17	20.43	22.33	20.55
20～29年	15.53	14.73	18.72	19.68	11.82	16.22	15.88	10.12	13.72	24.42	17.48
30年及以上	12.66	11.79	22.48	23.95	3.65	10.29	13.03	6.93	17.68	21.23	13.75
按学位分											
博士	2.86	3.31	7.68	8.35	0.12	1.04	1.36	3.82	0.30	1.54	—
硕士	6.45	7.01	15.88	17.31	0.18	3.12	6.45	6.66	1.22	9.46	—
学士	18.21	19.56	31.18	33.48	7.40	13.72	24.81	29.93	17.07	24.97	—
按学历分											
研究生	9.13	10.10	22.73	24.74	0.36	4.16	7.94	11.10	1.83	10.45	0.32
大学本科	27.33	28.24	41.92	44.35	14.15	22.04	37.34	36.86	28.05	45.65	4.45
大专	33.43	35.35	26.22	23.98	44.58	37.01	32.75	30.02	32.32	28.82	17.88
中专及中技	23.74	25.15	8.68	6.67	40.20	32.95	20.22	18.83	22.56	9.35	20.47
技校	0.27	0.11	0.05	0.05	0.10	0.42	0.25	0.09	0.61	0.00	1.94
高中及以下	6.12	1.04	0.41	0.22	0.61	3.43	1.49	3.11	14.63	5.72	54.94
按所学专业分											
医学小计	70.75	82.24	84.42	84.22	82.42	78.07	80.47	77.80	25.91	26.76	—
基础医学	0.57	0.65	0.91	0.97	0.04	0.00	2.86	1.33	0.30	0.33	—
预防医学	2.41	2.78	5.22	5.09	0.04	0.00	3.36	7.55	0.61	1.32	—
临床医学	21.48	25.04	60.58	61.27	0.85	2.08	9.33	26.20	3.66	8.70	—
医学技术	5.40	6.11	2.64	2.78	0.51	0.94	59.95	10.83	6.71	2.64	—
口腔医学	1.46	1.73	4.14	3.15	0.00	0.00	0.62	2.40	0.30	0.22	—
中医学	3.99	4.58	10.75	10.79	0.02	1.35	0.87	6.48	1.22	2.31	—
护理学	30.40	35.50	0.16	0.15	80.88	1.56	3.11	21.23	11.28	9.36	—
药学	5.03	5.85	0.02	0.02	0.08	72.14	0.37	1.78	1.83	1.87	—
卫生管理	0.52	0.15	0.09	0.10	0.08	0.21	0.00	0.71	1.83	5.84	—
经济学	1.84	0.27	0.02	0.02	0.08	0.21	0.37	2.04	18.90	19.49	—
法学	0.28	0.03	0.00	0.00	0.02	0.10	0.00	0.18	0.61	3.85	—
其他	27.14	17.46	15.55	15.76	17.49	21.62	19.15	19.98	54.57	49.89	—
按技术资格分											
正高	2.28	2.55	6.48	7.06	0.10	1.04	0.74	0.80	0.00	2.53	—
副高	6.96	7.70	17.88	19.48	0.85	2.91	6.08	3.91	1.83	8.25	—

续表

（单位：%）

指标名称	总计	卫生技术人员							其他技术人员	管理人员	工勤技能人员
		合计	执业（助理）医师		注册护士	药剂师（士）	技师（士）	其他			
			小计	内：执业医师							
中级	15.00	16.35	26.69	29.06	10.08	9.67	20.72	6.57	9.76	18.92	—
助理/师级	27.84	31.66	42.99	41.26	21.85	32.33	38.59	25.93	17.38	17.49	—
员/士	30.36	34.56	3.35	0.81	61.91	46.78	28.78	27.44	35.67	12.54	—
无职称	17.55	7.18	2.61	2.32	5.21	7.28	5.09	35.35	35.37	40.26	—
按聘任技术职务分											
正高	2.56	2.53	6.44	7.01	0.10	0.94	0.74	0.81	0.30	4.04	—
副高	7.82	7.78	18.04	19.65	0.87	3.01	5.71	4.21	2.13	11.02	—
中级	16.85	16.56	27.33	29.68	9.75	10.08	21.46	6.99	10.06	24.83	—
助理/师级	32.19	32.45	43.46	40.44	24.16	32.74	36.72	23.21	20.12	33.33	—
员/士	36.34	36.74	2.56	0.96	62.27	50.42	32.26	47.40	53.35	21.76	—
待聘	4.24	3.94	2.18	2.25	2.86	2.81	3.10	17.38	14.02	5.02	—

白云区分科执业（助理）医师构成情况

（单位：%）

分科	合计	执业医师	执业助理医师
总计	100.00	100.00	100.00
临床专业类别小计	73.70	74.46	65.55
内科专业	27.09	27.26	25.19
外科专业	14.75	15.38	7.97
妇产科专业	9.34	9.15	11.31
儿科专业	3.88	4.02	2.31
眼耳鼻咽喉科专业	2.08	2.25	0.26
皮肤病与性病专业	1.27	1.27	1.29
精神卫生专业	2.52	2.59	1.80
职业病专业	0.07	0.02	0.51
医学影像和放射治疗专业	4.56	4.60	4.11
医学检验、病理专业	0.11	0.12	0.00
全科医学专业	2.26	2.04	4.63
急救医学专业	1.23	1.25	1.03
康复医学专业	0.66	0.60	1.29
预防保健专业	0.70	0.62	1.54
计划生育技术服务专业	0.35	0.36	0.26
其他专业	2.85	2.92	2.06
中医专业类别小计	13.94	14.23	10.80

续表

（单位：%）

分科	合计	执业医师	执业助理医师
中医专业	11.64	11.84	9.51
中西医结合专业	0.92	0.96	0.51
其他专业	1.38	1.44	0.77
口腔专业类别小计	4.91	3.91	15.68
口腔专业	4.87	3.86	15.68
其他专业	0.04	0.05	0.00
公共卫生专业类别小计	7.45	7.40	7.97
公共卫生专业	1.38	1.20	3.34
其他专业	6.07	6.21	4.63

白云区疾病预防控制中心执业（助理）医师构成情况

（单位：%）

分科	合计	执业医师	执业助理医师
总计	100.00	100.00	100.00
传染病预防控制科	25.33	26.43	10.00
性病、艾滋病预防控制科	4.67	5.00	0.00
慢性非传染性疾病预防控制科	6.67	7.14	0.00
寄生虫病预防控制科	1.33	1.43	0.00
免疫规划科	8.00	8.57	0.00
疾病控制与应急处理办公室	3.33	3.57	0.00
食品卫生科	12.67	10.71	40.00
环境卫生所	9.33	10.00	0.00
职业卫生科	4.67	4.29	10.00
放射卫生科	2.67	2.14	10.00
学校卫生科	2.67	2.86	0.00
健康教育科	2.67	2.86	0.00
预防医学门诊	2.67	2.86	0.00
其他业务科室	13.33	12.14	30.00

白云区医院、妇幼保健院、专科疾病防治所医疗设备拥有情况

（单位：台）

设备名称	设备台数	按产地分		按购进时新旧分		按设备使用情况分		
		进口	国产/合资	新设备	二手设备	启用	未启用	报废
800mA及以上数字减影血管造影X线机	4	3	1	3	1	3	1	0
800mA及以上医用X线诊断机（不含DSA）	8	7	1	8	0	8	0	0
500～800mA医用X线诊断机	52	24	28	52	0	52	0	0

续表

（单位：台）

设备名称	设备台数	按产地分		按购进时新旧分		按设备使用情况分		
		进口	国产/合资	新设备	二手设备	启用	未启用	报废
移动式X线诊断机	30	25	5	30	0	30	0	0
X线电子计算机断层扫描装置（CT）	20	15	5	19	1	20	0	0
X线-正电子发射计算机断层扫描仪（PET）	1	1	0	1	0	1	0	0
单光子发射型电子计算机断层扫描仪（ECT）	3	3	0	3	0	3	0	0
医用电子直线加速器（LA）	7	4	3	7	0	6	1	0
医用电子回旋加速治疗系统	1	1	0	1	0	1	0	0
质子治疗系统	2	1	1	2	0	2	0	0
伽玛射线立体定位治疗系统（γ刀）	4	1	3	4	0	3	1	0
钴-60治疗机	1	1	0	1	0	1	0	0
核磁（MRI）	5	4	1	5	0	5	0	0
彩超	88	76	12	86	2	88	0	0
B型超声诊断仪	104	79	25	104	0	104	0	0
医学图像存档及传输系统（PACS，套）	3	2	1	3	0	3	0	0
危重病人监护系统（ICU，套）	38	16	22	38	0	38	0	0
有创呼吸机	128	122	6	128	0	128	0	0
无创呼吸机	52	40	12	51	1	51	1	0
高压氧舱	15	0	15	12	3	15	0	0
人工肾透析装置	115	115	0	106	9	112	3	0
牙科综合治疗台	95	66	29	95	0	95	0	0
全自动生化分析仪	47	33	14	45	2	47	0	0
血液酸碱气体分析仪	31	26	5	31	0	30	1	0
救护车	37	13	24	37	0	36	1	0
其他单价在500万元以上的医用设备	7	1	6	7	0	7	0	0

白云区疾病死亡率前十位及其构成比和顺位

	顺位	死亡原因	死亡率/每10万	构成比/%
合计	1	循环系统疾病	245.81	44.51
	2	肿瘤	114.62	20.75
	3	呼吸系统疾病	96.51	17.48
	4	损伤和中毒等外部原因	29.39	5.32
	5	内分泌、营养和代谢的其他疾病	23.04	4.17
	6	消化系统疾病	12.81	2.32
	7	泌尿生殖系统疾病	8.82	1.60
	8	传染病和寄生虫病	5.88	1.06
	9	起源于围生期的某些情况	4.35	0.79
	10	神经系统疾病	3.64	0.66

续表

	顺位	死亡原因	死亡率/每10万	构成比/%
男性	1	循环系统疾病	232.80	38.66
	2	肿瘤	143.28	23.80
	3	呼吸系统疾病	111.73	18.56
	4	损伤和中毒等外部原因	39.27	6.52
	5	内分泌、营养和代谢的其他疾病	23.14	3.84
	6	消化系统疾病	15.66	2.60
	7	泌尿生殖系统疾病	8.88	1.48
	8	传染病和寄生虫病	8.41	1.40
	9	起源于围生期的某些情况	6.31	1.05
	10	神经系统疾病	4.67	0.78
女性	1	循环系统疾病	258.97	51.60
	2	肿瘤	85.61	17.06
	3	呼吸系统疾病	81.12	16.16
	4	内分泌、营养和代谢的其他疾病	22.94	4.57
	5	损伤和中毒等外部原因	19.39	3.86
	6	消化系统疾病	9.93	1.98
	7	泌尿生殖系统疾病	8.75	1.74
	8	传染病和寄生虫病	3.31	0.66
	9	神经系统疾病	2.60	0.52
	10	肌肉骨骼和结缔组织疾病	2.37	0.47

白云区意外死亡外部原因及其死亡率和构成比

死亡原因	合计		男性		女性	
	死亡率/每10万	构成比/%	死亡率/每10万	构成比/%	死亡率/每10万	构成比/%
机动车辆交通事故	3.41	11.60	4.44	11.31	2.37	12.20
机动车以外的运输事故	8.11	27.60	13.79	35.12	2.37	12.20
意外中毒	2.59	8.80	3.51	8.93	1.66	8.54
意外跌落	6.35	21.60	5.38	13.69	7.33	37.80
火灾	0.24	0.80	0.47	1.19	0.00	0.00
由自然环境因素所致的意外事故	0.12	0.40	0.23	0.60	0.00	0.00
淹死	2.59	8.80	3.04	7.74	2.13	10.98
意外的机械性窒息	0.35	1.20	0.47	1.19	0.24	1.22
砸死	0.00	0.00	0.00	0.00	0.00	0.00
由机器切割和穿刺工具所致的意外事故	0.00	0.00	0.00	0.00	0.00	0.00
触电	0.24	0.80	0.47	1.19	0.00	0.00
其他意外事故和有害效应	1.65	5.60	2.10	5.36	1.18	6.10
自杀	2.94	10.00	3.97	10.12	1.89	9.76
被杀	0.82	2.80	1.40	3.57	0.24	1.22

（六）黄埔区

黄埔区卫生机构、床位、人员情况

分类	机构个数	床位个数	人员数/人										
			合计	卫生技术人员							其他技术人员	管理人员	工勤技能人员
				小计	执业（助理）医师		注册护士	药剂师（士）	技师（士）	其他			
					小计	内：执业医师							
总计	116	1 942	2 883	2 359	923	828	979	173	116	168	59	148	317
1. 按经济类型分													
国有	44	1 661	2 083	1 709	627	584	736	126	87	133	50	106	218
集体	5	20	100	93	34	28	39	6	5	9	0	3	4
联营	0	0	0	0	0	0	0	0	0	0	0	0	0
私营	65	187	525	410	207	170	145	29	19	10	4	33	78
其他	2	74	175	147	55	46	59	12	5	16	5	6	17
2. 按主办单位分													
政府办	17	723	1 474	1 253	468	450	515	92	70	108	36	55	130
其中：卫生部门	17	723	1 474	1 253	468	450	515	92	70	108	36	55	130
社会办	35	1 032	897	707	254	213	321	53	29	50	19	60	111
个人办	64	187	512	399	201	165	143	28	17	10	4	33	76

黄埔区卫生机构、床位、人员情况（不含诊所、卫生所、医务室及村卫生室）

分类	机构个数	床位个数	人员数/人										
			合计	卫生技术人员							其他技术人员	管理人员	工勤技能人员
				小计	执业（助理）医师		注册护士	药剂师（士）	技师（士）	其他			
					小计	内：执业医师							
总计	54	1 942	2 675	2 160	809	730	907	167	111	166	59	148	308
1. 按经济类型分													
国有	24	1 661	2 006	1 634	590	552	710	120	82	132	50	106	216
集体	4	20	94	87	33	27	34	6	5	9	0	3	4
联营	0	0	0	0	0	0	0	0	0	0	0	0	0
私营	24	187	400	292	131	105	104	29	19	9	4	33	71
其他	2	74	175	147	55	46	59	12	5	16	5	6	17
2. 按主办单位分													
政府办	14	723	1 453	1 234	459	442	508	92	67	108	36	55	128
其中：卫生部门	14	723	1 453	1 234	459	442	508	92	67	108	36	55	128
社会办	17	1 032	835	645	225	188	297	47	27	49	19	60	111
个人办	23	187	387	281	125	100	102	28	17	9	4	33	69

黄埔区诊所、医务室、卫生所、人员情况

分类	机构个数	人员数/人								
		合计	卫生技术人员							工勤技能人员
			小计	执业（助理）医师		注册护士	药剂师（士）	技师（士）	其他	
				小计	内：执业医师					
总计	62	208	199	114	98	72	6	5	2	9
1. 按经济类型分										
国有	20	77	75	37	32	26	6	5	1	2
集体	1	6	6	1	1	5	0	0	0	0
联营	0	0	0	0	0	0	0	0	0	0
私营	41	125	118	76	65	41	0	0	1	7
其他	0	0	0	0	0	0	0	0	0	0
2. 按主办单位分										
政府办	3	21	19	9	8	7	0	3	0	2
其中：卫生部门	3	21	19	9	8	7	0	3	0	2
社会办	18	62	62	29	25	24	6	2	1	0
个人办	41	125	118	76	65	41	0	0	1	7

黄埔区按经济类型和主办单位分各类卫生机构数

（单位：个）

卫生机构分类	合计	按经济类型分					按主办单位分		
		国有	集体	联营	私营	其他	政府办	社会办	个人办
总计	116	44	5	0	65	2	17	35	64
1. 医院	8	6	0	0	2	0	3	3	2
综合医院	6	5	0	0	1	0	2	3	1
中医医院	1	1	0	0	0	0	1	0	0
专科医院	1	0	0	0	1	0	0	0	1
2. 基层医疗卫生机构	105	35	5	0	63	2	11	32	62
社区卫生服务中心（站）	23	14	4	0	3	2	8	12	3
社区卫生服务中心	8	4	2	0	0	2	4	4	0
社区卫生服务站	15	10	2	0	3	0	4	8	3
门诊部	20	1	0	0	19	0	0	2	18
综合门诊部	15	1	0	0	14	0	0	2	13
中医门诊部	1	0	0	0	1	0	0	0	1
中西医结合门诊部	1	0	0	0	1	0	0	0	1
专科门诊部	3	0	0	0	3	0	0	0	3

续表

（单位：个）

卫生机构分类	合计	按经济类型分					按主办单位分		
		国有	集体	联营	私营	其他	政府办	社会办	个人办
诊所、卫生所、医务室	62	20	1	0	41	0	3	18	41
诊所	41	0	0	0	41	0	0	0	41
卫生所、医务室	21	20	1	0	0	0	3	18	0
3. 专业公共卫生机构	3	3	0	0	0	0	3	0	0
疾病预防控制中心	1	1	0	0	0	0	1	0	0
妇幼保健院（所、站）	1	1	0	0	0	0	1	0	0
卫生监督所（中心）	1	1	0	0	0	0	1	0	0

黄埔区医疗机构分级情况

（单位：个）

等级	医院					妇幼保健院	专科疾病防治院
	合计	其中					
		综合医院	中医医院	中西医结合医院	专科医院		
总计	8	6	1	0	1	1	0
二级	3	2	1	0	0	0	0
二级甲等	3	2	1	0	0	0	0
一级	1	1	0	0	0	0	0
一级甲等	1	1	0	0	0	0	0
其他	4	3	0	0	1	1	0

黄埔区医疗机构分科床位、门急诊及出院情况（合计）

分科	实有床位		门急诊人次		出院人数	
	小计/张	构成/%	小计/人次	构成/%	小计/人	构成/%
总计	1 942	100.00	2 162 289	100.00	31 462	100.00
预防保健科	0	0.00	135 130	6.25	0	0.00
全科医疗科	94	4.84	309 307	14.30	1 816	5.77
内科	369	19.00	247 279	11.44	7 071	22.47
外科	295	15.19	96 949	4.48	6 710	21.33
妇产科	146	7.52	177 901	8.23	6 683	21.24
儿科	55	2.83	137 756	6.37	1 638	5.21
眼科	16	0.82	15 832	0.73	683	2.17
耳鼻咽喉科	1	0.05	46 110	2.13	9	0.03
口腔科	1	0.05	56 400	2.61	0	0.00
皮肤科	0	0.00	20 849	0.96	0	0.00

续表

分科	实有床位		门急诊人次		出院人数	
	小计/张	构成/%	小计/人次	构成/%	小计/人	构成/%
医疗美容科	0	0.00	2 667	0.12	0	0.00
精神科	665	34.24	16 606	0.77	320	1.02
急诊医学科	0	0.00	146 863	6.79	0	0.00
康复医学科	55	2.83	16 296	0.75	1 136	3.61
重症医学科	10	0.51	0	0.00	123	0.39
中医科	40	2.06	184 755	8.54	636	2.02
中西医结合科	0	0.00	11 188	0.52	0	0.00
其他	195	10.04	540 401	24.99	4 637	14.74

黄埔区医疗机构分科床位、门急诊及出院情况（医院）

分科	实有床位		门急诊人次		出院人数	
	小计/张	构成/%	小计/人次	构成/%	小计/人	构成/%
总计	1 748	100.00	1 123 560	100.00	24 713	100.00
预防保健科	0	0.00	3 290	0.29	0	0.00
内科	344	19.68	171 540	15.27	6 008	24.31
外科	260	14.87	65 647	5.84	5 497	22.24
妇产科	116	6.64	96 756	8.61	4 329	17.52
儿科	45	2.57	82 724	7.36	1 335	5.40
眼科	16	0.92	15 769	1.40	683	2.76
耳鼻咽喉科	1	0.06	21 470	1.91	9	0.04
口腔科	1	0.06	20 250	1.80	0	0.00
皮肤科	0	0.00	20 849	1.86	0	0.00
医疗美容科	0	0.00	2 667	0.24	0	0.00
精神科	665	38.04	16 606	1.48	320	1.29
急诊医学科	0	0.00	70 331	6.26	0	0.00
康复医学科	55	3.15	2 075	0.18	1 136	4.60
重症医学科	10	0.57	0	0.00	123	0.50
中医科	40	2.29	95 929	8.54	636	2.57
民族医学科	0	0.00	0	0.00	0	0.00
中西医结合科	0	0.00	8 492	0.76	0	0.00
其他	195	11.16	429 165	38.20	4 637	18.76

黄埔区医疗机构分科床位、门急诊及出院情况（综合医院）

分科	实有床位		门急诊人次		出院人数	
	小计/张	构成/%	小计/人次	构成/%	小计/人	构成/%
总计	1 448	100.00	657 513	100.00	19 398	100.00
预防保健科	0	0.00	3 290	0.50	0	0.00
内科	344	23.76	171 540	26.09	6 008	30.97
外科	260	17.96	65 647	9.98	5 497	28.34
妇产科	116	8.01	96 756	14.72	4 329	22.32
儿科	45	3.11	82 724	12.58	1 335	6.88
眼科	16	1.10	15 769	2.40	683	3.52
耳鼻咽喉科	1	0.07	21 470	3.27	9	0.05
口腔科	1	0.07	20 250	3.08	0	0.00
皮肤科	0	0.00	20 849	3.17	0	0.00
医疗美容科	0	0.00	2 667	0.41	0	0.00
精神科	600	41.44	936	0.14	278	1.43
急诊医学科	0	0.00	70 331	10.70	0	0.00
康复医学科	55	3.80	2 075	0.32	1 136	5.86
重症医学科	10	0.69	0	0.00	123	0.63
中医科	0	0.00	68 452	10.41	0	0.00
中西医结合科	0	0.00	8 492	1.29	0	0.00
其他	0	0.00	6 265	0.95	0	0.00

黄埔区医疗机构分科床位、门急诊及出院情况（社区卫生服务中心）

分科	实有床位		门急诊人次		出院人数	
	小计/张	构成/%	小计/人次	构成/%	小计/人	构成/%
总计	194	100.00	824 039	100.00	6 749	100.00
预防保健科	0	0.00	107 174	13.01	0	0.00
全科医疗科	94	48.45	209 657	25.44	1 816	26.91
内科	25	12.89	70 100	8.51	1 063	15.75
外科	35	18.04	30 044	3.65	1 213	17.97
妇产科	30	15.46	79 980	9.71	2 354	34.88
儿科	10	5.15	47 929	5.82	303	4.49
眼科	0	0.00	63	0.01	0	0.00

续表

分科	实有床位		门急诊人次		出院人数	
	小计/张	构成/%	小计/人次	构成/%	小计/人	构成/%
耳鼻咽喉科	0	0.00	24 640	2.99	0	0.00
口腔科	0	0.00	13 149	1.60	0	0.00
急诊医学科	0	0.00	76 532	9.29	0	0.00
康复医学科	0	0.00	14 221	1.73	0	0.00
中医科	0	0.00	75 122	9.12	0	0.00
其他	0	0.00	75 428	9.15	0	0.00

黄埔区卫生机构专业卫生人员分类构成情况

（单位：%）

指标名称	总计	卫生技术人员							其他技术人员	管理人员	工勤技能人员
		合计	执业（助理）医师		注册护士	药剂师（士）	技师（士）	其他			
			小计	内：执业医师							
总计	100.00	100.00	100.00	100.00	100.00	100.00	100.00	100.00	100.00	100.00	100.00
按性别分											
男	31.15	29.03	56.45	57.96	1.10	26.54	30.25	35.14	28.89	38.04	44.96
女	68.85	70.97	43.55	42.04	98.90	73.46	69.75	64.86	71.11	61.96	55.04
按年龄分											
25岁以下	12.41	12.95	0.00	0.00	21.94	9.26	8.40	32.88	17.78	6.75	10.43
25～34岁	34.96	36.01	30.43	27.39	35.28	40.12	44.54	53.60	46.67	32.52	25.90
35～44岁	26.15	26.24	30.43	30.45	27.78	23.46	27.73	4.50	17.78	25.15	27.34
45～54岁	16.98	15.13	19.57	20.89	12.24	20.99	13.45	5.86	13.33	28.22	26.26
55～59岁	4.89	4.71	8.14	8.92	1.98	4.94	5.04	1.80	2.22	4.29	7.19
60岁及以上	4.60	4.97	11.43	12.36	0.77	1.23	0.84	1.35	2.22	3.07	2.88
按工作年限分											
5年以下	25.76	25.89	12.90	12.36	28.45	26.54	25.21	67.12	28.89	19.63	27.70
5～9年	19.03	18.53	19.46	17.07	17.64	18.52	21.01	17.12	28.89	17.79	22.30
10～19年	22.41	23.02	24.21	24.46	27.12	17.90	23.53	4.95	20.00	19.02	19.78
20～29年	16.76	17.00	20.81	22.04	16.32	15.43	17.65	5.41	13.33	19.63	13.67
30年及以上	16.04	15.56	22.62	24.08	10.47	21.60	12.61	5.41	8.89	23.93	16.55
按学位分											
博士	0.22	0.26	0.68	0.76	0.00	0.00	0.00	0.00	0.00	0.00	—
硕士	3.56	4.10	7.58	8.41	0.00	0.00	2.52	10.81	0.00	3.07	—
学士	19.46	21.58	39.37	43.44	2.76	17.28	25.21	28.83	20.00	22.70	—

续表 （单位：%）

指标名称	总计	卫生技术人员							其他技术人员	管理人员	工勤技能人员
		合计	执业（助理）医师		注册护士	药剂师（士）	技师（士）	其他			
			小计	内：执业医师							
按学历分											
研究生	3.42	3.97	7.58	8.41	0.00	0.00	2.52	9.46	0.00	2.45	0.00
大学本科	26.55	28.51	50.23	54.78	5.62	25.31	31.93	36.04	26.67	39.88	2.52
大专	29.89	31.39	28.62	26.11	33.74	30.25	36.97	30.63	35.56	35.58	13.31
中专及中技	31.12	33.52	12.10	9.55	58.43	31.48	25.21	22.97	24.44	13.50	22.66
技校	0.50	0.44	0.23	0.13	0.66	1.23	0.00	0.00	0.00	0.00	1.44
高中及以下	8.53	2.18	1.24	1.02	1.54	11.73	3.36	0.90	13.33	8.59	60.07
按所学专业分											
医学小计	78.29	92.64	94.98	95.62	93.37	87.04	87.39	87.39	17.78	26.38	—
基础医学	0.22	0.22	0.34	0.26	0.00	0.00	0.00	0.90	0.00	0.61	—
预防医学	2.71	3.15	5.14	5.15	0.11	0.62	4.20	9.01	2.22	1.23	—
临床医学	22.54	26.58	61.30	62.81	0.22	2.47	10.92	22.97	0.00	10.43	—
医学技术	4.91	5.87	2.51	2.70	0.11	0.62	68.07	13.06	4.44	0.00	—
口腔医学	2.89	3.46	7.65	6.05	0.22	0.00	1.68	3.60	0.00	0.61	—
中医学	6.65	7.75	17.69	18.28	0.11	0.62	0.84	8.56	2.22	3.68	—
护理学	33.27	39.54	0.34	0.39	92.38	2.47	1.68	26.13	8.89	8.59	—
药学	5.09	6.09	0.00	0.00	0.22	80.25	0.00	3.15	0.00	1.23	—
卫生管理	0.40	0.18	0.11	0.13	0.00	0.62	0.00	0.90	0.00	4.29	—
经济学	2.06	0.09	0.00	0.00	0.00	0.00	0.00	0.90	48.89	20.25	—
法学	0.11	0.04	0.00	0.00	0.00	0.00	0.00	0.45	2.22	0.61	—
其他	19.54	7.22	5.02	4.38	6.63	12.96	12.61	11.26	31.11	52.76	—
按技术资格分											
正高	0.83	0.83	2.04	2.29	0.00	0.00	0.00	0.45	0.00	2.45	—
副高	5.58	6.36	15.16	17.07	0.22	1.85	3.36	1.35	2.22	4.91	—
中级	18.20	20.88	33.60	37.58	13.67	13.58	22.69	4.05	11.11	13.50	—
助理/师级	28.49	32.39	41.97	38.98	25.47	40.12	36.13	14.86	20.00	24.54	—
员/士	25.40	29.69	3.51	0.76	52.48	35.19	30.25	36.49	24.44	8.59	—
无职称	21.51	9.85	3.73	3.31	8.16	9.26	7.56	42.79	42.22	46.01	—
按聘任技术职务分											
正高	0.61	0.44	1.02	1.15	0.00	0.00	0.00	0.47	2.22	3.67	—
副高	6.15	6.21	15.05	16.94	0.22	1.85	0.84	1.40	0.00	7.34	—
中级	21.72	22.05	35.63	39.75	14.44	13.58	25.21	2.80	8.89	20.18	—

续表

（单位：%）

指标名称	总计	卫生技术人员								其他技术人员	管理人员	工勤技能人员
		合计	执业（助理）医师		注册护士	药剂师（士）	技师（士）	其他				
			小计	内：执业医师								
助理/师级	33.89	33.73	44.46	41.02	25.69	38.89	35.29	18.69		24.44	41.28	—
员/士	31.19	31.71	3.62	0.89	57.44	40.12	31.09	32.71		35.56	18.35	—
待聘	6.43	5.86	0.23	0.25	2.21	5.56	7.56	43.93		28.89	9.17	—

黄埔区分科执业（助理）医师构成情况

（单位：%）

分科	合计	执业医师	执业助理医师
总计	100.00	100.00	100.00
临床专业类别小计	69.28	70.65	58.25
内科专业	25.99	25.97	26.21
外科专业	12.57	13.41	5.83
妇产科专业	9.34	9.66	6.80
儿科专业	4.40	4.59	2.91
眼耳鼻咽喉科专业	1.93	2.05	0.97
皮肤病与性病专业	0.86	0.97	0.00
精神卫生专业	1.72	1.69	1.94
医学影像和放射治疗专业	6.02	5.56	9.71
医学检验、病理专业	0.32	0.24	0.97
全科医学专业	1.93	2.17	0.00
急救医学专业	0.54	0.60	0.00
康复医学专业	0.64	0.60	0.97
预防保健专业	1.61	1.57	1.94
其他专业	1.40	1.57	0.00
中医专业类别小计	17.83	18.48	12.62
中医专业	15.15	15.46	12.62
中西医结合专业	1.61	1.81	0.00
其他专业	1.07	1.21	0.00
口腔专业类别小计	8.16	6.28	23.30
口腔专业	8.06	6.16	23.30
其他专业	0.10	0.12	0.00
公共卫生专业类别小计	4.73	4.59	5.83
公共卫生专业	2.47	2.54	1.94
其他专业	2.26	2.05	3.88

黄埔区疾病预防控制中心执业（助理）医师构成情况

（单位：%）

分科	合计	执业医师	执业助理医师
总计	100.00	100.00	100.00
传染病预防控制科	18.18	22.22	0.00
食品卫生科	54.55	44.44	100.00
健康教育科	9.09	11.11	0.00
预防医学门诊	18.18	22.22	0.00
其他业务科室	0.00	0.00	0.00

黄埔区医院、妇幼保健院、专科疾病防治所医疗设备拥有情况

（单位：台）

设备名称	设备台数	按产地分		按购进时新旧分		按设备使用情况分		
		进口	国产/合资	新设备	二手设备	启用	未启用	报废
800mA及以上数字减影血管造影X线机	1	1	0	1	0	1	0	0
800mA及以上医用X线诊断机（不含DSA）	5	2	3	5	0	5	0	0
500～800mA医用X线诊断机	5	4	1	5	0	4	1	0
移动式X线诊断机	4	2	2	4	0	4	0	0
X线电子计算机断层扫描装置（CT）	6	3	3	6	0	6	0	0
核磁（MRI）	2	2	0	2	0	2	0	0
彩超	11	9	2	11	0	11	0	0
B型超声诊断仪	17	12	5	17	0	17	0	0
医学图像存档及传输系统（PACS，套）	1	0	1	1	0	1	0	0
有创呼吸机	7	7	0	7	0	7	0	0
无创呼吸机	8	8	0	8	0	8	0	0
高压氧舱	3	1	2	3	0	3	0	0
人工肾透析装置	2	2	0	2	0	2	0	0
牙科综合治疗台	15	4	11	15	0	15	0	0
全自动生化分析仪	8	7	1	8	0	8	0	0
血液酸碱气体分析仪	2	2	0	2	0	2	0	0
救护车	10	6	4	9	1	10	0	0

黄埔区疾病死亡率前十位及其构成比和顺位

	顺位	死亡原因	死亡率/每10万	构成比/%
合计	1	循环系统疾病	142.73	30.14
	2	肿瘤	126.26	26.66
	3	呼吸系统疾病	58.89	12.43
	4	损伤和中毒等外部原因	21.96	4.64
	5	内分泌、营养和代谢的其他疾病	14.97	3.16
	6	消化系统疾病	14.97	3.16
	7	泌尿生殖系统疾病	10.48	2.21
	8	传染病和寄生虫病	3.99	0.84
	9	精神障碍	2.50	0.53
	10	神经系统疾病	2.50	0.53
男性	1	肿瘤	150.96	29.67
	2	循环系统疾病	146.30	28.75
	3	呼吸系统疾病	63.36	12.45
	4	损伤和中毒等外部原因	27.95	5.49
	5	消化系统疾病	19.57	3.85
	6	内分泌、营养和代谢的其他疾病	13.05	2.56
	7	泌尿生殖系统疾病	11.18	2.20
	8	传染病和寄生虫病	4.66	0.92
	9	精神障碍	4.66	0.92
	10	神经系统疾病	1.86	0.37
女性	1	循环系统疾病	138.61	32.01
	2	肿瘤	97.78	22.58
	3	呼吸系统疾病	53.73	12.41
	4	内分泌、营养和代谢的其他疾病	17.19	3.97
	5	损伤和中毒等外部原因	15.04	3.47
	6	消化系统疾病	9.67	2.23
	7	泌尿生殖系统疾病	9.67	2.23
	8	传染病和寄生虫病	3.22	0.74
	9	神经系统疾病	3.22	0.74
	10	肌肉骨骼和结缔组织疾病	3.22	0.74

黄埔区意外死亡外部原因及其死亡率和构成比

死亡原因	合计		男性		女性	
	死亡率/每10万	构成比/%	死亡率/每10万	构成比/%	死亡率/每10万	构成比/%
机动车辆交通事故	2.96	12.77	4.62	17.86	1.06	5.26
机动车以外的运输事故	1.97	8.51	0.92	3.57	3.18	15.79
意外中毒	0.99	4.26	1.85	7.14	0.00	0.00
意外跌落	8.39	36.17	9.23	35.71	7.43	36.84
火灾	0.00	0.00	0.00	0.00	0.00	0.00
由自然环境因素所致的意外事故	0.00	0.00	0.00	0.00	0.00	0.00
淹死	0.49	2.13	0.92	3.57	0.00	0.00
意外的机械性窒息	0.00	0.00	0.00	0.00	0.00	0.00
砸死	0.00	0.00	0.00	0.00	0.00	0.00
由机器切割和穿刺工具所致的意外事故	0.00	0.00	0.00	0.00	0.00	0.00
触电	0.00	0.00	0.00	0.00	0.00	0.00
其他意外事故和有害效应	0.99	4.26	0.00	0.00	2.12	10.53
自杀	5.92	25.53	5.54	21.43	6.37	31.58
被杀	1.48	6.38	2.77	10.71	0.00	0.00

（七）番禺区

番禺区（旧行政区划）卫生机构、床位、人员情况

分类	机构个数	床位个数	人员数/人										
			合计	卫生技术人员							其他技术人员	管理人员	工勤技能人员
				小计	执业（助理）医师		注册护士	药剂师（士）	技师（士）	其他			
					小计	内：执业医师							
总计	475	6 241	12 517	10 022	3 692	3 379	3 989	757	625	959	564	338	1 152
1. 按经济类型分													
国有	151	5 498	9 587	8 045	2 931	2 755	3 243	597	493	781	395	291	853
集体	241	14	687	230	141	91	60	15	6	8	2	4	18
联营	1	561	998	866	234	230	385	70	49	128	80	12	40
私营	61	140	1 034	706	317	247	249	64	50	26	87	28	213
其他	21	28	211	175	69	56	52	11	27	16	0	3	28
2. 按主办单位分													
政府办	92	5 482	9 436	7 905	2 840	2 679	3 207	591	488	779	394	289	847
其中：卫生部门	86	5 230	9 108	7 660	2 732	2 584	3 133	575	466	754	385	262	800
社会办	316	58	962	476	268	198	130	24	33	21	1	7	38
个人办	67	701	2 119	1 641	584	502	652	142	104	159	169	42	267

番禺区（旧行政区划）卫生机构、床位、人员情况（不含诊所、卫生所、医务室及村卫生室）

分类	机构个数	床位个数	人员数/人										
			合计	卫生技术人员							其他技术人员	管理人员	工勤技能人员
				小计	执业（助理）医师		注册护士	药剂师（士）	技师（士）	其他			
					小计	内：执业医师							
总计	160	6 241	11 710	9 667	3 459	3 214	3 895	742	617	954	564	338	1 141
1. 按经济类型分													
国有	90	5 498	9 472	7 939	2 857	2 696	3 218	595	490	779	395	291	847
集体	3	14	81	60	26	20	15	8	4	7	2	4	15
联营	1	561	998	866	234	230	385	70	49	128	80	12	40
私营	60	140	1 027	700	313	246	248	63	50	26	87	28	212
其他	6	28	132	102	29	22	29	6	24	14	0	3	27
2. 按主办单位分													
政府办	83	5 482	9 435	7 905	2 840	2 679	3 207	591	488	779	394	289	847
其中：卫生部门	77	5 230	9 107	7 660	2 732	2 584	3 133	575	466	754	385	262	800
社会办	15	58	186	150	53	44	43	11	26	17	1	7	28
个人办	62	701	2 089	1 612	566	491	645	140	103	158	169	42	266

番禺区（旧行政区划）诊所、医务室、卫生所、人员情况

分类	机构个数	人员数/人								
		合计	卫生技术人员							工勤技能人员
			小计	执业（助理）医师		注册护士	药剂师（士）	技师（士）	其他	
				小计	内：执业医师					
总计	90	261	250	154	127	68	15	8	5	11
1. 按经济类型分										
国有	59	109	103	71	59	25	2	3	2	6
集体	17	72	69	40	33	19	7	2	1	3
联营	0	0	0	0	0	0	0	0	0	0
私营	1	7	6	4	1	1	1	0	0	1
其他	13	73	72	39	34	23	5	3	2	1
2. 按主办单位分										
政府办	0	0	0	0	0	0	0	0	0	0
其中：卫生部门	0	0	0	0	0	0	0	0	0	0
社会办	85	231	221	136	116	61	13	7	4	10
个人办	5	30	29	18	11	7	2	1	1	1

番禺区（旧行政区划）按经济类型和主办单位分各类卫生机构数

（单位：个）

卫生机构分类	合计	按经济类型分					按主办单位分		
		国有	集体	联营	私营	其他	政府办	社会办	个人办
总计	475	151	241	1	61	21	92	316	67
1．医院	30	24	1	1	3	1	23	3	4
综合医院	24	20	1	0	3	0	19	2	3
中医医院	3	2	0	1	0	0	2	0	1
专科医院	3	2	0	0	0	1	2	1	0
2．基层医疗卫生机构	431	115	240	0	58	18	57	312	62
社区卫生服务中心（站）	50	45	2	0	3	0	46	0	4
社区卫生服务中心	19	19	0	0	0	0	19	0	0
社区卫生服务站	31	26	2	0	3	0	27	0	4
村卫生室	225	2	221	0	0	2	9	216	0
门诊部	66	9	0	0	54	3	2	11	53
综合门诊部	15	8	0	0	5	2	2	7	6
中医门诊部	12	0	0	0	12	0	0	1	11
中西医结合门诊部	3	0	0	0	3	0	0	0	3
专科门诊部	36	1	0	0	34	1	0	3	33
诊所、卫生所、医务室	90	59	17	0	1	13	0	85	5
诊所	1	1	0	0	0	0	0	1	0
卫生所、医务室	89	58	17	0	1	13	0	84	5
3．专业公共卫生机构	9	8	0	0	0	1	8	0	1
疾病预防控制中心	2	2	0	0	0	0	2	0	0
专科疾病防治院（所、站）	2	1	0	0	0	1	1	0	1
健康教育所（站、中心）	1	1	0	0	0	0	1	0	0
妇幼保健院（所、站）	1	1	0	0	0	0	1	0	0
急救中心（站）	1	1	0	0	0	0	1	0	0
采供血机构	1	1	0	0	0	0	1	0	0
卫生监督所（中心）	1	1	0	0	0	0	1	0	0
4．其他卫生机构	5	4	0	0	0	1	4	1	0
疗养院	1	1	0	0	0	0	1	0	0
医学在职培训机构	1	1	0	0	0	0	1	0	0
临床检验中心（所、站）	1	0	0	0	0	1	0	1	0
其他	2	2	0	0	0	0	2	0	0

番禺区（旧行政区划）医疗机构分级情况

（单位：个）

等级	医院					妇幼保健院	专科疾病防治院
	合计	其中					
		综合医院	中医医院	中西医结合医院	专科医院		
总计	30	24	3	0	3	1	0
三级	3	2	0	0	1	1	0
三级甲等	3	2	0	0	1	1	0
二级	3	2	1	0	0	0	0
二级甲等	3	2	1	0	0	0	0
一级	13	13	0	0	0	0	0
一级甲等	12	12	0	0	0	0	0
未评等次	1	1	0	0	0	0	0
其他	11	7	2	0	2	0	0

番禺区（旧行政区划）医疗机构分科床位、门急诊及出院情况（合计）

分科	实有床位		门急诊人次		出院人数	
	小计/张	构成/%	小计/人次	构成/%	小计/人	构成/%
总计	6 241	100.00	12 375 779	100.00	190 966	100.00
预防保健科	0	0.00	218 068	1.76	0	0.00
全科医疗科	56	0.90	1 501 923	12.14	1 052	0.55
内科	1 279	20.49	2 732 675	22.08	46 790	24.50
外科	1 122	17.98	796 119	6.43	30 487	15.96
妇产科	1 107	17.74	1 347 439	10.89	46 271	24.23
妇女保健科	0	0.00	52 945	0.43	0	0.00
儿科	295	4.73	768 674	6.21	14 283	7.48
小儿外科	94	1.51	5 681	0.05	469	0.25
儿童保健科	0	0.00	106 742	0.86	0	0.00
眼科	54	0.87	140 668	1.14	1 772	0.93
耳鼻咽喉科	63	1.01	235 693	1.90	2 470	1.29
口腔科	20	0.32	293 708	2.37	391	0.20
皮肤科	0	0.00	164 324	1.33	0	0.00
医疗美容科	0	0.00	9 125	0.07	0	0.00
精神科	500	8.01	43 736	0.35	702	0.37
传染科	82	1.31	13 758	0.11	1 173	0.61

续表

分科	实有床位		门急诊人次		出院人数	
	小计/张	构成/%	小计/人次	构成/%	小计/人	构成/%
结核病科	0	0.00	26	0.00	8	0.00
肿瘤科	45	0.72	8 823	0.07	2 064	1.08
急诊医学科	6	0.10	940 084	7.60	0	0.00
康复医学科	74	1.19	88 403	0.71	1 005	0.53
临终关怀科	26	0.42	0	0.00	527	0.28
疼痛科	0	0.00	970	0.01	0	0.00
重症医学科	55	0.88	0	0.00	816	0.43
中医科	390	6.25	1 099 437	8.88	9 341	4.89
中西医结合科	0	0.00	37 785	0.31	0	0.00
其他	973	15.59	1 768 973	14.29	31 345	16.41

番禺区（旧行政区划）医疗机构分科床位、门急诊及出院情况（医院）

分科	实有床位		门急诊人次		出院人数	
	小计/张	构成/%	小计/人次	构成/%	小计/人	构成/%
总计	6 073	100.00	10 408 102	100.00	190 552	100.00
预防保健科	0	0.00	81 191	0.78	0	0.00
全科医疗科	56	0.92	266 158	2.56	1 052	0.55
内科	1 279	21.06	2 518 170	24.19	46 790	24.55
外科	1 122	18.48	791 198	7.60	30 487	16.00
妇产科	1 107	18.23	1 337 111	12.85	46 271	24.28
妇女保健科	0	0.00	52 945	0.51	0	0.00
儿科	295	4.86	748 870	7.20	14 283	7.50
小儿外科	94	1.55	5 681	0.05	469	0.25
儿童保健科	0	0.00	106 742	1.03	0	0.00
眼科	54	0.89	140 665	1.35	1 772	0.93
耳鼻咽喉科	63	1.04	235 682	2.26	2 470	1.30
口腔科	20	0.33	188 798	1.81	391	0.21
皮肤科	0	0.00	164 324	1.58	0	0.00
精神科	500	8.23	43 736	0.42	702	0.37
传染科	82	1.35	13 758	0.13	1 173	0.62
结核病科	0	0.00	26	0.00	8	0.00
肿瘤科	45	0.74	8 823	0.08	2 064	1.08

续表

分科	实有床位		门急诊人次		出院人数	
	小计/张	构成/%	小计/人次	构成/%	小计/人	构成/%
急诊医学科	6	0.10	940 084	9.03	0	0.00
康复医学科	74	1.22	72 548	0.70	1 005	0.53
临终关怀科	26	0.43	0	0.00	527	0.28
疼痛科	0	0.00	970	0.01	0	0.00
重症医学科	55	0.91	0	0.00	816	0.43
中医科	390	6.42	940 449	9.04	9 341	4.90
中西医结合科	0	0.00	5 632	0.05	0	0.00
其他	805	13.26	1 744 541	16.76	30 931	16.23

番禺区（旧行政区划）医疗机构分科床位、门急诊及出院情况（综合医院）

分科	实有床位		门急诊人次		出院人数	
	小计/张	构成/%	小计/人次	构成/%	小计/人	构成/%
总计	4 403	100.00	8 420 556	100.00	152 878	100.00
预防保健科	0	0.00	81 191	0.96	0	0.00
全科医疗科	56	1.27	266 158	3.16	1 052	0.69
内科	1 279	29.05	2 518 170	29.91	46 790	30.61
外科	1 122	25.48	791 198	9.40	30 487	19.94
妇产科	1 107	25.14	1 337 111	15.88	46 271	30.27
妇女保健科	0	0.00	52 945	0.63	0	0.00
儿科	295	6.70	748 870	8.89	14 283	9.34
小儿外科	94	2.13	5 681	0.07	469	0.31
儿童保健科	0	0.00	106 742	1.27	0	0.00
眼科	54	1.23	140 665	1.67	1 772	1.16
耳鼻咽喉科	63	1.43	235 682	2.80	2 470	1.62
口腔科	20	0.45	188 798	2.24	391	0.26
皮肤科	0	0.00	164 324	1.95	0	0.00
精神科	0	0.00	96	0.00	0	0.00
传染科	82	1.86	13 758	0.16	1 173	0.77
结核病科	0	0.00	26	0.00	8	0.01
肿瘤科	45	1.02	8 823	0.10	2 064	1.35
急诊医学科	6	0.14	940 084	11.16	0	0.00
康复医学科	46	1.04	51 201	0.61	762	0.50
临终关怀科	26	0.59	0	0.00	527	0.34

续表

分科	实有床位		门急诊人次		出院人数	
	小计/张	构成/%	小计/人次	构成/%	小计/人	构成/%
疼痛科	0	0.00	970	0.01	0	0.00
重症医学科	55	1.25	0	0.00	816	0.53
中医科	2	0.05	645 304	7.66	0	0.00
中西医结合科	0	0.00	5 632	0.07	0	0.00
其他	51	1.16	117 127	1.39	3 543	2.32

番禺区（旧行政区划）医疗机构分科床位、门急诊及出院情况（社区卫生服务中心）

分科	实有床位		门急诊人次		出院人数	
	小计/张	构成/%	小计/人次	构成/%	小计/人	构成/%
总计	0	—	1 361 171	100.00	0	—
预防保健科	0	—	83 584	6.14	0	—
全科医疗科	0	—	1 083 107	79.57	0	—
内科	0	—	182 178	13.38	0	—
妇产科	0	—	537	0.04	0	—
口腔科	0	—	1 887	0.14	0	—
康复医学科	0	—	1 927	0.14	0	—
中医科	0	—	7 951	0.58	0	—

番禺区（旧行政区划）卫生机构专业卫生人员分类构成情况

（单位：%）

指标名称	总计	卫生技术人员							其他技术人员	管理人员	工勤技能人员
		合计	执业（助理）医师		注册护士	药剂师（士）	技师（士）	其他			
			小计	内：执业医师							
总计	100.00	100.00	100.00	100.00	100.00	100.00	100.00	100.00	100.00	100.00	100.00
按性别分											
男	32.38	30.46	58.04	57.85	1.59	33.05	45.29	34.95	35.54	46.30	43.24
女	67.62	69.54	41.96	42.15	98.41	66.95	54.71	65.05	64.46	53.70	56.76
按年龄分											
25岁以下	10.76	10.45	0.09	0.07	15.18	6.50	5.10	30.93	8.39	6.03	16.22
25～34岁	46.78	49.14	41.38	40.18	52.97	51.13	50.39	57.85	49.01	25.48	32.34
35～44岁	25.14	24.50	31.94	31.55	23.50	23.16	26.86	5.20	26.05	32.05	27.99
45～54岁	12.91	11.57	17.00	17.99	7.96	15.25	13.53	3.92	14.13	29.04	18.73

续表

（单位：%）

指标名称	总计	卫生技术人员							其他技术人员	管理人员	工勤技能人员
		合计	执业（助理）医师		注册护士	药剂师（士）	技师（士）	其他			
			小计	内：执业医师							
55～59岁	2.61	2.46	4.83	5.09	0.36	3.25	3.14	1.55	1.77	5.48	3.28
60岁及以上	1.79	1.88	4.77	5.12	0.03	0.71	0.98	0.55	0.66	1.92	1.45
按工作年限分											
5年以下	32.92	31.64	19.16	19.24	31.22	26.13	30.59	74.64	28.48	20.00	50.77
5～9年	19.42	19.97	21.43	20.81	21.91	16.67	20.59	10.95	22.08	11.78	16.02
10～19年	24.79	25.83	26.47	26.03	30.12	29.66	25.69	7.21	25.39	22.74	16.02
20～29年	14.35	14.31	20.28	20.78	12.36	14.83	11.37	3.92	14.35	28.49	9.65
30年及以上	8.53	8.25	12.66	13.13	4.39	12.71	11.76	3.28	9.71	16.99	7.53
按学位分											
博士	0.32	0.35	0.76	0.82	0.03	0.28	0.39	0.18	0.22	0.55	—
硕士	4.19	4.84	10.96	11.85	0.08	0.85	2.75	5.84	1.32	3.01	—
学士	25.62	28.30	48.45	52.04	5.27	24.29	33.53	44.43	27.15	28.49	—
按学历分											
研究生	4.38	5.04	11.35	12.28	0.05	1.27	3.14	5.93	1.55	3.29	0.10
大学本科	33.24	35.64	58.74	62.44	10.57	31.07	40.98	50.00	33.11	50.96	5.60
大专	33.99	35.05	20.64	17.79	50.88	31.36	33.53	28.83	36.64	31.78	24.13
中专及中技	21.64	21.91	7.98	6.30	37.07	23.87	19.02	13.50	21.19	9.86	23.55
技校	0.16	0.01	0.00	0.00	0.00	0.00	0.00	0.09	0.44	0.27	1.35
高中及以下	6.59	2.35	1.28	1.18	1.43	12.43	3.33	1.64	7.06	3.84	45.27
按所学专业分											
医学小计	76.32	89.62	90.11	90.69	92.45	81.78	87.25	84.93	10.15	38.46	—
基础医学	0.35	0.40	0.49	0.46	0.03	0.14	0.59	1.46	0.44	0.00	—
预防医学	1.80	2.04	3.91	3.86	0.03	0.14	0.39	5.11	0.44	2.47	—
临床医学	23.22	27.19	64.77	66.45	0.16	0.85	7.25	30.96	0.88	16.48	—
医学技术	6.05	7.00	3.42	3.40	0.00	0.71	77.45	12.24	2.87	3.02	—
口腔医学	1.94	2.31	5.77	4.76	0.03	0.14	0.00	2.01	0.22	0.27	—
中医学	4.11	4.79	11.63	11.62	0.05	1.27	0.20	4.47	0.66	2.75	—
护理学	33.27	39.31	0.09	0.10	91.98	0.85	1.18	24.11	3.97	10.99	—
药学	5.53	6.52	0.03	0.03	0.08	77.54	0.20	4.38	0.66	2.20	—
卫生管理	0.23	0.13	0.09	0.10	0.05	0.14	0.00	0.55	1.55	1.65	—
经济学	2.07	0.13	0.03	0.03	0.03	0.42	0.20	0.55	33.77	17.58	—
法学	0.22	0.05	0.03	0.03	0.00	0.14	0.00	0.27	1.55	3.30	—
其他	21.39	10.19	9.83	9.25	7.52	17.66	12.55	14.25	54.53	40.66	—

续表

（单位：%）

指标名称	总计	卫生技术人员							其他技术人员	管理人员	工勤技能人员
		合计	执业（助理）医师		注册护士	药剂师（士）	技师（士）	其他			
			小计	内：执业医师							
按技术资格分											
正高	0.93	0.99	2.58	2.79	0.00	0.14	0.39	0.36	0.00	3.01	—
副高	5.58	6.06	14.63	15.82	1.15	1.55	3.33	0.82	1.99	13.70	—
中级	15.43	17.34	27.81	29.94	13.18	10.73	20.00	2.74	7.73	20.27	—
助理/师级	32.80	37.03	46.42	46.78	28.28	46.05	41.37	30.02	32.67	18.90	—
员/士	27.44	30.76	4.52	1.25	52.86	36.86	30.20	32.48	39.07	6.85	—
无职称	17.82	7.82	4.04	3.41	4.53	4.66	4.71	33.58	18.54	37.26	—
按聘任技术职务分											
正高	0.98	0.95	2.43	2.63	0.03	0.14	0.39	0.37	0.00	3.86	—
副高	6.22	6.08	14.51	15.69	1.21	1.84	3.53	0.83	1.55	19.31	—
中级	17.24	17.44	28.48	30.63	12.77	10.31	20.00	3.13	7.28	27.41	—
助理/师级	37.41	37.73	49.09	48.65	29.96	45.34	38.43	24.10	34.88	30.12	—
员/士	30.42	30.79	4.71	1.67	54.06	37.71	33.53	26.03	34.00	11.20	—
待聘	7.73	7.00	0.79	0.72	1.98	4.66	4.12	45.54	22.30	8.11	—

番禺区（旧行政区划）分科执业（助理）医师构成情况

（单位：%）

分科	合计	执业医师	执业助理医师
总计	100.00	100.00	100.00
临床专业类别小计	78.20	79.39	63.57
内科专业	25.20	25.28	24.29
外科专业	15.29	15.84	8.57
妇产科专业	9.05	9.32	5.71
儿科专业	7.63	7.70	6.79
眼耳鼻咽喉科专业	2.65	2.69	2.14
皮肤病与性病专业	0.86	0.90	0.36
精神卫生专业	0.54	0.58	0.00
职业病专业	0.00	0.00	0.00
医学影像和放射治疗专业	6.29	6.17	7.86
医学检验、病理专业	0.48	0.49	0.36
全科医学专业	3.40	3.56	1.43
急救医学专业	4.55	4.72	2.50
康复医学专业	0.40	0.41	0.36

续表

（单位：%）

分科	合计	执业医师	执业助理医师
预防保健专业	0.70	0.58	2.14
特种医学与军事医学专业	0.00	0.00	0.00
计划生育技术服务专业	0.11	0.12	0.00
其他专业	1.04	1.04	1.07
中医专业类别小计	12.45	12.45	12.50
中医专业	9.94	10.02	8.93
中西医结合专业	1.34	1.33	1.43
蒙医专业	0.00	0.00	0.00
藏医专业	0.00	0.00	0.00
维医专业	0.00	0.00	0.00
傣医专业	0.00	0.00	0.00
其他专业	1.18	1.10	2.14
口腔专业类别小计	5.87	4.95	17.14
口腔专业	5.84	4.92	17.14
其他专业	0.03	0.03	0.00
公共卫生专业类别小计	3.48	3.21	6.79
公共卫生专业	2.17	2.03	3.93
其他专业	1.31	1.19	2.86

番禺区（旧行政区划）疾病预防控制中心执业（助理）医师构成情况

（单位：%）

分科	合计	执业医师	执业助理医师
总计	100.00	100.00	100.00
传染病预防控制科	8.33	9.09	0.00
性病、艾滋病预防控制科	4.17	4.55	0.00
结核病预防控制科	0.00	0.00	0.00
血吸虫预防控制科	0.00	0.00	0.00
慢性非传染性疾病预防控制科	0.00	0.00	0.00
寄生虫病预防控制科	4.17	4.55	0.00
地方病控制科	0.00	0.00	0.00
精神卫生科	0.00	0.00	0.00
妇幼保健科	0.00	0.00	0.00
免疫规划科	8.33	9.09	0.00
农村改水技术指导科	0.00	0.00	0.00

续表

（单位：%）

分科	合计	执业医师	执业助理医师
疾病控制与应急处理办公室	0.00	0.00	0.00
食品卫生科	0.00	0.00	0.00
环境卫生所	0.00	0.00	0.00
职业卫生科	20.83	22.73	0.00
放射卫生科	4.17	4.55	0.00
学校卫生科	4.17	4.55	0.00
健康教育科	4.17	4.55	0.00
预防医学门诊	4.17	0.00	50.00
其他业务科室	37.50	36.36	50.00

番禺区（旧行政区划）医院、妇幼保健院、专科疾病防治所医疗设备拥有情况

（单位：台）

设备名称	设备台数	按产地分		按购进时新旧分		按设备使用情况分		
		进口	国产/合资	新设备	二手设备	启用	未启用	报废
800mA及以上数字减影血管造影X线机	4	4	0	4	0	4	0	0
800mA及以上医用X线诊断机（不含DSA）	7	7	0	7	0	7	0	0
500～800mA医用X线诊断机	59	26	33	59	0	59	0	0
移动式X线诊断机	16	11	5	16	0	16	0	0
X线电子计算机断层扫描装置（CT）	14	11	3	14	0	14	0	0
单光子发射型电子计算机断层扫描仪（ECT）	1	1	0	1	0	1	0	0
钴-60治疗机	1	1	0	1	0	1	0	0
核磁（MRI）	3	2	1	3	0	3	0	0
彩超	47	41	6	46	1	47	0	0
B型超声诊断仪	109	73	36	109	0	107	2	0
医学图像存档及传输系统（PACS，套）	4	3	1	4	0	4	0	0
危重病人监护系统（ICU，套）	121	95	26	121	0	121	0	0
有创呼吸机	75	62	13	75	0	75	0	0
无创呼吸机	39	29	10	39	0	39	0	0
高压氧舱	20	0	20	20	0	20	0	0
人工肾透析装置	34	34	0	34	0	34	0	0
牙科综合治疗台	95	43	52	92	3	95	0	0
全自动生化分析仪	35	28	7	35	0	34	1	0
血液酸碱气体分析仪	16	15	1	16	0	16	0	0
救护车	52	12	40	52	0	52	0	0

番禺区（新行政区划）卫生机构、床位、人员情况

分类	机构个数	床位个数	人员数/人										
			合计	卫生技术人员							其他技术人员	管理人员	工勤技能人员
				小计	执业（助理）医师		注册护士	药剂师（士）	技师（士）	其他			
					小计	内：执业医师							
总计	380	5 589	11 178	8 970	3 315	3 062	3 582	668	576	827	531	306	1 024
1．按经济类型分													
国有	128	4 846	8 460	7 081	2 601	2 469	2 861	515	451	652	362	259	755
集体	179	14	571	211	127	84	56	14	6	8	2	4	18
联营	1	561	998	866	234	230	385	70	49	128	80	12	40
私营	52	140	942	641	286	224	230	58	43	23	87	28	183
其他	20	28	207	171	67	55	50	11	27	16	0	3	28
2．按主办单位分													
政府办	77	4 830	8 318	6 951	2 516	2 398	2 829	509	446	650	361	257	749
其中：卫生部门	71	4 578	7 990	6 706	2 408	2 303	2 755	493	424	625	352	230	702
社会办	246	58	837	447	248	186	122	23	33	21	1	7	38
个人办	57	701	2 023	1 572	551	478	631	136	97	156	169	42	237

番禺区（新行政区划）卫生机构、床位、人员情况（不含诊所、卫生所、医务室及村卫生室）

分类	机构个数	床位个数	人员数/人										
			合计	卫生技术人员							其他技术人员	管理人员	工勤技能人员
				小计	执业（助理）医师		注册护士	药剂师（士）	技师（士）	其他			
					小计	内：执业医师							
总计	136	5 589	10 501	8 648	3 104	2 910	3 498	654	568	822	531	306	1 013
1．按经济类型分													
国有	75	4 846	8 355	6 985	2 533	2 415	2 840	513	448	650	362	259	749
集体	3	14	81	60	26	20	15	8	4	7	2	4	15
联营	1	561	998	866	234	230	385	70	49	128	80	12	40
私营	51	140	935	635	282	223	229	57	43	23	87	28	182
其他	6	28	132	102	29	22	29	6	24	14	0	3	27
2．按主办单位分													
政府办	69	4 830	8 318	6 951	2 516	2 398	2 829	509	446	650	361	257	749

续表

分类	机构个数	床位个数	人员数/人										
			合计	卫生技术人员							其他技术人员	管理人员	工勤技能人员
				小计	执业（助理）医师		注册护士	药剂师（士）	技师（士）	其他			
					小计	内：执业医师							
其中：卫生部门	63	4 578	7 990	6 706	2 408	2 303	2 755	493	424	625	352	230	702
社会办	14	58	186	150	53	44	43	11	26	17	1	7	28
个人办	53	701	1 997	1 547	535	468	626	134	96	155	169	42	236

番禺区（新行政区划）诊所、医务室、卫生所、人员情况

分类	机构个数	人员数/人								
		合计	卫生技术人员							工勤技能人员
			小计	执业（助理）医师		注册护士	药剂师（士）	技师（士）	其他	
				小计	内：执业医师					
总计	81	245	234	146	120	61	14	8	5	11
1. 按经济类型分										
国有	52	100	94	66	54	21	2	3	2	6
集体	16	69	66	39	32	18	6	2	1	3
联营	0	0	0	0	0	0	0	0	0	0
私营	1	7	6	4	1	1	1	0	0	1
其他	12	69	68	37	33	21	5	3	2	1
2. 按主办单位分										
政府办	0	0	0	0	0	0	0	0	0	0
其中：卫生部门	0	0	0	0	0	0	0	0	0	0
社会办	77	219	209	130	110	56	12	7	4	10
个人办	4	26	25	16	10	5	2	1	1	1

番禺区（新行政区划）按经济类型和主办单位分各类卫生机构数

（单位：个）

卫生机构分类	合计	按经济类型分					按主办单位分		
		国有	集体	联营	私营	其他	政府办	社会办	个人办
总计	380	128	179	1	52	20	16	307	57
1. 医院	25	19	1	1	3	1	18	3	4
综合医院	19	15	1	0	3	0	14	2	3
中医医院	3	2	0	1	0	0	2	0	1
专科医院	3	2	0	0	0	1	2	1	0

续表　　　　　　（单位：个）

卫生机构分类	合计	按经济类型分					按主办单位分		
		国有	集体	联营	私营	其他	政府办	社会办	个人办
2. 基层医疗卫生机构	342	98	178	0	49	17	48	242	52
社区卫生服务中心（站）	42	37	2	0	3	0	38	0	4
社区卫生服务中心	16	16	0	0	0	0	16	0	0
社区卫生服务站	26	21	2	0	3	0	22	0	4
村卫生室	163	1	160	0	0	2	8	155	0
门诊部	56	8	0	0	45	3	2	10	44
综合门诊部	13	7	0	0	4	2	2	6	5
中医门诊部	9	0	0	0	9	0	0	1	8
中西医结合门诊部	3	0	0	0	3	0	0	0	3
专科门诊部	31	1	0	0	29	1	0	3	28
诊所、卫生所、医务室	81	52	16	0	1	12	0	77	4
诊所	1	1	0	0	0	0	0	1	0
卫生所、医务室	80	51	16	0	1	12	0	76	4
3. 专业公共卫生机构	9	8	0	0	0	1	8	0	1
疾病预防控制中心	2	2	0	0	0	0	2	0	0
专科疾病防治院（所、站）	2	1	0	0	0	1	1	0	1
健康教育所（站、中心）	1	1	0	0	0	0	1	0	0
妇幼保健院（所、站）	1	1	0	0	0	0	1	0	0
急救中心（站）	1	1	0	0	0	0	1	0	0
采供血机构	1	1	0	0	0	0	1	0	0
卫生监督所（中心）	1	1	0	0	0	0	1	0	0
4. 其他卫生机构	4	3	0	0	0	1	3	1	0
疗养院	1	1	0	0	0	0	1	0	0
医学在职培训机构	1	1	0	0	0	0	1	0	0
临床检验中心（所、站）	1	0	0	0	0	1	0	1	0
其他	1	1	0	0	0	0	1	0	0

番禺区（新行政区划）医疗机构分级情况

（单位：个）

等级	医院					妇幼保健院	专科疾病防治院
	合计	其中					
		综合医院	中医医院	中西医结合医院	专科医院		
总计	25	19	3	0	3	1	0
三级	3	2	0	0	1	1	0
三级甲等	3	2	0	0	1	1	0
二级	2	1	1	0	0	0	0
二级甲等	2	1	1	0	0	0	0

续表 （单位：个）

等级	医院					妇幼保健院	专科疾病防治院
	合计	其中					
		综合医院	中医医院	中西医结合医院	专科医院		
一级	9	12	0	0	0	0	0
一级甲等	8	11	0	0	0	0	0
未评等次	1	1	0	0	0	0	0
其他	11	7	2	0	2	0	0

番禺区（新行政区划）医疗机构分科床位、门急诊及出院情况（合计）

分科	实有床位		门急诊人次		出院人数	
	小计/张	构成/%	小计/人次	构成/%	小计/人	构成/%
总计	5 589	100.00	11 112 679	100.00	174 211	100.00
预防保健科	0	0.00	178 455	1.61	0	0.00
全科医疗科	32	0.57	1 324 353	11.92	54	0.03
内科	1 061	18.98	2 205 785	19.85	40 175	23.06
外科	920	16.46	676 757	6.09	26 384	15.14
妇产科	1 085	19.41	1 264 285	11.38	45 952	26.38
妇女保健科	0	0.00	51 924	0.47	0	0.00
儿科	143	2.56	638 562	5.75	10 149	5.83
小儿外科	94	1.68	5 681	0.05	469	0.27
儿童保健科	0	0.00	97 710	0.88	0	0.00
眼科	40	0.72	127 151	1.14	1 407	0.81
耳鼻咽喉科	53	0.95	209 152	1.88	2 254	1.29
口腔科	20	0.36	273 895	2.46	391	0.22
皮肤科	0	0.00	153 196	1.38	0	0.00
医疗美容科	0	0.00	9 125	0.08	0	0.00
精神科	500	8.95	43 736	0.39	702	0.40
传染科	72	1.29	13 758	0.12	1 168	0.67
结核病科	0	0.00	26	0.00	8	0.00
肿瘤科	45	0.81	8 823	0.08	2 064	1.18
急诊医学科	6	0.11	940 084	8.46	0	0.00
康复医学科	74	1.32	88 403	0.80	1 005	0.58
临终关怀科	26	0.47	0	0.00	527	0.30

续表

分科	实有床位		门急诊人次		出院人数	
	小计/张	构成/%	小计/人次	构成/%	小计/人	构成/%
疼痛科	0	0.00	970	0.01	0	0.00
重症医学科	55	0.98	0	0.00	816	0.47
中医科	390	6.98	999 722	9.00	9 341	5.36
中西医结合科	0	0.00	32 153	0.29	0	0.00
其他	973	17.41	1 768 973	15.92	31 345	17.99

番禺区（新行政区划）医疗机构分科床位、门急诊及出院情况（医院）

分科	实有床位		门急诊人次		出院人数	
	小计/张	构成/%	小计/人次	构成/%	小计/人	构成/%
总计	5 421	100.00	9 243 917	100.00	173 797	100.00
预防保健科	0	0.00	43 669	0.47	0	0.00
全科医疗科	32	0.59	161 546	1.75	54	0.03
内科	1 061	19.57	2 010 343	21.75	40 175	23.12
外科	920	16.97	671 836	7.27	26 384	15.18
妇产科	1 085	20.01	1 253 957	13.57	45 952	26.44
妇女保健科	0	0.00	51 924	0.56	0	0.00
儿科	143	2.64	618 758	6.69	10 149	5.84
小儿外科	94	1.73	5 681	0.06	469	0.27
儿童保健科	0	0.00	97 710	1.06	0	0.00
眼科	40	0.74	127 148	1.38	1 407	0.81
耳鼻咽喉科	53	0.98	209 141	2.26	2 254	1.30
口腔科	20	0.37	169 213	1.83	391	0.22
皮肤科	0	0.00	153 196	1.66	0	0.00
精神科	500	9.22	43 736	0.47	702	0.40
传染科	72	1.33	13 758	0.15	1 168	0.67
结核病科	0	0.00	26	0.00	8	0.00
肿瘤科	45	0.83	8 823	0.10	2 064	1.19
急诊医学科	6	0.11	940 084	10.17	0	0.00
康复医学科	74	1.37	72 548	0.78	1 005	0.58
临终关怀科	26	0.48	0	0.00	527	0.30
疼痛科	0	0.00	970	0.01	0	0.00

续表

分科	实有床位		门急诊人次		出院人数	
	小计/张	构成/%	小计/人次	构成/%	小计/人	构成/%
重症医学科	55	1.01	0	0.00	816	0.47
中医科	390	7.19	845 309	9.14	9 341	5.37
其他	805	14.85	1 744 541	18.87	30 931	17.80

番禺区（新行政区划）医疗机构分科床位、门急诊及出院情况（综合医院）

分科	实有床位		门急诊人次		出院人数	
	小计/张	构成/%	小计/人次	构成/%	小计/人	构成/%
总计	3 751	100.00	7 256 371	100.00	136 123	100.00
预防保健科	0	0.00	43 669	0.60	0	0.00
全科医疗科	32	0.85	161 546	2.23	54	0.04
内科	1 061	28.29	2 010 343	27.70	40 175	29.51
外科	920	24.53	671 836	9.26	26 384	19.38
妇产科	1 085	28.93	1 253 957	17.28	45 952	33.76
妇女保健科	0	0.00	51 924	0.72	0	0.00
儿科	143	3.81	618 758	8.53	10 149	7.46
小儿外科	94	2.51	5 681	0.08	469	0.34
儿童保健科	0	0.00	97 710	1.35	0	0.00
眼科	40	1.07	127 148	1.75	1 407	1.03
耳鼻咽喉科	53	1.41	209 141	2.88	2 254	1.66
口腔科	20	0.53	169 213	2.33	391	0.29
皮肤科	0	0.00	153 196	2.11	0	0.00
精神科	0	0.00	96	0.00	0	0.00
传染科	72	1.92	13 758	0.19	1 168	0.86
结核病科	0	0.00	26	0.00	8	0.01
肿瘤科	45	1.20	8 823	0.12	2 064	1.52
急诊医学科	6	0.16	940 084	12.96	0	0.00
康复医学科	46	1.23	51 201	0.71	762	0.56
临终关怀科	26	0.69	0	0.00	527	0.39
疼痛科	0	0.00	970	0.01	0	0.00
重症医学科	55	1.47	0	0.00	816	0.60
中医科	2	0.05	550 164	7.58	0	0.00
其他	51	1.36	117 127	1.61	3 543	2.60

番禺区（新行政区划）医疗机构分科床位、门急诊及出院情况（社区卫生服务中心）

分科	实有床位		门急诊人次		出院人数	
	小计/张	构成/%	小计/人次	构成/%	小计/人	构成/%
总计	0	—	1 262 256	100.00	0	—
预防保健科	0	—	81 493	6.46	0	—
全科医疗科	0	—	1 010 149	80.03	0	—
内科	0	—	163 115	12.92	0	—
妇产科	0	—	537	0.04	0	—
口腔科	0	—	1 659	0.13	0	—
康复医学科	0	—	1 927	0.15	0	—
中医科	0	—	3 376	0.27	0	—

番禺区（新行政区划）卫生机构专业卫生人员分类构成情况

（单位：%）

指标名称	总计	卫生技术人员							其他技术人员	管理人员	工勤技能人员
		合计	执业（助理）医师		注册护士	药剂师（士）	技师（士）	其他			
			小计	内：执业医师							
总计	100.00	100.00	100.00	100.00	100.00	100.00	100.00	100.00	100.00	100.00	100.00
按性别分											
男	32.33	30.03	56.32	56.67	1.87	32.06	42.06	40.58	36.55	44.41	46.82
女	67.67	69.97	43.68	43.33	98.13	67.94	57.94	59.42	63.45	55.59	53.18
按年龄分											
25岁以下	9.39	9.10	0.03	0.00	17.40	5.52	4.22	14.37	5.52	3.35	15.98
25～34岁	47.64	49.51	41.52	40.68	52.51	50.92	46.11	68.72	50.80	26.26	37.09
35～44岁	25.28	24.94	31.51	31.25	22.38	24.39	28.72	8.45	28.28	32.40	24.39
45～54岁	13.18	12.16	17.96	18.60	7.13	15.49	16.05	6.16	13.56	29.33	16.39
55～59岁	2.75	2.42	4.32	4.48	0.56	2.91	3.89	1.69	1.61	6.70	4.82
60岁及以上	1.76	1.87	4.66	4.98	0.03	0.77	1.01	0.60	0.23	1.96	1.33
按工作年限分											
5年以下	32.07	30.97	20.15	19.81	34.91	26.23	25.34	63.41	31.03	18.44	47.54
5～9年	20.83	21.30	21.93	21.65	21.85	19.17	22.13	17.51	22.07	12.01	19.26
10～19年	23.88	24.85	26.47	26.36	26.53	26.38	26.18	9.18	24.37	21.79	15.57
20～29年	14.82	14.81	19.18	19.47	12.61	15.49	15.71	6.28	13.33	31.01	9.63
30年及以上	8.40	8.07	12.27	12.71	4.09	12.73	10.64	3.62	9.20	16.76	7.99

续表 （单位：%）

指标名称	总计	卫生技术人员							其他技术人员	管理人员	工勤技能人员
		合计	执业（助理）医师		注册护士	药剂师（士）	技师（士）	其他			
			小计	内：执业医师							
按学位分											
博士	0.52	0.61	1.06	1.14	0.03	0.46	1.69	0.72	0.00	0.28	—
硕士	5.27	5.96	13.61	14.55	0.08	0.92	7.43	4.83	2.99	5.31	—
学士	27.05	29.68	50.75	53.93	6.57	27.91	34.80	46.38	32.64	28.77	—
按学历分											
研究生	5.43	6.21	14.08	15.06	0.06	1.69	6.76	5.68	2.30	4.75	0.00
大学本科	36.14	38.43	61.11	64.27	13.86	35.43	45.10	55.07	40.92	53.07	6.97
大专	33.14	34.16	16.90	14.42	52.51	32.67	30.07	25.36	33.79	28.77	25.10
中专及中技	19.09	19.28	6.88	5.29	32.41	19.94	16.05	11.96	16.32	9.22	22.23
技校	0.27	0.10	0.00	0.00	0.08	0.00	0.34	0.48	0.23	0.28	1.84
高中及以下	5.94	1.82	1.03	0.97	1.09	10.28	1.69	1.45	6.44	3.91	43.85
按所学专业分											
医学小计	75.24	88.26	89.33	90.20	92.04	80.83	81.93	78.14	9.66	37.71	—
基础医学	0.45	0.52	0.59	0.54	0.03	0.15	1.35	2.05	0.46	0.00	—
预防医学	3.09	3.52	6.88	7.03	0.00	0.31	5.91	6.64	0.92	3.35	—
临床医学	21.68	25.28	61.01	62.70	0.14	0.46	6.08	29.71	1.61	15.92	—
医学技术	6.21	7.14	3.38	3.38	0.00	0.61	66.89	15.10	2.76	4.19	—
口腔医学	1.98	2.33	5.88	4.92	0.03	0.00	0.00	2.05	0.23	0.84	—
中医学	3.99	4.67	11.42	11.48	0.03	1.23	0.17	4.71	0.92	1.68	—
护理学	32.53	38.50	0.09	0.10	91.70	0.77	0.84	12.56	2.30	10.34	—
药学	5.25	6.24	0.03	0.03	0.03	77.30	0.68	5.19	0.23	1.12	—
卫生管理	0.38	0.19	0.19	0.20	0.03	0.15	0.17	0.97	3.68	1.96	—
经济学	2.14	0.14	0.00	0.00	0.03	0.15	0.17	1.09	33.33	19.55	—
法学	0.21	0.07	0.03	0.03	0.00	0.15	0.00	0.48	1.61	2.51	—
其他	22.42	11.53	10.64	9.77	7.93	18.87	17.91	20.29	55.40	40.22	—
按技术资格分											
正高	1.84	2.05	4.44	4.75	0.00	0.46	4.56	1.21	0.00	3.91	—
副高	6.76	7.44	16.05	17.16	1.56	2.76	9.80	1.69	2.53	13.41	—
中级	16.32	18.17	28.00	29.78	13.14	11.66	20.27	5.68	10.34	22.35	—
助理/师级	32.85	36.92	44.21	44.43	28.90	48.77	38.51	33.09	34.71	19.55	—
员/士	25.25	28.32	3.72	0.64	52.09	32.67	22.47	20.89	33.10	8.66	—
无职称	16.97	7.10	3.57	3.25	4.32	3.68	4.39	37.44	19.31	32.12	—
按聘任技术职务分											
正高	2.01	2.01	4.29	4.58	0.03	0.46	4.56	1.23	0.00	5.34	—

续表

（单位：%）

指标名称	总计	卫生技术人员								其他技术人员	管理人员	工勤技能人员
		合计	执业（助理）医师		注册护士	药剂师（士）	技师（士）	其他				
			小计	内：执业医师								
副高	7.55	7.49	16.11	17.23	1.61	2.91	9.97	1.47		2.30	18.32	—
中级	18.07	18.12	28.47	30.28	12.67	10.89	19.93	6.00		10.80	28.63	—
助理/师级	37.15	37.44	46.87	46.27	29.90	46.93	37.67	25.98		35.63	29.77	—
员/士	28.40	28.92	3.63	1.04	53.93	33.74	24.49	17.28		28.74	10.31	—
待聘	6.81	6.01	0.63	0.60	1.87	5.06	3.38	48.04		22.53	7.63	—

番禺区（新行政区划）分科执业（助理）医师构成情况

（单位：%）

分科	合计	执业医师	执业助理医师
总计	100.00	100.00	100.00
临床专业类别小计	74.52	75.53	59.56
内科专业	23.20	23.18	23.56
外科专业	14.48	15.07	5.78
妇产科专业	8.58	8.62	8.00
儿科专业	7.23	7.33	5.78
眼耳鼻咽喉科专业	2.64	2.64	2.67
皮肤病与性病专业	0.82	0.87	0.00
精神卫生专业	0.65	0.69	0.00
医学影像和放射治疗专业	6.36	6.30	7.11
医学检验、病理专业	0.65	0.66	0.44
全科医学专业	3.80	3.87	2.67
急救医学专业	3.91	4.17	0.00
康复医学专业	0.37	0.36	0.44
预防保健专业	0.51	0.39	2.22
计划生育技术服务专业	0.06	0.06	0.00
其他专业	1.29	1.32	0.89
中医专业类别小计	12.82	12.79	13.33
中医专业	9.81	9.79	10.22
中西医结合专业	1.83	1.89	0.89
其他专业	1.18	1.11	2.22
口腔专业类别小计	6.02	5.07	20.00
口腔专业	5.99	5.04	20.00
其他专业	0.03	0.03	0.00
公共卫生专业类别小计	6.64	6.60	7.11

续表

（单位：%）

分科	合计	执业医师	执业助理医师
公共卫生专业	2.02	2.07	1.33
其他专业	4.61	4.53	5.78

番禺区（新行政区划）疾病预防控制中心执业（助理）医师构成情况

（单位：%）

分科	合计	执业医师	执业助理医师
总计	100.00	100.00	100.00
传染病预防控制科	10.85	11.29	0.00
性病、艾滋病预防控制科	6.98	7.26	0.00
慢性非传染性疾病预防控制科	6.20	6.45	0.00
寄生虫病预防控制科	6.20	5.65	20.00
地方病控制科	2.33	2.42	0.00
免疫规划科	12.40	12.90	0.00
疾病控制与应急处理办公室	3.10	3.23	0.00
食品卫生科	6.98	7.26	0.00
环境卫生所	3.88	4.03	0.00
职业卫生科	4.65	4.03	20.00
放射卫生科	0.78	0.81	0.00
学校卫生科	0.78	0.81	0.00
健康教育科	0.78	0.81	0.00
预防医学门诊	3.10	2.42	20.00
其他业务科室	31.01	30.65	40.00

番禺区（新行政区划）疾病死亡率前十位及其构成比和顺位

	顺位	死亡原因	死亡率/每10万	构成比/%
合计	1	循环系统疾病	156.97	30.28
	2	肿瘤	141.08	27.22
	3	呼吸系统疾病	115.28	22.24
	4	损伤和中毒等外部原因	39.83	7.68
	5	消化系统疾病	16.63	3.21
	6	内分泌、营养和代谢的其他疾病	12.04	2.32
	7	传染病和寄生虫病	7.20	1.39
	8	泌尿生殖系统疾病	5.83	1.13
	9	起源于围生期的某些情况	5.09	0.98
	10	神经系统疾病	4.22	0.81

续表

	顺位	死亡原因	死亡率/每10万	构成比/%
男性	1	肿瘤	186.38	30.51
	2	循环系统疾病	172.41	28.23
	3	呼吸系统疾病	118.02	19.32
	4	损伤和中毒等外部原因	60.13	9.84
	5	消化系统疾病	22.46	3.68
	6	传染病和寄生虫病	10.73	1.76
	7	内分泌、营养和代谢的其他疾病	10.23	1.67
	8	泌尿生殖系统疾病	5.74	0.94
	9	起源于围生期的某些情况	5.49	0.90
	10	神经系统疾病	4.99	0.82
女性	1	循环系统疾病	141.69	33.20
	2	呼吸系统疾病	112.56	26.37
	3	肿瘤	96.27	22.56
	4	损伤和中毒等外部原因	19.75	4.63
	5	内分泌、营养和代谢的其他疾病	13.82	3.24
	6	消化系统疾病	10.86	2.54
	7	泌尿生殖系统疾病	5.92	1.39
	8	起源于围生期的某些情况	4.69	1.10
	9	传染病和寄生虫病	3.70	0.87
	10	神经系统疾病	3.46	0.81

番禺区（新行政区划）意外死亡外部原因及其死亡率和构成比

死亡原因	合计		男性		女性	
	死亡率/每10万	构成比/%	死亡率/每10万	构成比/%	死亡率/每10万	构成比/%
机动车辆交通事故	15.76	39.56	23.45	39.00	8.15	41.25
机动车以外的运输事故	2.98	7.48	4.74	7.88	1.23	6.25
意外中毒	0.87	2.18	1.50	2.49	0.25	1.25
意外跌落	4.34	10.90	6.49	10.79	2.22	11.25
火灾	0.25	0.62	0.50	0.83	0.00	0.00
由自然环境因素所致的意外事故	0.62	1.56	0.75	1.24	0.49	2.50
淹死	3.85	9.66	4.74	7.88	2.96	15.00

续表

死亡原因	合计		男性		女性	
	死亡率/每10万	构成比/%	死亡率/每10万	构成比/%	死亡率/每10万	构成比/%
意外的机械性窒息	0.37	0.93	0.50	0.83	0.25	1.25
砸死	0.37	0.93	0.75	1.24	0.00	0.00
由机器切割和穿刺工具所致的意外事故	0.74	1.87	1.50	2.49	0.00	0.00
触电	0.25	0.62	0.50	0.83	0.00	0.00
其他意外事故和有害效应	3.23	8.10	5.24	8.71	1.23	6.25
自杀	5.34	13.40	7.98	13.28	2.72	13.75
被杀	0.87	2.18	1.50	2.49	0.25	1.25

（八）花都区

花都区卫生机构、床位、人员情况

分类	机构个数	床位个数	人员数/人										
			合计	卫生技术人员							其他技术人员	管理人员	工勤技能人员
				小计	执业（助理）医师		注册护士	药剂师（士）	技师（士）	其他			
					小计	内：执业医师							
总计	345	3 224	6 925	5 665	1 990	1 752	2 388	356	329	602	276	182	533
1. 按经济类型分													
国有	47	2 979	5 659	4 804	1 593	1 477	2 088	295	286	542	268	158	424
集体	200	0	423	156	93	32	48	2	6	7	2	0	1
联营	1	0	1	1	0	0	0	0	0	1	0	0	0
私营	91	245	830	692	296	237	250	58	37	51	6	24	108
其他	6	0	12	12	8	6	2	1	0	1	0	0	0
2. 按主办单位分													
政府办	30	2 929	5 610	4 747	1 560	1 450	2 074	291	283	539	268	155	418
其中：卫生部门	25	2 897	5 575	4 716	1 544	1 436	2 067	289	282	534	264	155	418
社会办	225	50	510	251	142	71	69	13	11	16	2	3	7
个人办	90	245	805	667	288	231	245	52	35	47	6	24	108

花都区卫生机构、床位、人员情况（不含诊所、卫生所、医务室及村卫生室）

<table>
<tr><th rowspan="4">分类</th><th rowspan="4">机构个数</th><th rowspan="4">床位个数</th><th colspan="11">人员数/人</th></tr>
<tr><th rowspan="3">合计</th><th colspan="7">卫生技术人员</th><th rowspan="3">其他技术人员</th><th rowspan="3">管理人员</th><th rowspan="3">工勤技能人员</th></tr>
<tr><th rowspan="2">小计</th><th colspan="2">执业（助理）医师</th><th rowspan="2">注册护士</th><th rowspan="2">药剂师（士）</th><th rowspan="2">技师（士）</th><th rowspan="2">其他</th></tr>
<tr><th>小计</th><th>内：执业医师</th></tr>
<tr><td>总计</td><td>84</td><td>3 224</td><td>6 380</td><td>5 395</td><td>1 814</td><td>1 658</td><td>2 323</td><td>355</td><td>329</td><td>574</td><td>276</td><td>182</td><td>527</td></tr>
<tr><td>1. 按经济类型分</td><td></td><td></td><td></td><td></td><td></td><td></td><td></td><td></td><td></td><td></td><td></td><td></td><td></td></tr>
<tr><td>国有</td><td>28</td><td>2 979</td><td>5 625</td><td>4 776</td><td>1 573</td><td>1 461</td><td>2 085</td><td>295</td><td>286</td><td>537</td><td>268</td><td>158</td><td>423</td></tr>
<tr><td>集体</td><td>8</td><td>0</td><td>40</td><td>37</td><td>14</td><td>13</td><td>9</td><td>2</td><td>6</td><td>6</td><td>2</td><td>0</td><td>1</td></tr>
<tr><td>联营</td><td>0</td><td>0</td><td>0</td><td>0</td><td>0</td><td>0</td><td>0</td><td>0</td><td>0</td><td>0</td><td>0</td><td>0</td><td>0</td></tr>
<tr><td>私营</td><td>47</td><td>245</td><td>708</td><td>575</td><td>223</td><td>181</td><td>227</td><td>57</td><td>37</td><td>31</td><td>6</td><td>24</td><td>103</td></tr>
<tr><td>其他</td><td>1</td><td>0</td><td>7</td><td>7</td><td>4</td><td>3</td><td>2</td><td>1</td><td>0</td><td>0</td><td>0</td><td>0</td><td>0</td></tr>
<tr><td>2. 按主办单位分</td><td></td><td></td><td></td><td></td><td></td><td></td><td></td><td></td><td></td><td></td><td></td><td></td><td></td></tr>
<tr><td>政府办</td><td>26</td><td>2 929</td><td>5 578</td><td>4 737</td><td>1 553</td><td>1 445</td><td>2 073</td><td>291</td><td>283</td><td>537</td><td>268</td><td>155</td><td>418</td></tr>
<tr><td>其中：卫生部门</td><td>25</td><td>2 897</td><td>5 553</td><td>4 716</td><td>1 544</td><td>1 436</td><td>2 067</td><td>289</td><td>282</td><td>534</td><td>264</td><td>155</td><td>418</td></tr>
<tr><td>社会办</td><td>12</td><td>50</td><td>119</td><td>108</td><td>46</td><td>38</td><td>28</td><td>13</td><td>11</td><td>10</td><td>2</td><td>3</td><td>6</td></tr>
<tr><td>个人办</td><td>46</td><td>245</td><td>683</td><td>550</td><td>215</td><td>175</td><td>222</td><td>51</td><td>35</td><td>27</td><td>6</td><td>24</td><td>103</td></tr>
</table>

花都区诊所、医务室、卫生所、人员情况

<table>
<tr><th rowspan="4">分类</th><th rowspan="4">机构个数</th><th colspan="9">人员数/人</th></tr>
<tr><th rowspan="3">合计</th><th colspan="7">卫生技术人员</th><th rowspan="3">工勤技能人员</th></tr>
<tr><th rowspan="2">小计</th><th colspan="2">执业（助理）医师</th><th rowspan="2">注册护士</th><th rowspan="2">药剂师（士）</th><th rowspan="2">技师（士）</th><th rowspan="2">其他</th></tr>
<tr><th>小计</th><th>内：执业医师</th></tr>
<tr><td>总计</td><td>70</td><td>160</td><td>154</td><td>99</td><td>76</td><td>26</td><td>1</td><td>0</td><td>28</td><td>6</td></tr>
<tr><td>1. 按经济类型分</td><td></td><td></td><td></td><td></td><td></td><td></td><td></td><td></td><td></td><td></td></tr>
<tr><td>国有</td><td>15</td><td>27</td><td>26</td><td>18</td><td>15</td><td>3</td><td>0</td><td>0</td><td>5</td><td>1</td></tr>
<tr><td>集体</td><td>5</td><td>5</td><td>5</td><td>4</td><td>2</td><td>0</td><td>0</td><td>0</td><td>1</td><td>0</td></tr>
<tr><td>联营</td><td>1</td><td>1</td><td>1</td><td>0</td><td>0</td><td>0</td><td>0</td><td>0</td><td>1</td><td>0</td></tr>
<tr><td>私营</td><td>44</td><td>122</td><td>117</td><td>73</td><td>56</td><td>23</td><td>1</td><td>0</td><td>20</td><td>5</td></tr>
<tr><td>其他</td><td>5</td><td>5</td><td>5</td><td>4</td><td>3</td><td>0</td><td>0</td><td>0</td><td>1</td><td>0</td></tr>
<tr><td>2. 按主办单位分</td><td></td><td></td><td></td><td></td><td></td><td></td><td></td><td></td><td></td><td></td></tr>
<tr><td>政府办</td><td>4</td><td>10</td><td>10</td><td>7</td><td>5</td><td>1</td><td>0</td><td>0</td><td>2</td><td>0</td></tr>
<tr><td>其中：卫生部门</td><td>0</td><td>0</td><td>0</td><td>0</td><td>0</td><td>0</td><td>0</td><td>0</td><td>0</td><td>0</td></tr>
<tr><td>社会办</td><td>22</td><td>28</td><td>27</td><td>19</td><td>15</td><td>2</td><td>0</td><td>0</td><td>6</td><td>1</td></tr>
<tr><td>个人办</td><td>44</td><td>122</td><td>117</td><td>73</td><td>56</td><td>23</td><td>1</td><td>0</td><td>20</td><td>5</td></tr>
</table>

花都区按经济类型和主办单位分各类卫生机构数

（单位：个）

卫生机构分类	合计	按经济类型分					按主办单位分		
		国有	集体	联营	私营	其他	政府办	社会办	个人办
总计	345	47	200	1	91	6	30	225	90
1．医院	8	5	0	0	3	0	3	2	3
综合医院	5	4	0	0	1	0	2	2	1
中医医院	1	1	0	0	0	0	1	0	0
专科医院	2	0	0	0	2	0	0	0	2
2．基层医疗卫生机构	329	34	200	1	88	6	19	223	87
社区卫生服务中心（站）	8	4	3	0	1	0	6	1	1
社区卫生服务中心	5	4	0	0	1	0	4	0	1
社区卫生服务站	3	0	3	0	0	0	2	1	0
乡镇卫生院	9	9	0	0	0	0	9	0	0
村卫生室	191	4	187	0	0	0	0	191	0
门诊部	51	2	5	0	43	1	0	9	42
综合门诊部	43	1	3	0	38	1	0	5	38
中医门诊部	2	0	1	0	1	0	0	2	0
中西医结合门诊部	1	0	1	0	0	0	0	1	0
专科门诊部	5	1	0	0	4	0	0	1	4
诊所、卫生所、医务室	70	15	5	1	44	5	4	22	44
诊所	44	0	0	0	44	0	0	0	44
卫生所、医务室	26	15	5	1	0	5	4	22	0
3．专业公共卫生机构	6	6	0	0	0	0	6	0	0
疾病预防控制中心	1	1	0	0	0	0	1	0	0
专科疾病防治院（所、站）	1	1	0	0	0	0	1	0	0
妇幼保健院（所、站）	1	1	0	0	0	0	1	0	0
急救中心（站）	1	1	0	0	0	0	1	0	0
采供血机构	1	1	0	0	0	0	1	0	0
卫生监督所（中心）	1	1	0	0	0	0	1	0	0
4．其他卫生机构	2	2	0	0	0	0	2	0	0
疗养院	1	1	0	0	0	0	1	0	0
其他	1	1	0	0	0	0	1	0	0

花都区医疗机构分级情况

（单位：个）

等级	医院					妇幼保健院	专科疾病防治院
	合计	其中					
		综合医院	中医医院	中西医结合医院	专科医院		
总计	8	5	1	0	2	1	0
三级	1	1	0	0	0	0	0
三级乙等	1	1	0	0	0	0	0
二级	1	0	1	0	0	1	0
二级甲等	1	0	1	0	0	1	0
一级	1	1	0	0	0	0	0
一级甲等	1	1	0	0	0	0	0
其他	5	3	0	0	2	0	0

花都区医疗机构分科床位、门急诊及出院情况（合计）

分科	实有床位		门急诊人次		出院人数	
	小计/张	构成/%	小计/人次	构成/%	小计/人	构成/%
总计	3 224	100.00	5 232 923	100.00	142 326	100.00
预防保健科	0	0.00	309 420	5.91	0	0.00
全科医疗科	98	3.04	59 294	1.13	1 150	0.81
内科	636	19.73	760 041	14.52	27 832	19.56
外科	649	20.13	358 616	6.85	20 891	14.68
妇产科	571	17.71	532 068	10.17	24 396	17.14
妇女保健科	0	0.00	0	0.00	0	0.00
儿科	126	3.91	309 134	5.91	8 578	6.03
小儿外科	15	0.47	0	0.00	1 203	0.85
眼科	10	0.31	55 042	1.05	553	0.39
耳鼻咽喉科	10	0.31	80 633	1.54	535	0.38
口腔科	2	0.06	58 261	1.11	77	0.05
皮肤科	0	0.00	65 081	1.24	0	0.00
医疗美容科	0	0.00	2 078	0.04	0	0.00
传染科	36	1.12	0	0.00	1 068	0.75
肿瘤科	36	1.12	0	0.00	909	0.64

续表

分科	实有床位		门急诊人次		出院人数	
	小计/张	构成/%	小计/人次	构成/%	小计/人	构成/%
急诊医学科	0	0.00	420 736	8.04	0	0.00
康复医学科	12	0.37	35 937	0.69	238	0.17
中医科	163	5.06	247 505	4.73	5 334	3.75
中西医结合科	63	1.95	25 610	0.49	1 936	1.36
其他	779	24.16	1 913 467	36.57	47 386	33.29

花都区医疗机构分科床位、门急诊及出院情况（医院）

分科	实有床位		门急诊人次		出院人数	
	小计/张	构成/%	小计/人次	构成/%	小计/人	构成/%
总计	2 049	100.00	3 204 801	100.00	83 793	100.00
预防保健科	0	0.00	236 734	7.39	0	0.00
全科医疗科	30	1.46	3 921	0.12	717	0.86
内科	342	16.69	448 365	13.99	13 556	16.18
外科	446	21.77	216 882	6.77	13 562	16.19
妇产科	414	20.20	402 499	12.56	18 327	21.87
儿科	113	5.51	205 472	6.41	8 521	10.17
小儿外科	15	0.73	0	0.00	1 203	1.44
眼科	10	0.49	45 246	1.41	553	0.66
耳鼻咽喉科	10	0.49	63 634	1.99	535	0.64
口腔科	2	0.10	42 353	1.32	77	0.09
皮肤科	0	0.00	65 081	2.03	0	0.00
医疗美容科	0	0.00	2 078	0.06	0	0.00
传染科	36	1.76	0	0.00	1 068	1.27
肿瘤科	36	1.76	0	0.00	909	1.08
急诊医学科	0	0.00	319 557	9.97	0	0.00
康复医学科	12	0.59	16 792	0.52	186	0.22
重症医学科	18	0.88	0	0.00	240	0.29
中医科	160	7.81	187 036	5.84	5 074	6.06
中西医结合科	63	3.07	0	0.00	1 936	2.31
其他	342	16.69	949 151	29.62	17 329	20.68

花都区医疗机构分科床位、门急诊及出院情况（综合医院）

分科	实有床位		门急诊人次		出院人数	
	小计/张	构成/%	小计/人次	构成/%	小计/人	构成/%
总计	1 404	100.00	2 243 669	100.00	60 283	100.00
预防保健科	0	0.00	236 734	10.55	0	0.00
全科医疗科	30	2.14	3 921	0.17	717	1.19
内科	342	24.36	448 365	19.98	13 556	22.49
外科	446	31.77	216 882	9.67	13 562	22.50
妇产科	274	19.52	390 769	17.42	17 662	29.30
妇女保健科	0	0.00	0	0.00	0	0.00
儿科	108	7.69	204 555	9.12	8 079	13.40
小儿外科	15	1.07	0	0.00	1 203	2.00
眼科	10	0.71	45 246	2.02	553	0.92
耳鼻咽喉科	10	0.71	63 634	2.84	535	0.89
口腔科	2	0.14	42 353	1.89	77	0.13
皮肤科	0	0.00	65 081	2.90	0	0.00
医疗美容科	0	0.00	2 078	0.09	0	0.00
传染科	36	2.56	0	0.00	1 068	1.77
肿瘤科	36	2.56	0	0.00	909	1.51
急诊医学科	0	0.00	319 557	14.24	0	0.00
康复医学科	12	0.85	16 792	0.75	186	0.31
重症医学科	18	1.28	0	0.00	240	0.40
中医科	2	0.14	85 584	3.81	0	0.00
中西医结合科	63	4.49	0	0.00	1 936	3.21
其他	0	0.00	102 118	4.55	0	0.00

花都区医疗机构分科床位、门急诊及出院情况（乡镇卫生院）

分科	实有床位		门急诊人次		出院人数	
	小计/张	构成/%	小计/人次	构成/%	小计/人	构成/%
总计	570	100.00	771 771	100.00	21 619	100.00
预防保健科	0	0.00	15 601	2.02	0	0.00
全科医疗科	39	6.84	15 283	1.98	54	0.25

续表

分科	实有床位		门急诊人次		出院人数	
	小计/张	构成/%	小计/人次	构成/%	小计/人	构成/%
内科	226	39.65	247 995	32.13	11 301	52.27
外科	160	28.07	125 314	16.24	5 923	27.40
妇产科	129	22.63	94 824	12.29	4 031	18.65
儿科	13	2.28	76 439	9.90	57	0.26
眼科	0	0.00	6 560	0.85	0	0.00
耳鼻咽喉科	0	0.00	14 066	1.82	0	0.00
口腔科	0	0.00	9 541	1.24	0	0.00
急诊医学科	0	0.00	56 239	7.29	0	0.00
康复医学科	0	0.00	4 594	0.60	0	0.00
中医科	3	0.53	41 882	5.43	253	1.17
其他	0	0.00	63 433	8.22	0	0.00

花都区医疗机构分科床位、门急诊及出院情况（社区卫生服务中心）

分科	实有床位		门急诊人次		出院人数	
	小计/张	构成/%	小计/人次	构成/%	小计/人	构成/%
总计	193	100.00	412 471	100.00	7 974	100.00
预防保健科	0	0.00	57 085	13.84	0	0.00
全科医疗科	29	15.03	40 090	9.72	379	4.75
内科	68	35.23	54 870	13.30	2 975	37.31
外科	43	22.28	13 798	3.35	1 406	17.63
妇产科	28	14.51	34 745	8.42	2 038	25.56
儿科	0	0.00	24 223	5.87	0	0.00
眼科	0	0.00	3 236	0.78	0	0.00
耳鼻咽喉科	0	0.00	2 933	0.71	0	0.00
口腔科	0	0.00	2 378	0.58	0	0.00
急诊医学科	0	0.00	44 940	10.90	0	0.00
康复医学科	0	0.00	14 551	3.53	52	0.65
中医科	0	0.00	13 567	3.29	7	0.09
其他	25	12.95	106 055	25.71	1 117	14.01

花都区卫生机构专业卫生人员分类构成情况

（单位：%）

指标名称	总计	卫生技术人员							其他技术人员	管理人员	工勤技能人员
		合计	执业（助理）医师		注册护士	药剂师（士）	技师（士）	其他			
			小计	内：执业医师							
总计	100.00	100.00	100.00	100.00	100.00	100.00	100.00	100.00	100.00	100.00	100.00
按性别分											
男	29.31	26.98	55.02	55.43	1.13	29.85	47.29	27.63	35.96	44.09	47.26
女	70.69	73.02	44.98	44.57	98.87	70.15	52.71	72.37	64.04	55.91	52.74
按年龄分											
25岁以下	13.04	13.96	0.17	0.06	19.97	8.92	6.86	38.65	15.35	1.61	5.71
25～34岁	45.52	48.07	41.46	40.23	52.46	53.23	49.82	48.03	47.37	22.58	23.97
35～44岁	24.89	23.09	32.37	32.78	20.15	20.92	25.63	6.41	28.51	36.56	39.50
45～54岁	12.31	10.76	16.57	17.40	7.00	13.85	13.00	4.61	6.58	31.18	25.80
55～59岁	2.92	2.91	6.42	6.35	0.41	2.77	3.61	1.48	0.88	5.38	2.97
60岁及以上	1.32	1.21	3.01	3.17	0.00	0.31	1.08	0.82	1.32	2.69	2.05
按工作年限分											
5年以下	31.63	32.81	20.26	19.72	33.35	28.31	28.88	72.04	44.30	8.06	21.00
5～9年	19.76	20.15	19.70	19.17	23.18	19.69	20.22	10.69	17.11	9.14	21.00
10～19年	26.14	26.17	28.07	27.96	29.78	26.77	24.55	7.89	24.12	25.27	27.17
20～29年	14.37	13.29	19.36	20.39	9.72	16.00	16.97	5.26	8.77	32.26	22.60
30年及以上	8.09	7.57	12.61	12.76	3.98	9.23	9.39	4.11	5.70	25.27	8.22
按学位分											
博士	0.28	0.33	0.95	1.04	0.00	0.00	0.00	0.00	0.00	0.00	—
硕士	4.60	5.12	13.39	14.65	0.00	1.54	2.17	2.63	3.51	2.15	—
学士	18.99	20.75	41.18	44.57	2.39	16.00	27.08	26.97	13.60	20.97	—
按学历分											
研究生	5.01	5.60	14.79	16.18	0.00	1.54	2.17	2.63	3.51	2.15	0.00
大学本科	23.92	25.56	47.54	51.22	5.96	20.31	32.13	31.91	21.05	29.57	3.42
大专	36.01	37.37	25.61	23.14	46.72	36.31	36.82	38.82	32.89	42.47	18.72
中专及中技	28.96	30.12	11.55	9.22	46.54	33.54	26.35	25.00	28.95	18.28	19.63
技校	0.30	0.06	0.00	0.00	0.09	0.00	0.36	0.00	0.88	0.00	2.97
高中及以下	5.80	1.28	0.50	0.24	0.68	8.31	2.17	1.64	12.72	7.53	55.25
按所学专业分											
医学小计	79.65	90.36	90.09	90.81	91.64	85.49	86.64	90.79	11.40	51.08	—
基础医学	0.58	0.65	0.67	0.67	0.00	0.31	4.33	1.48	0.00	0.54	—
预防医学	1.17	1.29	2.24	2.14	0.00	0.00	0.36	4.28	0.88	1.08	—
临床医学	22.49	25.35	64.67	65.63	0.14	0.93	7.22	22.86	2.19	20.43	—
医学技术	5.91	6.72	3.70	3.80	0.05	0.00	74.37	12.66	1.75	2.15	—
口腔医学	2.38	2.71	5.82	4.96	0.00	0.00	0.00	6.09	0.00	1.61	—

续表

（单位：%）

指标名称	总计	卫生技术人员								其他技术人员	管理人员	工勤技能人员
		合计	执业（助理）医师		注册护士	药剂师（士）	技师（士）	其他				
			小计	内：执业医师								
中医学	4.74	5.17	12.77	13.36	0.05	0.93	0.00	6.09		2.19	6.99	—
护理学	37.43	42.86	0.11	0.12	91.28	0.62	0.00	34.21		3.07	15.59	—
药学	4.93	5.59	0.00	0.00	0.14	82.72	0.36	3.13		1.32	2.69	—
卫生管理	0.74	0.63	0.90	0.80	0.09	0.93	1.08	1.48		2.63	3.23	—
经济学	1.22	0.00	0.00	0.00	0.00	0.00	0.00	0.00		22.81	11.83	—
法学	0.10	0.06	0.00	0.00	0.00	0.00	0.00	0.49		0.44	1.08	—
其他	19.03	9.58	9.91	9.19	8.36	14.51	13.36	8.72		65.35	36.02	—
按技术资格分												
正高	0.43	0.46	1.34	1.47	0.00	0.00	0.00	0.00		0.00	1.08	—
副高	6.07	6.67	16.69	18.25	0.95	2.46	5.78	0.66		0.00	10.75	—
中级	13.40	14.71	24.22	26.43	11.21	9.23	16.25	1.64		5.70	17.74	—
助理/师级	28.75	32.67	48.83	49.63	23.41	30.15	36.10	18.59		7.46	12.37	—
员/士	31.88	35.23	5.47	1.04	58.02	51.69	34.30	31.58		34.65	9.68	—
无职称	19.48	10.26	3.46	3.17	6.42	6.46	7.58	47.53		52.19	48.39	—
按聘任技术职务分												
正高	0.50	0.50	1.45	1.59	0.00	0.00	0.00	0.00		0.00	1.44	—
副高	6.60	6.68	16.74	18.32	0.90	2.46	5.78	0.66		0.00	14.39	—
中级	14.45	14.61	24.27	26.50	11.03	9.54	14.08	1.99		4.82	24.46	—
助理/师级	31.40	32.50	50.78	51.40	23.14	28.62	37.18	12.46		12.28	21.58	—
员/士	34.86	35.52	5.69	1.59	62.45	54.77	35.74	14.78		28.07	21.58	—
待聘	12.18	10.19	1.06	0.61	2.49	4.62	7.22	70.10		54.82	16.55	—

花都区分科执业（助理）医师构成情况

（单位：%）

分科	合计	执业医师	执业助理医师
总计	100.00	100.00	100.00
临床专业类别小计	80.54	81.51	70.19
内科专业	22.14	22.01	23.60
外科专业	18.61	19.01	14.29
妇产科专业	14.53	14.91	10.56
儿科专业	6.60	6.92	3.11
眼耳鼻咽喉科专业	2.79	2.99	0.62
皮肤病与性病专业	0.70	0.70	0.62
精神卫生专业	0.05	0.06	0.00
医学影像和放射治疗专业	6.11	6.34	3.73
医学检验、病理专业	0.32	0.35	0.00

续表

（单位：%）

分科	合计	执业医师	执业助理医师
全科医学专业	1.77	1.58	3.73
急救医学专业	1.13	1.23	0.00
康复医学专业	0.16	0.18	0.00
预防保健专业	1.23	0.70	6.83
计划生育技术服务专业	0.91	0.94	0.62
其他专业	3.49	3.58	2.48
中医专业类别小计	9.76	9.86	8.70
中医专业	6.70	6.69	6.83
中西医结合专业	1.18	1.12	1.86
其他专业	1.88	2.05	0.00
口腔专业类别小计	6.65	5.63	17.39
口腔专业	6.54	5.52	17.39
其他专业	0.11	0.12	0.00
公共卫生专业类别小计	3.06	2.99	3.73
公共卫生专业	1.66	1.53	3.11

花都区疾病预防控制中心执业（助理）医师构成情况

（单位：%）

分科	合计	执业医师	执业助理医师
总计	100.00	100.00	100.00
传染病预防控制科	11.54	12.00	0.00
食品卫生科	7.69	8.00	0.00
职业卫生科	15.38	16.00	0.00
学校卫生科	11.54	12.00	0.00
预防医学门诊	15.38	12.00	100.00
其他业务科室	38.46	40.00	0.00

花都区医院、妇幼保健院、专科疾病防治所医疗设备拥有情况

（单位：台）

设备名称	设备台数	按产地分		按购进时新旧分		按设备使用情况分		
		进口	国产/合资	新设备	二手设备	启用	未启用	报废
800mA及以上数字减影血管造影X线机	0	0	0	0	0	0	0	0
800mA及以上医用X线诊断机（不含DSA）	5	3	2	4	1	5	0	0
500～800mA医用X线诊断机	13	3	10	13	0	13	0	0
移动式X线诊断机	6	1	5	6	0	6	0	0
X线电子计算机断层扫描装置（CT）	5	4	1	4	1	5	0	0
核磁（MRI）	2	2	0	2	0	2	0	0

续表

（单位：台）

设备名称	设备台数	按产地分		按购进时新旧分		按设备使用情况分		
		进口	国产/合资	新设备	二手设备	启用	未启用	报废
彩超	23	22	1	23	0	23	0	0
B型超声诊断仪	49	37	12	49	0	49	0	0
医学图像存档及传输系统（PACS，套）	7	2	5	7	0	7	0	0
危重病人监护系统（ICU，套）	12	5	7	12	0	12	0	0
有创呼吸机	22	20	2	19	3	22	0	0
无创呼吸机	45	33	12	45	0	44	1	0
高压氧舱	6	0	6	6	0	6	0	0
人工肾透析装置	27	27	0	27	0	27	0	0
牙科综合治疗台	60	43	17	60	0	60	0	0
全自动生化分析仪	15	12	3	15	0	15	0	0
血液酸碱气体分析仪	7	7	0	7	0	7	0	0
救护车	11	4	7	11	0	11	0	0

花都区疾病死亡率前十位及其构成比和顺位

	顺位	死亡原因	死亡率/每10万	构成比/%
合计	1	循环系统疾病	333.46	49.61
	2	肿瘤	126.44	18.81
	3	呼吸系统疾病	90.10	13.41
	4	损伤和中毒等外部原因	46.32	6.89
	5	内分泌、营养和代谢的其他疾病	19.36	2.88
	6	消化系统疾病	14.00	2.08
	7	传染病和寄生虫病	9.53	1.42
	8	神经系统疾病	8.34	1.24
	9	泌尿生殖系统疾病	6.40	0.95
	10	精神障碍	2.68	0.40
男性	1	循环系统疾病	327.02	45.59
	2	肿瘤	152.77	21.30
	3	呼吸系统疾病	96.25	13.42
	4	损伤和中毒等外部原因	56.81	7.92
	5	内分泌、营养和代谢的其他疾病	20.31	2.83
	6	消化系统疾病	17.66	2.46
	7	传染病和寄生虫病	14.42	2.01
	8	泌尿生殖系统疾病	6.48	0.90
	9	神经系统疾病	5.89	0.82
	10	精神障碍	4.42	0.62

续表

	顺位	死亡原因	死亡率/每10万	构成比/%
女性	1	循环系统疾病	340.04	54.34
	2	肿瘤	99.48	15.90
	3	呼吸系统疾病	83.80	13.39
	4	损伤和中毒等外部原因	35.57	5.68
	5	内分泌、营养和代谢的其他疾病	18.39	2.94
	6	神经系统疾病	10.85	1.73
	7	消化系统疾病	10.25	1.64
	8	泌尿生殖系统疾病	6.33	1.01
	9	传染病和寄生虫病	4.52	0.72
	10	血液、造血器官及免疫的其他疾病	2.71	0.43

花都区意外死亡外部原因及其死亡率和构成比

死亡原因	合计		男性		女性	
	死亡率/每10万	构成比/%	死亡率/每10万	构成比/%	死亡率/每10万	构成比/%
机动车辆交通事故	11.32	24.44	17.96	31.61	4.52	12.71
机动车以外的运输事故	4.17	9.00	6.18	10.88	2.11	5.93
意外中毒	2.83	6.11	4.71	8.29	0.90	2.54
意外跌落	11.77	25.40	10.60	18.65	12.96	36.44
火灾	0.89	1.93	1.77	3.11	0.00	0.00
由自然环境因素所致的意外事故	0.15	0.32	0.29	0.52	0.00	0.00
淹死	2.83	6.11	2.94	5.18	2.71	7.63
意外的机械性窒息	0.15	0.32	0.29	0.52	0.00	0.00
砸死	0.00	0.00	0.00	0.00	0.00	0.00
由机器切割和穿刺工具所致的意外事故	0.30	0.64	0.59	1.04	0.00	0.00
触电	0.00	0.00	0.00	0.00	0.00	0.00
其他意外事故和有害效应	4.47	9.65	4.42	7.77	4.52	12.71
自杀	6.40	13.83	5.89	10.36	6.93	19.49
被杀	1.04	2.25	1.18	2.07	0.90	2.54

（九）南沙区

南沙区（旧行政区划）卫生机构、床位、人员情况

分类	机构个数	床位个数	人员数/人										
			合计	卫生技术人员							其他技术人员	管理人员	工勤技能人员
				小计	执业（助理）医师		注册护士	药剂师（士）	技师（士）	其他			
					小计	内：执业医师							
总计	92	695	1 506	1 261	505	417	447	112	67	130	91	40	91
1. 按经济类型分													
国有	55	635	1 308	1 100	442	369	387	96	59	116	89	36	66
集体	25	0	28	22	12	5	10	0	0	0	0	0	0
联营	0	0	0	0	0	0	0	0	0	0	0	0	0
私营	7	0	50	44	17	13	11	10	2	4	0	0	6
其他	5	60	120	95	34	30	39	6	6	10	2	4	19
2. 按主办单位分													
政府办	15	635	1 276	1 068	425	356	377	95	59	112	89	36	65
其中：卫生部门	15	635	1 276	1 068	425	356	377	95	59	112	89	36	65
社会办	71	60	180	149	63	48	59	7	6	14	2	4	20
个人办	6	0	50	44	17	13	11	10	2	4	0	0	6

南沙区（旧行政区划）卫生机构、床位、人员情况（不含诊所、卫生所、医务室及村卫生室）

分类	机构个数	床位个数	人员数/人										
			合计	卫生技术人员							其他技术人员	管理人员	工勤技能人员
				小计	执业（助理）医师		注册护士	药剂师（士）	技师（士）	其他			
					小计	内：执业医师							
总计	28	695	1 432	1 211	476	401	433	110	67	125	91	40	90
1. 按经济类型分													
国有	21	635	1 274	1 084	432	362	384	96	59	113	89	36	65
集体	0	0	0	0	0	0	0	0	0	0	0	0	0
联营	0	0	0	0	0	0	0	0	0	0	0	0	0
私营	3	0	41	35	12	11	11	8	2	2	0	0	6
其他	4	60	117	92	32	28	38	6	6	10	2	4	19

续表

分类	机构个数	床位个数	人员数/人										
			合计	卫生技术人员							其他技术人员	管理人员	工勤技能人员
				小计	执业（助理）医师		注册护士	药剂师（士）	技师（士）	其他			
					小计	内：执业医师							
2. 按主办单位分													
政府办	15	635	1 258	1 068	425	356	377	95	59	112	89	36	65
其中：卫生部门	15	635	1 258	1 068	425	356	377	95	59	112	89	36	65
社会办	10	60	133	108	39	34	45	7	6	11	2	4	19
个人办	3	0	41	35	12	11	11	8	2	2	0	0	6

南沙区（旧行政区划）诊所、医务室、卫生所、人员情况

分类	机构个数	人员数/人								
		合计	卫生技术人员							工勤技能人员
			小计	执业（助理）医师		注册护士	药剂师（士）	技师（士）	其他	
				小计	内：执业医师					
总计	14	30	29	18	11	4	2	0	5	1
1. 按经济类型分										
国有	9	17	16	10	7	3	0	0	3	1
集体	1	1	1	1	0	0	0	0	0	0
联营	0	0	0	0	0	0	0	0	0	0
私营	3	9	9	5	2	0	2	0	2	0
其他	1	3	3	2	2	1	0	0	0	0
2. 按主办单位分										
政府办	0	0	0	0	0	0	0	0	0	0
其中：卫生部门	0	0	0	0	0	0	0	0	0	0
社会办	11	21	20	13	9	4	0	0	3	1
个人办	3	9	9	5	2	0	2	0	2	0

南沙区（旧行政区划）按经济类型和主办单位分各类卫生机构数

（单位：个）

卫生机构分类	合计	按经济类型分					按主办单位分		
		国有	集体	联营	私营	其他	政府办	社会办	个人办
总计	92	55	25	0	7	5	15	71	6
1. 医院	7	6	0	0	0	1	6	1	0

续表 （单位：个）

卫生机构分类	合计	按经济类型分					按主办单位分		
		国有	集体	联营	私营	其他	政府办	社会办	个人办
综合医院	6	5	0	0	0	1	5	1	0
中医医院	1	1	0	0	0	0	1	0	0
2. 基层医疗卫生机构	81	45	25	0	7	4	5	70	6
社区卫生服务中心（站）	11	11	0	0	0	0	5	6	0
社区卫生服务中心	5	5	0	0	0	0	5	0	0
社区卫生服务站	6	6	0	0	0	0	0	6	0
村卫生室	50	25	24	0	1	0	0	50	0
门诊部	6	0	0	0	3	3	0	3	3
综合门诊部	2	0	0	0	2	0	0	0	2
中医门诊部	3	0	0	0	1	2	0	2	1
专科门诊部	1	0	0	0	0	1	0	1	0
诊所、卫生所、医务室	14	9	1	0	3	1	0	11	3
诊所	3	0	0	0	3	0	0	0	3
卫生所、医务室	11	9	1	0	0	1	0	11	0
3. 专业公共卫生机构	4	4	0	0	0	0	4	0	0
疾病预防控制中心	1	1	0	0	0	0	1	0	0
妇幼保健院（所、站）	2	2	0	0	0	0	2	0	0
卫生监督所（中心）	1	1	0	0	0	0	1	0	0
计划生育技术服务机构	0	0	0	0	0	0	0	0	0
4. 其他卫生机构	0	0	0	0	0	0	0	0	0

南沙区（旧行政区划）医疗机构分级情况

（单位：个）

等级	医院					妇幼保健院	专科疾病防治院
	合计	其中					
		综合医院	中医医院	中西医结合医院	专科医院		
总计	7	6	1	0	0	2	0
二级	1	1	0	0	0	0	0
未评等次	1	1	0	0	0	0	0
一级	4	3	1	0	0	2	0
一级甲等	4	3	1	0	0	2	0
其他	2	2	0	0	0	0	0

南沙区（旧行政区划）医疗机构分科床位、门急诊及出院情况（合计）

分科	实有床位		门急诊人次		出院人数	
	小计/张	构成/%	小计/人次	构成/%	小计/人	构成/%
总计	695	100.00	1 536 604	100.00	18 618	100.00
预防保健科	0	0.00	45 867	2.98	0	0.00
全科医疗科	13	1.87	194 023	12.63	254	1.36
内科	103	14.82	295 475	19.23	3 978	21.37
外科	121	17.41	128 287	8.35	4 207	22.60
妇产科	90	12.95	85 150	5.54	2 282	12.26
儿科	20	2.88	113 152	7.36	1 057	5.68
眼科	0	0.00	24 000	1.56	0	0.00
耳鼻咽喉科	0	0.00	28 732	1.87	0	0.00
口腔科	0	0.00	33 839	2.20	0	0.00
皮肤科	0	0.00	22 357	1.45	0	0.00
精神科	96	13.81	1 448	0.09	912	4.90
传染科	0	0.00	1 381	0.09	0	0.00
结核病科	11	1.58	1 862	0.12	204	1.10
急诊医学科	0	0.00	17 046	1.11	0	0.00
康复医学科	0	0.00	1 136	0.07	0	0.00
重症医学科	4	0.58	0	0.00	17	0.09
中医科	0	0.00	80 471	5.24	0	0.00
其他	237	34.10	462 378	30.09	5 707	30.65

南沙区（旧行政区划）医疗机构分科床位、门急诊及出院情况（医院）

分科	实有床位		门急诊人次		出院人数	
	小计/张	构成/%	小计/人次	构成/%	小计/人	构成/%
总计	556	100.00	1 039 125	100.00	15 600	100.00
预防保健科	0	0.00	33 617	3.24	0	0.00
全科医疗科	13	2.34	0	0.00	254	1.63
内科	103	18.53	295 475	28.43	3 978	25.50
外科	121	21.76	128 287	12.35	4 207	26.97
妇产科	90	16.19	85 150	8.19	2 282	14.63
儿科	20	3.60	113 152	10.89	1 057	6.78
眼科	0	0.00	24 000	2.31	0	0.00

续表

分科	实有床位		门急诊人次		出院人数	
	小计/张	构成/%	小计/人次	构成/%	小计/人	构成/%
耳鼻咽喉科	0	0.00	28 732	2.77	0	0.00
口腔科	0	0.00	30 209	2.91	0	0.00
皮肤科	0	0.00	22 357	2.15	0	0.00
精神科	96	17.27	1 448	0.14	912	5.85
传染科	0	0.00	1 381	0.13	0	0.00
结核病科	11	1.98	1 862	0.18	204	1.31
急诊医学科	0	0.00	17 046	1.64	0	0.00
康复医学科	0	0.00	1 136	0.11	0	0.00
重症医学科	4	0.72	0	0.00	17	0.11
中医科	0	0.00	65 845	6.34	0	0.00
其他	98	17.63	189 428	18.23	2 689	17.24

南沙区（旧行政区划）医疗机构分科床位、门急诊及出院情况（综合医院）

分科	实有床位		门急诊人次		出院人数	
	小计/张	构成/%	小计/人次	构成/%	小计/人	构成/%
总计	458	100.00	864 737	100.00	12 911	100.00
预防保健科	0	0.00	33 617	3.89	0	0.00
全科医疗科	13	2.84	0	0.00	254	1.97
内科	103	22.49	295 475	34.17	3 978	30.81
外科	121	26.42	128 287	14.84	4 207	32.58
妇产科	90	19.65	85 150	9.85	2 282	17.67
儿科	20	4.37	113 152	13.09	1 057	8.19
眼科	0	0.00	24 000	2.78	0	0.00
耳鼻咽喉科	0	0.00	28 732	3.32	0	0.00
口腔科	0	0.00	30 209	3.49	0	0.00
皮肤科	0	0.00	22 357	2.59	0	0.00
精神科	96	20.96	1 448	0.17	912	7.06
传染科	0	0.00	1 381	0.16	0	0.00
结核病科	11	2.40	1 862	0.22	204	1.58
急诊医学科	0	0.00	17 046	1.97	0	0.00
康复医学科	0	0.00	1 136	0.13	0	0.00
重症医学科	4	0.87	0	0.00	17	0.13
中医科	0	0.00	65 845	7.61	0	0.00
其他	0	0.00	15 040	1.74	0	0.00

南沙区（旧行政区划）医疗机构分科床位、门急诊及出院情况（社区卫生服务中心）

分科	实有床位		门急诊人次		出院人数	
	小计/张	构成/%	小计/人次	构成/%	小计/人	构成/%
总计	0	—	191 546	100.00	0	—
预防保健科	0	—	12 250	6.40	0	—
全科医疗科	0	—	179 296	93.60	0	—

南沙区（旧行政区划）卫生机构专业卫生人员分类构成情况

（单位：%）

指标名称	总计	卫生技术人员							其他技术人员	管理人员	工勤技能人员
		合计	执业（助理）医师		注册护士	药剂师（士）	技师（士）	其他			
			小计	内：执业医师							
总计	100.00	100.00	100.00	100.00	100.00	100.00	100.00	100.00	100.00	100.00	100.00
按性别分											
男	37.19	36.53	62.68	62.50	0.24	43.27	52.70	47.13	23.81	68.42	41.35
女	62.81	63.47	37.32	37.50	99.76	56.73	47.30	52.87	76.19	31.58	58.65
按年龄分											
25岁以下	8.18	8.25	0.23	0.00	14.39	10.58	6.76	12.64	6.35	0.00	11.54
25～34岁	44.94	46.46	37.09	36.36	46.83	51.92	50.00	63.79	52.38	36.84	25.96
35～44岁	24.77	24.33	29.34	28.41	25.12	24.04	24.32	10.34	28.57	23.68	27.88
45～54岁	14.93	13.38	18.31	18.47	11.46	8.65	14.86	8.05	11.11	36.84	26.92
55～59岁	4.67	4.63	8.45	9.09	2.20	3.85	1.35	2.87	1.59	2.63	7.69
60岁及以上	2.51	2.95	6.57	7.67	0.00	0.96	2.70	2.30	0.00	0.00	0.00
按工作年限分											
5年以下	21.54	21.55	11.97	12.78	20.00	23.08	22.97	47.13	23.81	10.53	24.04
5～9年	24.48	25.25	24.65	23.01	25.61	22.12	24.32	28.16	25.40	15.79	18.27
10～19年	25.41	25.34	25.35	25.85	30.49	32.69	24.32	9.20	30.16	31.58	21.15
20～29年	15.29	14.48	19.25	18.75	13.41	11.54	16.22	6.32	15.87	34.21	17.31
30年及以上	13.28	13.38	18.78	19.60	10.49	10.58	12.16	9.20	4.76	7.89	19.23
按学位分											
博士	0.43	0.42	0.94	1.14	0.00	0.00	0.00	0.57	0.00	2.63	—
硕士	4.45	4.88	9.15	11.08	0.00	0.96	5.41	8.05	1.59	7.89	—
学士	19.96	20.45	29.58	35.51	5.37	15.38	25.68	34.48	25.40	50.00	—
按学历分											
研究生	5.03	5.47	10.09	12.22	0.00	0.96	6.76	9.20	1.59	10.53	0.00
大学本科	26.92	27.69	42.72	50.00	8.05	21.15	29.73	40.23	34.92	55.26	2.88
大专	30.51	31.48	33.10	27.56	37.32	25.00	35.14	16.09	38.10	31.58	14.42
中专及中技	29.22	31.14	12.21	9.94	48.05	48.08	22.97	31.03	20.63	2.63	22.12

续表

（单位：%）

指标名称	总计	卫生技术人员							其他技术人员	管理人员	工勤技能人员
		合计	执业（助理）医师		注册护士	药剂师（士）	技师（士）	其他			
			小计	内：执业医师							
技校	0.43	0.17	0.00	0.00	0.24	0.00	0.00	0.57	0.00	0.00	3.85
高中及以下	7.90	4.04	1.88	0.28	6.34	4.81	5.41	2.87	4.76	0.00	56.73
按所学专业分											
医学小计	73.80	83.75	88.73	91.48	83.17	79.81	79.73	77.01	15.87	60.53	—
基础医学	0.86	1.01	0.94	0.85	0.00	1.92	5.41	1.15	0.00	0.00	—
预防医学	3.95	4.21	8.22	9.09	0.00	0.00	0.00	8.62	1.59	10.53	—
临床医学	24.91	28.11	60.80	62.78	0.24	1.92	8.11	37.93	4.76	26.32	—
医学技术	4.74	5.47	1.41	1.14	0.00	0.96	64.86	5.75	0.00	2.63	—
口腔医学	2.30	2.53	5.40	4.55	0.00	0.00	0.00	4.02	1.59	2.63	—
中医学	4.45	4.97	11.74	13.07	0.00	2.88	0.00	3.45	0.00	7.89	—
护理学	25.99	29.97	0.00	0.00	82.68	0.00	1.35	9.20	6.35	5.26	—
药学	6.53	7.49	0.23	0.00	0.24	72.12	0.00	6.90	1.59	2.63	—
卫生管理	0.22	0.08	0.00	0.00	0.00	0.00	0.00	0.57	1.59	2.63	—
经济学	2.44	0.17	0.00	0.00	0.00	0.00	0.00	1.15	39.68	18.42	—
法学	0.14	0.17	0.00	0.00	0.00	0.00	0.00	1.15	0.00	0.00	—
其他	23.62	15.91	11.27	8.52	16.83	20.19	20.27	20.69	44.44	21.05	—
按技术资格分											
正高	0.72	0.76	1.88	2.27	0.00	0.00	0.00	0.57	0.00	2.63	—
副高	3.88	3.87	10.09	12.22	0.24	0.00	2.70	0.00	0.00	21.05	—
中级	15.79	17.34	29.58	35.51	14.39	5.77	10.81	4.02	6.35	26.32	—
助理/师级	30.87	33.92	48.59	47.16	24.39	38.46	41.89	14.37	34.92	13.16	—
员/士	28.93	31.90	7.75	1.14	54.88	47.12	32.43	27.59	31.75	10.53	—
无职称	19.81	12.21	2.11	1.70	6.10	8.65	12.16	53.45	26.98	26.32	—
按聘任技术职务分											
正高	0.70	0.59	1.64	1.99	0.00	0.00	0.00	0.00	0.00	6.25	—
副高	4.21	3.96	10.09	12.22	0.24	0.00	4.05	0.00	0.00	21.88	—
中级	16.93	17.19	28.17	33.81	14.63	4.81	12.16	5.78	3.17	34.38	—
助理/师级	32.45	32.43	48.36	46.31	23.66	38.46	39.19	7.51	39.68	18.75	—
员/士	31.59	32.18	9.15	2.56	58.05	45.19	35.14	18.50	30.16	12.50	—
待聘	14.12	13.65	2.58	3.13	3.41	11.54	9.46	68.21	26.98	6.25	—

南沙区（旧行政区划）分科执业（助理）医师构成情况

（单位：%）

分科	合计	执业医师	执业助理医师
总计	100.00	100.00	100.00
临床专业类别小计	76.59	76.48	77.11
内科专业	25.20	24.70	27.71

续表

（单位：%）

分科	合计	执业医师	执业助理医师
外科专业	16.27	17.10	12.05
妇产科专业	9.72	9.74	9.64
儿科专业	8.73	9.03	7.23
眼耳鼻咽喉科专业	2.78	2.85	2.41
皮肤病与性病专业	1.19	1.43	0.00
精神卫生专业	0.60	0.24	2.41
医学影像和放射治疗专业	3.77	3.09	7.23
医学检验、病理专业	0.20	0.24	0.00
全科医学专业	1.19	1.43	0.00
急救医学专业	3.17	3.33	2.41
康复医学专业	0.60	0.48	1.20
预防保健专业	0.99	0.48	3.61
特种医学与军事医学专业	0.00	0.00	0.00
计划生育技术服务专业	0.20	0.24	0.00
其他专业	1.98	2.14	1.20
中医专业类别小计	11.51	11.40	12.05
中医专业	7.54	7.13	9.64
中西医结合专业	3.77	4.04	2.41
其他专业	0.20	0.24	0.00
口腔专业类别小计	4.96	4.04	9.64
口腔专业	4.96	4.04	9.64
公共卫生专业类别小计	6.94	8.08	1.20
公共卫生专业	3.37	3.80	1.20
其他专业	3.57	4.28	0.00

南沙区（旧行政区划）疾病预防控制中心执业（助理）医师构成情况

（单位：%）

分科	合计	执业医师	执业助理医师
总计	100.00	100.00	0.00
传染病预防控制科	31.25	31.25	0.00
食品卫生科	18.75	18.75	0.00
职业卫生科	12.50	12.50	0.00
学校卫生科	6.25	6.25	0.00
健康教育科	12.50	12.50	0.00
其他业务科室	18.75	18.75	0.00

南沙区（旧行政区划）医院、妇幼保健院、专科疾病防治所医疗设备拥有情况

（单位：台）

设备名称	设备台数	按产地分		按购进时新旧分		按设备使用情况分		
		进口	国产/合资	新设备	二手设备	启用	未启用	报废
800mA及以上医用X线诊断机（不含DSA）	2	1	1	2	0	2	0	0
500～800mA医用X线诊断机	9	2	7	9	0	9	0	0
移动式X线诊断机	4	1	3	4	0	4	0	0
X线电子计算机断层扫描装置（CT）	3	3	0	3	0	3	0	0
质子治疗系统	4	0	4	4	0	4	0	0
彩超	8	7	1	8	0	8	0	0
B型超声诊断仪	12	5	7	12	0	12	0	0
医学图像存档及传输系统（PACS，套）	4	1	3	4	0	4	0	0
危重病人监护系统（ICU，套）	6	5	1	6	0	6	0	0
有创呼吸机	7	7	0	7	0	7	0	0
无创呼吸机	4	3	1	4	0	4	0	0
人工肾透析装置	1	1	0	1	0	0	1	0
牙科综合治疗台	14	7	7	14	0	14	0	0
全自动生化分析仪	7	4	3	7	0	7	0	0
血液酸碱气体分析仪	5	4	1	5	0	5	0	0
救护车	15	5	10	15	0	15	0	0

南沙区（新行政区划）卫生机构、床位、人员情况

分类	机构个数	床位个数	人员数/人										
			合计	卫生技术人员							其他技术人员	管理人员	工勤技能人员
				小计	执业（助理）医师		注册护士	药剂师（士）	技师（士）	其他			
					小计	内：执业医师							
总计	187	1 347	2 845	2 313	882	734	854	201	116	262	124	72	219
1．按经济类型分													
国有	78	1 287	2 435	2 064	772	655	769	178	101	245	122	68	164
集体	87	0	144	41	26	12	14	1	0	0	0	0	0
联营	0	0	0	0	0	0	0	0	0	0	0	0	0
私营	16	0	142	109	48	36	30	16	9	7	0	0	36
其他	6	60	124	99	36	31	41	6	6	10	2	4	19

续表

分类	机构个数	床位个数	人员数/人 合计	卫生技术人员 小计	执业（助理）医师 小计	内：执业医师	注册护士	药剂师（士）	技师（士）	其他	其他技术人员	管理人员	工勤技能人员
2. 按主办单位分													
政府办	30	1 287	2 394	2 022	749	637	755	177	101	241	122	68	163
其中：卫生部门	30	1 287	2 394	2 022	749	637	755	177	101	241	122	68	163
社会办	141	60	305	178	83	60	67	8	6	14	2	4	20
个人办	16	0	146	113	50	37	32	16	9	7	0	0	36

南沙区（新行政区划）卫生机构、床位、人员情况（不含诊所、卫生所、医务室及村卫生室）

分类	机构个数	床位个数	人员数/人 合计	卫生技术人员 小计	执业（助理）医师 小计	内：执业医师	注册护士	药剂师（士）	技师（士）	其他	其他技术人员	管理人员	工勤技能人员
总计	52	1 347	2 641	2 230	831	705	830	198	116	257	124	72	218
1. 按经济类型分													
国有	36	1 287	2 391	2 038	756	643	762	178	101	242	122	68	163
集体	0	0	0	0	0	0	0	0	0	0	0	0	0
联营	0	0	0	0	0	0	0	0	0	0	0	0	0
私营	12	0	133	100	43	34	30	14	9	5	0	0	36
其他	4	60	117	92	32	28	38	6	6	10	2	4	19
2. 按主办单位分													
政府办	29	1 287	2 375	2 022	749	637	755	177	101	241	122	68	163
其中：卫生部门	29	1 287	2 375	2 022	749	637	755	177	101	241	122	68	163
社会办	11	60	133	108	39	34	45	7	6	11	2	4	19
个人办	12	0	133	100	43	34	30	14	9	5	0	0	36

南沙区（新行政区划）诊所、医务室、卫生所、人员情况

分类	机构个数	人员数/人								
		合计	卫生技术人员							工勤技能人员
			小计	执业（助理）医师		注册护士	药剂师（士）	技师（士）	其他	
				小计	执业医师					
总计	23	46	45	26	18	11	3	0	5	1
1. 按经济类型分										
国有	16	26	25	15	12	7	0	0	3	1
集体	2	4	4	2	1	1	1	0	0	0
联营	0	0	0	0	0	0	0	0	0	0
私营	3	9	9	5	2	0	2	0	2	0
其他	2	7	7	4	3	3	0	0	0	0
2. 按主办单位分										
政府办	0	0	0	0	0	0	0	0	0	0
其中：卫生部门	0	0	0	0	0	0	0	0	0	0
社会办	19	33	32	19	15	9	1	0	3	1
个人办	4	13	13	7	3	2	2	0	2	0

南沙区（新行政区划）按经济类型和主办单位分各类卫生机构数

（单位：个）

卫生机构分类	合计	按经济类型分					按主办单位分		
		国有	集体	联营	私营	其他	政府办	社会办	个人办
总计	187	78	87	0	16	6	91	80	16
1. 医院	12	11	0	0	0	1	11	1	0
综合医院	11	10	0	0	0	1	10	1	0
中医医院	1	1	0	0	0	0	1	0	0
2. 基层医疗卫生机构	170	62	87	0	16	5	75	79	16
社区卫生服务中心（站）	19	19	0	0	0	0	13	6	0
社区卫生服务中心	8	8	0	0	0	0	8	0	0
社区卫生服务站	11	11	0	0	0	0	5	6	0
村卫生室	112	26	85	0	1	0	1	111	0
门诊部	16	1	0	0	12	3	0	4	12
综合门诊部	4	1	0	0	3	0	0	1	3
中医门诊部	6	0	0	0	4	2	0	2	4
专科门诊部	6	0	0	0	5	1	0	1	5

续表　　（单位：个）

卫生机构分类	合计	按经济类型分					按主办单位分		
		国有	集体	联营	私营	其他	政府办	社会办	个人办
诊所、卫生所、医务室	23	16	2	0	3	2	0	19	4
诊所	3	0	0	0	3	0	0	0	3
卫生所、医务室	20	16	2	0	0	2	0	19	1
3．专业公共卫生机构	4	4	0	0	0	0	4	0	0
疾病预防控制中心	1	1	0	0	0	0	1	0	0
妇幼保健院（所、站）	2	2	0	0	0	0	2	0	0
卫生监督所（中心）	1	1	0	0	0	0	1	0	0
4．其他卫生机构	1	1	0	0	0	0	1	0	0
其他	1	1	0	0	0	0	1	0	0

南沙区（新行政区划）医疗机构分级情况

（单位：个）

等级	医院					妇幼保健院	专科疾病防治院
	合计	其中					
		综合医院	中医医院	中西医结合医院	专科医院		
总计	12	11	1	0	0	2	0
二级	2	2	0	0	0	0	0
二级甲等	1	1	0	0	0	0	0
未评等次	1	1	0	0	0	0	0
一级	8	4	1	0	0	2	0
一级甲等	8	4	1	0	0	2	0
其他	2	2	0	0	0	0	0

南沙区（新行政区划）医疗机构分科床位、门急诊及出院情况（合计）

分科	实有床位		门急诊人次		出院人数	
	小计/张	构成/%	小计/人次	构成/%	小计/人	构成/%
总计	1 347	100.00	2 799 704	100.00	35 373	100.00
预防保健科	0	0.00	85 480	3.05	0	0.00
全科医疗科	37	2.75	371 593	13.27	1 252	3.54
内科	321	23.83	822 365	29.37	10 593	29.95
外科	323	23.98	247 649	8.85	8 310	23.49
妇产科	112	8.31	168 304	6.01	2 601	7.35

续表

分科	实有床位		门急诊人次		出院人数	
	小计 / 张	构成 / %	小计 / 人次	构成 / %	小计 / 人	构成 / %
妇女保健科	0	0.00	1 021	0.04	0	0.00
儿科	172	12.77	243 264	8.69	5 191	14.68
儿童保健科	0	0.00	9 032	0.32	0	0.00
眼科	14	1.04	37 517	1.34	365	1.03
耳鼻咽喉科	10	0.74	55 273	1.97	216	0.61
口腔科	0	0.00	53 652	1.92	0	0.00
皮肤科	0	0.00	33 485	1.20	0	0.00
精神科	96	7.13	1 448	0.05	912	2.58
传染科	10	0.74	1 381	0.05	5	0.01
结核病科	11	0.82	1 862	0.07	204	0.58
急诊医学科	0	0.00	17 046	0.61	0	0.00
康复医学科	0	0.00	1 136	0.04	0	0.00
中医科	0	0.00	180 186	6.44	0	0.00
中西医结合科	0	0.00	5 632	0.20	0	0.00
其他	237	17.59	462 378	16.52	5 707	16.13

南沙区（新行政区划）医疗机构分科床位、门急诊及出院情况（医院）

分科	实有床位		门急诊人次		出院人数	
	小计 / 张	构成 / %	小计 / 人次	构成 / %	小计 / 人	构成 / %
总计	1 208	100.00	2 203 310	100.00	32 355	100.00
预防保健科	0	0.00	71 139	3.23	0	0.00
全科医疗科	37	3.06	104 612	4.75	1 252	3.87
内科	321	26.57	803 302	36.46	10 593	32.74
外科	323	26.74	247 649	11.24	8 310	25.68
妇产科	112	9.27	168 304	7.64	2 601	8.04
妇女保健科	0	0.00	1 021	0.05	0	0.00
儿科	172	14.24	243 264	11.04	5 191	16.04
儿童保健科	0	0.00	9 032	0.41	0	0.00
眼科	14	1.16	37 517	1.70	365	1.13
耳鼻咽喉科	10	0.83	55 273	2.51	216	0.67
口腔科	0	0.00	49 794	2.26	0	0.00
皮肤科	0	0.00	33 485	1.52	0	0.00
精神科	96	7.95	1 448	0.07	912	2.82

续表

分科	实有床位		门急诊人次		出院人数	
	小计/张	构成/%	小计/人次	构成/%	小计/人	构成/%
传染科	10	0.83	1 381	0.06	5	0.02
结核病科	11	0.91	1 862	0.08	204	0.63
急诊医学科	0	0.00	17 046	0.77	0	0.00
康复医学科	0	0.00	1 136	0.05	0	0.00
中医科	0	0.00	160 985	7.31	0	0.00
中西医结合科	0	0.00	5 632	0.26	0	0.00
其他	98	8.11	189 428	8.60	2 689	8.31

南沙区（新行政区划）医疗机构分科床位、门急诊及出院情况（综合医院）

分科	实有床位		门急诊人次		出院人数	
	小计/张	构成/%	小计/人次	构成/%	小计/人	构成/%
总计	1 110	100.00	2 028 922	100.00	29 666	100.00
预防保健科	0	0.00	71 139	3.51	0	0.00
全科医疗科	37	3.33	104 612	5.16	1 252	4.22
内科	321	28.92	803 302	39.59	10 593	35.71
外科	323	29.10	247 649	12.21	8 310	28.01
妇产科	112	10.09	168 304	8.30	2 601	8.77
妇女保健科	0	0.00	1 021	0.05	0	0.00
儿科	172	15.50	243 264	11.99	5 191	17.50
儿童保健科	0	0.00	9 032	0.45	0	0.00
眼科	14	1.26	37 517	1.85	365	1.23
耳鼻咽喉科	10	0.90	55 273	2.72	216	0.73
口腔科	0	0.00	49 794	2.45	0	0.00
皮肤科	0	0.00	33 485	1.65	0	0.00
精神科	96	8.65	1 448	0.07	912	3.07
传染科	10	0.90	1 381	0.07	5	0.02
结核病科	11	0.99	1 862	0.09	204	0.69
急诊医学科	0	0.00	17 046	0.84	0	0.00
康复医学科	0	0.00	1 136	0.06	0	0.00
中医科	0	0.00	160 985	7.93	0	0.00
中西医结合科	0	0.00	5 632	0.28	0	0.00
其他	0	0.00	15 040	0.74	0	0.00

南沙区（新行政区划）医疗机构分科床位、门急诊及出院情况（社区卫生服务中心）

分科	实有床位		门急诊人次		出院人数	
	小计/张	构成/%	小计/人次	构成/%	小计/人	构成/%
总计	0	—	290 461	100.00	0	—
预防保健科	0	—	14 341	4.94	0	—
全科医疗科	0	—	252 254	86.85	0	—
内科	0	—	19 063	6.56	0	—
口腔科	0	—	228	0.08	0	—
中医科	0	—	4 575	1.58	0	—

南沙区（新行政区划）卫生机构专业卫生人员分类构成情况

（单位：%）

指标名称	总计	卫生技术人员							其他技术人员	管理人员	工勤技能人员
		合计	执业（助理）医师		注册护士	药剂师（士）	技师（士）	其他			
			小计	内：执业医师							
总计	100.00	100.00	100.00	100.00	100.00	100.00	100.00	100.00	100.00	100.00	100.00
按性别分											
男	37.10	35.81	62.95	61.84	0.68	36.36	58.47	48.20	32.00	58.33	44.71
女	62.90	64.19	37.05	38.16	99.32	63.64	41.53	51.80	68.00	41.67	55.29
按年龄分											
25岁以下	6.70	7.12	0.00	0.00	12.99	9.66	2.54	12.16	5.00	1.39	5.29
25～34岁	42.38	44.22	35.19	33.96	46.01	46.59	48.31	64.86	48.00	29.17	26.44
35～44岁	28.35	28.09	34.40	33.33	27.20	28.41	26.27	10.36	29.00	25.00	31.73
45～54岁	17.34	15.39	20.72	22.74	11.77	13.07	19.49	9.01	16.00	37.50	29.81
55～59岁	3.69	3.39	5.44	5.30	1.89	1.70	3.39	2.70	2.00	5.56	6.73
60岁及以上	1.55	1.79	4.25	4.67	0.14	0.57	0.00	0.90	0.00	1.39	0.00
按工作年限分											
5年以下	20.52	19.37	9.03	9.19	21.24	19.32	14.41	50.90	23.00	12.50	33.17
5～9年	22.74	22.91	23.64	23.05	21.65	20.45	25.42	25.23	26.00	13.89	22.60
10～19年	28.14	29.43	28.55	28.35	34.51	38.07	26.27	10.36	26.00	23.61	18.27
20～29年	17.50	17.38	24.17	24.30	15.16	10.80	18.64	6.31	16.00	34.72	13.46
30年及以上	11.10	10.91	14.61	15.11	7.44	11.36	15.25	7.21	9.00	15.28	12.50

续表

（单位：%）

指标名称	总计	卫生技术人员							其他技术人员	管理人员	工勤技能人员
		合计	执业（助理）医师		注册护士	药剂师（士）	技师（士）	其他			
			小计	内：执业医师							
按学位分											
博士	0.29	0.25	0.53	0.62	0.00	0.00	0.00	0.45	1.00	1.39	—
硕士	3.18	3.59	7.04	8.26	0.00	0.57	3.39	6.31	2.00	2.78	—
学士	19.10	20.57	33.33	38.79	4.47	10.80	21.19	38.29	19.00	33.33	—
按学历分											
研究生	3.48	3.83	7.44	8.72	0.00	0.57	4.24	6.76	3.00	4.17	0.00
大学本科	27.81	29.83	47.81	54.36	9.47	17.61	29.66	46.40	29.00	43.06	2.40
大专	32.91	33.96	30.94	26.48	41.27	32.95	37.29	18.92	38.00	36.11	19.23
中专及中技	27.09	28.88	11.95	9.66	45.33	40.91	22.88	25.23	21.00	11.11	18.27
技校	0.50	0.30	0.27	0.00	0.41	0.00	0.00	0.45	1.00	0.00	2.40
高中及以下	8.21	3.19	1.59	0.78	3.52	7.95	5.93	2.25	8.00	5.56	57.69
按所学专业分											
医学小计	75.25	87.00	88.84	89.72	88.09	82.39	80.51	84.23	19.00	43.06	—
基础医学	1.13	1.34	1.73	1.56	0.27	2.84	3.39	1.35	0.00	0.00	—
预防医学	3.56	3.98	6.77	7.32	0.00	0.00	0.85	12.61	1.00	5.56	—
临床医学	24.66	28.49	62.02	63.86	0.00	2.27	9.32	40.54	5.00	16.67	—
医学技术	4.44	5.18	1.99	1.71	0.00	1.14	66.10	4.05	1.00	1.39	—
口腔医学	2.26	2.54	5.71	4.52	0.00	0.57	0.00	3.15	2.00	1.39	—
中医学	3.94	4.48	10.49	10.75	0.00	0.57	0.00	4.50	1.00	4.17	—
护理学	28.73	33.47	0.00	0.00	87.55	0.00	0.85	10.81	8.00	8.33	—
药学	6.49	7.52	0.13	0.00	0.27	75.00	0.00	7.21	1.00	4.17	—
卫生管理	0.34	0.10	0.13	0.16	0.14	0.00	0.00	0.00	2.00	5.56	—
经济学	2.47	0.25	0.13	0.16	0.00	1.14	0.00	0.90	36.00	25.00	—
法学	0.17	0.15	0.00	0.00	0.00	0.00	0.00	1.35	0.00	1.39	—
其他	22.11	12.60	11.02	10.12	11.91	16.48	19.49	13.51	45.00	30.56	—
按技术资格分											
正高	0.50	0.55	1.33	1.56	0.00	0.00	0.00	0.45	0.00	1.39	—
副高	4.19	4.43	10.76	12.62	0.54	0.00	2.54	0.45	0.00	15.28	—
中级	16.79	18.87	29.08	33.80	16.51	6.82	16.10	3.15	10.00	16.67	—
助理/师级	31.78	35.41	46.22	46.88	28.42	36.36	42.37	17.57	32.00	22.22	—
员/士	27.18	30.13	8.90	1.87	48.04	46.59	32.20	28.38	33.00	15.28	—

续表 （单位：%）

指标名称	总计	卫生技术人员								其他技术人员	管理人员	工勤技能人员
		合计	执业（助理）医师		注册护士	药剂师（士）	技师（士）	其他				
			小计	内：执业医师								
无职称	19.56	10.61	3.72	3.27	6.50	10.23	6.78	50.00		25.00	29.17	—
按聘任技术职务分												
正高	0.60	0.55	1.33	1.56	0.00	0.00	0.85	0.00		0.00	3.57	—
副高	4.48	4.33	10.49	12.31	0.54	0.00	2.54	0.45		0.00	17.86	—
中级	18.77	19.43	29.75	34.58	17.19	5.68	15.25	4.98		5.00	19.64	—
助理/师级	35.14	35.08	47.14	46.88	27.88	39.20	42.37	10.86		38.00	32.14	—
员/士	29.73	29.80	9.56	2.65	49.80	47.73	32.20	16.29		34.00	19.64	—
待聘	11.28	10.81	1.73	2.02	4.60	7.39	6.78	67.42		23.00	7.14	—

南沙区（新行政区划）分科执业（助理）医师构成情况

（单位：%）

分科	合计	执业医师	执业助理医师
总计	100.00	100.00	100.00
临床专业类别小计	77.25	78.00	72.87
内科专业	25.03	25.33	23.26
外科专业	16.95	17.33	14.73
妇产科专业	10.13	11.20	3.88
儿科专业	5.92	6.13	4.65
眼耳鼻咽喉科专业	2.28	2.40	1.55
皮肤病与性病专业	1.14	1.20	0.78
精神卫生专业	0.23	0.00	1.55
医学影像和放射治疗专业	4.32	3.60	8.53
医学检验、病理专业	0.34	0.40	0.00
全科医学专业	2.62	2.93	0.78
急救医学专业	4.55	4.27	6.20
康复医学专业	0.68	0.67	0.78
预防保健专业	1.14	0.67	3.88
计划生育技术服务专业	0.34	0.40	0.00
其他专业	1.59	1.47	2.33
中医专业类别小计	11.26	11.20	11.63
中医专业	7.85	7.60	9.30

续表

（单位：%）

分科	合计	执业医师	执业助理医师
中西医结合专业	2.62	2.67	2.33
其他专业	0.80	0.93	0.00
口腔专业类别小计	5.35	4.27	11.63
口腔专业	5.23	4.13	11.63
其他专业	0.11	0.13	0.00
公共卫生专业类别小计	6.14	6.53	3.88
公共卫生专业	3.75	3.73	3.88
其他专业	2.39	2.80	0.00

南沙区（新行政区划）疾病预防控制中心执业（助理）医师构成情况

（单位：%）

分科	合计	执业医师	执业助理医师
总计	100.00	100.00	0.00
传染病预防控制科	26.67	26.67	0.00
食品卫生科	20.00	20.00	0.00
职业卫生科	13.33	13.33	0.00
学校卫生科	6.67	6.67	0.00
健康教育科	13.33	13.33	0.00
其他业务科室	20.00	20.00	0.00

南沙区（新行政区划）疾病死亡率前十位及其构成比和顺位

	顺位	死亡原因	死亡率/每10万	构成比/%
合计	1	循环系统疾病	223.90	35.86
	2	肿瘤	131.74	21.10
	3	呼吸系统疾病	89.39	14.32
	4	损伤和中毒等外部原因	35.15	5.63
	5	消化系统疾病	26.85	4.30
	6	内分泌、营养和代谢的其他疾病	13.56	2.17
	7	传染病和寄生虫病	8.58	1.37
	8	神经系统疾病	4.43	0.71
	9	泌尿生殖系统疾病	4.43	0.71
	10	肌肉骨骼和结缔组织疾病	3.87	0.62

续表

	顺位	死亡原因	死亡率/每10万	构成比/%
男性	1	循环系统疾病	239.90	33.41
	2	肿瘤	188.18	26.21
	3	呼吸系统疾病	89.14	12.41
	4	损伤和中毒等外部原因	53.92	7.51
	5	消化系统疾病	37.42	5.21
	6	传染病和寄生虫病	12.11	1.69
	7	内分泌、营养和代谢的其他疾病	11.55	1.61
	8	泌尿生殖系统疾病	6.05	0.84
	9	神经系统疾病	5.50	0.77
	10	血液、造血器官及免疫的其他疾病	3.85	0.54
女性	1	循环系统疾病	207.71	39.22
	2	呼吸系统疾病	89.66	16.93
	3	肿瘤	74.62	14.09
	4	消化系统疾病	16.15	3.05
	5	损伤和中毒等外部原因	16.15	3.05
	6	内分泌、营养和代谢的其他疾病	15.59	2.94
	7	传染病和寄生虫病	5.01	0.95
	8	肌肉骨骼和结缔组织疾病	5.01	0.95
	9	血液、造血器官及免疫的其他疾病	3.34	0.63
	10	神经系统疾病	3.34	0.63

南沙区（新行政区划）意外死亡外部原因及其死亡率和构成比

死亡原因	合计		男性		女性	
	死亡率/每10万	构成比/%	死亡率/每10万	构成比/%	死亡率/每10万	构成比/%
机动车辆交通事故	10.79	30.71	17.06	31.63	4.45	27.59
机动车以外的运输事故	8.30	23.62	14.86	27.55	1.67	10.34
意外中毒	0.83	2.36	1.10	2.04	0.56	3.45
意外跌落	2.49	7.09	3.85	7.14	1.11	6.90
火灾	0.00	0.00	0.00	0.00	0.00	0.00
由自然环境因素所致的意外事故	0.00	0.00	0.00	0.00	0.00	0.00
淹死	1.66	4.72	2.75	5.10	0.56	3.45

续表

死亡原因	合计		男性		女性	
	死亡率/每10万	构成比/%	死亡率/每10万	构成比/%	死亡率/每10万	构成比/%
意外的机械性窒息	0.28	0.79	0.00	0.00	0.56	3.45
砸死	0.55	1.57	1.10	2.04	0.00	0.00
由机器切割和穿刺工具所致的意外事故	0.00	0.00	0.00	0.00	0.00	0.00
触电	0.28	0.79	0.55	1.02	0.00	0.00
其他意外事故和有害效应	4.98	14.17	6.60	12.24	3.34	20.69
自杀	4.15	11.81	4.95	9.18	3.34	20.69
被杀	0.83	2.36	1.10	2.04	0.56	3.45

（十）萝岗区

萝岗区卫生机构、床位、人员情况

分类	机构个数	床位个数	人员数/人										
			合计	卫生技术人员							其他技术人员	管理人员	工勤技能人员
				小计	执业（助理）医师		注册护士	药剂师（士）	技师（士）	其他			
					小计	内：执业医师							
总计	112	1 284	2 141	1 756	718	630	666	116	96	160	74	127	167
1. 按经济类型分													
国有	35	1 223	1 627	1 327	501	454	529	89	75	133	60	110	127
集体	23	0	88	58	22	16	19	6	0	11	6	5	5
联营	1	0	3	3	2	1	1	0	0	0	0	0	0
私营	37	61	381	327	164	134	108	21	21	13	8	12	34
其他	16	0	42	41	29	25	9	0	0	3	0	0	1
2. 按主办单位分													
政府办	19	1 223	1 562	1 265	475	433	513	85	74	118	60	110	117
其中：卫生部门	18	794	1 369	1 137	405	367	470	82	64	116	43	87	92
社会办	57	61	319	264	124	102	83	18	13	26	7	13	28
个人办	36	0	260	227	119	95	70	13	9	16	7	4	22

萝岗区卫生机构、床位、人员情况（不含诊所、卫生所、医务室及村卫生室）

分类	机构个数	床位个数	人员数/人										
			合计	卫生技术人员							其他技术人员	管理人员	工勤技能人员
				小计	执业（助理）医师		注册护士	药剂师（士）	技师（士）	其他			
					小计	内：执业医师							
总计	33	1 284	1 855	1 508	581	520	593	106	91	137	74	127	146
1. 按经济类型分													
国有	20	1 223	1 552	1 265	475	433	513	85	74	118	60	110	117
集体	4	0	70	54	20	15	17	6	0	11	6	5	5
联营	0	0	0	0	0	0	0	0	0	0	0	0	0
私营	9	61	233	189	86	72	63	15	17	8	8	12	24
其他	0	0	0	0	0	0	0	0	0	0	0	0	0
2. 按主办单位分													
政府办	19	1 223	1 552	1 265	475	433	513	85	74	118	60	110	117
其中：卫生部门	18	794	1 359	1 137	405	367	470	82	64	116	43	87	92
社会办	6	61	192	154	63	54	54	14	12	11	7	13	18
个人办	8	0	111	89	43	33	26	7	5	8	7	4	11

萝岗区诊所、医务室、卫生所、人员情况

分类	机构个数	人员数/人								
		合计	卫生技术人员							工勤技能人员
			小计	执业（助理）医师		注册护士	药剂师（士）	技师（士）	其他	
				小计	内：执业医师					
总计	52	264	243	134	108	71	10	5	23	21
1. 按经济类型分										
国有	7	71	61	25	20	16	4	1	15	10
集体	0	0	0	0	0	0	0	0	0	0
联营	1	3	3	2	1	1	0	0	0	0
私营	28	148	138	78	62	45	6	4	5	10
其他	16	42	41	29	25	9	0	0	3	1
2. 按主办单位分										
政府办	0	0	0	0	0	0	0	0	0	0
其中：卫生部门	0	0	0	0	0	0	0	0	0	0
社会办	24	115	105	58	46	27	4	1	15	10
个人办	28	149	138	76	62	44	6	4	8	11

萝岗区按经济类型和主办单位分各类卫生机构数

（单位：个）

卫生机构分类	合计	按经济类型分					按主办单位分		
		国有	集体	联营	私营	其他	政府办	社会办	个人办
总计	112	35	23	1	37	16	19	57	36
1．医院	4	4	0	0	0	0	4	0	0
综合医院	3	3	0	0	0	0	3	0	0
中医医院	1	1	0	0	0	0	1	0	0
2．基层医疗卫生机构	104	27	23	1	37	16	11	57	36
社区卫生服务中心（站）	22	10	4	0	8	0	10	5	7
社区卫生服务中心	5	4	0	0	1	0	4	1	0
社区卫生服务站	17	6	4	0	7	0	6	4	7
乡镇卫生院	1	1	0	0	0	0	1	0	0
村卫生室	27	8	19	0	0	0	0	27	0
门诊部	2	1	0	0	1	0	0	1	1
综合门诊部	2	1	0	0	1	0	0	1	1
诊所、卫生所、医务室	52	7	0	1	28	16	0	24	28
诊所	29	0	0	1	27	1	0	2	27
卫生所、医务室	23	7	0	0	1	15	0	22	1
3．专业公共卫生机构	3	3	0	0	0	0	3	0	0
疾病预防控制中心	1	1	0	0	0	0	1	0	0
妇幼保健院（所、站）	1	1	0	0	0	0	1	0	0
卫生监督所（中心）	1	1	0	0	0	0	1	0	0
4．其他卫生机构	1	1	0	0	0	0	1	0	0
疗养院	1	1	0	0	0	0	1	0	0

萝岗区医疗机构分级情况

（单位：个）

等级	医院					妇幼保健院	专科疾病防治院
	合计	其中					
		综合医院	中医医院	中西医结合医院	专科医院		
总计	4	3	1	0	0	0	0
三级	1	1	0	0	0	0	0
未评等次	1	1	0	0	0	0	0
二级	1	1	0	0	0	0	0
二级甲等	1	1	0	0	0	0	0
一级	2	1	1	0	0	0	0
一级甲等	2	1	1	0	0	0	0

萝岗区医疗机构分科床位、门急诊及出院情况（合计）

分科	实有床位		门急诊人次		出院人数	
	小计/张	构成/%	小计/人次	构成/%	小计/人	构成/%
总计	1 284	100.00	1 739 865	100.00	64 712	100.00
预防保健科	0	0.00	91 809	5.28	0	0.00
全科医疗科	0	0.00	519 822	29.88	0	0.00
内科	113	8.80	265 538	15.26	4 238	6.55
外科	149	11.60	89 751	5.16	3 589	5.55
妇产科	155	12.07	166 064	9.54	6 296	9.73
儿科	25	1.95	96 236	5.53	2 696	4.17
眼科	5	0.39	18 058	1.04	0	0.00
耳鼻咽喉科	6	0.47	19 216	1.10	181	0.28
口腔科	5	0.39	21 990	1.26	220	0.34
精神科	275	21.42	10 470	0.60	372	0.57
急诊医学科	0	0.00	6 194	0.36	0	0.00
康复医学科	4	0.31	13 626	0.78	209	0.32
重症医学科	3	0.23	0	0.00	83	0.13
中医科	0	0.00	41 355	2.38	0	0.00
其他	544	42.37	379 736	21.83	46 810	72.34

萝岗区医疗机构分科床位、门急诊及出院情况（医院）

分科	实有床位		门急诊人次		出院人数	
	小计/张	构成/%	小计/人次/	构成/%	小计/人	构成/%
总计	734	100.00	897 626	100.00	18 060	100.00
预防保健科	0	0.00	41 555	4.63	0	0.00
内科	76	10.35	184 727	20.58	2 989	16.55
外科	113	15.40	62 518	6.96	3 036	16.81
妇产科	107	14.58	121 906	13.58	4 393	24.32
儿科	25	3.41	82 217	9.16	2 696	14.93
眼科	5	0.68	14 266	1.59	0	0.00
耳鼻咽喉科	6	0.82	19 216	2.14	181	1.00
口腔科	5	0.68	15 751	1.75	220	1.22
精神科	275	37.47	10 470	1.17	372	2.06
康复医学科	4	0.54	6 116	0.68	209	1.16
重症医学科	3	0.41	0	0.00	83	0.46
中医科	0	0.00	10 154	1.13	0	0.00
其他	115	15.67	328 730	36.62	3 863	21.39

萝岗区医疗机构分科床位、门急诊及出院情况（综合医院）

分科	实有床位		门急诊人次		出院人数	
	小计/张	构成/%	小计/人次	构成/%	小计/人	构成/%
总计	619	100.00	685 917	100.00	14 197	100.00
预防保健科	0	0.00	41 555	6.06	0	0.00
内科	76	12.28	184 727	26.93	2 989	21.05
外科	113	18.26	62 518	9.11	3 036	21.38
妇产科	107	17.29	121 906	17.77	4 393	30.94
妇女保健科	0	0.00	0	0.00	0	0.00
儿科	25	4.04	82 217	11.99	2 696	18.99
眼科	5	0.81	14 266	2.08	0	0.00
耳鼻咽喉科	6	0.97	19 216	2.80	181	1.27
口腔科	5	0.81	15 751	2.30	220	1.55
精神科	275	44.43	10 470	1.53	372	2.62
康复医学科	4	0.65	6 116	0.89	209	1.47
重症医学科	3	0.48	0	0.00	83	0.58
中医科	0	0.00	2 294	0.33	0	0.00
其他	0	0.00	124 881	18.21	0	0.00

萝岗区医疗机构分科床位、门急诊及出院情况（乡镇卫生院）

分科	实有床位		门急诊人次		出院人数	
	小计/张	构成/%	小计/人次	构成/%	小计/人	构成/%
总计	60	100.00	146 699	100.00	1 353	100.00
预防保健科	0	0.00	5 168	3.52	0	0.00
内科	20	33.33	22 716	15.48	518	38.29
外科	20	33.33	19 325	13.17	386	28.53
妇产科	20	33.33	12 488	8.51	449	33.19
儿科	0	0.00	8 478	5.78	0	0.00
眼科	0	0.00	3 792	2.58	0	0.00
口腔科	0	0.00	2 866	1.95	0	0.00
急诊医学科	0	0.00	6 194	4.22	0	0.00
中医科	0	0.00	25 026	17.06	0	0.00
其他	0	0.00	40 646	27.71	0	0.00

萝岗区医疗机构分科床位、门急诊及出院情况（社区卫生服务中心）

分科	实有床位		门急诊人次		出院人数	
	小计/张	构成/%	小计/人次	构成/%	小计/人	构成/%
总计	61	100.00	205 224	100.00	2 352	100.00
预防保健科	0	0.00	45 086	21.97	0	0.00
全科医疗科	0	0.00	55 582	27.08	0	0.00
内科	17	27.87	48 095	23.44	731	31.08
外科	16	26.23	7 908	3.85	167	7.10
妇产科	28	45.90	25 954	12.65	1 454	61.82
儿科	0	0.00	5 541	2.70	0	0.00
口腔科	0	0.00	3 373	1.64	0	0.00
康复医学科	0	0.00	7 510	3.66	0	0.00
中医科	0	0.00	6 175	3.01	0	0.00

萝岗区卫生机构专业卫生人员分类构成情况

（单位：%）

指标名称	总计	卫生技术人员							其他技术人员	管理人员	工勤技能人员
		合计	执业（助理）医师		注册护士	药剂师（士）	技师（士）	其他			
			小计	内：执业医师							
总计	100.00	100.00	100.00	100.00	100.00	100.00	100.00	100.00	100.00	100.00	100.00
按性别分											
男	34.64	32.74	59.96	58.56	2.79	29.41	47.83	47.65	50.00	50.72	43.30
女	65.36	67.26	40.04	41.44	97.21	70.59	52.17	52.35	50.00	49.28	56.70
按年龄分											
25岁以下	7.95	8.51	0.00	0.00	17.94	4.71	5.80	5.37	4.35	0.00	7.22
25～34岁	41.78	43.46	31.99	29.95	49.83	52.94	40.58	55.03	34.78	24.64	32.99
35～44岁	30.29	29.74	37.74	36.71	25.44	22.35	34.78	20.13	28.26	37.68	34.02
45～54岁	13.22	12.08	19.16	20.50	5.57	12.94	14.49	10.74	17.39	28.99	16.49
55～59岁	3.66	2.93	4.79	5.63	0.52	7.06	2.90	3.36	15.22	4.35	8.25
60岁及以上	3.10	3.29	6.32	7.21	0.70	0.00	1.45	5.37	0.00	4.35	1.03
按工作年限分											
5年以下	19.80	20.16	8.62	8.11	24.39	25.88	20.29	40.94	13.04	13.04	22.68
5～9年	19.86	20.73	20.31	20.50	22.13	20.00	21.74	16.78	19.57	7.25	16.49
10～19年	32.34	32.52	34.67	32.88	36.59	25.88	20.29	18.79	34.78	21.74	36.08
20～29年	17.50	17.08	22.41	22.97	13.24	14.12	24.64	11.41	6.52	39.13	13.40

（单位：%）

指标名称	总计	卫生技术人员							其他技术人员	管理人员	工勤技能人员
		合计	执业（助理）医师		注册护士	药剂师（士）	技师（士）	其他			
			小计	内：执业医师							
30年及以上	10.49	9.51	13.98	15.54	3.66	14.12	13.04	12.08	26.09	18.84	11.34
按学位分											
博士	0.06	0.07	0.00	0.00	0.00	0.00	0.00	0.67	0.00	0.00	—
硕士	3.91	4.29	7.47	8.78	0.17	2.35	4.35	10.07	0.00	4.35	—
学士	25.14	26.02	45.21	52.93	4.36	25.88	30.43	40.27	30.43	39.13	—
按学历分											
研究生	3.97	4.43	7.47	8.78	0.00	2.35	5.80	11.41	0.00	2.90	0.00
大学本科	30.91	31.59	52.30	61.04	8.19	29.41	36.23	48.32	43.48	46.38	4.12
大专	36.13	36.95	25.67	19.37	51.74	36.47	42.03	17.45	26.09	40.58	25.77
中专及中技	25.26	26.16	13.60	9.68	39.72	28.24	15.94	21.48	19.57	5.80	28.87
技校	0.06	0.00	0.00	0.00	0.00	0.00	0.00	0.00	0.00	0.00	1.03
高中及以下	3.66	0.86	0.96	1.13	0.35	3.53	0.00	1.34	10.87	4.35	40.21
按所学专业分											
医学小计	81.30	90.92	96.17	95.72	91.64	85.88	72.46	81.21	13.04	44.93	—
基础医学	0.37	0.43	0.19	0.00	0.00	0.00	2.90	2.01	0.00	0.00	—
预防医学	3.91	4.50	8.05	7.43	0.00	0.00	4.35	12.08	0.00	0.00	—
临床医学	29.50	32.88	71.65	74.77	0.70	1.18	13.04	48.32	2.17	20.29	—
医学技术	3.23	3.43	1.72	2.03	0.00	0.00	49.28	3.36	4.35	2.90	—
口腔医学	1.86	2.14	5.75	2.93	0.00	0.00	0.00	0.00	0.00	0.00	—
中医学	3.73	4.07	8.43	8.33	0.00	0.00	0.00	8.72	2.17	2.90	—
护理学	33.73	38.03	0.19	0.23	90.59	0.00	2.90	6.04	0.00	15.94	—
药学	4.84	5.43	0.19	0.00	0.35	84.71	0.00	0.67	2.17	1.45	—
卫生管理	0.56	0.43	0.19	0.23	0.00	0.00	0.00	3.36	2.17	2.90	—
经济学	1.99	0.14	0.00	0.00	0.00	1.18	0.00	0.67	32.61	21.74	—
法学	0.06	0.00	0.00	0.00	0.00	0.00	0.00	0.00	0.00	1.45	—
其他	16.65	8.93	3.83	4.28	8.36	12.94	27.54	18.12	54.35	31.88	—
按技术资格分											
正高	0.43	0.29	0.77	0.90	0.00	0.00	0.00	0.00	0.00	4.35	—
副高	7.01	7.43	17.43	20.50	0.52	2.35	7.25	2.01	4.35	10.14	—
中级	14.03	14.44	25.10	29.50	7.49	9.41	18.84	4.70	15.22	24.64	—
助理/师级	36.93	39.96	42.53	45.95	36.76	48.24	42.03	37.58	36.96	27.54	—
员/士	28.99	31.67	11.30	0.68	53.66	36.47	28.99	16.78	28.26	15.94	—
无职称	12.60	6.22	2.87	2.48	1.57	3.53	2.90	38.93	15.22	17.39	—

续表

（单位：%）

指标名称	总计	卫生技术人员								其他技术人员	管理人员	工勤技能人员
		合计	执业（助理）医师		注册护士	药剂师（士）	技师（士）	其他				
			小计	内：执业医师								
按聘任技术职务分												
正高	0.47	0.29	0.77	0.90	0.00	0.00	0.00	0.00		0.00	4.84	—
副高	7.54	7.48	17.82	20.95	0.52	2.35	7.25	0.71		4.35	11.29	—
中级	14.95	14.53	25.10	29.50	7.84	9.41	17.39	4.29		15.22	24.19	—
助理/师级	42.46	42.81	51.53	48.42	36.76	48.24	42.03	32.14		41.30	35.48	—
员/士	29.11	29.93	4.79	0.23	51.74	37.65	31.88	28.57		28.26	11.29	—
待聘	5.47	4.96	0.00	0.00	3.14	2.35	1.45	34.29		10.87	12.90	—

萝岗区分科执业（助理）医师构成情况

（单位：%）

分科	合计	执业医师	执业助理医师
总计	100.00	100.00	100.00
临床专业类别小计	77.52	80.51	61.80
内科专业	31.83	31.48	33.71
外科专业	11.15	12.63	3.37
妇产科专业	10.43	11.13	6.74
儿科专业	4.86	5.35	2.25
眼耳鼻咽喉科专业	2.52	2.78	1.12
皮肤病与性病专业	0.72	0.86	0.00
精神卫生专业	1.62	1.28	3.37
医学影像和放射治疗专业	7.73	8.57	3.37
医学检验、病理专业	0.54	0.64	0.00
全科医学专业	2.88	2.57	4.49
急救医学专业	1.08	1.07	1.12
康复医学专业	0.18	0.00	1.12
预防保健专业	0.36	0.43	0.00
特种医学与军事医学专业	0.18	0.21	0.00
计划生育技术服务专业	0.36	0.21	1.12
其他专业	1.08	1.28	0.00
中医专业类别小计	8.81	8.78	8.99
中医专业	6.47	6.64	5.62
中西医结合专业	0.90	0.43	3.37

续表

（单位：%）

分科	合计	执业医师	执业助理医师
其他专业	1.44	1.71	0.00
口腔专业类别小计	6.29	3.85	19.10
口腔专业	6.29	3.85	19.10
公共卫生专业类别小计	7.37	6.85	10.11
公共卫生专业	3.60	2.36	10.11
其他专业	3.78	4.50	0.00

萝岗区疾病预防控制中心执业（助理）医师构成情况

（单位：%）

分科	合计	执业医师	执业助理医师
总计	100.00	100.00	—
传染病预防控制科	63.64	63.64	—
其他业务科室	36.36	36.36	—

萝岗区医院、妇幼保健院、专科疾病防治所医疗设备拥有情况

（单位：台）

设备名称	设备台数	按产地分		按购进时新旧分		按设备使用情况分		
		进口	国产/合资	新设备	二手设备	启用	未启用	报废
800mA及以上数字减影血管造影X线机	3	2	1	3	0	3	0	0
500～800mA医用X线诊断机	5	3	2	5	0	5	0	0
移动式X线诊断机	2	1	1	2	0	2	0	0
X线电子计算机断层扫描装置（CT）	2	1	1	2	0	2	0	0
核磁（MRI）	1	1	0	1	0	1	0	0
彩超	7	4	3	7	0	7	0	0
B型超声诊断仪	8	5	3	8	0	8	0	0
医学图像存档及传输系统（PACS，套）	1	0	1	1	0	1	0	0
危重病人监护系统（ICU，套）	9	1	8	9	0	9	0	0
有创呼吸机	10	3	7	10	0	10	0	0
无创呼吸机	3	1	2	3	0	3	0	0
牙科综合治疗台	6	5	1	6	0	6	0	0
全自动生化分析仪	3	2	1	3	0	3	0	0
血液酸碱气体分析仪	2	2	0	2	0	2	0	0
救护车	7	0	7	7	0	7	0	0

萝岗区疾病死亡率前十位及其构成比和顺位

	顺位	死亡原因	死亡率/每10万	构成比/%
合计	1	循环系统疾病	138.81	21.43
	2	肿瘤	74.70	11.54
	3	呼吸系统疾病	39.88	6.16
	4	损伤和中毒等外部原因	32.30	4.99
	5	消化系统疾病	13.12	2.03
	6	内分泌、营养和代谢的其他疾病	9.09	1.40
	7	肌肉骨骼和结缔组织疾病	5.05	0.78
	8	神经系统疾病	4.04	0.62
	9	起源于围生期的某些情况	4.04	0.62
	10	传染病和寄生虫病	3.53	0.55
男性	1	循环系统疾病	144.57	19.52
	2	肿瘤	109.16	14.74
	3	损伤和中毒等外部原因	41.31	5.58
	4	呼吸系统疾病	38.36	5.18
	5	消化系统疾病	16.72	2.26
	6	内分泌、营养和代谢的其他疾病	7.87	1.06
	7	传染病和寄生虫病	4.92	0.66
	8	肌肉骨骼和结缔组织疾病	4.92	0.66
	9	神经系统疾病	2.95	0.40
	10	起源于围生期的某些情况	2.95	0.40
女性	1	循环系统疾病	132.73	24.15
	2	呼吸系统疾病	41.48	7.55
	3	肿瘤	38.37	6.98
	4	损伤和中毒等外部原因	22.81	4.15
	5	内分泌、营养和代谢的其他疾病	10.37	1.89
	6	消化系统疾病	9.33	1.70
	7	神经系统疾病	5.18	0.94
	8	肌肉骨骼和结缔组织疾病	5.18	0.94
	9	起源于围生期的某些情况	5.18	0.94
	10	传染病和寄生虫病	2.07	0.38

萝岗区意外死亡外部原因及其死亡率和构成比

死亡原因	合计		男性		女性	
	死亡率/每10万	构成比/%	死亡率/每10万	构成比/%	死亡率/每10万	构成比/%
机动车辆交通事故	14.64	45.31	20.65	50.00	8.30	36.36
机动车以外的运输事故	2.52	7.81	1.97	4.76	3.11	13.64
意外中毒	2.52	7.81	4.92	11.90	0.00	0.00
意外跌落	5.05	15.63	4.92	11.90	5.18	22.73
火灾	1.51	4.69	1.97	4.76	1.04	4.55
由自然环境因素所致的意外事故	0.00	0.00	0.00	0.00	0.00	0.00
淹死	0.50	1.56	0.98	2.38	0.00	0.00
意外的机械性窒息	0.50	1.56	0.00	0.00	1.04	4.55
砸死	0.00	0.00	0.00	0.00	0.00	0.00
由机器切割和穿刺工具所致的意外事故	0.00	0.00	0.00	0.00	0.00	0.00
触电	0.50	1.56	0.98	2.38	0.00	0.00
其他意外事故和有害效应	1.01	3.13	1.97	4.76	0.00	0.00
自杀	3.03	9.38	2.95	7.14	3.11	13.64
被杀	0.50	1.56	0.00	0.00	1.04	4.55

（十一）增城市

增城市卫生机构、床位、人员情况

分类	机构个数	床位个数	人员数/人										
			合计	卫生技术人员							其他技术人员	管理人员	工勤技能人员
				小计	执业（助理）医师		注册护士	药剂师（士）	技师（士）	其他			
					小计	内：执业医师							
总计	383	3 001	6 286	4 829	1 706	1 332	1 998	407	297	421	206	368	458
1. 按经济类型分													
国有	34	2 825	5 273	4 321	1 451	1 174	1 828	381	275	386	198	338	415
集体	278	0	583	150	104	48	37	4	4	1	0	0	9
联营	0	0	0	0	0	0	0	0	0	0	0	0	0
私营	68	176	422	350	146	106	130	22	18	34	8	30	34

续表

分类	机构个数	床位个数	人员数/人 合计	卫生技术人员 小计	执业（助理）医师 小计	内：执业医师	注册护士	药剂师（士）	技师（士）	其他	其他技术人员	管理人员	工勤技能人员
其他	3	0	8	8	5	4	3	0	0	0	0	0	0
2. 按主办单位分													
政府办	29	2 375	4 601	3 819	1 276	1 018	1 635	356	246	306	190	277	313
其中：卫生部门	29	2 375	4 601	3 819	1 276	1 018	1 635	356	246	306	190	277	313
社会办	285	490	1 339	718	303	226	258	30	37	90	10	65	123
个人办	69	136	346	292	127	88	105	21	14	25	6	26	22

增城市卫生机构、床位、人员情况（不含诊所、卫生所、医务室及村卫生室）

分类	机构个数	床位个数	人员数/人 合计	卫生技术人员 小计	执业（助理）医师 小计	内：执业医师	注册护士	药剂师（士）	技师（士）	其他	其他技术人员	管理人员	工勤技能人员
总计	40	3 001	5 539	4 508	1 518	1 230	1 909	395	292	394	206	368	457
1. 按经济类型分													
国有	32	2 825	5 254	4 304	1 443	1 167	1 821	381	273	386	198	338	414
集体	4	0	45	36	15	10	14	4	3	0	0	0	9
联营	0	0	0	0	0	0	0	0	0	0	0	0	0
私营	4	176	240	168	60	53	74	10	16	8	8	30	34
其他	0	0	0	0	0	0	0	0	0	0	0	0	0
2. 按主办单位分													
政府办	29	2 375	4 599	3 819	1 276	1 018	1 635	356	246	306	190	277	313
其中：卫生部门	29	2 375	4 599	3 819	1 276	1 018	1 635	356	246	306	190	277	313
社会办	8	490	774	577	202	179	224	30	34	87	10	65	122
个人办	3	136	166	112	40	33	50	9	12	1	6	26	22

增城市诊所、医务室、卫生所、人员情况

分类	机构个数	人员数/人								
		合计	卫生技术人员							工勤技能人员
			小计	执业（助理）医师		注册护士	药剂师（士）	技师（士）	其他	
				小计	内：执业医师					
总计	74	227	226	109	72	73	12	5	27	1
1．按经济类型分										
国有	1	18	17	8	7	7	0	2	0	1
集体	6	19	19	10	8	7	0	1	1	0
联营	0	0	0	0	0	0	0	0	0	0
私营	64	182	182	86	53	56	12	2	26	0
其他	3	8	8	5	4	3	0	0	0	0
2．按主办单位分										
政府办	0	0	0	0	0	0	0	0	0	0
其中：卫生部门	0	0	0	0	0	0	0	0	0	0
社会办	8	47	46	22	17	18	0	3	3	1
个人办	66	180	180	87	55	55	12	2	24	0

增城市按经济类型和主办单位分各类卫生机构数

（单位：个）

卫生机构分类	合计	按经济类型分					按主办单位分		
		国有	集体	联营	私营	其他	政府办	社会办	个人办
总计	383	34	278	0	68	0	29	285	69
1．医院	8	5	0	0	3	0	3	3	2
综合医院	5	4	0	0	1	0	2	2	1
中医医院	1	1	0	0	0	0	1	0	0
专科医院	2	0	0	0	2	0	0	1	1
2．基层医疗卫生机构	367	21	278	0	65	0	18	282	67
社区卫生服务中心（站）	7	7	0	0	0	0	7	0	0
社区卫生服务中心	2	2	0	0	0	0	2	0	0
社区卫生服务站	5	5	0	0	0	0	5	0	0
乡镇卫生院	11	11	0	0	0	0	11	0	0
村卫生室	269	1	268	0	0	0	0	269	0
门诊部	6	1	4	0	1	0	0	5	1
综合门诊部	6	1	4	0	1	0	0	5	1

续表 （单位：个）

卫生机构分类	合计	按经济类型分					按主办单位分		
		国有	集体	联营	私营	其他	政府办	社会办	个人办
诊所、卫生所、医务室	74	1	6	0	64	0	0	8	66
诊所	68	0	3	0	63	0	0	2	66
卫生所、医务室	6	1	3	0	1	0	0	6	0
3．专业公共卫生机构	7	7	0	0	0	0	7	0	0
疾病预防控制中心	1	1	0	0	0	0	1	0	0
专科疾病防治院（所、站）	1	1	0	0	0	0	1	0	0
健康教育所（站、中心）	1	1	0	0	0	0	1	0	0
妇幼保健院（所、站）	1	1	0	0	0	0	1	0	0
急救中心（站）	1	1	0	0	0	0	1	0	0
采供血机构	1	1	0	0	0	0	1	0	0
卫生监督所（中心）	1	1	0	0	0	0	1	0	0
4．其他卫生机构	1	1	0	0	0	0	1	0	0
其他	1	1	0	0	0	0	1	0	0

增城市医疗机构分级情况

（单位：个）

等级	医院					妇幼保健院	专科疾病防治院
	合计	其中					
		综合医院	中医医院	中西医结合医院	专科医院		
总计	8	5	1	0	2	1	0
二级	4	3	1	0	0	1	0
二级甲等	3	2	1	0	0	1	0
未评等次	1	1	0	0	0	0	0
一级	1	1	0	0	0	0	0
未评等次	1	1	0	0	0	0	0
其他	3	1	0	0	2	0	0

增城市医疗机构分科床位、门急诊及出院情况（合计）

分科	实有床位		门急诊人次		出院人数	
	小计/张	构成/%	小计/人次	构成/%	小计/人	构成/%
总计	3 001	100.00	5 497 444	100.00	124 964	100.00
预防保健科	0	0.00	125 740	2.29	0	0.00
全科医疗科	174	5.80	539 449	9.81	4 042	3.23

续表

分科	实有床位		门急诊人次		出院人数	
	小计/张	构成/%	小计/人次	构成/%	小计/人	构成/%
内科	707	23.56	875 461	15.92	28 917	23.14
外科	810	26.99	346 825	6.31	22 663	18.14
妇产科	428	14.26	419 180	7.62	21 326	17.07
妇女保健科	0	0.00	0	0.00	0	0.00
儿科	154	5.13	454 286	8.26	8 124	6.50
眼科	19	0.63	33 913	0.62	1 262	1.01
耳鼻咽喉科	40	1.33	94 666	1.72	1 219	0.98
口腔科	2	0.07	39 302	0.71	62	0.05
皮肤科	0	0.00	88 545	1.61	0	0.00
传染科	30	1.00	8 298	0.15	747	0.60
急诊医学科	0	0.00	251 422	4.57	0	0.00
康复医学科	93	3.10	302 724	5.51	344	0.28
重症医学科	12	0.40	1 271	0.02	303	0.24
中医科	55	1.83	350 258	6.37	2 006	1.61
其他	477	15.89	1 566 104	28.49	33 949	27.17

增城市医疗机构分科床位、门急诊及出院情况（医院）

分科	实有床位		门急诊人次		出院人数	
	小计/张	构成/%	小计/人次	构成/%	小计/人	构成/%
总计	1 896	100.00	3 078 519	100.00	74 337	100.00
预防保健科	0	0.00	95 391	3.10	0	0.00
全科医疗科	36	1.90	6 523	0.21	681	0.92
内科	410	21.62	326 127	10.59	15 573	20.95
外科	591	31.17	129 908	4.22	15 026	20.21
妇产科	263	13.87	299 983	9.74	17 091	22.99
儿科	110	5.80	328 112	10.66	6 986	9.40
眼科	19	1.00	32 977	1.07	1 262	1.70
耳鼻咽喉科	40	2.11	69 894	2.27	1 219	1.64
口腔科	2	0.11	33 028	1.07	62	0.08
皮肤科	0	0.00	88 545	2.88	0	0.00
传染科	30	1.58	4 836	0.16	747	1.00
急诊医学科	0	0.00	213 280	6.93	0	0.00
康复医学科	93	4.91	295 702	9.61	323	0.43

续表

分科	实有床位		门急诊人次		出院人数	
	小计/张	构成/%	小计/人次	构成/%	小计/人	构成/%
重症医学科	12	0.63	1 271	0.04	303	0.41
中医科	49	2.58	213 667	6.94	1 587	2.13
其他	241	12.71	939 275	30.51	13 477	18.13

增城市医疗机构分科床位、门急诊及出院情况（综合医院）

分科	实有床位		门急诊人次		出院人数	
	小计/张	构成/%	小计/人次	构成/%	小计/人	构成/%
总计	1 476	100.00	2 447 981	100.00	57 810	100.00
预防保健科	0	0.00	95 391	3.90	0	0.00
全科医疗科	36	2.44	6 523	0.27	681	1.18
内科	410	27.78	326 127	13.32	15 573	26.94
外科	591	40.04	129 908	5.31	15 026	25.99
妇产科	223	15.11	275 346	11.25	15 943	27.58
儿科	110	7.45	328 112	13.40	6 986	12.08
眼科	19	1.29	32 977	1.35	1 262	2.18
耳鼻咽喉科	40	2.71	69 894	2.86	1 219	2.11
口腔科	2	0.14	33 028	1.35	62	0.11
皮肤科	0	0.00	88 545	3.62	0	0.00
传染科	30	2.03	4 836	0.20	747	1.29
急诊医学科	0	0.00	213 280	8.71	0	0.00
康复医学科	3	0.20	266 168	10.87	8	0.01
重症医学科	12	0.81	1 271	0.05	303	0.52
中医科	0	0.00	131 257	5.36	0	0.00
其他	0	0.00	445 318	18.19	0	0.00

增城市医疗机构分科床位、门急诊及出院情况（乡镇卫生院）

分科	实有床位		门急诊人次		出院人数	
	小计/张	构成/%	小计/人次	构成/%	小计/人	构成/%
总计	707	100.00	1 265 159	100.00	25 515	100.00
预防保健科	0	0.00	3 458	0.27	0	0.00
全科医疗科	138	19.52	480 020	37.94	3 361	13.17
内科	230	32.53	299 370	23.66	10 919	42.79

续表

分科	实有床位		门急诊人次		出院人数	
	小计/张	构成/%	小计/人次	构成/%	小计/人	构成/%
外科	169	23.90	176 020	13.91	6 120	23.99
妇产科	120	16.97	105 713	8.36	3 219	12.62
儿科	44	6.22	102 916	8.13	1 138	4.46
眼科	0	0.00	368	0.03	0	0.00
耳鼻咽喉科	0	0.00	3 746	0.30	0	0.00
口腔科	0	0.00	5 287	0.42	0	0.00
传染科	0	0.00	3 462	0.27	0	0.00
急诊医学科	0	0.00	9 726	0.77	0	0.00
康复医学科	0	0.00	5 033	0.40	0	0.00
中医科	6	0.85	57 115	4.51	419	1.64
其他	0	0.00	12 925	1.02	339	1.33

增城市医疗机构分科床位、门急诊及出院情况（社区卫生服务中心）

分科	实有床位		门急诊人次		出院人数	
	小计/张	构成/%	小计/人次	构成/%	小计/人	构成/%
总计	162	100.00	539 862	100.00	4 979	100.00
预防保健科	0	0.00	26 891	4.98	0	0.00
全科医疗科	0	0.00	52 906	9.80	0	0.00
内科	67	41.36	249 964	46.30	2 425	48.70
外科	50	30.86	40 897	7.58	1 517	30.47
妇产科	45	27.78	13 484	2.50	1 016	20.41
儿科	0	0.00	23 258	4.31	0	0.00
眼科	0	0.00	568	0.11	0	0.00
耳鼻咽喉科	0	0.00	21 026	3.89	0	0.00
口腔科	0	0.00	987	0.18	0	0.00
急诊医学科	0	0.00	28 416	5.26	0	0.00
康复医学科	0	0.00	1 989	0.37	21	0.42
中医科	0	0.00	79 476	14.72	0	0.00

增城市卫生机构专业卫生人员分类构成情况

（单位：%）

指标名称	总计	卫生技术人员							其他技术人员	管理人员	工勤技能人员
		合计	执业（助理）医师		注册护士	药剂师（士）	技师（士）	其他			
			小计	内：执业医师							
总计	100.00	100.00	100.00	100.00	100.00	100.00	100.00	100.00	100.00	100.00	100.00
按性别分											
男	32.26	30.42	61.49	63.66	1.54	27.21	42.91	41.70	32.45	42.33	44.84
女	67.74	69.58	38.51	36.34	98.46	72.79	57.09	58.30	67.55	57.67	55.16
按年龄分											
25岁以下	12.90	13.15	0.19	0.08	21.58	9.31	6.51	25.27	19.62	5.83	11.27
25～34岁	37.61	39.78	37.40	37.32	37.26	38.48	42.91	54.42	36.23	30.06	20.19
35～44岁	29.73	30.06	35.97	33.17	31.04	26.23	31.42	12.72	25.28	26.99	30.99
45～54岁	15.11	12.75	16.69	18.29	9.66	20.34	16.48	5.48	15.47	28.22	30.99
55～59岁	3.33	2.90	6.36	7.07	0.41	4.66	1.53	1.41	1.13	7.98	5.87
60岁及以上	1.32	1.36	3.38	4.07	0.05	0.98	1.15	0.71	2.26	0.92	0.70
按工作年限分											
5年以下	28.83	27.83	12.47	12.76	31.04	21.81	25.29	64.13	44.91	19.63	36.85
5～9年	16.12	16.69	20.71	21.38	14.65	14.95	16.09	14.31	12.08	12.58	15.02
10～19年	29.00	30.65	31.82	27.97	35.25	29.41	32.18	11.84	20.75	21.17	21.83
20～29年	15.82	15.44	20.91	22.20	14.23	15.69	14.18	5.12	14.72	23.93	14.55
30年及以上	10.23	9.38	14.09	15.69	4.83	18.14	12.26	4.59	7.55	22.70	11.74
按学位分											
博士	0.07	0.06	0.19	0.24	0.00	0.00	0.00	0.00	0.00	0.31	—
硕士	1.20	1.33	3.31	4.15	0.00	0.00	0.38	1.94	0.00	1.84	—
学士	14.83	16.67	33.64	41.22	1.23	7.11	20.69	28.62	6.42	14.42	—
按学历分											
研究生	1.46	1.57	3.57	4.47	0.00	0.00	0.77	3.00	0.00	2.76	0.23
大学本科	23.07	24.99	47.47	57.48	3.24	12.25	30.27	45.41	19.25	25.15	2.58
大专	29.63	30.46	27.99	22.52	34.12	29.66	33.72	23.67	33.96	38.04	11.27
中专及中技	38.13	41.09	20.06	15.28	61.66	48.53	33.33	25.80	37.36	23.62	16.90
技校	0.64	0.15	0.00	0.00	0.31	0.25	0.00	0.00	0.38	0.31	6.57
高中及以下	7.06	1.74	0.91	0.24	0.67	9.31	1.92	2.12	9.06	10.12	62.44
按所学专业分											
医学小计	77.99	91.67	95.26	95.61	93.32	88.45	90.80	78.98	20.75	28.22	—
基础医学	0.51	0.55	0.39	0.33	0.00	0.74	4.21	1.06	0.38	0.61	—
预防医学	1.95	2.01	3.83	3.66	0.00	0.74	0.38	5.65	1.89	3.68	—
临床医学	24.93	29.32	72.66	74.72	0.46	1.23	11.88	38.87	2.26	12.27	—
医学技术	5.37	6.31	4.35	4.47	0.00	0.25	70.50	8.13	1.89	1.53	—

（单位：%）

指标名称	总计	卫生技术人员							其他技术人员	管理人员	工勤技能人员
		合计	执业（助理）医师		注册护士	药剂师（士）	技师（士）	其他			
			小计	内：执业医师							
口腔医学	1.74	2.03	4.74	3.01	0.05	0.00	0.00	3.89	0.75	0.61	—
中医学	3.15	3.83	9.03	9.27	0.00	1.23	0.38	6.36	0.00	0.00	—
护理学	33.78	40.00	0.06	0.00	92.65	1.72	3.07	12.19	9.81	7.36	—
药学	6.52	7.56	0.13	0.08	0.10	82.56	0.38	2.83	3.77	2.15	—
卫生管理	0.58	0.17	0.00	0.00	0.00	0.25	0.00	1.24	0.75	7.06	—
经济学	2.82	0.17	0.13	0.00	0.05	0.00	0.00	0.88	29.06	23.62	—
法学	0.16	0.02	0.06	0.08	0.00	0.00	0.00	0.00	0.38	2.15	—
其他	19.03	8.14	4.55	4.31	6.63	11.55	9.20	20.14	49.81	46.01	—
按技术资格分											
正高	0.26	0.30	0.91	1.14	0.00	0.00	0.00	0.00	0.00	0.31	—
副高	3.36	3.75	10.52	13.09	0.36	0.00	2.68	0.18	0.00	4.91	—
中级	13.70	15.19	25.06	31.22	11.97	7.11	19.54	3.18	3.40	18.40	—
助理/师级	28.86	32.77	47.08	49.92	25.08	23.77	32.95	26.68	21.89	15.64	—
员/士	34.56	39.02	13.38	1.22	58.02	62.25	34.10	28.98	34.72	15.03	—
无职称	19.26	8.98	3.05	3.41	4.57	6.86	10.73	40.99	40.00	45.71	—
按聘任技术职务分											
正高	0.29	0.30	0.91	1.14	0.00	0.00	0.00	0.00	0.00	0.45	—
副高	3.69	3.73	10.52	13.09	0.31	0.00	2.68	0.18	0.00	7.21	—
中级	14.65	14.91	25.39	31.54	11.36	6.37	18.77	3.00	2.64	23.42	—
助理/师级	34.45	34.95	51.49	52.60	26.10	25.25	37.93	25.97	24.53	35.59	—
员/士	37.71	38.36	11.30	1.22	59.82	62.99	34.87	22.08	35.85	26.13	—
待聘	9.22	7.75	0.39	0.41	2.42	5.39	5.75	48.76	36.98	7.21	—

增城市分科执业（助理）医师构成情况

（单位：%）

分科	合计	执业医师	执业助理医师
总计	100.00	100.00	100.00
临床专业类别小计	84.50	86.73	76.35
内科专业	25.36	25.76	23.91
外科专业	15.84	18.00	7.97
妇产科专业	13.46	12.77	15.94
儿科专业	11.35	11.15	12.08
眼耳鼻咽喉科专业	2.49	2.82	1.29
皮肤病与性病专业	1.22	1.41	0.51
精神卫生专业	0.39	0.35	0.51
职业病专业	0.06	0.07	0.00
医学影像和放射治疗专业	5.26	5.43	4.63

续表

（单位：%）

分科	合计	执业医师	执业助理医师
医学检验、病理专业	0.28	0.14	0.77
全科医学专业	0.50	0.49	0.51
急救医学专业	3.99	3.81	4.63
康复医学专业	0.39	0.42	0.26
预防保健专业	1.11	0.85	2.06
计划生育技术服务专业	0.06	0.07	0.00
其他专业	2.77	3.18	1.29
中医专业类别小计	7.31	7.20	7.71
中医专业	5.37	5.50	4.88
中西医结合专业	0.72	0.56	1.29
其他专业	1.22	1.13	1.54
口腔专业类别小计	4.04	2.54	9.51
口腔专业	3.99	2.47	9.51
其他专业	0.05	0.07	0.00
公共卫生专业类别小计	4.15	3.53	6.43
公共卫生专业	2.10	1.69	3.60
其他专业	2.05	1.83	2.83

增城市疾病预防控制中心执业（助理）医师构成情况

（单位：%）

分科	合计	执业医师	执业助理医师
总计	100.00	100.00	100.00
传染病预防控制科	20.00	25.93	0.00
免疫规划科	2.86	3.70	0.00
食品卫生科	22.86	14.81	50.00
环境卫生所	11.43	11.11	12.50
职业卫生科	8.57	11.11	0.00
学校卫生科	5.71	7.41	0.00
预防医学门诊	25.71	25.93	25.00
其他业务科室	2.86	0.00	12.50

增城市医院、妇幼保健院、专科疾病防治所医疗设备拥有情况

（单位：台）

设备名称	设备台数	按产地分		按购进时新旧分		按设备使用情况分		
		进口	国产/合资	新设备	二手设备	启用	未启用	报废
800mA及以上数字减影血管造影X线机	1	1	0	1	0	1	0	0
800mA及以上医用X线诊断机（不含DSA）	4	3	1	4	0	4	0	0

续表

（单位：台）

设备名称	设备台数	按产地分		按购进时新旧分		按设备使用情况分		
		进口	国产/合资	新设备	二手设备	启用	未启用	报废
500～800mA医用X线诊断机	18	9	9	18	0	18	0	0
移动式X线诊断机	6	1	5	6	0	6	0	0
X线电子计算机断层扫描装置（CT）	9	6	3	9	0	9	0	0
医用电子回旋加速治疗系统	2	0	2	2	0	2	0	0
质子治疗系统	15	4	11	15	0	15	0	0
伽玛射线立体定位治疗系统（γ刀）	2	1	1	2	0	2	0	0
彩超	17	17	0	17	0	17	0	0
B型超声诊断仪	40	27	13	40	0	40	0	0
医学图像存档及传输系统（PACS，套）	4	0	4	4	0	4	0	0
危重病人监护系统（ICU，套）	60	29	31	60	0	60	0	0
有创呼吸机	17	12	5	17	0	17	0	0
无创呼吸机	22	14	8	22	0	22	0	0
高压氧舱	6	0	6	6	0	6	0	0
人工肾透析装置	74	52	22	74	0	74	0	0
牙科综合治疗台	25	5	20	25	0	25	0	0
全自动生化分析仪	32	16	16	32	0	32	0	0
血液酸碱气体分析仪	11	9	2	11	0	11	0	0
救护车	16	1	15	16	0	16	0	0

增城市疾病死亡率前十位及其构成比和顺位

	顺位	死亡原因	死亡率/每10万	构成比/%
合计	1	循环系统疾病	305.65	43.96
	2	肿瘤	124.96	17.97
	3	呼吸系统疾病	51.81	7.45
	4	损伤和中毒等外部原因	37.23	5.35
	5	消化系统疾病	17.43	2.51
	6	内分泌、营养和代谢的其他疾病	15.18	2.18
	7	泌尿生殖系统疾病	11.86	1.71
	8	传染病和寄生虫病	5.81	0.84
	9	起源于围生期的某些情况	2.73	0.39
	10	先天畸形、变性和染色体异常	2.25	0.32

续表

	顺位	死亡原因	死亡率/每10万	构成比/%
男性	1	循环系统疾病	285.48	38.40
	2	肿瘤	158.29	21.29
	3	呼吸系统疾病	62.20	8.37
	4	损伤和中毒等外部原因	45.96	6.18
	5	消化系统疾病	20.89	2.81
	6	泌尿生殖系统疾病	13.00	1.75
	7	内分泌、营养和代谢的其他疾病	12.53	1.69
	8	传染病和寄生虫病	8.12	1.09
	9	起源于围生期的某些情况	3.02	0.41
	10	先天畸形、变性和染色体异常	2.79	0.37
女性	1	循环系统疾病	326.72	50.66
	2	肿瘤	90.16	13.98
	3	呼吸系统疾病	40.96	6.35
	4	损伤和中毒等外部原因	28.11	4.36
	5	内分泌、营养和代谢的其他疾病	17.94	2.78
	6	消化系统疾病	13.82	2.14
	7	泌尿生殖系统疾病	10.66	1.65
	8	传染病和寄生虫病	3.39	0.53
	9	起源于围生期的某些情况	2.42	0.38
	10	肌肉骨骼和结缔组织疾病	2.18	0.34

增城市意外死亡外部原因及其死亡率和构成比

死亡原因	合计		男性		女性	
	死亡率/每10万	构成比/%	死亡率/每10万	构成比/%	死亡率/每10万	构成比/%
机动车辆交通事故	14.94	40.13	22.75	49.49	6.79	24.14
机动车以外的运输事故	1.90	5.10	3.25	7.07	0.48	1.72
意外中毒	1.19	3.18	1.62	3.54	0.73	2.59
意外跌落	5.81	15.61	6.96	15.15	4.61	16.38
火灾	0.36	0.96	0.23	0.51	0.48	1.72
由自然环境因素所致的意外事故	0.12	0.32	0.00	0.00	0.24	0.86
淹死	2.73	7.32	2.32	5.05	3.15	11.21

续表

死亡原因	合计		男性		女性	
	死亡率/每10万	构成比/%	死亡率/每10万	构成比/%	死亡率/每10万	构成比/%
意外的机械性窒息	0.47	1.27	0.46	1.01	0.48	1.72
砸死	0.00	0.00	0.00	0.00	0.00	0.00
由机器切割和穿刺工具所致的意外事故	0.12	0.32	0.23	0.51	0.00	0.00
触电	0.24	0.64	0.46	1.01	0.00	0.00
其他意外事故和有害效应	3.79	10.19	2.79	6.06	4.85	17.24
自杀	5.34	14.33	4.41	9.60	6.30	22.41
被杀	0.24	0.64	0.46	1.01	0.00	0.00

（十二）从化市

从化市卫生机构、床位、人员情况

分类	机构个数	床位个数	人员数/人										
			合计	卫生技术人员							其他技术人员	管理人员	工勤技能人员
				小计	执业（助理）医师		注册护士	药剂师（士）	技师（士）	其他			
					小计	内：执业医师							
总计	311	2 270	4 716	3 580	1 229	978	1 417	203	183	548	129	293	409
1. 按经济类型分													
国有	39	2 270	4 111	3 302	1 060	875	1 354	192	178	518	129	293	387
集体	217	0	421	127	81	43	31	1	0	14	0	0	6
联营	0	0	0	0	0	0	0	0	0	0	0	0	0
私营	35	0	141	125	70	51	24	10	5	16	0	0	16
其他	20	0	43	26	18	9	8	0	0	0	0	0	0
2. 按主办单位分													
政府办	30	2 252	4 071	3 262	1 040	860	1 340	190	176	516	128	290	383
其中：卫生部门	27	2 022	3 531	2 855	962	789	1 201	180	161	351	110	215	343
社会办	246	18	504	193	119	67	53	3	2	16	1	3	10
个人办	35	0	141	125	70	51	24	10	5	16	0	0	16

从化市卫生机构、床位、人员情况（不含诊所、卫生所、医务室及村卫生室）

分类	机构个数	床位个数	人员数/人										
			合计	卫生技术人员							其他技术人员	管理人员	工勤技能人员
				小计	执业（助理）医师		注册护士	药剂师（士）	技师（士）	其他			
					小计	内：执业医师							
总计	36	2 270	4 181	3 365	1 073	883	1 371	201	183	537	129	293	392
1．按经济类型分													
国有	27	2 270	4 080	3 277	1 047	863	1 344	191	178	517	129	293	381
集体	4	0	37	29	7	5	7	1	0	14	0	0	6
联营	0	0	0	0	0	0	0	0	0	0	0	0	0
私营	5	0	64	59	19	15	20	9	5	6	0	0	5
其他	0	0	0	0	0	0	0	0	0	0	0	0	0
2．按主办单位分													
政府办	28	2 252	4 051	3 256	1 038	858	1 337	190	176	515	128	290	377
其中：卫生部门	27	2 022	3 521	2 853	961	788	1 201	180	161	350	110	215	343
社会办	3	18	66	50	16	10	14	2	2	16	1	3	10
个人办	5	0	64	59	19	15	20	9	5	6	0	0	5

从化市诊所、医务室、卫生所、人员情况

分类	机构个数	人员数/人								
		合计	卫生技术人员							工勤技能人员
			小计	执业（助理）医师		注册护士	药剂师（士）	技师（士）	其他	
				小计	内：执业医师					
总计	54	153	136	91	68	32	2	0	11	17
1．按经济类型分										
国有	12	31	25	13	12	10	1	0	1	6
集体	6	24	24	14	11	10	0	0	0	0
联营	0	0	0	0	0	0	0	0	0	0
私营	30	77	66	51	36	4	1	0	10	11
其他	6	21	21	13	9	8	0	0	0	0
2．按主办单位分										
政府办	2	12	6	2	2	3	0	0	1	6
其中：卫生部门	0	2	2	1	1	0	0	0	1	0
社会办	22	64	64	38	30	25	1	0	0	0
个人办	30	77	66	51	36	4	1	0	10	11

从化市按经济类型和主办单位分各类卫生机构数

（单位：个）

卫生机构分类	合计	按经济类型分					按主办单位分		
		国有	集体	联营	私营	其他	政府办	社会办	个人办
总计	311	39	217	0	35	0	30	246	35
1. 医院	3	3	0	0	0	0	3	0	0
综合医院	1	1	0	0	0	0	1	0	0
中医医院	1	1	0	0	0	0	1	0	0
专科医院	1	1	0	0	0	0	1	0	0
2. 基层医疗卫生机构	303	31	217	0	35	0	22	246	35
社区卫生服务中心（站）	11	9	2	0	0	0	11	0	0
社区卫生服务中心	3	3	0	0	0	0	3	0	0
社区卫生服务站	8	6	2	0	0	0	8	0	0
乡镇卫生院	10	10	0	0	0	0	9	1	0
村卫生室	221	0	207	0	0	0	0	221	0
门诊部	7	0	2	0	5	0	0	2	5
综合门诊部	5	0	1	0	4	0	0	1	4
中医门诊部	1	0	0	0	1	0	0	0	1
专科门诊部	1	0	1	0	0	0	0	1	0
诊所、卫生所、医务室	54	12	6	0	30	0	2	22	30
诊所	30	1	0	0	29	0	1	0	29
卫生所、医务室	24	11	6	0	1	0	1	22	1
3. 专业公共卫生机构	4	4	0	0	0	0	4	0	0
疾病预防控制中心	1	1	0	0	0	0	1	0	0
急救中心（站）	1	1	0	0	0	0	1	0	0
采供血机构	1	1	0	0	0	0	1	0	0
卫生监督所（中心）	1	1	0	0	0	0	1	0	0
4. 其他卫生机构	1	1	0	0	0	0	1	0	0
疗养院	1	1	0	0	0	0	1	0	0

从化市医疗机构分级情况

（单位：个）

等级	医院					妇幼保健院	专科疾病防治院
	合计	其中					
		综合医院	中医医院	中西医结合医院	专科医院		
总计	3	1	1	0	1	0	0
二级	2	1	1	0	0	0	0
二级甲等	2	1	1	0	0	0	0
其他	1	0	0	0	1	0	0

从化市医疗机构分科床位、门急诊及出院情况（合计）

分科	实有床位		门急诊人次		出院人数	
	小计/张	构成/%	小计/人次	构成/%	小计/人	构成/%
总计	2 270	100.00	2 303 576	100.00	77 992	100.00
预防保健科	0	0.00	9 518	0.41	0	0.00
全科医疗科	116	5.11	334 016	14.50	4 024	5.16
内科	497	21.89	411 744	17.87	19 112	24.51
外科	399	17.58	84 100	3.65	12 035	15.43
妇产科	269	11.85	219 145	9.51	16 058	20.59
妇女保健科	0	0.00	0	0.00	0	0.00
儿科	85	3.74	243 759	10.58	6 983	8.95
眼科	2	0.09	5 604	0.24	13	0.02
耳鼻咽喉科	67	2.95	59 759	2.59	1 896	2.43
口腔科	0	0.00	42 101	1.83	0	0.00
皮肤科	0	0.00	35 381	1.54	0	0.00
精神科	0	0.00	6 447	0.28	0	0.00
传染科	25	1.10	292	0.01	1 279	1.64
结核病科	0	0.00	7 071	0.31	0	0.00
急诊医学科	0	0.00	224 795	9.76	0	0.00
康复医学科	230	10.13	167 099	7.25	1 968	2.52
疼痛科	0	0.00	668	0.03	0	0.00
中医科	51	2.25	73 626	3.20	1 110	1.42
其他	529	23.30	378 451	16.43	13 514	17.33

从化市医疗机构分科床位、门急诊及出院情况（医院）

分科	实有床位		门急诊人次		出院人数	
	小计/张	构成/%	小计/人次	构成/%	小计/人	构成/%
总计	1 310	100.00	1 321 401	100.00	53 644	100.00
内科	235	17.94	94 622	7.16	11 697	21.80
外科	225	17.18	31 532	2.39	7 554	14.08
妇产科	140	10.69	162 417	12.29	12 738	23.75
儿科	80	6.11	225 658	17.08	6 952	12.96
耳鼻咽喉科	45	3.44	55 958	4.23	1 831	3.41
口腔科	0	0.00	13 482	1.02	0	0.00

续表

分科	实有床位		门急诊人次		出院人数	
	小计/张	构成/%	小计/人次	构成/%	小计/人	构成/%
皮肤科	0	0.00	35 381	2.68	0	0.00
精神科	0	0.00	6 447	0.49	0	0.00
传染科	25	1.91	0	0.00	1 279	2.38
结核病科	0	0.00	7 071	0.54	0	0.00
急诊医学科	0	0.00	148 041	11.20	0	0.00
康复医学科	230	17.56	155 779	11.79	1 968	3.67
疼痛科	0	0.00	668	0.05	0	0.00
中医科	51	3.89	34 308	2.60	1 110	2.07
其他	279	21.30	350 037	26.49	8 515	15.87

从化市医疗机构分科床位、门急诊及出院情况（综合医院）

分科	实有床位		门急诊人次		出院人数	
	小计/张	构成/%	小计/人次	构成/%	小计/人	构成/%
总计	750	100.00	1 007 898	100.00	42 051	100.00
内科	235	31.33	94 622	9.39	11 697	27.82
外科	225	30.00	31 532	3.13	7 554	17.96
妇产科	140	18.67	162 417	16.11	12 738	30.29
儿科	80	10.67	225 658	22.39	6 952	16.53
耳鼻咽喉科	45	6.00	55 958	5.55	1 831	4.35
口腔科	0	0.00	13 482	1.34	0	0.00
皮肤科	0	0.00	35 381	3.51	0	0.00
精神科	0	0.00	6 447	0.64	0	0.00
传染科	25	3.33	0	0.00	1 279	3.04
结核病科	0	0.00	7 071	0.70	0	0.00
急诊医学科	0	0.00	148 041	14.69	0	0.00
康复医学科	0	0.00	150 169	14.90	0	0.00
疼痛科	0	0.00	668	0.07	0	0.00
中医科	0	0.00	25 514	2.53	0	0.00
其他	0	0.00	50 938	5.05	0	0.00

从化市医疗机构分科床位、门急诊及出院情况（乡镇卫生院）

分科	实有床位		门急诊人次		出院人数	
	小计/张	构成/%	小计/人次	构成/%	小计/人	构成/%
总计	533	100.00	565 478	100.00	15 154	100.00
全科医疗科	88	16.51	165 576	29.28	3 425	22.60
内科	187	35.08	206 460	36.51	5 746	37.92
外科	134	25.14	47 456	8.39	3 509	23.16
妇产科	95	17.82	38 460	6.80	2 365	15.61
儿科	5	0.94	5 790	1.02	31	0.20
眼科	2	0.38	3 200	0.57	13	0.09
耳鼻咽喉科	22	4.13	3 000	0.53	65	0.43
口腔科	0	0.00	4 154	0.73	0	0.00
急诊医学科	0	0.00	55 486	9.81	0	0.00
康复医学科	0	0.00	2 709	0.48	0	0.00
中医科	0	0.00	16 006	2.83	0	0.00
其他	0	0.00	17 181	3.04	0	0.00

从化市医疗机构分科床位、门急诊及出院情况（社区卫生服务中心）

分科	实有床位		门急诊人次		出院人数	
	小计/张	构成/%	小计/人次	构成/%	小计/人	构成/%
总计	177	100.00	378 941	100.00	4 195	100.00
预防保健科	0	0.00	9 518	2.51	0	0.00
全科医疗科	28	15.82	142 198	37.53	599	14.28
内科	75	42.37	110 662	29.20	1 669	39.79
外科	40	22.60	5 112	1.35	972	23.17
妇产科	34	19.21	18 268	4.82	955	22.77
儿科	0	0.00	12 311	3.25	0	0.00
眼科	0	0.00	2 404	0.63	0	0.00
耳鼻咽喉科	0	0.00	801	0.21	0	0.00
口腔科	0	0.00	24 465	6.46	0	0.00
传染科	0	0.00	292	0.08	0	0.00
急诊医学科	0	0.00	21 268	5.61	0	0.00
康复医学科	0	0.00	8 611	2.27	0	0.00
中医科	0	0.00	23 031	6.08	0	0.00

从化市卫生机构专业卫生人员分类构成情况

（单位：%）

指标名称	总计	卫生技术人员							其他技术人员	管理人员	工勤技能人员
		合计	执业（助理）医师		注册护士	药剂师（士）	技师（士）	其他			
			小计	内：执业医师							
总计	100.00	100.00	100.00	100.00	100.00	100.00	100.00	100.00	100.00	100.00	100.00
按性别分											
男	34.56	30.86	60.77	62.73	1.26	31.38	44.94	39.12	38.95	51.36	53.42
女	65.44	69.14	39.23	37.27	98.74	68.62	55.06	60.88	61.05	48.64	46.58
按年龄分											
25岁以下	11.68	13.02	0.09	0.00	13.82	6.38	4.49	36.53	9.88	5.00	5.25
25～34岁	42.00	46.18	37.06	34.23	52.30	37.23	47.19	50.68	27.33	31.36	20.32
35～44岁	28.11	26.17	38.10	36.92	23.63	37.23	32.02	7.31	35.47	35.45	36.76
45～54岁	13.87	11.16	17.78	20.56	8.92	17.02	12.36	3.04	24.42	22.27	26.71
55～59岁	3.21	2.42	4.61	5.37	1.19	1.60	3.37	1.37	1.74	5.45	8.90
60岁及以上	1.13	1.05	2.35	2.92	0.15	0.53	0.56	1.07	1.16	0.45	2.05
按工作年限分											
5年以下	29.99	30.33	13.08	13.08	27.34	18.09	19.10	70.93	28.49	20.45	32.65
5～9年	17.29	17.74	18.06	17.76	20.13	14.36	16.29	13.70	12.21	9.55	19.63
10～19年	27.31	28.53	33.58	30.84	33.36	31.91	34.27	7.91	26.74	29.09	17.12
20～29年	15.88	14.98	22.01	23.13	13.22	24.47	17.42	3.81	18.60	26.36	16.67
30年及以上	9.53	8.42	13.26	15.19	5.94	11.17	12.92	3.65	13.95	14.55	13.93
按学位分											
博士	0.09	0.12	0.28	0.35	0.00	0.00	0.00	0.15	0.00	0.00	—
硕士	2.60	2.94	6.21	7.36	0.00	0.53	0.56	5.02	0.00	4.55	—
学士	6.10	6.50	12.04	14.49	0.37	2.13	6.74	11.26	2.91	14.55	—
按学历分											
研究生	2.72	3.06	6.49	7.59	0.00	0.00	0.56	5.33	0.00	5.00	0.00
大学本科	22.69	24.77	44.03	52.92	5.20	13.30	26.97	36.38	12.21	39.09	2.28
大专	33.86	37.27	31.98	26.75	46.21	29.26	49.44	26.48	29.65	35.91	7.76
中专及中技	31.11	33.71	16.84	12.38	47.47	51.60	21.35	31.05	35.47	15.91	16.67
技校	0.12	0.03	0.00	0.00	0.07	0.00	0.00	0.00	0.58	0.00	0.68
高中及以下	9.50	1.17	0.66	0.35	1.04	5.85	1.69	0.76	22.09	4.09	72.60
按所学专业分											
医学小计	78.25	94.38	95.11	95.56	95.69	91.49	91.57	92.09	17.44	30.00	—
基础医学	0.07	0.03	0.00	0.00	0.00	0.53	0.00	0.00	0.58	0.45	—
预防医学	2.56	2.88	6.40	5.96	0.07	0.00	1.69	4.11	0.58	4.09	—
临床医学	22.76	27.33	69.90	71.38	0.52	1.60	5.62	26.64	2.33	12.73	—
医学技术	8.68	10.40	5.64	5.37	0.15	2.13	82.58	21.92	3.49	3.18	—
口腔医学	2.30	2.56	5.55	4.79	0.07	0.00	0.00	4.26	0.58	4.09	—

续表 （单位：%）

指标名称	总计	卫生技术人员							其他技术人员	管理人员	工勤技能人员
		合计	执业（助理）医师		注册护士	药剂师（士）	技师（士）	其他			
			小计	内：执业医师							
中医学	2.56	3.15	7.06	7.59	0.15	2.13	0.00	4.11	0.58	0.00	—
护理学	34.54	42.40	0.56	0.47	94.65	0.53	1.12	26.18	4.65	4.09	—
药学	4.76	5.59	0.00	0.00	0.00	84.57	0.56	4.87	4.65	1.36	—
卫生管理	0.54	0.26	0.56	0.58	0.00	0.00	0.00	0.46	1.16	5.45	—
经济学	2.06	0.06	0.00	0.00	0.00	0.00	0.00	0.30	20.93	22.73	—
法学	0.21	0.09	0.00	0.00	0.00	0.00	0.00	0.46	0.00	2.73	—
其他	19.47	5.48	4.89	4.44	4.31	8.51	8.43	7.15	61.63	44.55	—
按技术资格分											
正高	0.19	0.20	0.56	0.70	0.07	0.00	0.00	0.00	0.00	0.45	—
副高	3.21	3.70	10.35	12.73	0.74	0.00	2.81	0.30	0.58	4.09	—
中级	14.55	16.72	27.94	34.35	13.82	12.23	25.84	3.35	5.23	16.82	—
助理/师级	31.23	36.10	46.38	48.25	33.14	42.55	45.51	21.16	18.02	27.73	—
员/士	27.94	32.26	10.82	0.93	47.77	37.77	17.98	37.44	33.14	12.27	—
无职称	22.88	11.01	3.95	3.04	4.46	7.45	7.87	37.75	43.02	38.64	—
按聘任技术职务分											
正高	0.18	0.15	0.38	0.47	0.07	0.00	0.00	0.00	0.58	0.53	—
副高	3.65	3.74	10.44	12.85	0.74	0.00	2.81	0.31	0.00	5.35	—
中级	16.57	16.96	29.07	35.51	13.37	12.23	26.40	3.38	5.81	19.25	—
助理/师级	33.42	34.03	48.26	48.48	29.20	40.96	43.26	16.28	21.51	33.16	—
员/士	26.34	27.17	9.41	0.58	44.95	36.17	15.73	19.97	25.00	12.30	—
待聘	19.84	17.95	2.45	2.10	11.66	10.64	11.80	60.06	47.09	29.41	—

从化市分科执业（助理）医师构成情况

（单位：%）

分科	合计	执业医师	执业助理医师
总计	100.00	100.00	100.00
临床专业类别小计	84.54	83.97	86.45
内科专业	29.28	29.92	27.11
外科专业	19.04	20.48	14.16
妇产科专业	9.21	8.82	10.54
儿科专业	14.09	13.09	17.47
眼耳鼻咽喉科专业	1.86	2.23	0.60
皮肤病与性病专业	0.07	0.09	0.00
精神卫生专业	0.07	0.00	0.30
职业病专业	0.14	0.09	0.30
医学影像和放射治疗专业	3.57	3.47	3.92

续表

（单位：%）

分科	合计	执业医师	执业助理医师
医学检验、病理专业	0.34	0.18	0.90
全科医学专业	0.96	0.80	1.51
急救医学专业	0.21	0.27	0.00
康复医学专业	1.92	1.42	3.61
预防保健专业	0.27	0.00	1.20
特种医学与军事医学专业	0.07	0.09	0.00
其他专业	3.44	3.03	4.82
中医专业类别小计	6.25	7.12	3.31
中医专业	4.40	5.16	1.81
中西医结合专业	0.82	0.89	0.60
其他专业	1.03	1.07	0.90
口腔专业类别小计	4.54	4.36	5.12
口腔专业	4.54	4.36	5.12
公共卫生专业类别小计	4.67	4.54	5.12
公共卫生专业	3.02	2.49	4.82
其他专业	1.65	2.05	0.30

从化市疾病预防控制中心执业（助理）医师构成情况

（单位：%）

分科	合计	执业医师	执业助理医师
总计	100.00	100.00	100.00
传染病预防控制科	26.32	27.59	22.22
性病、艾滋病预防控制科	2.63	3.45	0.00
结核病预防控制科	7.89	10.34	0.00
精神卫生科	10.53	13.79	0.00
环境卫生所	7.89	3.45	22.22
职业卫生科	7.89	6.90	11.11
健康教育科	7.89	6.90	11.11
其他业务科室	28.95	27.59	33.33

从化市医院、妇幼保健院、专科疾病防治所医疗设备拥有情况

（单位：台）

设备名称	设备台数	按产地分		按购进时新旧分		按设备使用情况分		
		进口	国产/合资	新设备	二手设备	启用	未启用	报废
800mA及以上医用X线诊断机（不含DSA）	3	2	1	3	0	3	0	0
500～800mA医用X线诊断机	6	1	5	6	0	6	0	0

续表　　（单位：台）

设备名称	设备台数	按产地分		按购进时新旧分		按设备使用情况分		
		进口	国产/合资	新设备	二手设备	启用	未启用	报废
移动式X线诊断机	11	6	5	11	0	11	0	0
X线电子计算机断层扫描装置（CT）	2	2	0	2	0	2	0	0
彩超	8	8	0	8	0	8	0	0
B型超声诊断仪	17	15	2	17	0	17	0	0
危重病人监护系统（ICU，套）	13	1	12	13	0	13	0	0
无创呼吸机	27	24	3	27	0	27	0	0
高压氧仓	7	0	7	7	0	7	0	0
人工肾透析装置	31	30	1	29	2	31	0	0
牙科综合治疗台	5	1	4	5	0	5	0	0
全自动生化分析仪	10	10	0	10	0	10	0	0
血液酸碱气体分析仪	6	5	1	6	0	6	0	0
救护车	10	2	8	10	0	10	0	0

从化市疾病死亡率前十位及其构成比和顺位

	顺位	死亡原因	死亡率/每10万	构成比/%
合计	1	循环系统疾病	269.12	43.05
	2	肿瘤	119.82	19.17
	3	呼吸系统疾病	108.06	17.28
	4	损伤和中毒等外部原因	56.93	9.11
	5	内分泌、营养和代谢的其他疾病	15.17	2.43
	6	消化系统疾病	13.81	2.21
	7	泌尿生殖系统疾病	9.20	1.47
	8	传染病和寄生虫病	8.52	1.36
	9	起源于围生期的某些情况	4.43	0.71
	10	先天畸形、变性和染色体异常	3.92	0.63
男性	1	循环系统疾病	294.33	40.24
	2	肿瘤	157.58	21.54
	3	呼吸系统疾病	114.57	15.66
	4	损伤和中毒等外部原因	81.31	11.12
	5	消化系统疾病	17.14	2.34
	6	内分泌、营养和代谢的其他疾病	14.45	1.98
	7	传染病和寄生虫病	13.10	1.79
	8	泌尿生殖系统疾病	8.74	1.19
	9	起源于围生期的某些情况	6.05	0.83
	10	神经系统疾病	4.70	0.64

续表

	顺位	死亡原因	死亡率/每10万	构成比/%
女性	1	循环系统疾病	243.17	47.15
	2	呼吸系统疾病	101.35	19.65
	3	肿瘤	80.94	15.69
	4	损伤和中毒等外部原因	31.82	6.17
	5	内分泌、营养和代谢的其他疾病	15.91	3.09
	6	消化系统疾病	10.38	2.01
	7	泌尿生殖系统疾病	9.69	1.88
	8	传染病和寄生虫病	3.80	0.74
	9	先天畸形、变性和染色体异常	3.46	0.67
	10	起源于围生期的某些情况	2.77	0.54

从化市意外死亡外部原因及其死亡率和构成比

死亡原因	合计		男性		女性	
	死亡率/每10万	构成比/%	死亡率/每10万	构成比/%	死亡率/每10万	构成比/%
机动车辆交通事故	24.71	43.41	35.28	43.39	13.84	43.48
机动车以外的运输事故	8.01	14.07	11.76	14.46	4.15	13.04
意外中毒	2.73	4.79	3.70	4.55	1.73	5.43
意外跌落	6.65	11.68	9.07	11.16	4.15	13.04
火灾	0.51	0.90	0.67	0.83	0.35	1.09
由自然环境因素所致的意外事故	0.00	0.00	0.00	0.00	0.00	0.00
淹死	5.11	8.98	6.72	8.26	3.46	10.87
意外的机械性窒息	0.17	0.30	0.34	0.41	0.00	0.00
砸死	0.17	0.30	0.34	0.41	0.00	0.00
由机器切割和穿刺工具所致的意外事故	0.00	0.00	0.00	0.00	0.00	0.00
触电	0.17	0.30	0.34	0.41	0.00	0.00
其他意外事故和有害效应	3.92	6.89	6.72	8.26	1.04	3.26
自杀	4.43	7.78	5.71	7.02	3.11	9.78
被杀	0.34	0.60	0.67	0.83	0.00	0.00

附录一　主要名词解释

1. 卫生机构：指从卫生、民政、工商行政、机构编制管理部门取得医疗机构执业许可证或法人单位登记证书，为社会提供医疗保健、疾病控制、卫生监督或从事医学科研和教育等工作单位。包括医院、疗养院、社区卫生服务中心（站）、乡镇（街道）卫生院、门诊部、诊所（卫生所、医务室）、村卫生室、急救中心（站）、采供血机构、妇幼保健院（所、站）、专科疾病防治院（所、站）、疾病预防控制中心（防疫站）、卫生监督所（中心）、医学科研机构、医学在职培训机构、健康教育所（站）等其他卫生机构。村卫生室数计入卫生机构总数中。

2. 医疗机构：指从卫生行政部门取得医疗机构执业许可证的机构，包括医院、疗养院、社区卫生服务中心（站）、乡镇（街道）卫生院、门诊部、诊所（卫生所、医务室）、村卫生室、妇幼保健院（所、站）、专科疾病防治院（所、站）、急救中心（站）和临床检验中心。村卫生室数计入医疗机构总数中。

3. 医院：包括综合医院、中医医院、中西医结合医院、民族医院、各类专科医院和护理院，不包括专科疾病防治院、妇幼保健院和疗养院。

4. 卫生人员：指在医疗、疾病控制、卫生监督、医学科研和在职教育等卫生机构工作的职工，包括卫生技术人员、其他技术人员、管理人员和工勤技能人员。一般按支付年底工资的在岗职工统计，包括各类聘任人员及返聘本单位半年以上人员，不包括临时工、离退休人员、退职人员、离开本单位仍保留劳动关系人员和返聘本单位不足半年人员。

5. 卫生技术人员：包括执业医师、执业助理医师、注册护士、药剂师（士）、检验技师、影像技师（士）、卫生监督员和见习医（药、护、技）师（士）等卫生专业人员。不包括从事管理工作的卫生技术人员（如院长、副院长、党委书记等）。

6. 执业（助理）医师、注册护士：一律按领取医师和护士执业证书且实际从事临床工作的人数统计，不包括从事管理工作的医师和护士。包括村卫生室执业（助理）医师及注册护士。

7. 实有床位：指年底实有床位数，包括正规床、简易床、监护床、超过半年的加床、正在消毒和修理床位、因扩建或大修而停用的床位。不包括产科新生儿床、接产室待产床、库存床、观察床、临时加床和病人家属陪侍床。

8. 实际开放总床日数：指年内医院各科每日夜晚12点开放病床数总和，不论该床是否被病人占用，都应计算在内。包括正在消毒和修理等暂停使用的病床，超过半年的加床。不包括因病房扩建或大修而停用的病床及临时增设病床（半年以内）。

9. 实际占用总床日数：指医院各科每日夜晚12点实际占用病床数（即每日夜晚12点住院人数）总和，包括实际占用的临时加床在内。病人入院后于当晚12点前死亡或因故出院，按实际占用床位1天进行统计，同时统计“出院者占用总床日数”1天，入院及出院人数各1人。

10. 出院者占用总床日数：指所有出院人数的住院床日之总和。包括正常分娩、未产出院、住院经检查无病出院、未治出院及健康人进行人工流产或绝育手术后正常出院者的住院床日数。

11. 总诊疗人次数：指所有诊疗工作的总人次数，统计界定原则为：①按挂号数统计，包括门诊、急诊、出诊、单项健康检查、健康咨询指导人次。患者1次就诊多次挂号，按实际诊疗次数统计，不包括根据医嘱进行的各项检查、治疗、处置工作量。②未挂号就诊，本单位职工就诊及外出诊不收取挂号费的，按实际诊疗人次统计。预约诊疗人次数为网上、电话、院内登记、双向转诊等预约诊疗人次之和。不包括体检人次数和接种人次数。

12. 出院人数：指所有住院后出院的人数。包括治愈、好转、未愈、死亡及其他人数。统计界定原则为：①死亡：包括已办住院手续后死亡、未办住院手续而实际上已收容入院的死亡者。②其他：指正常分娩和未产出院、未治和住院经检查无病出院、无并发症的人工流产或绝育手术出院者。③3日确诊人数：指入院后确诊日期–入院日期≤3日的出院人数。

13. 每千人口卫生技术人员=卫生技术人员/常住人口数×1000。

14. 每千人口执业（助理）医师=（执业医师数+执业助理医师数）/常住人口数×1000。

15. 每千人口注册护士=注册护士数/常住人口数×1000。

16. 每千人口实有床位=实有床位数/常住人口数×1000。

17. 病床使用率=实际占用总床日数/实际开放总床日数×100%。

18. 病床周转次数=出院人数/平均开放病床数。

19. 出院者平均住院日=出院者占用总床日数/出院人数。

20. 婴儿死亡率=婴儿死亡数/活产数×1000‰。

21. 孕产妇死亡率=孕产妇死亡人数/活产数×100000/10万。

22. 期望寿命：又称平均期望寿命，指0岁时的预期寿命。即在某一死亡水平下，已经活到X岁年龄的人们平均还有可能继续存活的年岁数。一般用“岁”表示。

23. 甲类、乙类法定报告传染病发病率=甲类、乙类法定报告传染病发病数/人口数×100000/10万。

24. 甲类、乙类法定报告传染病死亡率=甲类、乙类法定报告传染病死亡数/人口数×100000/10万。

25. 甲类、乙类法定报告传染病病死率=甲类、乙类法定报告传染病死亡数/发病数×100%。

附录二　医疗单位通讯录

单位名称	地址	邮编
广州医学院荔湾医院	广州市荔湾区荔湾路35号	510170
广州市荔湾区中医医院	广州市荔湾区长寿西路5号	510140
广州医学院第三附属医院	广州市荔湾区多宝路63号	510150
广州市中医医院	广州市荔湾区珠玑路16号	510130
广州市荔湾区第二人民医院	广州市荔湾区西湾路42号	510160
广州市精神病医院	广州市荔湾区明心路36号	510370
广州市荔湾区人民医院	广州市荔湾区明心路3号	510370
广州市荔湾区妇幼保健院	广州市荔湾区汾水金兰路1号	510375
广州市荔湾区芳村中医医院	广州市荔湾区芳信路131号	510360
广州钢铁企业集团医院	广州市荔湾区白鹤洞路145号	510380
广州市越秀区人民医院	广州市越秀区中山二路1号	510080
广州市越秀区第三人民医院	广州市越秀区万福路203号	510110
广州市越秀区第二中医医院	广州市越秀区越秀南路124号	510100
中山大学附属第一医院	广州市越秀区中山二路58号	510080
中山大学附属肿瘤医院	广州市越秀区东风东路651号	510060
中山大学中山眼科中心	广州市越秀区先烈南路54号	510060
中山大学附属口腔医院	广州市越秀区陵园西56号	510055
广东省交通医院	广州市越秀区先烈南路青菜岗21号大院	510060
广东省人民医院	广州市越秀区中山二路106号	510080
广东省妇幼保健院越秀院区	广州市越秀区广园西路13号	510010
广州医学院第一附属医院	广州市越秀区沿江路151号	510120
广州市第一人民医院	广州市越秀区盘福路1号	510180
广州市第八人民医院	广州市越秀区东风东路627号	510060
广州市儿童医院	广州市越秀区人民中路318号	510120
广州市妇婴医院	广州市越秀区人民中路402号	510180
广州市胸科医院	广州市越秀区横枝岗路62号	510095
广州市越秀区第一人民医院	广州市越秀区正南路6号	510030
广州市越秀区儿童医院	广州市越秀区大南路130号	510115
广州市越秀区妇幼保健院	广州市越秀区越华路50号	510030
广州市越秀区正骨医院	广州市越秀区东风中路449号	510045
广州医学院附属肿瘤医院	广州市越秀区横枝岗路78号	510095
广州市越秀区中医医院	广州市越秀区海珠中路83号之一	510120

续表

单位名称	地址	邮编
中山大学附属第二医院	广州市越秀区沿江西路107号	510120
广东省中医院	广州市越秀区大德路111号	510120
广东省第二中医院	广州市越秀区恒福路60号	510095
广东药学院附属第一医院	广州市越秀区农林下路19号	510080
广州市越秀区第二人民医院	广州市越秀区解放北路679号	510180
广州市越秀区中医杂病医院	广州市越秀区天成路晏公街10号	510120
广州市越秀区红十字会医院	广州市越秀区朝天路64号	510020
广州市红十字会医院	广州市海珠区同福中路396号	510220
广州医学院第二附属医院	广州市海珠区昌岗东路250号	510260
广州市海珠区第一人民医院	广州市海珠区前进路南园大街1号之一	510220
滨江街社区卫生服务中心（海珠区中医医院）	广州市海珠区南华东路636号	510220
沙园街社区卫生服务中心（海珠区第二人民医院）	广州市海珠区沙园缘觉路7号	510250
江海街社区卫生服务中心（海珠区新滘人民医院）	广州市海珠区敦和路217号	510300
龙凤街社区卫生服务中心（海珠区红十字会医院）	广州市海珠区工业大道北77号	510250
海幢街社区卫生服务中心	广州市海珠区南华中路263号	510220
广州市海珠区妇幼保健院	广州市海珠区江南西路杏园大街15号	510240
广州新海医院	广州市海珠区新港西路167号	510300
广东省口腔医院	广州市海珠区江南大道南366号	510280
广东省职业病防治院	广州市海珠区新港西路海康街165号	510310
广州中医药大学附属骨伤科医院	广州市海珠区江南西路青竹大街17号	510240
广东省第二人民医院	广州市海珠区石榴岗路1号	510317
南方医科大学珠江医院	广州市海珠区工业大道中253号	510282
中山大学附属第六医院	广州市天河区员村二横路26号	510655
广州市第十二人民医院	广州市天河区黄埔大道西天强路1号	510620
广州市天河区妇幼保健院	广州市天河区天河北路367号	510620
广州市天河区沙河人民医院	广州市天河区沙河天平架范屋村	510500
广州市天河区红十字会医院	广州市天河区东圃大马路13号	510660
广州市天河区中医医院	广州市天河区黄埔大道中棠石路9路	510655
暨南大学附属第一医院	广州市天河区黄埔大道西613号	510630
中山大学附属第三医院	广州市天河区天河路600号	510630
南方医科大学第三附属医院	广州市天河区中山大道西183号	510630
广州市白云区人民医院	广州市白云区广州大道北505号	510500
广州市白云区第一人民医院	广州市白云区机场路1128号	510410
广州市白云区第二人民医院	广州市白云区江高镇北胜街14号	510450
广州市白云区妇幼保健院	广州市白云区广园西路344号	510400
广州市白云区中医医院（原广州市白云区人和华侨医院）	广州市白云区人和镇大马路1号	510470

续表

单位名称	地址	邮编
广州中医药大学第一附属医院	广州市白云区三元里机场路16号大院	510405
南方医科大学南方医院	广州市白云区广州大道北1838号	510515
民航广州医院	广州市白云区机场路290号	510405
广州经济技术开发区红十字会医院	广州市经济技术开发区萝岗公路街212号	510530
广州经济技术开发区医院	广州市经济技术开发区友谊路196号	510730
广州市黄埔区中医院	广州市黄埔区蟹山路3号	510700
广州市黄埔区红十字会医院	广州市黄埔区黄埔东路3762号	510760
广东省电力一局医院	广州市黄埔区黄埔东路3375号	510735
广州医学院港湾医院	广州市黄埔区港湾路621号	510700
广州市番禺区中医院	广州市番禺区市桥桥东路65号	511400
广州市番禺区人民医院	广州市番禺区市桥桥东路68号	511400
广州市番禺区何贤纪念医院	广州市番禺区市桥清河东路2号	511400
广州市花都区人民医院	广州市花都区新华镇新华路48号	510800
广州市花都区胡忠医院	广州市花都区新华镇建设路51号	510800
广州市花都区中医院	广州市花都区新华镇新都大道67号	510800
增城市人民医院	增城市荔城镇光明东路1号	511300
增城市妇幼保健院	增城市荔城镇健生路1号	511300
增城市中医医院	增城市荔城镇和平路31号	510300
从化市中心医院	从化市街口镇新城西路64号	510900
从化市中医医院	从化市街口镇镇北路21号	510900